Adolf Brix

Praktischer Schiffbau

Bootsbau (4. Auflage 1911)

Adolf Brix

Praktischer Schiffbau

Bootsbau (4. Auflage 1911)

ISBN/EAN: 9783954270200
Erscheinungsjahr: 2012
Erscheinungsort: Bremen, Deutschland

© maritimepress in Europäischer Hochschulverlag GmbH & Co. KG, Fahrenheitstr. 1, 28359 Bremen. Alle Rechte beim Verlag und bei den jeweiligen Lizenzgebern.

www.maritimepress.de | office@maritimepress.de

Bei diesem Titel handelt es sich um den Nachdruck eines historischen, lange vergriffenen Buches. Da elektronische Druckvorlagen für diese Titel nicht existieren, musste auf alte Vorlagen zurückgegriffen werden. Hieraus zwangsläufig resultierende Qualitätsverluste bitten wir zu entschuldigen.

Adolf Brix

Praktischer Schiffbau

Bootsbau (4. Auflage 1911)

„HÜTTE"

PRAKTISCHER SCHIFFBAU
BOOTSBAU

Vierte völlig umgearbeitete Auflage des gleichnamigen Buches

vom

Geh. Admiralitätsrat A. Brix

Herausgegeben

vom

Akademischen Verein Hütte E.V. Berlin

Mit 328 Textabbildungen

Berlin 1911
Verlag von Wilhelm Ernst & Sohn

Alle Rechte, insbesondere das Recht·der Übersetzung in fremde Sprachen
vorbehalten.

Nachdruck auch auszugsweise verboten.

Copyright 1911
by Akademischer Verein Hütte E.V. Berlin.

Vorwort.

Seit dem Erscheinen der inzwischen vergriffenen letzten Auflage des bekannten Werkes „Praktischer Schiffbau, Bootsbau" vom verstorbenen Geh. Admiralitätsrat A. Brix sind im Bootsbau — besonders im Bau von Sportbooten und Yachten — wesentliche Fortschritte gemacht worden. Veröffentlichungen darüber, auch Abhandlungen wissenschaftlicher Natur über Entwurf und Bau von Booten und Yachten, finden sich zwar zerstreut in technischen und Sportzeitschriften sowie Büchern und Jahrbüchern technischer Vereine des In- und Auslandes; es ist aber für den Suchenden schwierig, schnell diejenigen Angaben zu finden, die ihn über eine bestimmte Frage aufklären können.

Unverkennbar ist ferner das Bestreben, den Bootsbau auf eine höhere Stufe zu bringen. Das rein Handwerksmäßige wird bei der Herstellung verlassen, und die Entwürfe finden vielfach theoretisch-wissenschaftliche Bearbeitung. Auch durch Probefahrten und dergl. ist man bestrebt, immer vollkommenere Bauten herauszubringen.

Mit unserem Buche wünschen wir diese Bestrebungen zu unterstützen. Wir hoffen, daß alle Beteiligten: die Erbauer von Booten und Yachten, die Konstrukteure, die Studierenden, die Käufer und Besitzer von Fahrzeugen, kurz, alle, die dem Bootsbau Interesse entgegenbringen, beim Lesen Anregungen erhalten, die im oben erwähnten Sinne weiter wirken. Wir bringen auf Grund der uns von der Kaiserlichen Marine, von Bootswerften und Konstrukteuren sowie von Herstellungs- und Lieferungsgeschäften der Baustoffe und Ausrüstungsteile freundlichst zur Verfügung gestellten Unterlagen Beschreibungen der Hauptbootsarten mit Angaben über ihre Zwecke und Betriebsbedingungen. Sodann werden der Bau der Boote und die Maschinenanlagen für Boote unter Berücksichtigung der aus der Praxis sich ergebenden Verhältnisse besprochen. Hieran schließt sich ein Abschnitt über Entwerfen von Booten, in dem die Theorie entwickelt und ihre Anwendung an Beispielen erklärt wird. Den Schluß bildet ein Abschnitt über Unterbringung, Transport und Instandhaltung von Booten.

Die einschlägige Literatur ist an den entsprechenden Stellen erwähnt.

Die Hauptbootsarten sind zeichnerisch dargestellt.

Besonderer Wert wurde auf die Ausarbeitung der Zeichnungen und Abbildungen gelegt. Gleichartige Gegenstände sind nach Möglichkeit in gleichem Maßstabe dargestellt.

Bei der Bearbeitung sind wir durch tatkräftige Hilfe bewährter Fachleute sowie durch Überlassung von Zeichnungen und Angaben seitens der am Bootsbau beteiligten Firmen unterstützt worden. Die Verlagsfirma hat keine Mühe gescheut, um dem Buche eine würdige Ausstattung zu geben.

Wir danken allen Beteiligten für ihre bereitwillige Unterstützung und erbitten Anregungen und Vorschläge für eine spätere Auflage an den Akademischen Verein Hütte.

Berlin, NW. 23, Bachstraße 9, im März 1911.

Akademischer Verein Hütte.

I. A.: Der Schriftleiter.

F. Meyer.

Inhaltsverzeichnis.

	Seite
Abschnitt I. Beschreibungen von Booten	1
1. Einteilung der Boote	1
2. Beschreibungen	2
a) Boote der Kriegsmarine	2
b) Boote der Handelsschiffe und Yachten	23
c) Küstenrettungs- und Lotsenboote	35
d) Fischerboote	42
e) Boote für verschiedene Verkehrs- und Erwerbszwecke	46
f) Sportboote	54
Abschnitt II. Der Bau von Booten	95
1. Materialien	95
a) Allgemeines	95
b) Holzarten	100
c) Metalle	106
d) Farben, Lack und dergl.	112
2. Bauausführung	114
a) Bauweise und Reihenfolge der Arbeiten	114
b) Die einzelnen Bauteile	118
c) Materialstärken ausgeführter Boote	186
3. Einrichtungen einer Bootswerft	193
Abschnitt III. Maschinenanlagen für Boote	198
1. Allgemeines	198
2. Dampfmaschinen	199
3. Verbrennungsmotoren	200
4. Elektromotoren und benzin-elektrischer Antrieb	220
5. Propeller	227
Abschnitt IV. Das Entwerfen von Booten	241
1. Konstruktionsgrundlagen	241
2. Reihenfolge der Arbeiten	241
3. Schiffbautechnische Begriffe und Bezeichnungen	243
4. Verhältniswerte ausgeführter Boote	247
5. Berechnung eines Linienrisses	247
6. Stabilität	261
7. Festigkeit	272

	Seite
8. Ausarbeitung eines Entwurfes	278
a) Äußere Form	278
b) Innerer Raum	288
c) Einrichtung und Ausrüstung	289
d) Gewicht und Schwerpunkt	290
e) Fortbewegung	295
f) Bauausführung und Festigkeit	303
g) Kosten	305
Abschnitt V. Unterbringung, Transport und Instandhaltung von Booten	307
Sachverzeichnis	321

Abschnitt I.

Beschreibungen von Booten.

1. Einteilung der Boote.

Mit „Boot" wird im allgemeinen jedes kleinere offene oder halb gedeckte Wasserfahrzeug bezeichnet. Größere Segel-, Dampf- und Motorboote, die Sport- und Vergnügungszwecken dienen, nennt man auch „Yachten". Die letztere Bezeichnung wird auch für ganz große, denselben Zwecken dienende Fahrzeuge gebraucht. Es sollen aber in diesem Buche nur diejenigen Yachten mit in den Kreis der Betrachtungen gezogen werden, die ihrer Art und Größe nach zum Gebiete des Bootsbaues gehören und tatsächlich auf Bootswerften noch gebaut werden. Die Grenze dürfte etwa bei einer Länge von 15 bis 20 m liegen. Größere Fahrzeuge bedingen zu ihrer Herstellung schon die Einrichtungen einer größeren Werft. Es gibt auch einige Groß-Schiffswerften, die eigene Abteilungen für Yacht- und Bootsbau besitzen.

Die Bezeichnung „Jacht" in anderer Schreibweise gilt für einen als Kutter getakelten Küstenseglertyp der Handelsmarine.

Die Einteilung der Boote macht Schwierigkeiten, da man dabei immer auf Zwischenstufen stößt, welche die Eigentümlichkeiten mehrerer Arten besitzen. In dieser Beziehung macht sich namentlich auch die Einführung des Motors bemerkbar. Der Bootsbau befindet sich z. Zt. in einer Periode starker Entwicklung, und wahrscheinlich werden in absehbarer Zeit verschiedene althergebrachte Typen, z. B bei den Marinebooten, den Fischerbooten, den Rettungsbooten usw., verschwinden und neuen Platz machen.

Man kann folgende Einteilungen der Boote aufstellen:

I. Nach dem Verwendungszweck:
1. Boote der Kriegsmarine.
2. Boote der Handelsschiffe und Yachten.
3. Küsten-Rettungsboote und Lotsenboote.
4. Fischerboote.

5. Boote für verschiedene Verkehrs- und Erwerbszwecke
6. Sportboote.
II. **Nach der Treibkraft:**
1. Ruder- und Paddelboote.
2. Ruderboote mit Hilfsmotor.
3. Ruderboote mit Segeleinrichtung.
4. Segelboote und Segelyachten.
5. Segelyachten mit Hilfsmotor.
6. Dampf- und Motorboote.
III. **Nach dem Baumaterial:**
1. Holzboote.
2. Kompositboote (eiserne Spanten, hölzerne Planken).
3. Boote aus Stahl oder einem anderen Metall.
4. Boote aus Segeltuch oder anderen Stoffen.

Von diesen Einteilungen kann die erste als wesentlichste gelten und soll daher bei den folgenden Betrachtungen zugrunde gelegt werden. Jede durch diese Einteilung festgelegte Klasse von Booten enthält in der Regel mehrere verschiedene Ausführungen nach den Gruppen der anderen beiden Einteilungen, z. B. werden „Sportboote" als Ruder-, Segel-, Motorboote usw. aus Holz, Stahl, Metall, Segeltuch angefertigt, und ähnlich ist es bei den anderen Bootsklassen.

2. Beschreibungen.

Im folgenden wird zunächst eine Beschreibung der **Haupteigentümlichkeiten der einzelnen Bootstypen** gegeben. Dabei wird die Entstehung der verschiedenen Bauarten aus dem Verwendungszweck abgeleitet.

Nähere Angaben über **bauliche Einzelheiten** folgen im Abschnitt II.

a) Boote der Kriegsmarine.[1]

Die vielseitigen Betriebsverhältnisse der Kriegsmarine haben zur Entwicklung einer größeren Anzahl verschiedener Bootstypen geführt, von denen jede ihren besonderen Zwecken zu dienen hat. Im allgemeinen stimmen die Typen bei den verschiedenen Nationen ziemlich überein.

---

[1] Hütte, Des Ingenieurs Taschenbuch. Johow, Hilfsbuch für den Schiffbau. Dick und Kretschmer, Handbuch der Seemannschaft. Leitfaden für den Unterricht im Schiffbau, herausgeg. v. d. Insp. d. Bildungsw. d. Marine. Vorschrift f. d. Bootsdienst i. d. Kaiserl. Marine.

Einteilung der Boote. — Dampfbeiboote der Kriegsmarine.

α) Dampfbeiboote.

In der deutschen Marine gibt es vier verschiedene Arten von Dampfbeibooten. Abb. 1 bis 3 geben die Haupteigentümlichkeiten der Dampfbeiboote der Klasse A, Abb. 4 bis 6 diejenigen eines

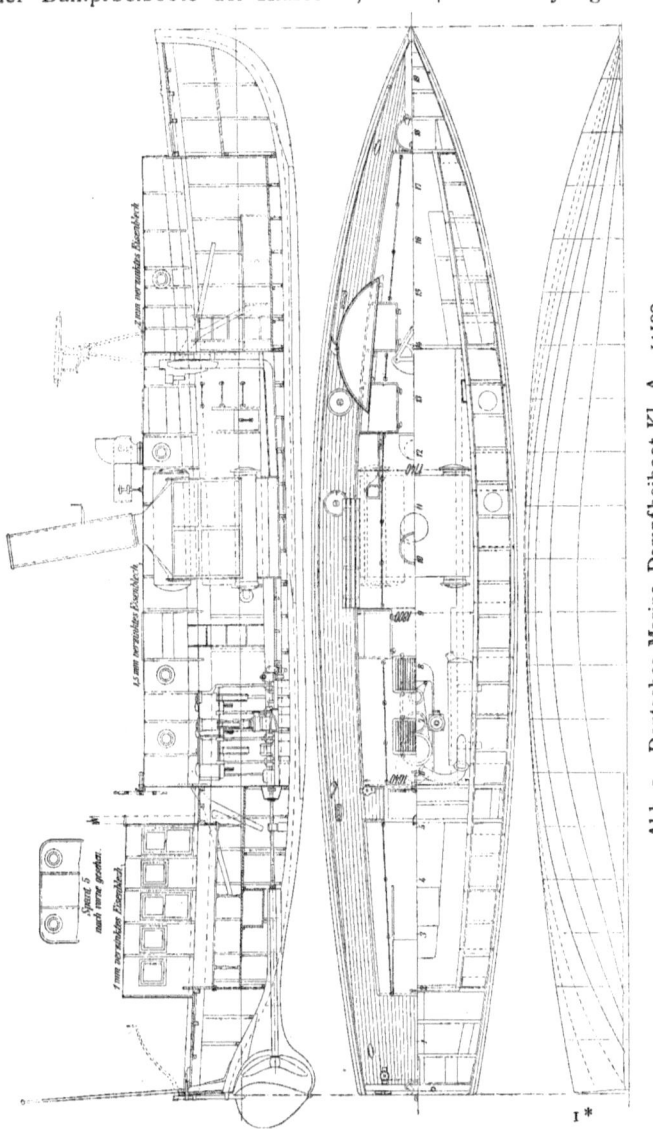

Abb. 1. Deutsches Marine-Dampfbeiboot Kl. A. 1:100.

4 Abschnitt I. Beschreibungen von Booten.

solchen der Klasse I wieder. Die Boote der Klassen II und III sind kleiner, sonst aber ebenso eingerichtet wie diejenigen der Klasse I. Die folgende Tabelle enthält die wichtigsten Konstruktionsangaben über diese Boote.

Folgenden Verwendungszwecken müssen die Dampfbeiboote genügen:

1. Der allgemeine Verkehrsdienst, die Beförderung von Personen und Nachrichten, erfordern ein schnelles, ausdauerndes Boot, dessen Betrieb die Mannschaft nicht zu sehr ermüdet. Dazu

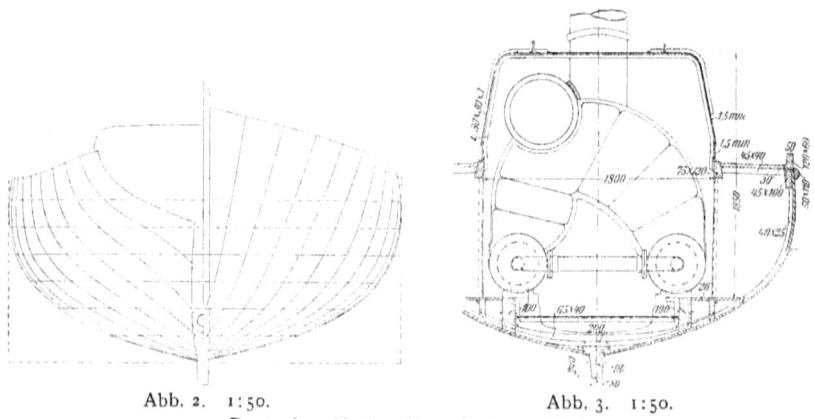

Abb. 2. 1:50.   Abb. 3. 1:50.
Deutsches Marine-Dampfbeiboot Kl. A.

gehört auch die durch den maschinellen Antrieb gegebene Möglichkeit, andere Boote zu schleppen und so größere Menschenmassen oder Lasten sicher zu befördern. Ferner werden repräsentative Besuche der Befehlshaber und Offiziere durch den Gebrauch von Dampfbooten wesentlich erleichtert und sind mit geringerem Zeitverlust verknüpft als früher beim Betrieb mit Ruderbooten.

2. Mit Dampfbooten lassen sich eine Reihe von militärischen Manövern vornehmen, die mit Ruderbooten gar nicht oder nur schwer durchführbar sind. Dazu gehört, abgesehen von der größeren Schnelligkeit und der schon erwähnten Möglichkeit, die Ruderboote bei Landungsmanövern zu schleppen, die wirksame Aufstellung und Ausnutzung von kleinen Geschützen, event. sogar von Torpedo-Ausstoßrohren, ferner der Verkehrs- und Wachtdienst beim Scheibenschießen, das Einfangen abgeschossener Übungs-Torpedos, schließlich der Vorposten- und Patrouille- sowie Spreng- und Minensuchdienst.

Dampfbeiboote der Kaiserl. deutschen Marine.

Klasse	A	I	II	III
Länge über Steven	16,00 m	10,00 m	9,00 m	8,00 m
Größte Breite auf den Planken	3,12 „	2,68 „	2,48 „	2,24 „
Seitenhöhe von Oberkante Dollbord[1]) bis Außenkante Sponung[2])	1,40 „	1,27 „	1,20 „	1,07 „
Tiefgang vorn	0,90 „	0,79 „	0,79 „	0,70 „
„ hinten	1,15 „	1,08 „	1,04 „	0,93 „
Deplacement	17 134 kg	8 499 kg	6 736 kg	5 573 kg
Kessel	Wasserrohrkessel	Zylinderkessel mit durchschlagender Flamme		
Heizfläche	43,3 qm	16,74 qm	11,23 qm	7,12 qm
Rostfläche	1,08 „	0,57 „	0,42 „	0,32 „
Kesseldruck	12 Atm.	9 Atm.	9 Atm.	9 Atm.
Maschine	3f.Expans.	Comp.	Comp.	Comp.
Indizierte Pferdekräfte	170	30	20	20
Umdrehungen in der Minute	470	345	350	380
Propeller: Durchmesser	1,00 m	0,81 m	0,74 m	0,68 m
„ Steigung	1,25 „	0,95 „	0,90 „	0,90 „
„ Anzahl der Flügel	3	3	3	3
Geschwindigkeit	12 Kn.	8 Kn.	7,4 Kn.	7 Kn.
Gewichte: Leerer Bootsk. inkl. Heißpuffer	6 000 kg	2 200 kg	1 750 kg	1 550 kg
Maschinen und Kesselanlage	7 600 „	3 960 „	3 030 „	2 390 „
Inventar (Maximum)	887 „	1 162 „	1 019 „	808 „
Artillerie	157 „	157 „	157 „	175 „
Kohlen	2 000 „	600 „	430 „	300 „
Besatzung (1 Mann = 70 kg)	490 „	420 „	350 „	350 „
Gesamtgewicht	17 134 kg	8 499 kg	6 736 kg	5 573 kg
Anzahl der außer der Besatzung bei mäßig gutem Wetter zu transportierenden Mannschaften	35	25	20	15
Tragfähigkeit bei mäßigem Wetter und Seegang	3 150	2 325	1 875	1 500
Inventar:				
Bootsmanns-Inv. u. Takelage	463 kg	596 kg	494 kg	440 kg
Zimmermanns-Inventar	244 „	282 „	270 „	250 „
Sprengdienst-Inventar	—	150 „	130 „	—
Maschinen-Inventar	180 „	134 „	125 „	118 „
Zusammen	887 kg	1 162 kg	1 019 kg	808 kg
Preise[3]): Boot	11 200 ℳ	4 500 ℳ	3 800 ℳ	3 500 ℳ
Maschinenanlage	36 000 „	11 000 „	9 700 „	8 700 „
Inventar	4 480 „	3 980 „	3 590 „	2 990 „
Zusammen	51 680 ℳ	19 480 ℳ	17 090 ℳ	15 190 ℳ

1) s. S. 148. 2) s. S. 123. 3) Der Kaiserl. Werften.

Abschnitt I. Beschreibungen von Booten.

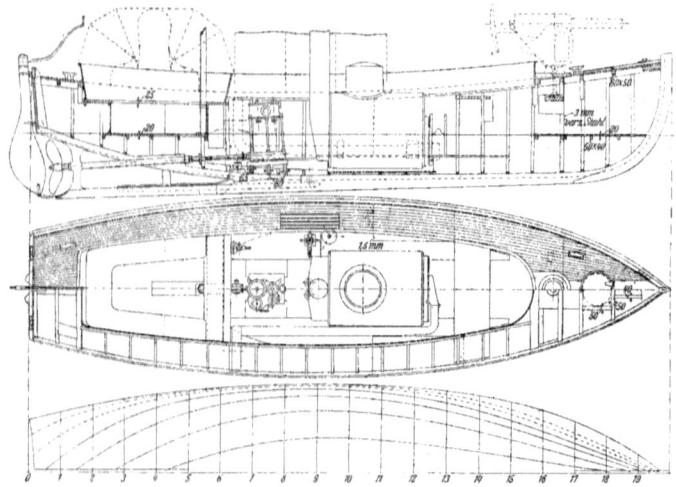

Abb. 4. 1:100.

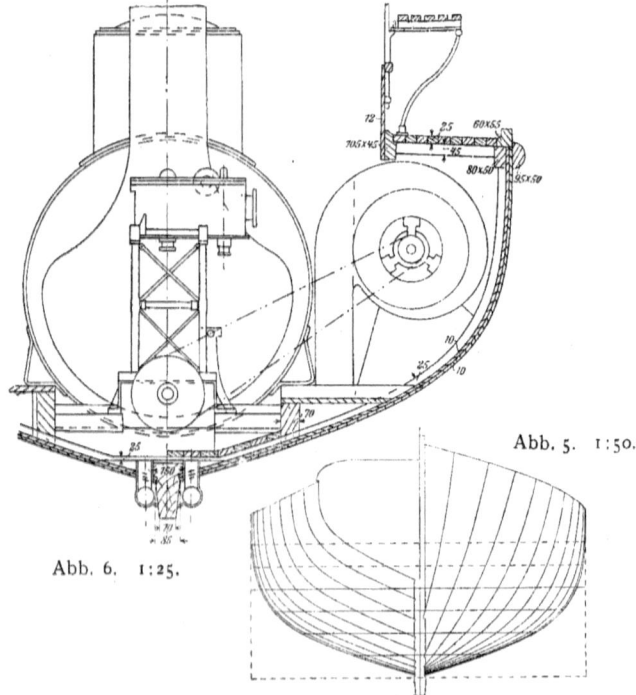

Abb. 5. 1:50.

Abb. 6. 1:25.

Deutsches Marine-Dampfbeiboot Kl. I.

Dampfbeiboote, Motorbeiboote der Kriegsmarine.

Bei der Konstruktion der Dampfbeiboote war außer auf die genannten Verwendungszwecke und die dadurch bedingten besonderen Einrichtungseinzelheiten besonders auf eine möglichst seefähige Form, eine feste und doch leichte Bauweise und auf möglichst gute Unterbringung der Räume für die Maschinenanlage, den Brennstoffvorrat sowie für den Transport von Offizieren und Mannschaften zu achten; geräumiger Decksplatz und ein guter Steuerstand für die Bedienungsmannschaft war vorzusehen. Es mußten besondere Verbände zur Aufnahme der Beanspruchungen durch die Gewichte und das Arbeiten der Maschinenanlage vorgesehen werden. Dies ist durch organische Verbindung der Maschinenfundamente mit dem übrigen Bootskörper und ihre Ausnutzung als Längsträger geschehen. Ferner sind die infolge der Maschinengewichte ziemlich beträchtlichen Beanspruchungen beim Aus- und Einsetzen an Bord von großen Schiffen durch sachgemäße Anordnung von Diagonalschienen an der Außenhaut mit Augen für die Heißstroppen sowie durch passende Abspreizung der beiden Bordseiten gegen einander aufgefangen.

β) **Motorbeiboote.**[1]

Abb. 7 bis 12 zeigen als Beispiele drei in der deutschen Marine eingeführte Motorbeiboote. Die Tabelle enthält ihre Haupt-

Motorbeiboote der Kaiserl. deutschen Marine.

Klasse	A	C	III
Länge über Steven	14,50 m	12,00 m	7,50 m
Größte Breite auf den Planken	2,74 „	2,55 „	1,86 „
Seitenhöhe	1,46 „	1,22 „	0,90 „
Tiefgang vorn	0,77 „	0,65 „	0,45 „
„ hinten	1,02 „	1,04 „	0,69 „
Deplacement	8,50 t	6,00 t	1,72 t
Motor-System	Daimler	Daimler	K.W. Danzig
PS	100	60	6
Umdrehungen in der Minute	612	612	740
Propeller: Durchmesser	840 mm	760 mm	440 mm
„ Steigung	720 „	712 „	410 „
„ Anzahl der Flügel	3	3	2
Geschwindigkeit	13,37 Kn.	12,28 Kn.	7 Kn.
Gewichte: Leerer Bootskörper	4068 kg	2800 kg	710 kg
Motoranlage	ca. 2800 kg[2]	ca. 2100 kg[2]	ca. 485 kg[2]
Inventar	520 kg	390 kg	290 kg
Artillerie	—	—	—
Brennstoff	800 kg	500 kg	60 kg
Besatzung	350 „	210 „	140 „
Gesamtgewicht	8538 kg	6000 kg	1685 kg

1) Motorboote und Bootsmotoren, herausgeg. v. d. Zeitschr. „Die Yacht".
2) Mit Reserveteilen.

angaben, die aber keine Normalien sind. Vielleicht ist das Motorboot berufen, allmählich nicht nur die Dampfbeiboote, sondern auch die Ruderboote für manche Zwecke zu ersetzen. Wie aus den Abbildungen zu ersehen ist, bedeutet die Verwendung des Motors eine ziemlich große Platzersparnis gegenüber der Dampfanlage. Es ist sogar möglich, ein Ruderboot, ohne ihm seinen Charakter und seine Vorzüge hinsichtlich Geräumigkeit und Tragfähigkeit allzusehr zu nehmen, mit einem Motor zu versehen. Durch die beträchtliche Gewichtsersparnis an der Maschinenanlage und an Brennstoffvorrat läßt sich gegenüber dem Dampfbeiboot eine derartige Gewichtsverminderung erzielen, daß die Verbände des Bootskörpers auch leichter gehalten und die Hauptabmessungen verringert werden können. Anderseits ist der Gewichtszuwachs bei Einbau eines Motors in Ruderboote noch nicht so beträchtlich, daß deren Abmessungen bedeutend vergrößert zu werden brauchen, bezw. das Fassungsvermögen für Besatzung allzusehr beeinträchtigt wird. Dazu kommt die rasche Be-

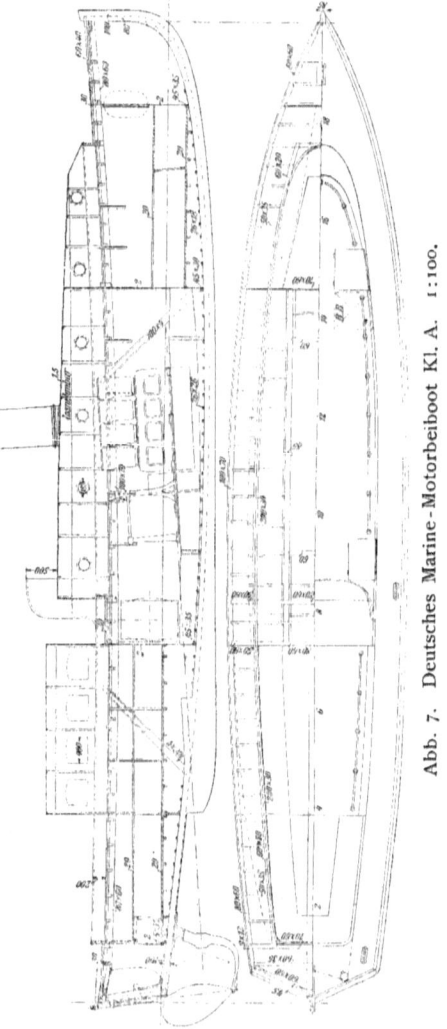

Abb. 7. Deutsches Marine-Motorbeiboot Kl. A. 1:100.

Motorbeiboote der Kriegsmarine. 9

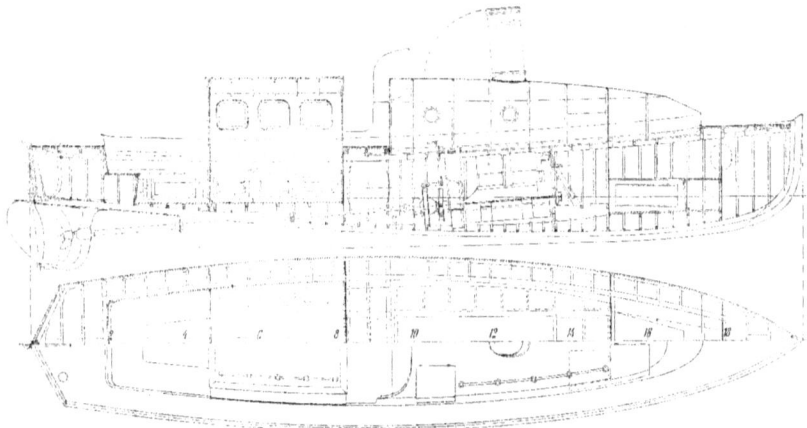

Abb. 9. Deutsches Marine-Motorbeiboot Kl. C. 1:100.

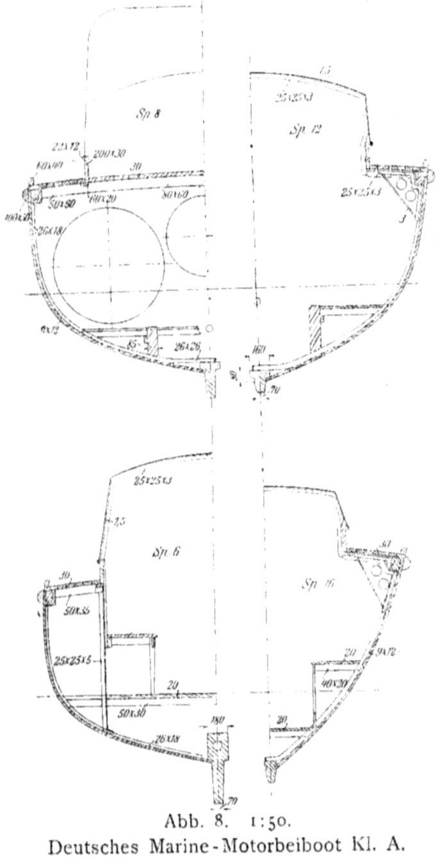

Abb. 8. 1:50.
Deutsches Marine-Motorbeiboot Kl. A.

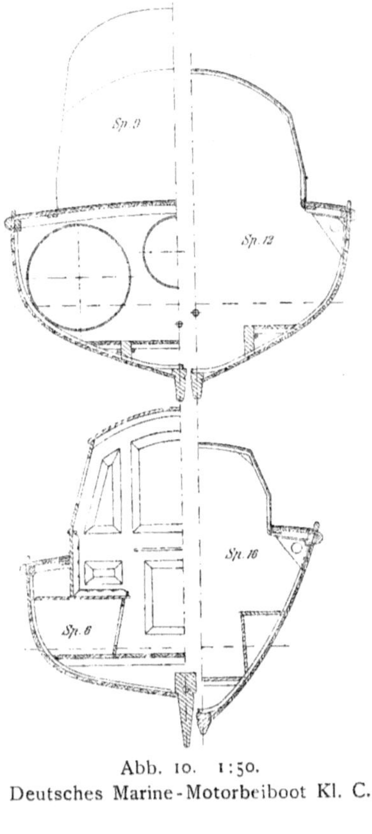

Abb. 10. 1:50.
Deutsches Marine-Motorbeiboot Kl. C.

triebsbereitschaft, der einfache Betrieb und die bequeme Instandhaltung, die Ersparnis an Bedienungspersonal, die größere Geschwindigkeit und Ausdauer. Diesen großen Vorzügen stehen als Nachteile gegenüber: 1. die Feuergefährlichkeit des Brennstoffes einerseits für das Beiboot, anderseits für das große Schiff in Gestalt der mitzuführenden Brennstoffmengen für die Beiboote (bei Schwerölen nicht wesentlich); 2. die be-

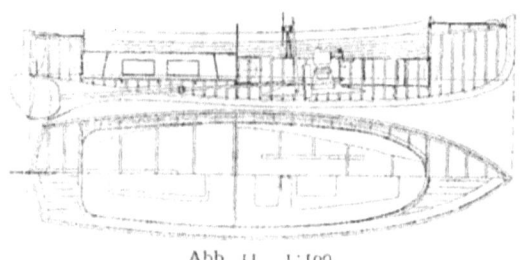

Abb. 11. 1:100.

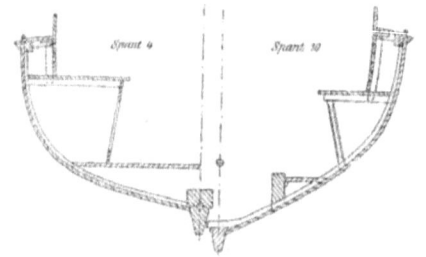

Abb. 12. 1:35.
Abb. 11 und 12. Deutsches Marine-Motorbeiboot Kl. III.

schränkte Betriebsmöglichkeit in Gegenden, wo es Benzin oder andere Motortreiböle nicht oder wenigstens nicht in genügender Menge gibt. Demgegenüber ist das Dampfbeiboot imstande, seinen Kessel mit Holz und anderen vorgefundenen Brennstoffen zu heizen; 3. die trotz aller Fortschritte der Technik noch immer vorhandene Empfindlichkeit der Motoren.[1])

Infolge des geringeren Gewichtes der Motorbeiboote ist es auch möglich, die Bootskrane und Davits schwächer, d. h. leichter zu konstruieren und dadurch wieder Gewicht für das große Schiff zu sparen.

---

1) Über Motorboote im Kriegsschiffsdienst: Marine-Rundschau 1907, S. 760.

γ) **Ruderboote.**

Ganz und gar wird man die Ruderboote in der Marine trotz Einführung des Motors wohl schwerlich abschaffen. Grund genug dafür bildet die in den Booten gegebene Gelegenheit zur Ausbildung der Offiziere und Mannschaften in Seemannschaft, körperlicher Gewandtheit, Kommando und Disziplin. Ferner aber wird man immer die Riemen als Notbehelf beim Versagen des Motors oder bei fehlendem Brennstoff benutzen müssen. Auch das Segeln in den Booten darf als Ausbildungsgegenstand der körperlichen und geistigen Fähigkeiten für die Leute nicht vergessen werden, da auf den großen Schiffen die Segeltakelage ganz in Fortfall gekommen ist.

Die Ruderboote der Marine werden in folgende acht Arten eingeteilt, deren Bezeichungen z. T. sehr alten Ursprungs und beinahe international sind: Barkassen, Pinassen, Kutter, Gigs, Jollen, Dingis, Walfischboote, Torpedoboots-Beiboote.

Barkassen der Kaiserl. deutschen Marine.

Klasse	0	I	II	III	IV
Länge über Steven	14,00 m	13,00 m	12,00 m	11,00 m	10,00 m
Größte Breite auf den Planken	3,60 „	3,40 „	3,15 „	2,90 „	2,80 „
Höhe von Oberkante Dollbord bis Außenk. Sponung am Kiel	1,19 „	1,19 „	1,12 „	1,07 „	1,06 „
Leerer Bootskörper	3560 kg	3320 kg	2550 kg	2123 kg	1950 kg
Inventar	1100 „	1060 „	1000 „	950 „	860 „
Gesamtgewicht	4660 kg	4380 kg	3550 kg	3073 kg	2810 kg
Anzahl der Ruderer und der Mannschaften bei mäßigem Wetter	110	100	90	80	70
Tragfähigkeit bei mäßigem Wetter und Seegang	8250 kg	7500 kg	6750 kg	6000 kg	5250 kg
Preis[1]: Boot ohne Ausrüstung	5300 ℳ	5000 ℳ	4580 ℳ	4220 ℳ	3820 ℳ

Die „Barkasse" ist nächst dem Dampfbeiboot der Klasse A das größte Marineboot. Sie wird, wie die vorstehende Tabelle zeigt, in fünf verschiedenen Größen gebaut. Abb. 13 bis 15 geben die Haupteigentümlichkeiten der Form, Einrichtung und Bauweise wieder. Neben den oben erwähnten allgemeinen Verwendungszwecken dient sie hauptsächlich für größere Mannschaftstransporte, Transport von Proviant, Wasser, Sand und dergl., Ausfahren von Trossen, Ankern, Auslegen und Weg-

---

[1] Der Kaiserl. Werften.

Abschnitt I. Beschreibungen von Booten.

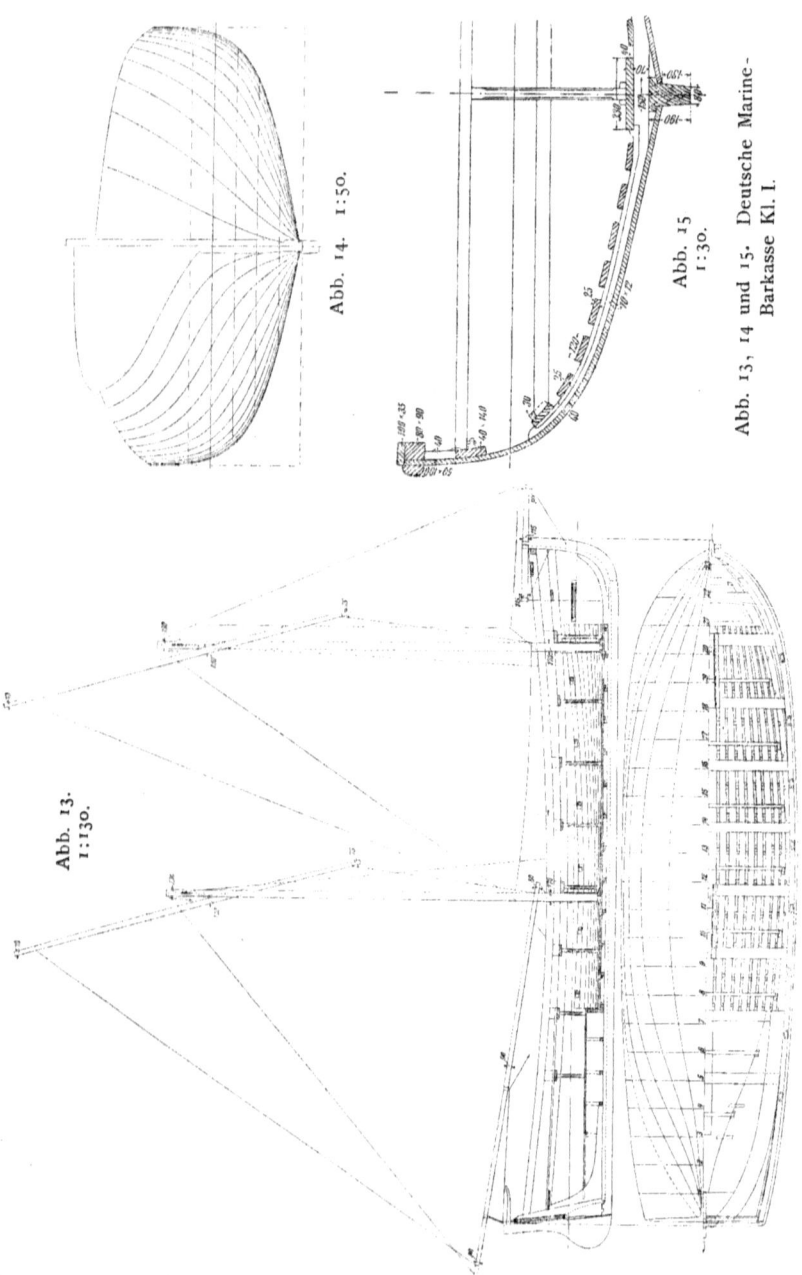

Abb. 14. 1:50.

Abb. 15. 1:30.

Abb. 13. 1:130.

Abb. 13, 14 und 15. Deutsche Marine-Barkasse Kl. I.

Barkassen, Pinassen der Kriegsmarine.

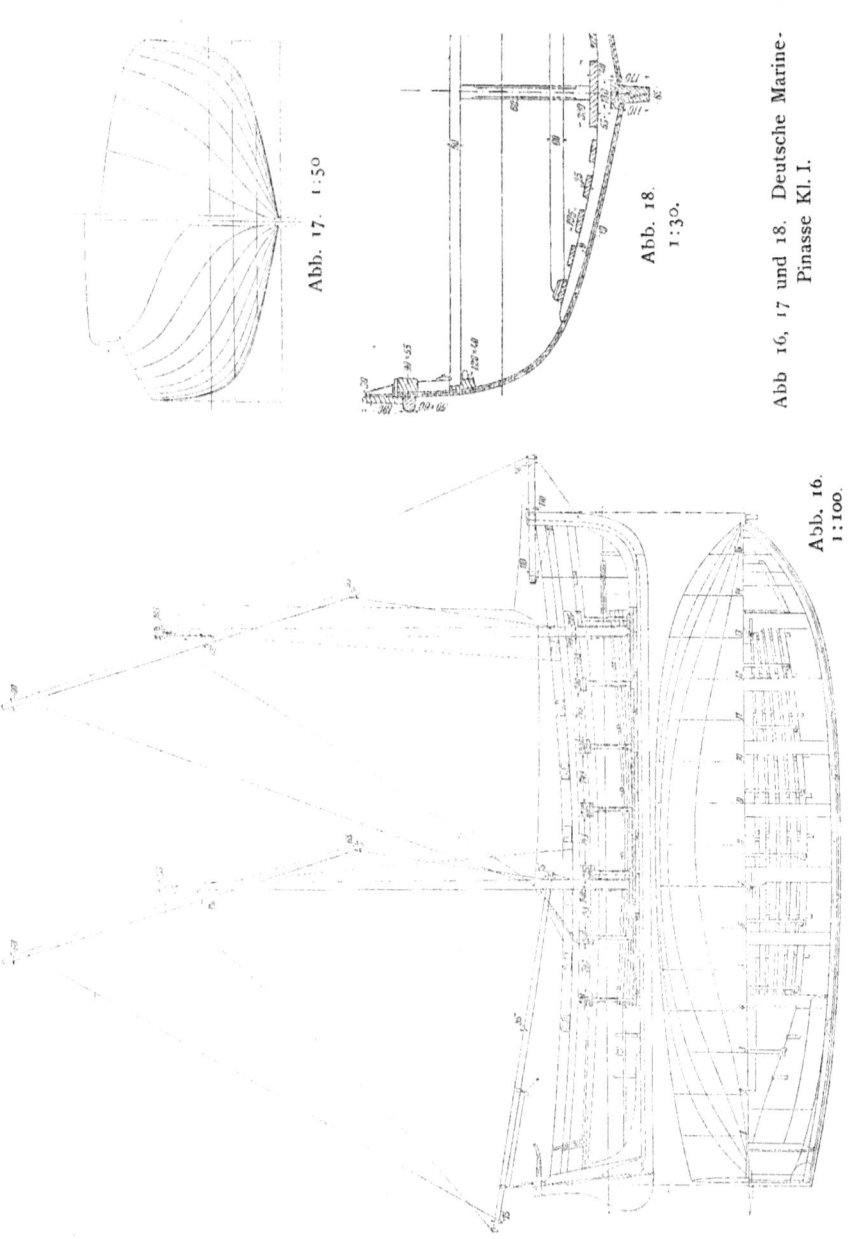

Abb. 17. 1:50

Abb. 18. 1:30.

Abb 16, 17 und 18. Deutsche Marine-Pinasse Kl. I.

Abb. 16. 1:100.

nehmen von Bojen, Minen und dergl. Für Landungszwecke kann im Bug der Barkasse ein kleines Geschütz aufgestellt werden, und es sind auch die nötigen Einrichtungen vorhanden, um das Geschütz auf Lafette an Land bringen zu können.

Die „Pinasse" ist kleiner als die Barkasse, sonst aber dieser ziemlich ähnlich und dient denselben Zwecken. Ihre Abmessungen sind so, daß sie der Platzersparnis halber auf See in den Barkassen in passenden Bootsklampen aufgestellt werden kann. Abb. 16 bis 18 geben Form und Bauweise, die untenstehende Tabelle die Abmessungen, Gewichte usw. der in drei Klassen gebauten Pinassen der deutschen Marine wieder.

Pinassen der Kaiserl. deutschen Marine.

Klasse:	0	I	II
Länge über Steven	11,00 m	10,00 m	9,50 m
Größte Breite auf den Planken	2,95 „	2,80 „	2,65 „
Höhe von Oberkante Dollbord bis Außenkante Sponung am Kiel	1,07 „	1,05 „	1,02 „
Leerer Bootskörper	2480 kg	1800 kg	1928 kg[1] 1580 „
Inventar	720 „	700 „	650 „
Gesamtgewicht	3200 kg	2500 kg	2230 kg
Anzahl der Ruderer und Mannschaften bei mäßigem Wetter	70	62	56
Tragfähigkeit bei mäßigem Wetter und Seegang	5 250 kg	4 650 kg	4 200 kg
Preis[2]: Boot ohne Ausrüstung	3 600 ℳ	3 260 ℳ	3 050 ℳ

Der „Kutter" (Abb. 19 bis 24) ist das am meisten gebrauchte Ruderboot in der Marine. Neben den allgemeinen Verkehrszwecken dient er hauptsächlich dem Rettungsdienst bei Unglücksfällen. Auf See hängt er daher zum sofortigen Gebrauch bereit in Davits (s. Abschn. V). Sein Gewicht ist verhältnismäßig gering, und seine Form macht ihn besonders seefähig und manöverierfähig. Er segelt auch ziemlich gut, und man hat diese letztere Eigenschaft durch besondere Ausbildung seiner Form, seiner Takelage und durch Einbau eines Schwertes (s. Abb. 19) noch zu verbessern gesucht. Er wird, wie die Tabelle zeigt, in fünf verschiedenen Größen gebaut.

---

1) Mit Geschützduchten.   2) Der Kaiserl. Werften.

Pinassen, Kutter der Kriegsmarine.

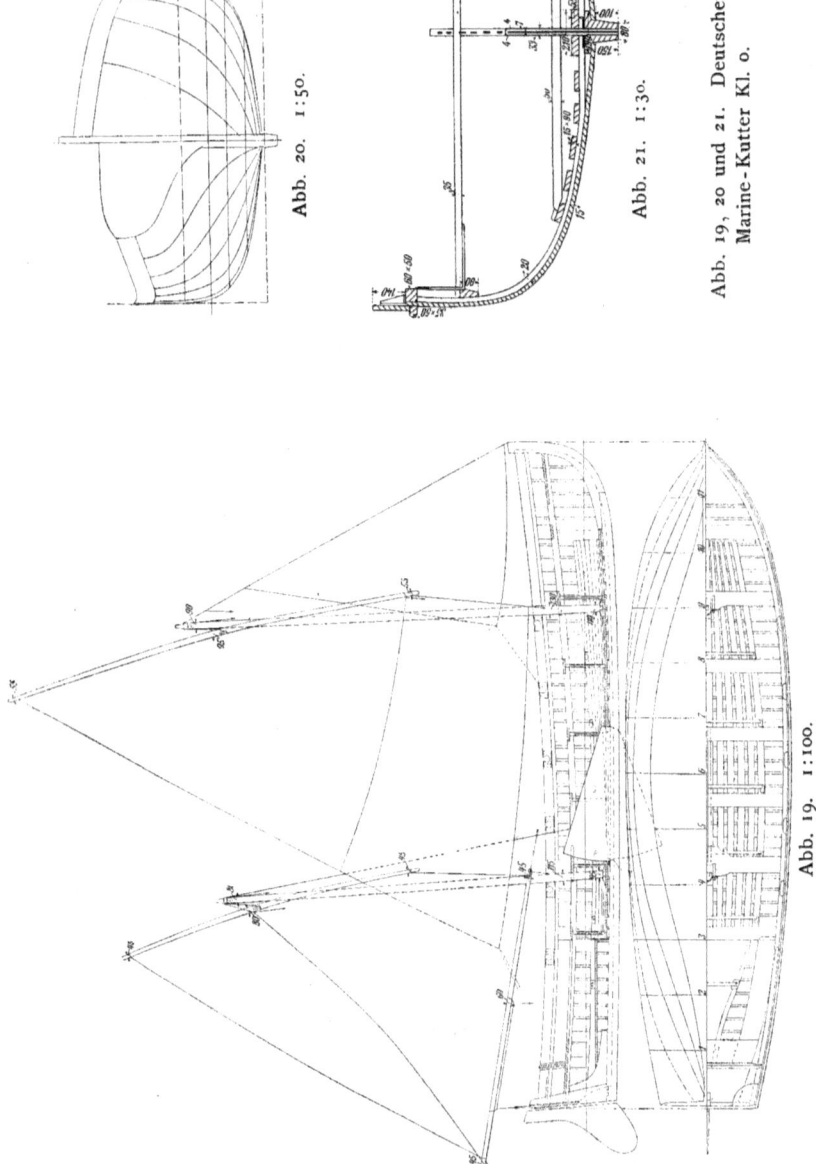

Abb. 20. 1:50.

Abb. 21. 1:30.

Abb. 19, 20 und 21. Deutscher Marine-Kutter Kl. 0.

Abb. 19. 1:100.

16 Abschnitt I. Beschreibungen von Booten.

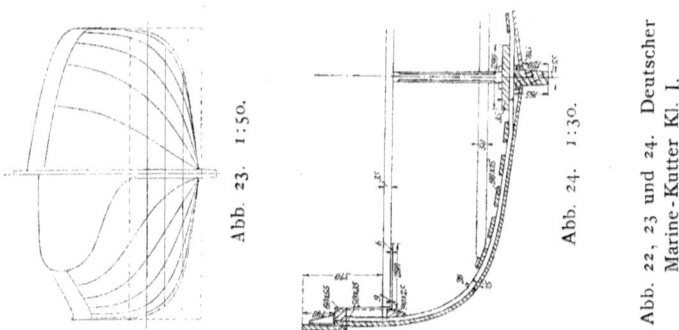

Abb. 23. 1:50.

Abb. 24. 1:30.

Abb. 22, 23 und 24. Deutscher Marine-Kutter Kl. I.

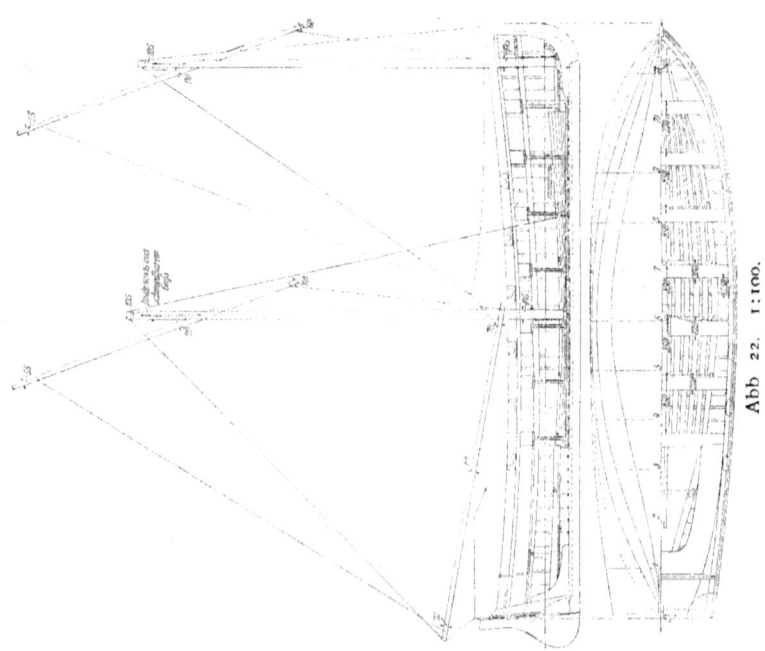

Abb. 22. 1:100.

Kutter, Gigs der Kriegsmarine.

Kutter der Kaiserl. deutschen Marine.

Klasse	0	I	II	III	IV
Länge über Steven	10,00 m	9,00 m	8,50 m	8,00 m	7,50 m
Größte Breite auf den Planken	2,50 „	2,25 „	2,10 „	2,10 „	2,00 „
Höhe von Oberkante Dollbord bis Außenkante Sponung am Kiel	0,92 „	0,87 „	0,82 „	0,82 „	0,77 „
Leerer Bootskörper	1320 kg	1200 kg	1080 kg	890 kg	870 kg
Inventar	600 „	580 „	540 „	510 „	480 „
Gesamtgewicht	1920 kg	1780 kg	1620 kg	1400 kg	1350 kg
Anzahl der Ruderer und Mannschaften bei mäßigem Wetter	50	42	35	30	28
Tragfähigkeit bei mäßigem Wetter und Seegang	3750 kg	3150 kg	2625 kg	2250 kg	2100 kg
Preis:[1]) Boot ohne Ausrüstung { Diagonal	2520 ℳ	2330 ℳ	1960 ℳ	1800 ℳ	1680 ℳ
Klinker	2100 „	1870 „	1700 „	1570 „	1450 „

Die „Gig" (Abb. 25 bis 27) ist in erster Linie zum persönlichen Gebrauch des Kommandanten und der höheren Offiziere bestimmt. Sie ist ein elegantes, langes, schmales, hauptsächlich zum schnellen Rudern eingerichtetes Boot. Doch ist sie auch bei sachgemäßer Führung unter Segel zu gebrauchen. Folgende Tabelle enthält die Hauptangaben über diese Boote.

Gigs der Kaiserl. deutschen Marine.

Klasse	I	II
Länge über Steven	10,00 m	9,30 m
Größte Breite auf den Planken	1,90 „	1,844 „
Höhe von Oberk. Dollbord bis Außenk. Sponung	0,77 „	0,77 „
Leerer Bootskörper	630 kg	590 kg
Inventar	400 „	360 „
Gesamtgewicht	1030 kg	950 kg
Anzahl der Ruderer und Mannschaften bei mäßigem Wetter	16	14
Tragfähigkeit bei mäßigem Wetter u. Seegang	1200 kg	1050 kg
Preis[1]): Boot ohne Ausrüstung { Diagonal	1850 ℳ	1770 ℳ
Klinker	1520 „	1360 „

1) Der Kaiserl. Werften.

Brix, Bootsbau. 1. Aufl.

Abschnitt I. Beschreibungen von Booten.

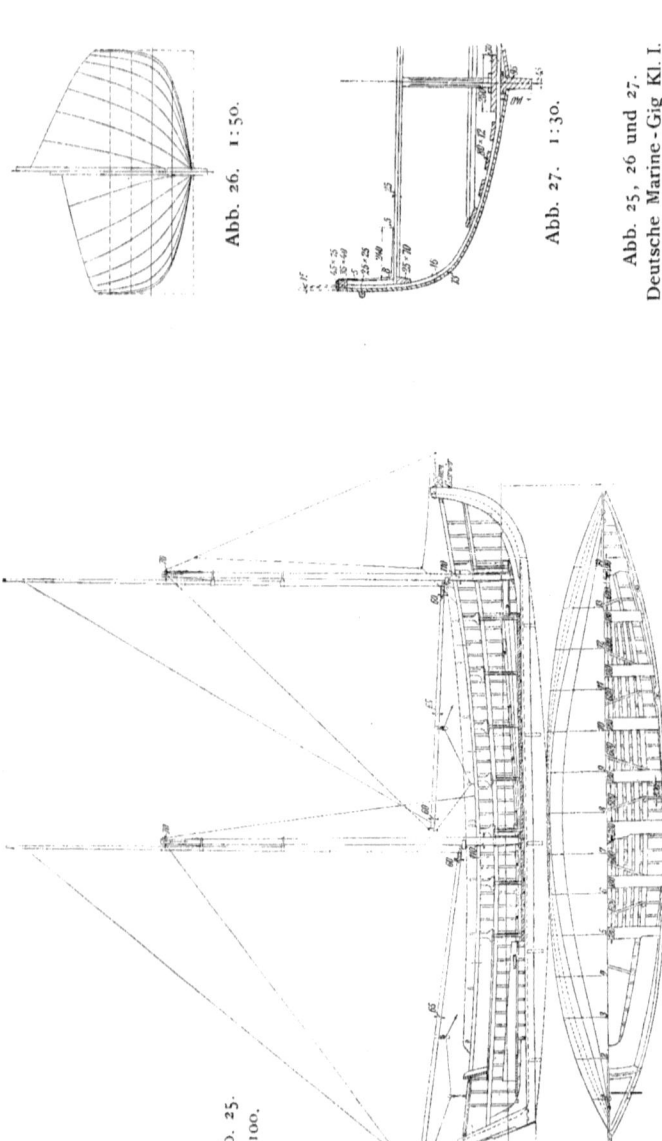

Abb. 26. 1:50.

Abb. 27. 1:30.

Abb. 25, 26 und 27.
Deutsche Marine-Gig Kl. I.

Abb. 25. 1:100.

Gigs, Jollen der Kriegsmarine.

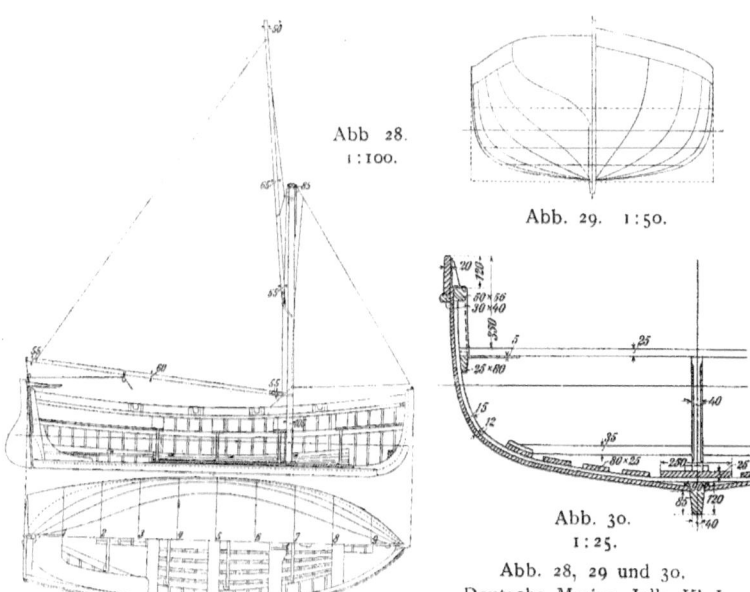

Abb. 28. 1:100.

Abb. 29. 1:50.

Abb. 30. 1:25.

Abb. 28, 29 und 30.
Deutsche Marine-Jolle Kl. I.

Die „Jolle" (Abb. 28 bis 30) ist ähnlich dem Kutter gebaut, aber kleiner und verhältnismäßig breiter. Sie dient hauptsächlich zur Benutzung für die Mannschaft und zur Beförderung von Küchenbedürfnissen (Kochsboot). Sie ist auch unter Segel gut verwendbar.

Jollen der Kaiserl. deutschen Marine.

Klasse	I	II
Länge über Steven	6,00 m	5,50 m
Größte Breite auf den Planken	1,90 „	1,80 „
Höhe von Oberk. Dollbord bis Außenk. Sponung	0,77 „	0,72 „
Leerer Bootskörper	550 kg	510 kg
Inventar	270 „	220 „
Gesamtgewicht	820 kg	730 kg
Anzahl der Ruderer und Mannschaften bei mäßigem Wetter	20	16
Tragfähigkeit bei mäßigem Wetter u. Seegang	1500 kg	1200 kg
Preis[1]: Boot ohne ⎫ Diagonal	1200 ℳ	1100 ℳ
Ausrüstung ⎭ Klinker	900 „	830 „

1) Der Kaiserl. Werften.

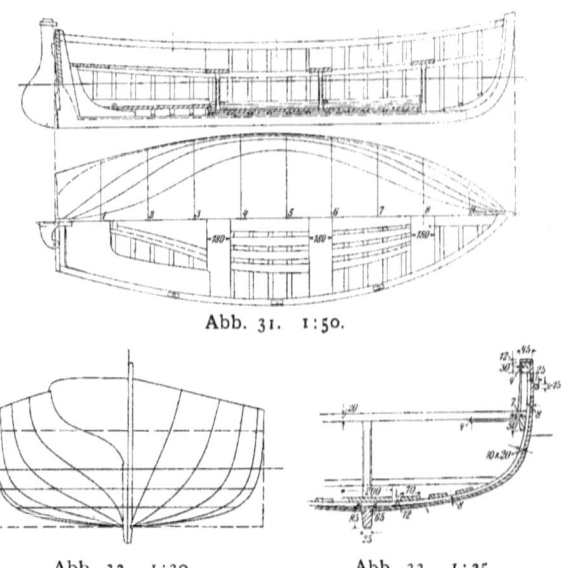

Abb. 31. 1:50.

Abb. 32. 1:30.   Abb. 33. 1:25.

Abb. 31, 32 und 33. Deutsches Marine-Dingi.

Das „Dingi" (Abb. 31 bis 33) ist das kleinste Marineboot. Es dient zur Beförderung einzelner Personen im Hafen.

Länge über Steven	3,60 m
Größte Breite auf den Planken	1,30 „
Höhe von Oberk. Dollbord bis Außenk. Sponung	0,55 „
Leerer Bootskörper	135 kg
Inventar	40 „
Gesamtgewicht	175 kg
Anzahl der Ruderer und Mannschaften bei mäßigem Wetter	3 bis 4
Tragfähigkeit bei mäßigem Wetter und Seegang	300 kg
Preis[1]: Boot ohne Ausrüstung { Diagonal	530 Mk.
{ Klinker	470 „

Die „Walfischboote" (Abb. 34 bis 36) dienen als Beiboote der großen Torpedoboote und werden vielfach auch als „Kutter" bezeichnet. Ihre Form macht sie besonders seetüchtig. Sie sind

---

[1] Der Kaiserl. Werften.

Dingi, Walfischboot der Kriegsmarine.

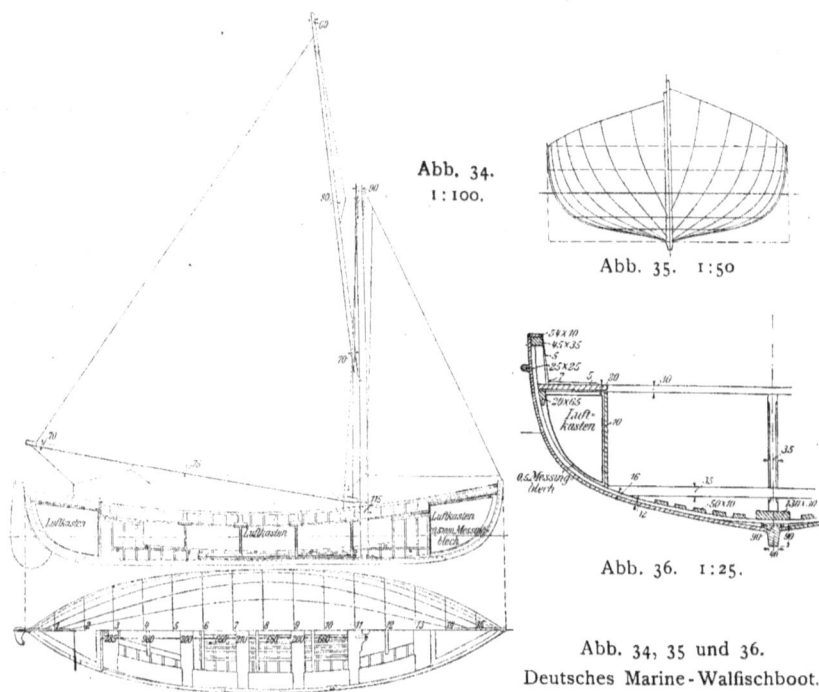

Abb. 34. 1:100.

Abb. 35. 1:50.

Abb. 36. 1:25.

Abb. 34, 35 und 36.
Deutsches Marine-Walfischboot.

mit Luftkasten versehen, um ihre Schwimmfähigkeit auch in vollgeschlagenem Zustande zu sichern. Sie können als „Brandungsboote" dienen.

Länge über Steven	7,54 m
Gr. Breite auf den Planken	1,904 „
Höhe v. Obk. Dollb. bis Außenk. Sponung	0,732 „
Leerer Bootskörper	446 kg
Inventar	295 „
Gesamtgewicht:	741 kg

Anzahl der Ruderer und Mannschaften bei
mäßigem Wetter 10
Tragf. bei mäßigem Wetter und Seegang . . 750 kg

Preis[1]: Boot ohne Ausrüstung (Krawehl) . . 1235 Mk.

---

1) Der Kaiserl. Werften.

Das „Torpedoboots-Beiboot" (Abb. 37 bis 39), auch „Dingi" genannt, ist aus dem Bedürfnis entstanden, den Torpedofahrzeugen ein Boot mitzugeben, das zu Verkehrszwecken im Hafen und zu Rettungszwecken auf See benutzbar, dabei aber möglichst leicht ist und an Bord wenig Platz beansprucht. Seine Bauweise muß aber trotzdem einer ziemlich rauhen Behandlung Widerstand leisten können. Die Boote sind mit Luftkästen und Korkfender versehen, um ihre Schwimmfähigkeit zu erhöhen.

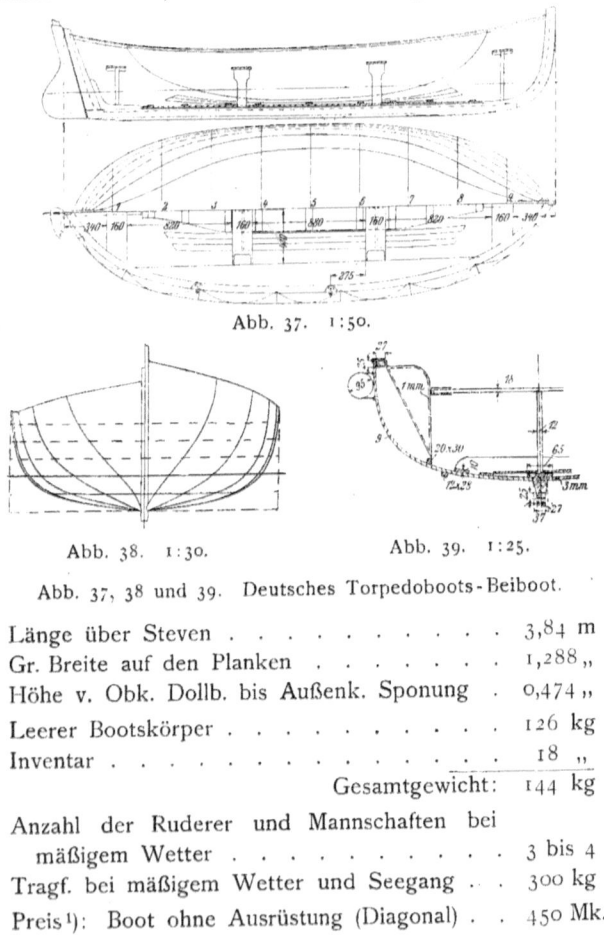

Abb. 37. 1:50.

Abb. 38. 1:30.   Abb. 39. 1:25.

Abb. 37, 38 und 39. Deutsches Torpedoboots-Beiboot.

Länge über Steven	3,84 m
Gr. Breite auf den Planken	1,288 „
Höhe v. Obk. Dollb. bis Außenk. Sponung	0,474 „
Leerer Bootskörper	126 kg
Inventar	18 „
Gesamtgewicht:	144 kg
Anzahl der Ruderer und Mannschaften bei mäßigem Wetter	3 bis 4
Tragf. bei mäßigem Wetter und Seegang	300 kg
Preis[1]): Boot ohne Ausrüstung (Diagonal)	450 Mk.

1) Der Kaiserl. Werften.

b) **Boote der Handelsschiffe und Yachten**.[1]

Früher waren auf Kauffahrteischiffen folgende vier Bootsarten üblich: Das Großboot, schwer und völlig gebaut, zum Transport von Ladung, wenn das Schiff auf der Reede laden und löschen mußte; das Mittelboot oder die Schaluppe, etwas leichter und schärfer als das erstere, zum Ausbringen eines Wurfankers, zu Rettungs- und Verkehrszwecken; die Jolle, noch kleiner und leichter, hauptsächlich für den Verkehr zwischen Schiff und Land; die Gig, von schlanker, eleganter Bauart, ausschließlich für den Gebrauch des Schiffsführers bestimmt. Sämtliche Boote waren hauptsächlich zum Rudern eingerichtet, aber auch mit Segeln versehen.

Heute kommen als Schiffsboote hiervon höchstens noch die Mittelboote, Jollen und Gigs in Betracht, da Löschen und Laden meistens am Kai oder unter Benutzung von besonderen Leichterfahrzeugen geschieht.

Gewöhnliche hölzerne Schiffsboote.

		Großboote				Mittelboote				Jollen			Gigs	
Länge über Steven	m	7,5	6,9	6,3	5,7	7,5	6,9	6,3	5,7	5,15	4,5	4,0	7,7	5,7
Breite auf d. Planken	m	2,4	2,4	2,3	2,0	2,0	2,0	1,8	1,7	1,7	1,4	1,25	1,4	1,4
Höhe von Obk. Dollb. bis Ausenk. Spong.	m	0,96	0,96	0,92	0,8	0,8	0,8	0,72	0,68	0,68	0,56	0,50	0,56	0,56
Gewicht ohne Inventar	kg	700	630	550	470	600	525	450	388	325	250	212	385	258

Im übrigen werden Handelsschiffe jetzt meistens mit den sogenannten „Rettungsbooten" ausgerüstet. Das Bestreben geht dahin, im Falle eines Schiffbruches für alle an Bord befindlichen Menschen eine Möglichkeit zur Rettung in Booten zu schaffen. Diese Boote müssen daher möglichst leicht und geräumig sein, um viele Menschen aufnehmen zu können. Dabei müssen sie sehr stabil und seefähig sein, da sie meist ihren Zweck gerade

---

[1] Hütte, Des Ingenieurs Taschenbuch. Johow, Hülfsbuch für den Schiffbau. Unfallverhütungsvorschriften der Seeberufsgenossenschaft. U.S.A. Board of Steamboat-Inspection, Amended Regulations. Reichsgesetz über das Auswanderungswesen. Berichte der Reichskommissare f. d. Ausw.-W. Germanischer Lloyd, Vorschriften. Flamm, Sicherheitseinrichtungen auf Schiffen. Motorboote und Bootsmotoren, Verlag „Die Yacht".

bei schlechtem Wetter und Seegang erfüllen müssen. Gleichzeitig sollen die Boote aber an Bord wenig Platz beanspruchen und leicht mit Hilfe von Davits, Kranen usw. (s. Abschn. V) ausgesetzt werden können.

Von grundlegendem Einfluß auf die Bauweise dieser Boote sind die Vorschriften der Klassifikations-Gesellschaften und der Aufsichtsbehörden. Die Reedereien der großen Passagierdampferlinien haben nicht nur die gesetzlichen Bestimmungen des eigenen Landes, sondern auch diejenigen der von ihren Schiffen angelaufenen fremden Staaten zu beachten.

Die Deutsche Seeberufsgenossenschaft gibt folgende Vorschriften:

Rettungsboote sind:

1. Vorn und hinten scharf gebaute Boote aus Holz oder Metall, welche, wenn aus Holz, entweder mit festen, dichten Luftkasten von mindestens 10% des Bootraumgehaltes oder mit gleichwertigen Schwimmvorrichtungen versehen sind. An jeder Seite muß außenbords eine Sicherheitsleine von vorn bis hinten befestigt sein.

Bei Metallbooten dieser Art ist der räumliche Inhalt der Schwimmvorrichtungen entsprechend der durch das Baumaterial bedingten, geringeren Schwimmfähigkeit zu erhöhen.

2. Boote wie unter Nr. 1 mit der Maßgabe, daß mindestens die Hälfte der Schwimmvorrichtung außenbords angebracht sein muß.

Als Raumgehalt eines Bootes in cbm gilt das mit 0,6 multiplizierte Produkt aus der Länge zwischen den Außenflächen der Beplankung neben dem Steven, der Breite zwischen den Außenflächen der Beplankung und der Tiefe in der Mitte der Länge zwischen der oberen Kante des Schandeckels (Dollbords) und der inneren Fläche des Kielgangs neben dem Kiel.

Bei Booten der Gattung Nr. 1 sind 0,285 cbm, bei allen übrigen Booten 0,23 cbm Raumgehalt für jeden erwachsenen Menschen zu rechnen. Alle aufzunehmenden Personen müssen sitzend untergebracht werden können, ohne daß die Ruderer behindert werden.

Von der vorgeschriebenen Zahl und dem Bootsraum muß mindestens die Hälfte auf Rettungsboote entfallen, die übrigen Boote können anders gebaut sein.

Rettungsboote der Handelsschiffe.

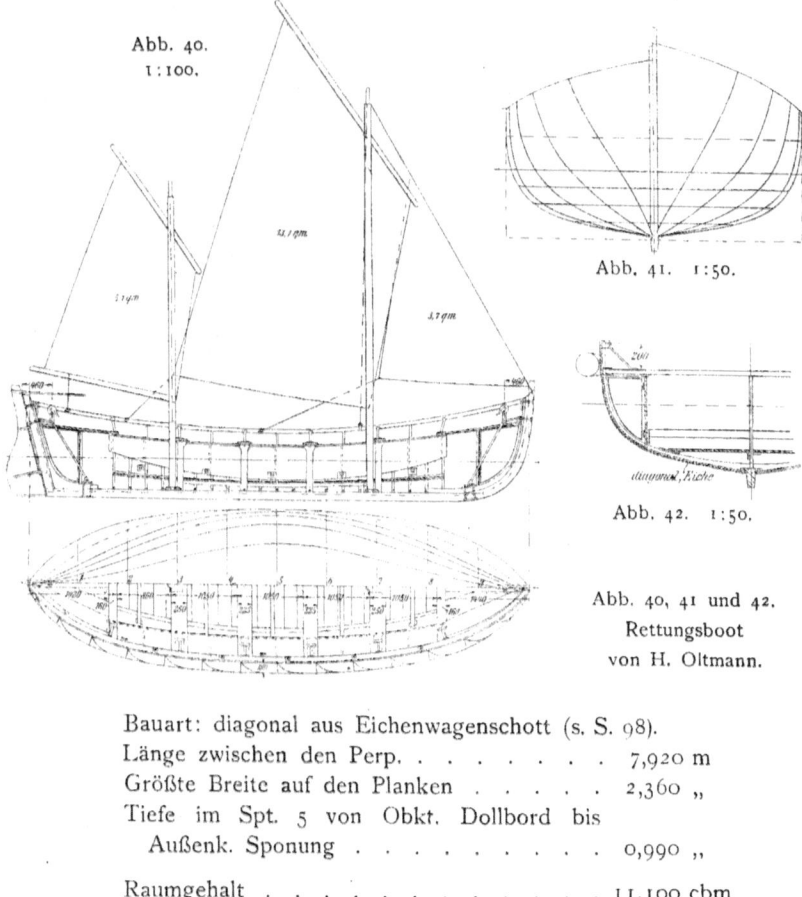

Abb. 40. 1:100.

Abb. 41. 1:50.

Abb. 42. 1:50.

Abb. 40, 41 und 42. Rettungsboot von H. Oltmann.

Bauart: diagonal aus Eichenwagenschott (s. S. 98).

Länge zwischen den Perp.	7,920 m
Größte Breite auf den Planken	2,360 „
Tiefe im Spt. 5 von Obkt. Dollbord bis Außenk. Sponung	0,990 „
Raumgehalt	11,100 cbm
Korkfender 180 mm Durchmesser	0,280 „
Luftkasten: 6 an jeder Seite	0,700 „
„ 2 an jedem Ende	0,300 „
	1,280 cbm.

Abb. 40—42 stellen ein von H. Oltmann in Motzen an der Weser in Diagonalbauart (s. S. 141) gebautes Rettungsboot für große Ozeandampfer dar. Die folgende Tabelle gibt einige nähere Angaben über Abmessungen, Gewichte- und angenäherte Preise derartiger Boote in verschiedenen Größen.

Abschnitt I. Beschreibungen von Booten.

Hölzerne Rettungsboote für Handelsschiffe
(in Diagonal-Bauart).

Größe	1	2	3	4	5	6	7	8	9	10	11
Länge zwischen Außenkante Sponung .... m	9,40	9,14	9,14	8,54	8,54	7,92	7,92	7,32	7,32	6,70	6,70
Breite über Planken . „	2,75	2,75	2,60	2,60	2,44	2,36	2,06	2,20	1,98	1,98	1,83
Tiefe von Oberk. Schandeckel bis Innenk. Sponung .... „	1,14	1,14	1,07	1,07	1,05	0,99	0,90	0,90	0,90	0,80	0,75
Rauminhalt .... cbm	17,68	17,19	15,26	14,25	13,10	11,20	8,80	8,70	7,83	6,37	5,50
Gewicht ohne Inventar kg	1400	1375	1350	1150	1125	1000	975	975	900	650	600
„ mit Inventar . „	1750	1725	1700	1475	1450	1325	1275	1275	1075	900	850
Personenzahl	62	60	53	50	46	41	31	30	27	22	19
Preis ohne Inventar . ℳ	1925	1870	1650	1540	1430	125	1155	1045	990	825	770
„ des Inventars . . „	605	495	495	470	470	440	440	420	420	385	385

In Abb. 43 bis 45 ist eine von R. Holtz in Harburg ausgeführte Bauweise von Rettungsbooten aus Stahlblech wieder-

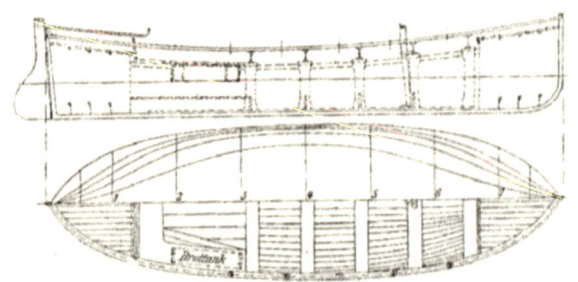

Abb. 43. 1:100.

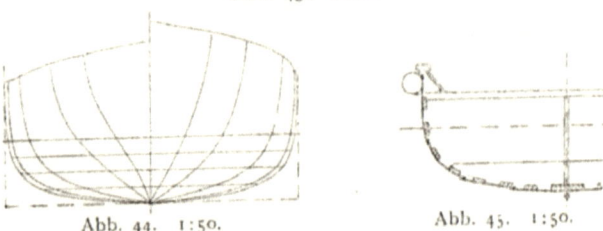

Abb. 44. 1:50. Abb. 45. 1:50.

Abb. 43, 44 und 45. Rettungsboot von R. Holtz.

Länge zwischen den Steven . . . . 7,93 m
Größte Breite über Spanten . . . . 2,28 „
Tiefe von Obkt. Schandeckel bis Obkt. Kiel . 0,99 „

gegeben. Hierbei werden nur die Bootsenden mit Querspanten versehen, während der mittlere Teil zwischen den Luftkasten-Schotten durch eingesprengte hölzerne Längsspanten versteift wird. Nähere Angaben über diese Boote enthält die folgende Tabelle:

Rettungsboote aus Stahlblech von R. Holtz-Harburg.

	1	2	3	4	5	6	7	8	9
Länge . . . m	4,27	4,88	5,49	6,10	6,71	7,32	7,93	7,93	8,54
Breite . . . „	1,60	1,67	1,70	1,83	1,90	1,97	2,05	2,13	2,20
Tiefe . . . . „	0,66	0,71	0,76	0,81	0,86	0,91	0,98	0,98	1,03
Preis ohne Inventar . . ℳ	467	534	600	667	734	800	867	896	934

Eine sehr häufig angewendete Bauweise für Schiffsrettungsboote ist diejenige nach dem „Patent Francis" (Abb. 46). (Näheres

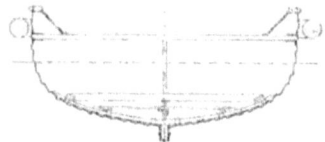

Abb. 46. Rettungsboot nach Francis-Patent.

über diese Bauweise s. S. 146). Diese Boote waren eine Zeitlang sehr beliebt, doch werden heutzutage die hölzernen Diagonalboote (s. o.) im allgemeinen vorgezogen, weil sie leichter und billiger sind und weil Reparaturen auf See leichter ausgeführt werden können. (Vgl. Tabelle S. 28.)

Diese Boote werden u. a. von O. Kirchhoff Nachf. in Stralsund und von H. Oltmann in Motzen a. d. W. gebaut.

Es werden auch noch andere Bausysteme für die Rettungsboote angewendet, z. B. das sogenannte „nahtlose" (seamless) System (s. S. 146). Doch sind die oben beschriebenen am gebräuchlichsten, und die allgemeine Form und Einrichtung ist bei allen Booten die gleiche.

Man hat auch schon die Ausrüstung der Rettungsboote mit Motoren vorgeschlagen. (Vgl. Das Motorboot 1908, Nr. 5, S. 9.) Der Gedanke ist natürlich sehr bestechend, und der Wert und die Brauchbarkeit der Boote würden selbstverständlich dadurch sehr gewinnen, vorausgesetzt, daß der Motor zur Zufriedenheit funktio-

Abschnitt I. Beschreibungen von Booten.

nieren würde. Als Nachteile stehen der Einführung des Motors in diesem Falle hindernd entgegen: die Gewichtsvermehrung, die Anschaffungs- und Instandhaltungskosten, die Brennstoffbeschaffung und -unterbringung sowie die Feuergefährlichkeit des Brennstoffes; außerdem die Unsicherheit des Betriebes, wenn der Motor längere Betriebspausen hat.

Francis-Patentboote mit eingesetzten kupfernen Luftkasten seitlich unter den Duchten. (Nach Johow.)

Länge	Breite	Höhe	Raum-gehalt	Per-sonen-zahl	Gewicht ohne Inventar	Gewicht mit Inventar	Preis ohne Ausrüstung	Preis mit Ausrüstung
m	m	m	cbm		kg	kg	ℳ	ℳ
9,75	2,75	1,15	18,5	65	1800	2125	1400	1850
9,15	2,75	1,15	17,4	61	1700	2000	1300	1750
9,15	2,60	1,10	15,7	55	1625	1925	1250	1700
8,55	2,60	1,10	14,7	51	1525	1800	1200	1625
8,55	2,45	1,05	13,2	46	1450	1725	1150	1575
8,55	2,30	1,00	11,8	41	1375	1650	1100	1525
7,90	2,30	1,00	10,9	38	1275	1525	1050	1450
7,90	2,20	0,95	9,9	35	1200	1450	1000	1400
7,90	2,05	0,90	8,7	31	1125	1375	950	1350
7,30	2,20	0,95	9,2	32	1025	1225	900	1250
7,30	2,05	0,90	8,1	28	950	1150	875	1225
7,30	1,98	0,85	7,4	26	900	1100	850	1200
6,70	1,98	0,80	6,4	22	825	975	800	1100
6,70	1,90	0,75	5,7	20	775	925	775	1075
6,70	1,83	0,75	5,5	19	725	875	750	1050
6,10	1,83	0,75	5,0	17	650	775	675	925
5,50	1,77	0,70	4,0	15	570	—	—	510
5,00	1,50	0,55	2,5	10	480	—	—	470
4,25	1,42	0,53	1,9	8	400	—	—	430
3,83	1,25	0,45	1,3	5	300	—	—	380

Auf den größeren Passagierdampfern werden gewöhnlich zwei kleinere Rettungsboote, die in der Form der Walfischboote (s. o.) gebaut sind, untergebracht; sie sind leicht und handlich zum Rudern eingerichtet und hängen auf See stets für den Rettungsdienst bereit zum Streichen in Davits.

Als sogenannter „Hilfsbootsraum" können die „Halbklappboote" gefahren werden, wie sie z. B. Abb. 47 bis 49 in der von Omar Kirchhoff in Stralsund angegebenen Konstruktion darstellen. Das Boot besteht aus einem festen Unterteil aus Blech, der durch Längs- und Querschotten in wasserdichte

Francis-Patent-Boote, Halbklappboote.

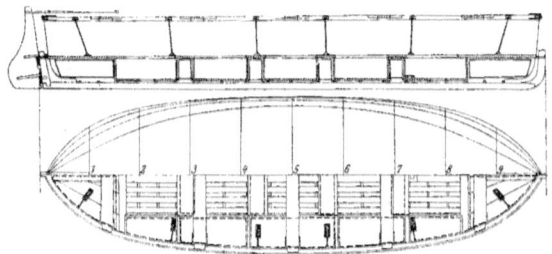

Abb. 47. 1:100.

Länge über Steven	8,00 m
Größte Breite auf Platten	2,40 „
Tiefe des Unterteils von Obkt. Dollbord bis Außenkt. Sponung	0,42 „
Gesamttiefe	1,02 „

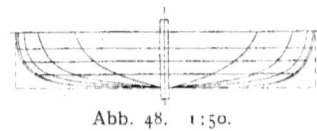

Abb. 48. 1:50.

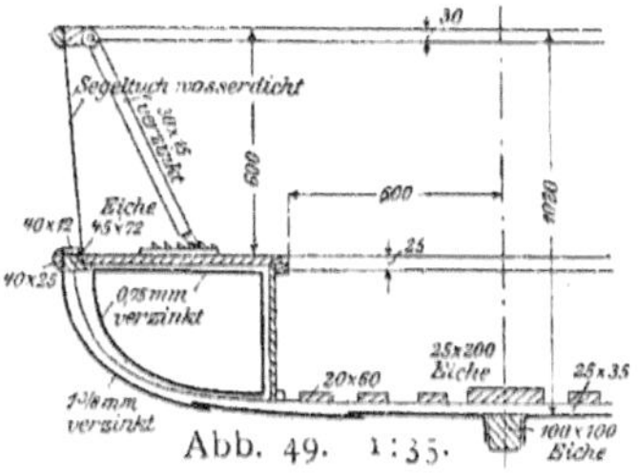

Abb. 47, 48 und 49.
Halbklappboot von O. Kirchhoff.

Abb. 49. 1:35.

Kiel: Eiche 100 × 60.
Vorsteven: Eiche 110 × 60, verjüngt auf 80 × 40.
Hintersteven: Eiche 150 × 60, verjüngt auf 110 × 40.
Spanten, eingebogen: Eiche 25 × 35, oben 20.
Kielschwein: Eiche 25 × 200.
Remmleisten: „ 20 × 80.
Dollbord: „ 45 × 72 (gefalzt)
Schandeckel: „ 40 × 12.
Scheuerleiste: „ 40 × 25.
Ruderduchten unten: Kiefer 320 × 25.
„ oben: „ 200 × 30.
Querschotte: Kiefer 20.
Pflichten: „ 20.
Beplattung: Flußeisen verzinkt 1 3/8 mm.
Luftkasten: Eisen verzinkt 0,75 mm.
Heiß-Stroppen: Kette 16 mm verzinkt.

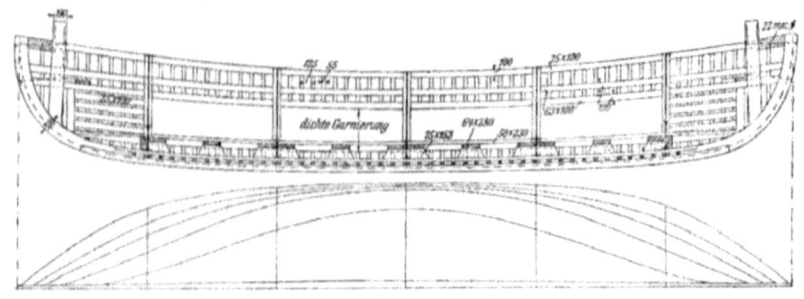

Abb. 50. 1:100.

Länge über Außenkante Sponung . . . . 12,12 m
Breite über Außenkante Planken . . . . . 3,20 „
Tiefe von Oberkante Dollbord bis Oberkante
    Kiel . . . . 1,42 „

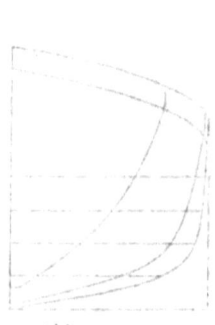
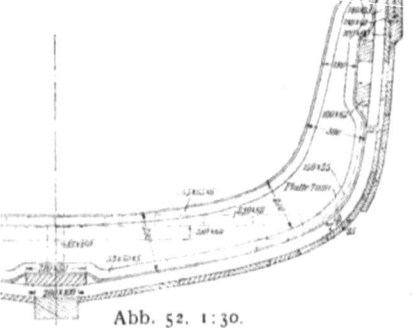

Abb. 51. 1:50.   Abb. 52. 1:30.

Kiel: Eiche, in der Mitte 200 × 100.
Steven: Eiche, 155 × 100 × 200.
Spanten: Esche 50 × 55 in 125 mm Abstand.
Eiserne Rahmenspanten in 2,02 m Abstand.
Stevenschienen 75 × 15.
Nieten für Dollbord, Setzbord und Weige: 10 mm Durchmesser.
    „   „   Planken: 5 mm Durchmeser.

Abb. 50, 51 und 52. Brandungsboot der Woermann-Linie.

Räume und Luftkasten eingeteilt ist, so daß das Boot auch vollgeschlagen nicht untergehen kann, und aus einem aufklappbaren Oberteil, der aus einem Rahmen mit Spreizen und Segeltuch besteht.

Diese Boote nehmen an Deck sehr wenig Platz ein, da sie im zusammengeklappten Zustand zu dreien übereinander aufgestellt werden können.

Der Angriffspunkt der Heißtaljen, mit denen das Boot über Bord gesetzt wird, ist mit Hilfe einer Kniehebel-Konstruktion so angebracht, daß sich beim Anheben des Bootes der zusammenklappbare Oberteil aufrichtet und stehen bleibt.

Dampfer, welche an ungeschützter Küste laden und löschen müssen, wie z. B. die Woermann-Dampfer in Afrika, führen sogenannte „Brandungsboote" (Abb. 50 bis 52). Sie müssen geräumig zur Aufnahme von Ladung sein, eine für das Fahren in schwerem Seegang geeignete Form haben und widerstandsfähig gegen sehr rauhe Behandlung sein. Sie werden nicht mittels Riemen, sondern mit sogenannten Pagaien fortbewegt, in der Art der Kanoes der Wilden.

Dieselben Dampfer führen in der Regel auch eine „Dampfbarkasse" besonderer Bauart, die zum Schleppen der Brandungsboote und sonstigen Verkehr auf der Reede sehr geeignet ist. Es sind offene Boote, ähnlich wie das in Abb. 85 dargestellte; sie haben nach Art der Brandungs- und Walfischboote stark hochgezogene Enden, d. h. viel Sprung (s. Abschn. IV). Außerdem sind sie kräftig gebaut und mit starkem Fender versehen, um sie gegen Stöße und sonstige Beanspruchungen beim Aus- und Einsetzen (s. Abschn. V) und beim Schleppen und Anlegen widerstandsfähig zu machen. Ein solches Boot ist 8,50 m lang, 2,24 m breit und hat 1,02 m Tiefgang. Die Compoundmaschine indiziert 20 Pferdestärken bei 300 Umdrehungen in der Minute. Der Kessel hat 8 Atm. Überdruck. Der Preis eines solchen Bootes beträgt etwa 8 bis 10000 ℳ.

Natürlich gibt es noch eine große Anzahl verschiedener Beibootsformen und -bauweisen, die sämtlich zu besprechen hier zu weit führen würde. Das in Abb. 53 und 54 dargestellte Boot ist z. B. ein eiserner „Handkahn für Flußschleppkähne", wie er in sehr einfacher und zwecksprechender Weise von A. G. Paucksch in Landsberg an der Warthe hergestellt wird.

Abschnitt I. Beschreibungen von Booten.

Besonders zu erwähnen sind an dieser Stelle noch die Beiboote für Yachten, die auch in den verschiedensten Formen und Ausführungen im Gebrauch sind. Diese Boote müssen möglichst leicht und handlich sein. Dabei darf aber ihre Bauweise nicht allzu schwach sein, da sie manchen Stoß aushalten müssen. Ihre Form kann ziemlich völlig sein, da keine große Geschwindig-

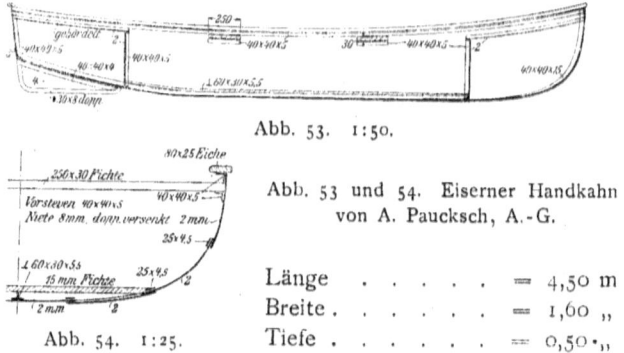

Abb. 53. 1:50.

Abb. 53 und 54. Eiserner Handkahn von A. Paucksch, A.-G.

Länge . . . . . = 4,50 m
Breite . . . . . = 1,60 „
Abb. 54. 1:25.   Tiefe . . . . . = 0,50 „

keit gefordert wird. Da aber Tragfähigkeit und Trockenheit im Seegang von ihnen gewünscht wird, so gibt man ihnen gern ziemlich viel Freibord.

Abb. 55, 56 u. 57, 58 zeigen Ruderbeiboote in zwei verschiedenen Größen, Abb. 59 u. 60 ein „Segeldingi", dem durch Einbau eines Stechschwertes eine gewisse Segelfähigkeit verliehen ist. Abb. 61, 62 u. 63 bis 65 geben ein paar Motor-Yachtbeiboote wieder wie sie mit Vorliebe bei größeren Yachten zur Verwendung kommen. Sie nähern sich in Form, Bauweise und Ausstattung bereits den Sport-Motorbooten, s. S. 84.

Die Firma Fr. Lürssen in Aumund bei Vegesack stellt Beiboote in einer patentierten Bauart her, deren Hauptangaben in folgender Tabelle enthalten sind.

Länge	Breite	Ausführung	Gewicht mit Riemen, Dollen und Ruder
2,20 m	1,15 m	Auf Kiel gebaut. Außenhaut: Zeder und Mahagoni, innen Segeltuchbezug.	50 kg
2,40 „	1,20 „		60 „
2,60 „	1,25 „		70 „
2,80 „	1,25 „	In Eiche diagonal-krawehl 10% schwerer.	80 „
3,00 „	1,25 „		90 „
2,85 „	1,18 „	Flachboden, Zeder.	57 „

Yacht-Beiboote.

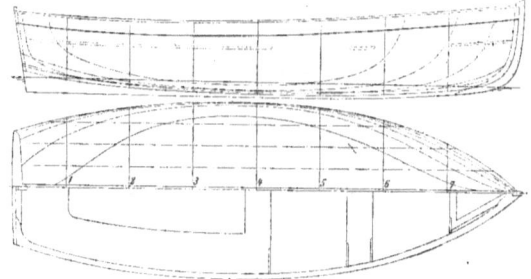

Abb. 55. 1:50.

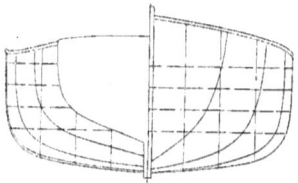

Länge . . . . = 4,00 m
Breite . . . . = 1,34 „

Abb. 55 und 56.
Yacht-Beiboot von M. Oertz. Abb. 56. 1:30.

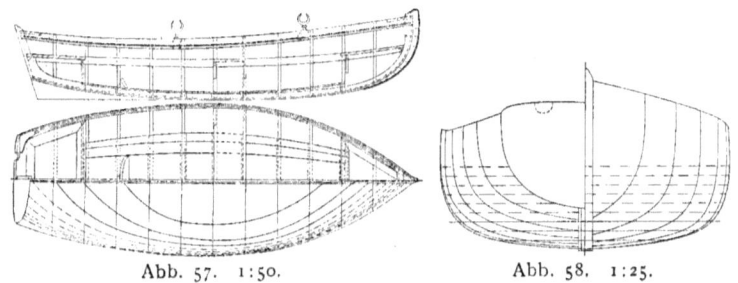

Abb. 57. 1:50. Abb. 58. 1:25.

Abb. 57 und 58.
Yacht-Beiboot von O. Protzen.

Länge . . . . = 3,15 m
Größte Breite . . . . = 1,13 „
Breite in W.-L. . . . . = 1,00 „

Brix, Bootsbau. 4. Aufl.

34   Abschnitt I. Beschreibungen von Booten.

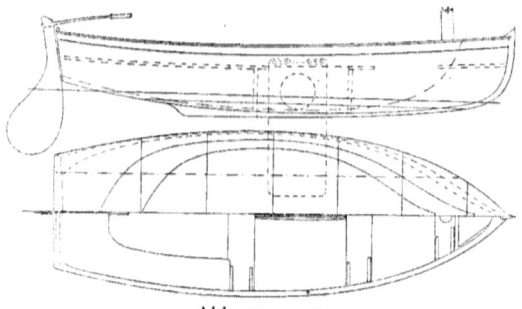

Abb. 59. 1:50.

Länge über alles . . = 3,51 m
„ in der W.-L. . = 2,96 „
Größte Breite . . . = 1,23 „
Tiefg. ohne Schwert . = 0,16 „
„ mit „ . = 0,75 „

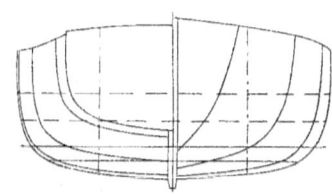

Abb. 59 und 60.
Segel-Dingi von M. Oertz.   Abb. 60. 1:25.

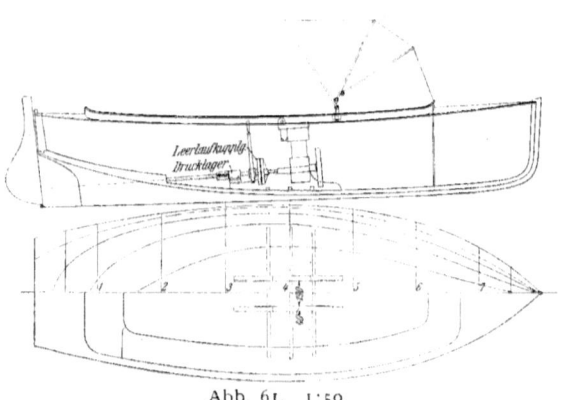

Abb. 61. 1:50.

Länge über Steven . . = 4,00 m
Breite über Planken . . = 1,35 „
Tiefe von Obk. Dollbord
   bis Außenk. Sponung = 0,55 „

Abb. 61 und 62.
Motor-Yachtbeiboot von Stockhusen.   Abb. 62. 1:30.

Segel-Dingi, Motor-Yachtbeiboote.

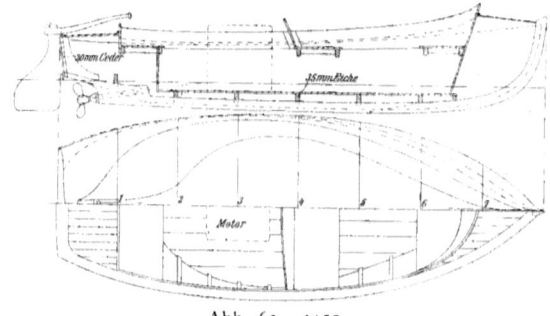

Abb. 63. 1:50.

Länge . . . . = 3,80 m.   Breite . . . . . = 1,40 m.

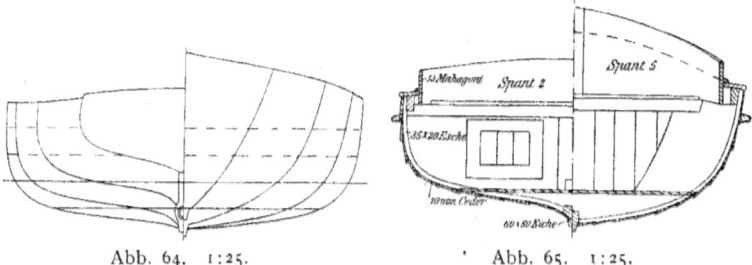

Abb. 64. 1:25.   Abb. 65. 1:25.

Kiel und Steven: Eiche 60×80 mm.
Spanten eingebogen: Esche 35×20 mm.
Bodenwrangen: Eiche 35 mm.
Außenhaut: Zeder 10 mm.
Reling: Mahagoni 13 mm.

Abb. 63, 64 und 65. Motor-Yachtbeiboot der Elka-Werft.

c) Küsten-Rettungsboote und Lotsenboote.[1]

Wenn diese beiden Bootsarten auch nach ihrem Verwendungszweck etwas verschieden sind, so sind sie im allgemeinen doch in Form und Bauweise nicht allzu abweichend voneinander. Sie

---

[1] Deutsche Gesellschaft z. Rettung Schiffbrüchiger: Jahresberichte; Festschrift 1890; Von den Küsten und aus See; Seemann in Not. — Blenck, Die Tätigkeit der D. G. z. R. Sch. in den Jahren 1865 bis 1891 (Zeitschrift d. Kgl. preuß. stat. Bureaus 1891). — Das Motorboot 1908, Nr. 2, S. 25: Amerik. Motor-Rettungsboot; Nr. 5, S. 9: Motor-Rettungsboote; Nr. 21, S. 20: Motor-Rettungsboote. — Engineering 1. April 1910: Motor-Lifeboats. — Motorboote und Bootsmotoren, herausgeg. v. Die Yacht.

mögen daher hier in einem Abschnitt zugleich behandelt werden.
— Etwas Ähnlichkeit besteht auch zwischen den Küsten- und den schon erwähnten Schiffsrettungsbooten.

Die Boote müssen sich bei schwerem Seegang und in der Brandung gut rudern und steuern lassen. Die Bootsform muß bei den Ruderbooten vorn und hinten annähernd gleich sein, damit das Boot nach beiden Richtungen gleichmäßig gebraucht

Abb. 66.
Rettungsboot der Deutschen Gesellschaft zur Rettung Schiffbrüchiger.

werden kann. Ein bedeutender Sprung, d. h. ein starkes Hochziehen des oberen Randes an den Enden, ist zur Erhöhung der Seefähigkeit unerläßlich. Das Eigengewicht muß so gering wie möglich sein, damit das Boot stets handlich bleibt und besonders auch leicht auf dem Lande zu transportieren ist. Es muß sehr fest und so tragfähig sein, daß es, mit Geretteten vollbesetzt und voll Wasser geschlagen, weder sinken noch seine Manövrierfähigkeit verlieren kann. Damit das Boot selbst im vollgeschlagenen Zustande noch vollständig lenkungsfähig ist, muß die Menge des in das Boot gelangenden Wassers durch Anbringung von Quer- und Längsschotten unter den Bänken auf ein Minimum beschränkt werden. Dadurch wird zugleich der innere Bootsraum so unterteilt, daß ein Hin- und Herschießen größerer Wassermassen möglichst vermieden wird. Schließlich wird von einem derartigen Boote verlangt, daß es sich selbsttätig wieder aufrichtet, wenn es gekentert ist. Dies wird durch Tieflegung des Gewichtsschwerpunktes in Verbindung mit Hochziehen der Bootsenden und starkem Wölben der vorderen und hinteren Abdeckungen erreicht. Da die Boote auch segeln sollen, so kommt noch die Forderung einer ausreichenden Stabilität und Manövrierfähigkeit unter Segel hinzu.

Die Rettungsboote der Deutschen Gesellschaft zur Rettung Schiffbrüchiger (Abb. 66 bis 68) sind aus verzinktem und kanneliertem Stahlblech nach Francis Patent gebaut. Sie sind infolgedessen leicht, dauerhaft und widerstandsfähig, bedürfen wenig Pflege und sind den Einflüssen der Temperatur nicht so ausgesetzt wie Boote aus Holz, die bei anhaltender Hitze und Trockenheit im Schuppen oft leck werden. Bei der Einrichtung wird so viel wie möglich auf die ortseigentümlichen Gewohnheiten der Küstenbewohner, in ihren Booten zu rudern, Rücksicht genommen. Die Gesellschaft hat Boote ohne und mit Selbstentleerung. Länge = 8,50 m, Breite = 2,50 m, Tiefe = 0,90 bezw. 1 m, Sprung = 0,45 m, Tiefgang = 0,30 bezw. 0,35 m, Gewicht = 1700 bezw. 2600 kg. Die Boote haben Einrichtungen zum Rudern und Segeln, sind vorn und hinten gleich gebaut und außenbords mit einem Korkgürtel versehen, der zum Schutz beim Anlegen an das in Not befindliche Schiff dient und zugleich die Stabilität des Bootes erhöht, wenn es beim Segeln stark auf die Seite neigt. Die Boote haben keinen Kiel, sondern eine 80 mm hohe, in der Mitte 400 mm breite, nach beiden Enden sich verjüngende Kielsohle (Abb. 69 u. 70). Als Ersatz für den Kiel dient beim Segeln das in der Mitte des Bootes befindliche Stechschwert. Die Boote sind mit End- und Seitenluftkasten versehen. Erstere sind aus demselben Material wie das Boot hergestellt und in dasselbe eingenietet. Letztere sind aus Kupferblech angefertigt und lose in das Boot gesetzt. Das Steuer der Boote ist mit einem Mantel aus Stahlblech versehen, der, heruntergelassen, eine Verlängerung des Steuers bildet, so daß es auch in hoher See, wenn das Boot mit seinem Hintersteven aus dem Wasser kommt, wirksam gehandhabt werden kann. Die Boote haben zwei Masten und führen zwei Luggersegel und eine Fock. Die im Boote befindliche Lenzpumpe entleert das Wasser in den Schwertkasten.

Die mit Selbstentleerungseinrichtungen versehenen Boote sind mit einem Doppelboden versehen, der 400 mm über der Kielsohle und etwa 100 mm über der Wasserlinie liegt. Die Selbstentleerung erfolgt durch sechs durch den Doppelboden und den Boden des

Abb. 67.
Segel-Rettungsboot der Deutschen Gesellschaft zur Rettung Schiffbrüchiger.

Bootes führende, mit Ventilen versehene Röhren. Der Raum unter dem Doppelboden ist durch acht Querschotte in neun wasserdichte Abteilungen geteilt. Zur Vermehrung der Stabilität sind in einigen Booten unter dem Doppelboden auf der Kielsohle zwei mit Pumpen versehene Wasserballasttanks angebracht, die durch Öffnen eines in der Kielsohle befindlichen Ventils gefüllt werden können.

Außer den vorstehend angeführten Typen besitzt die Deutsche Gesellschaft zur Rettung Schiffbrüchiger auch noch gedeckte Segel-

Küsten-Rettungsboote und Lotsenboote.

rettungsboote, die hauptsächlich für Flußmündungen und dort in Betracht kommen, wo größere Strecken zurückgelegt werden müssen, um bis zur Unfallstelle zu gelangen. Durch diese Boote soll ermöglicht werden, daß den Rettungsmannschaften sowohl wie auch Schiffbrüchigen Unterkunft gegeben ist, falls das Boot nicht sofort

Abb. 68.
Segel-Rettungsboot der Deutschen Gesellschaft zur Rettung Schiffbrüchiger.

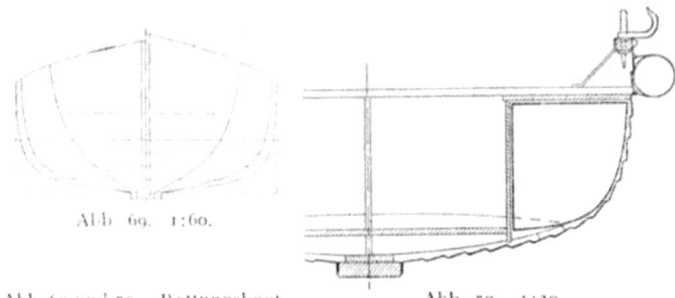

Abb. 69. 1:60.

Abb. 69 und 70. Rettungsboot.   Abb. 70 1:30.

nach seiner Station zurückkehren kann. Zu diesem Zwecke sind die gedeckten Segelrettungsboote auch mit Kojen und Öfen, sowie mit einigen Kochmaterialien versehen.

Da die Kräfte der Besatzung der Rettungsboote durch das anstrengende Rudern bis zur Unfallstelle in der Regel stark verbraucht werden, so daß die Leute für das eigentliche Rettungswerk erschöpft sind, so hat man schon oft versucht, Maschinen zum Antrieb der Boote zu benutzen. Man hat in England Boote

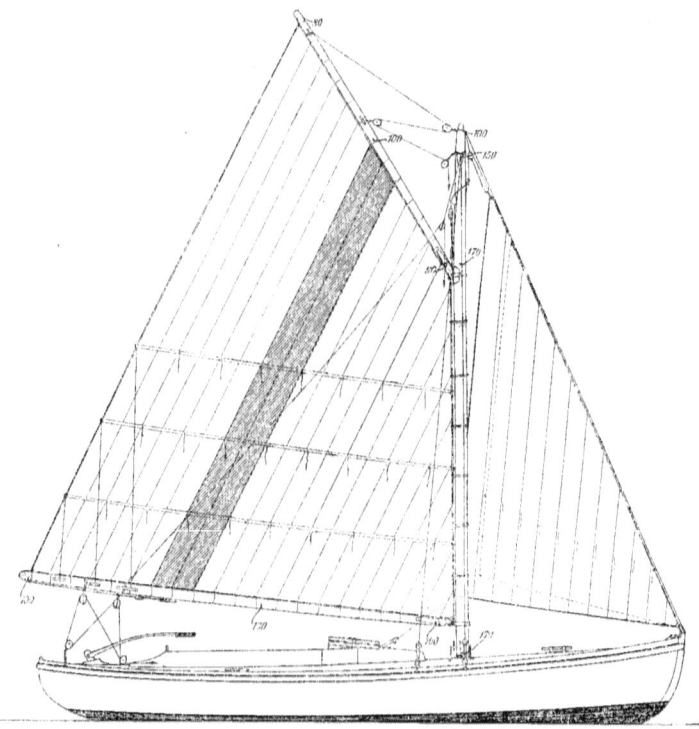

Abb. 71. Lotsenkutter für Travemünde von M. Oertz. 1:100.

Länge über alles . . . . = 10,00 m
„ in der W.-L. . . . . = 8,48 „
Größte Breite auf Planken . . . . . . = 3,00 „
Tiefgang . . . . = 1,40 „

mit Wasserstrahl-Propellern ausgerüstet und gute Erfolge damit erzielt. Doch werden diese Boote sehr schwer und groß und sind daher nur da verwendbar, wo sie nicht an Land aufbewahrt werden, sondern im Wasser liegen bleiben können.

Die meisten Rettungsboote müssen mit Hilfe eines Wagens (s. Abschn. V) möglichst nahe an die Unfallstelle herangeschafft werden, dürfen daher, wie gesagt, nicht zu schwer sein.

Neuerdings wird versucht, den Motor in den Rettungsbootbetrieb einzuführen. Über englische und amerikanische Ausführungen findet man das Nähere in den angeführten Literatur-

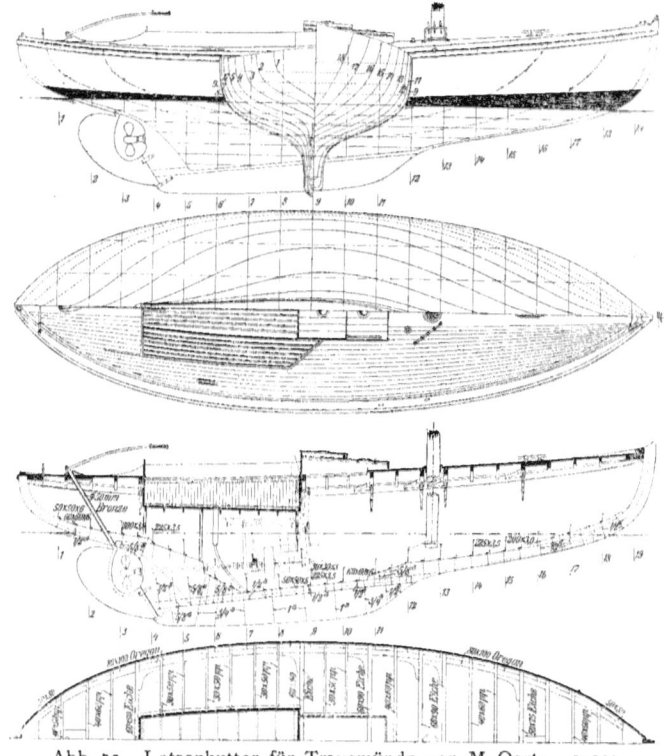

Abb. 72. Lotsenkutter für Travemünde von M. Oertz. 1:100.

Kiel und Steven: Eiche.
Außenhaut: Pitchpine 27 mm.
Stahlspanten: 50×50×5 in 500 mm Abstand.
Eingebogene Spanten: Eiche 35×22.
Bodenwrangen: 60×60×6.
Deck: Oregonpine 24 mm.

quellen.[1]) Die Deutsche Gesellschaft zur Rettung Schiffbrüchiger hat bei Havighorst in Rönnebeck a. d. Weser ein Motor-Rettungsboot zu Versuchszwecken erbauen lassen. Länge = 10 m, Breite = 3 m, Tiefe = 1,22 m, Außenhaut diagonal-krawehl aus Mahagoniholz kupferfest, Vorder- und Hintersteven aus Eichenholz, Doppelboden

---

1) Canots de sauvetage à moteur: Le Yacht 1910, Nr. 1663. — The evolution of the Lifeboat: Int. Mar. Engg. 1905/06. — Engineering 1. April 1910.

zum Zwecke der Selbstentleerung, Luftkasten an beiden Enden und Seiten, Stechschwert, Einrichtungen zum Rudern und Segeln, 15 PS. Zweizylinder-Körting-Petroleummotor mit Wendegetriebe. Das Boot wird seit Januar 1911 auf seiner Station Laboe erschöpfenden Versuchen unterzogen.

Über Lotsenboote sind keine näheren Angaben oder Abbildungen veröffentlicht. Sie sind im allgemeinen ähnlich wie Rettungsboote oder Fischerboote gebaut.

Eine Neuerung auf diesem Gebiete bedeutet der in Abb. 71 u. 72 dargestellte Lotsenkutter, der von M. Oertz für Travemünde geliefert worden ist.

d) Fischerboote.[1])

Über die hier in Betracht kommenden Fischerboottypen geringerer Größe sind im allgemeinen wenig Abbildungen vorhanden. Seglers Handbuch bringt einige charakteristische Zeichnungen, z. B. das Kieler Boot, das Pommersche Boot, das Helgoländer Boot. Die Bootsbauer bauen nach vorhandenen Mallen oder „auf Klamp" die lokalen Bootstypen, die sich im Laufe der Zeit nur ganz unmerklich ändern.

Neuerdings geht man immer mehr dazu über, die Fischerboote mit Motoren zu versehen.

Der Deutsche Seefischereiverein hat durch verschiedene Preisausschreibungen fördernd sowohl auf den Bau der Boote als auch der Motoren eingewirkt. Hierbei sucht man aus praktischen Gründen die althergebrachten und bewährten Formen nach Möglichkeit beizubehalten.[2])

Zwei Beispiele dafür sind in den Abbildungen 73 bis 77 wiedergegeben. Die Form, Bauweise und Einrichtung der dargestellten Fahrzeuge entfernt sich, abgesehen von den durch

---

1) Dittmer u. Buhl, Seefischerei-Fahrzeuge und -Boote ohne und mit Hilfsmaschinen. — Deutscher Seefischerei-Almanach (enthält auch Literaturhinweise). — Abhandlungen des Deutschen Seefischerei-Vereins. — Seglers Handbuch. — Motorboote und Bootsmotoren. Verlag „Die Yacht". — The Fisheries and Fishing Industries of the United States. U. S. Comm. of Fish and Fisheries. Washington 1887. — Ferner die Zeitschriften: Mitteilungen des Deutschen Seefischerei-Vereins, Die Yacht, Das Motorboot, Le Yacht, The Motorboat.

2) Über die Verwendung der Motoren in der Küstenfischerei. Mitteilungen d. Deutsch. Seef. Ver. 1908 Nr. 9. — Les bateaux de pêche en France, Le Yacht 1910 Nr. 1664.

Motor-Fischkutter für die Ostsee.

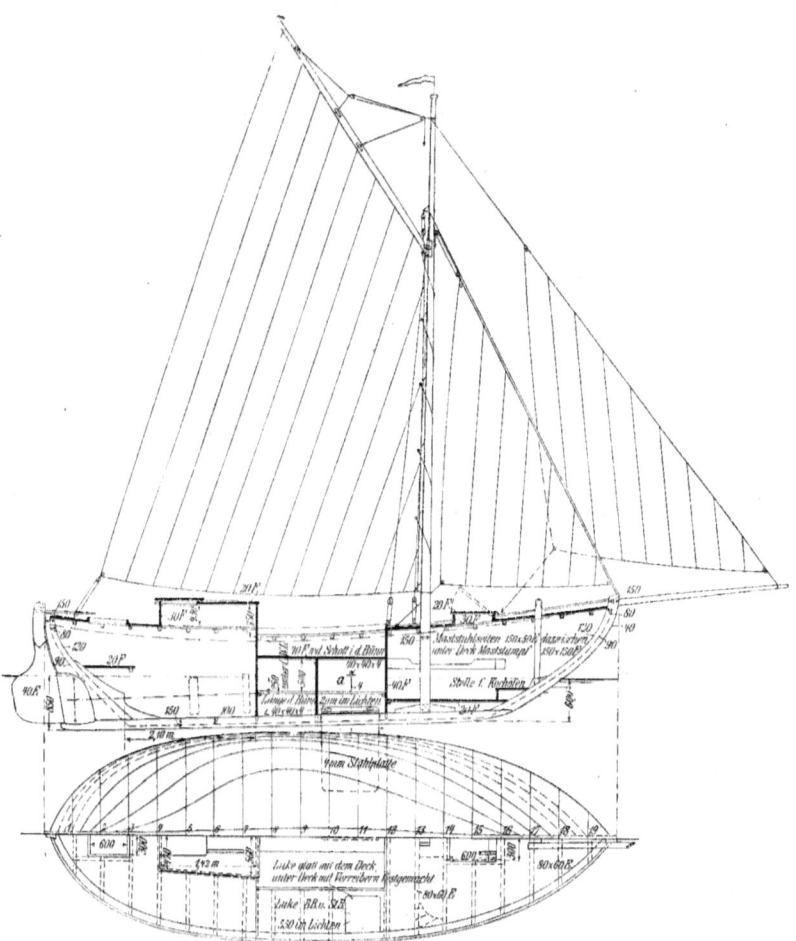

Abb. 73. Motor-Fischkutter für die Ostsee von O. Kirchhoff. 1:100.

Länge über Steven . . . . = 9,00 m
Breite auf Spanten . . . . = 3,20 „
Seitenhöhe auf ½ L. . . . . = 1,30 „
Tiefgang beladen etwa . . . . = 0,65 „
4 PS.-Motor.

Motor und Schraube bedingten Abänderungen, nicht allzusehr von denjenigen der durch langjährige Praxis bewährten lokalen Typen.

Fischerboote für die See müssen seefähig auch bei schlechtem Wetter sein. Sie müssen gut segeln und sich verhältnismäßig leicht rudern lassen. Sie müssen eine gute Geschwindigkeit erreichen können, um den Fang rasch an den Markt bringen zu können. Ihre Festigkeit muß hohen Ansprüchen genügen, denn sie müssen nicht nur rauher Behandlung bei der Ausübung des Fischergewerbes und der Beanspruchung durch Wetter und See-

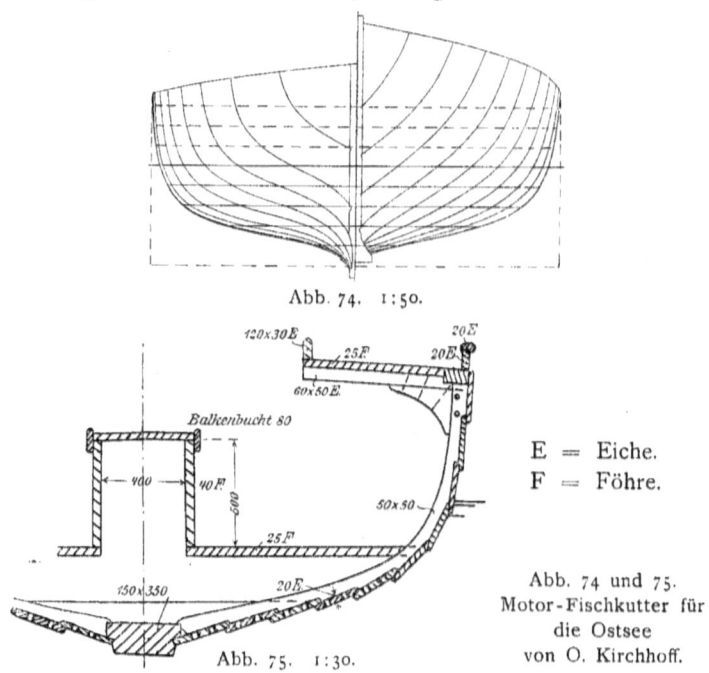

Abb. 74. 1:50.

E = Eiche.
F = Föhre.

Abb. 75. 1:30.

Abb. 74 und 75. Motor-Fischkutter für die Ostsee von O. Kirchhoff.

gang gewachsen sein, sondern sie müssen es auch, wenigstens in den kleineren Typen, vertragen können, gelegentlich einfach in der Brandung stevenrecht oder breitseits auf den Strand gesetzt zu werden.

Dabei soll aber ihre Bauweise einfach und billig sein, ebenso ihre Instandhaltung.

Sie müssen geräumig sein, um genügend Platz für die Unterbringung und Bedienung der Fischgeräte zu bieten. Für die Besatzung muß nach Bedarf eine Unterkunft zum Schlafen und bei schlechtem Wetter geschaffen werden. Schließlich müssen die

Motor-Fischkutter, halbgedecktes Fischerboot mit Motor.

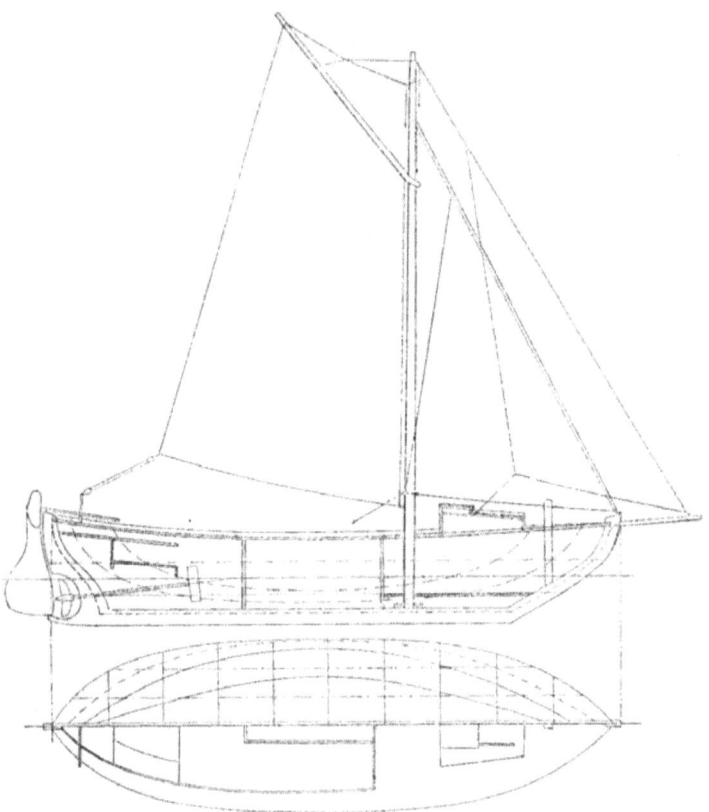

Abb. 76. Halbgedecktes Fischerboot mit Motor von H. Wustrau. 1:120.

Länge über alles = 10,40 m
„ in W.-L. = 9,60 „
Breite auf Spanten = 3,00 „
Seitenhöhe . . . = 1,30 „

Abb. 77.
Halbgedecktes Fischerboot von H. Wustrau.
Spantenriß auf Außenkante Spanten.

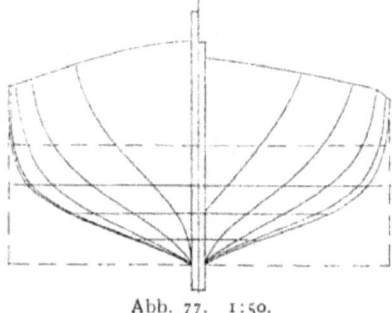

Abb. 77. 1:50.

Abschnitt I. Beschreibungen von Booten.

Einrichtungen, um die gefangenen Fische in lebendem oder geschlachtetem Zustande zu transportieren, derartig sein, daß die Ware in gutem, marktfähigem Zustande nach Hause gebracht werden kann.

Sollen die Fische in der sogenannten „Bünn", dem „Deken" oder der „Piek", einem mit dem äußeren Wasser in Verbindung stehenden Raum im Innern des Bootes, lebend transportiert werden, so müssen die Formen der Boote derartig sein (s. Abschn. IV), daß die Schlinger- und Stampfbewegungen im Seegang sanft und langsam vor sich gehen, damit die Fische nicht „tot gesegelt" werden. Ebenso muß der Fischraum so geformt sein, daß die Fische sich nicht an hervorstehenden Kanten verletzen können.

Will man allen diesen Anforderungen bei Neukonstruktionen genügen, so empfiehlt es sich, bei Änderung von bewährten Typen sehr vorsichtig vorzugehen. Die abgebildeten Fahrzeuge sind in mehrfachen Ausführungen gebaut worden und haben sich im praktischen Betriebe bewährt.

e) **Boote für verschiedene Verkehrs- und Erwerbszwecke.**

Über Hauptabmessungen, Gewichte und Preise **gewöhnlicher Ruderboote**, wie man sie im Privatbesitz und bei den Bootsvermietern findet, gibt die nachfolgende Tabelle einigen Aufschluß.

Ruderboote von Fr. Lürssen-Aumund.

Bootsart	Bauweise	Länge m	Breite m	Gewicht mit Riemen, Dollen, Ruder kg	Preis ℳ
Gewöhnliches Ruderboot (Mietboot)	Eiche-Klinker	4,2	1,33	150	280
Desgl. zum Segeln	„ „ ungedeckt	4,2	1,37	180	300
„ „ „	„ „ gedeckt	4,2	1,37	200	—
Bei größeren Abmessungen bis zu 5 m Länge bis zu 300 kg					
Desgl. zum Segeln	Eiche-Klinker	4,2	1,25	140	—
„ „ „ für 4 bis 5 Personen	„ „	4,9	1,25	165	310
Flachboot (sog. Schlickrutscher) für 3 Personen	Eiche	3,5	1,2	125	—
Desgl. „ „ „	„	4,0	1,25	150	160
„ „ 6 „	„	4,6	1,50	217	215
„ „ 3 „	Mahagoni	3,5	1,2	105	—
Gewöhnl. Ruderboot	Eiche-Klinker	4,6	1,1	160	250
„ „	Zeder- „	4,6	1,1	140	275

Die Bootsbauer haben in der Regel bestimmte Bootstypen, die nach Schablonen handwerksmäßig hergestellt und nach Katalog und Preisliste verkauft werden. Auch einige bessere Bootstypen, die im nächsten Abschnitt „Sportboote" ihre Besprechung finden, wie z. B. die Alsterjolle, die schwereren Typen der Sportruderboote, die Paddelkanoes, werden vielfach von den Bootsvermietern gehalten und sind sehr beliebt. Die Hauptanforderungen, denen Mietsboote zu genügen haben, sind: gute Stabilität, solide, einfache Bauweise, einfache, nicht zu große Besegelung. Da die Boote oft von ungeübten und ungeschickten Leuten benutzt werden, so müssen sie so gebaut sein, daß Havarien nicht leicht eintreten können. Sie müssen ferner leicht gereinigt und instand gesetzt werden können.

Abb. 78 u. 79 zeigen eine besondere Art von Booten, ein sogenanntes „Stückenboot", wie es von R. Holtz in Harburg viel

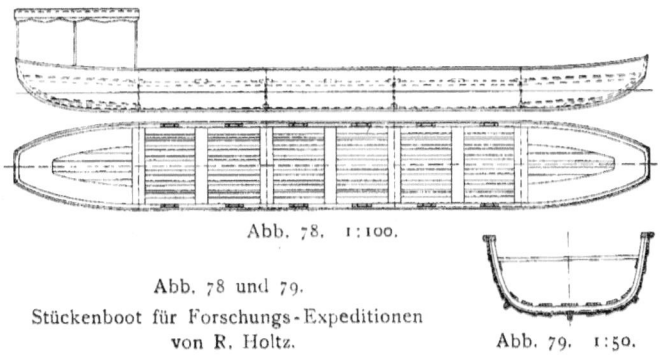

Abb. 78. 1:100.

Abb. 78 und 79.
Stückenboot für Forschungs-Expeditionen
von R. Holtz.

Abb. 79. 1:50.

für Forschungsreisen und militärische Expeditionen in Afrika geliefert worden ist. Vorder- und Hinterteil sind gleich und die anderen Stücke unter sich auch. Die Boote werden aus Holz, Stahl oder Aluminium angefertigt. Die Bauart aus Holz hat u. a. den Vorzug, daß jedes Stück an sich unsinkbar ist. Die Metallboote können dagegen nicht so leicht durch Feuer, Ameisen oder dergl. beschädigt werden.

Die einzelnen Stücke werden durch wasserdichte Schotten an den Enden schwimmfähig gemacht, können also zur Not jedes für sich oder mit einem oder mehreren verbunden gebraucht werden. Die Verbindung wird durch eine Anzahl über den Spantumfang verteilter Schrauben hergestellt. Bei den Holzbooten ist ein Flacheisenrahmen am Rande der einzelnen Stücke angebracht. Auf

48   Abschnitt I. Beschreibungen von Booten.

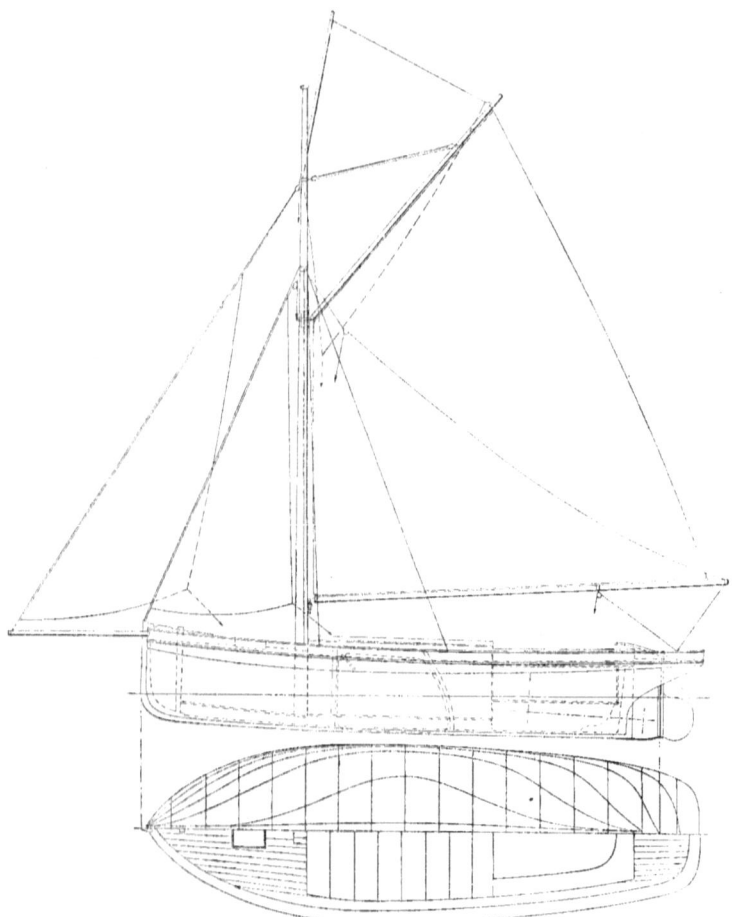

Abb. 80. Krabbenfischer- und Fährboot für die Unterelbe
von W. Hatecke. 1:100.

Länge . . . . = 9,00 m   Tiefe . . . . 1,15 m
Breite . . . . = 2,80 „   5 PS.-Motor.

diesem sitzen kurze Winkelstücke, an denen die Verbindungsschrauben befestigt sind. Bei den Metallbooten können die Flacheisenrahmen fehlen und die Schraubenhalter direkt auf die Außenhaut genietet werden. Eine Schraube liegt im Kiel außen, die beiden nächsten innen im Boden, die folgenden wieder außen in der Kimm. Diese werden durch schlingerkielartige Leisten verdeckt. Die beiden folgenden Schrauben liegen wieder innen unter den

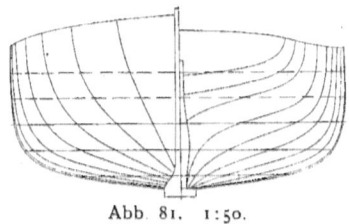

Abb. 81. 1:50.

Abb. 81 und 82. Krabbenfischer- und Fährboot von W. Hatecke.

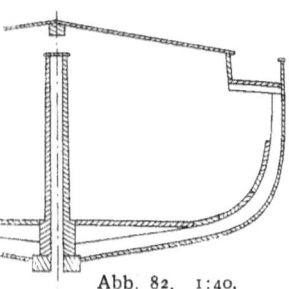

Abb. 82. 1:40.

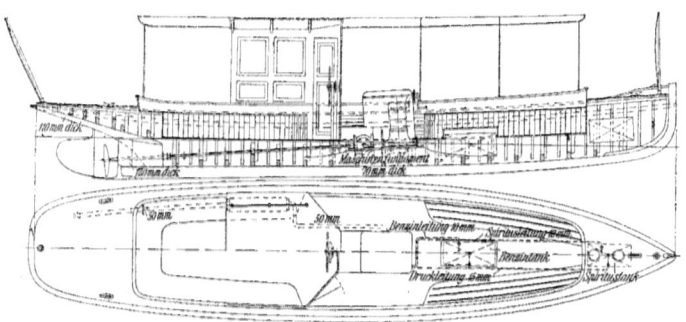

Abb. 83. 1:100.

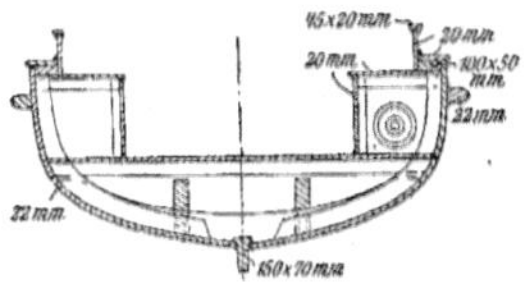

Länge . . . . 10,00 m
Breite . . . . 2,00 „

Abb. 84. 1:60.

Abb. 83 und 84. Motorboot von Fr. Lürssen.

Spanten abwechselnd:
Lieger 110×50 mit Auflanger 70×50.
Eingebogenes Spant 35×30.

Lieger 110×50 mit eingeb. Spant 35×30.
Eingebogenes Spant 35×30.
Lieger mit Auflanger u.s.f.
Außenhaut krawehl.

Duchten und die letzten außen in einer rings herumlaufenden Holzleiste. Die Schraubenbefestigung muß sehr solide ausgeführt und die Schrauben so angebracht werden, daß sie nicht beschädigt

Abschnitt I. Beschreibungen von Booten.

werden können und auch nicht vorstehen und an anderen Gegenständen festhaken können.

Das in Abb. 80 bis 82 dargestellte Fahrzeug ist von W. Hatecke in Dornbusch (Kreis Stade) für einen Krabbenfischer in Freiburg geliefert, der das Boot auch zur Passagierbeförderung von Freiburg nach Glückstadt, Brockdorf und dem Kaiser-Wilhelm-

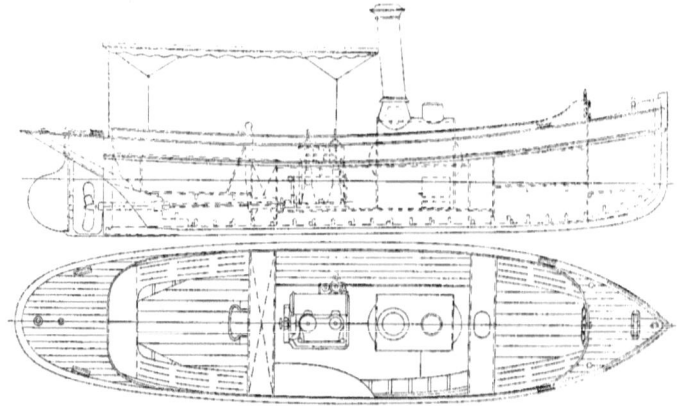

Abb. 85. Dampfbarkasse von R. Holtz. 1:100.

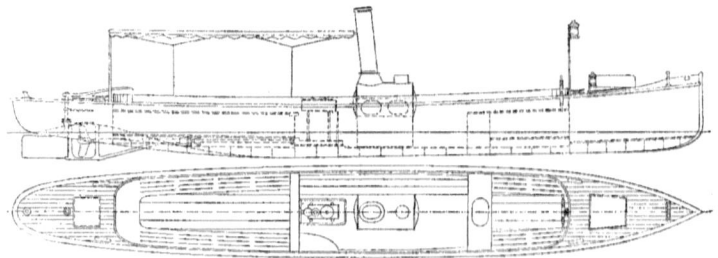

Abb. 86. Dampfbarkasse mit Tunnelheck von R. Holtz. 1:120.

Kanal gebraucht. Das Boot ist breit und flach mit geringem Tiefgang gebaut, damit es bei event. Festkommen gerade liegen bleibt. Es segelt gut und wird bei jedem Wetter gebraucht. Ein Deutzer 5 PS-Einzylinder-Benzinmotor mit Meißner-Propeller erteilt dem Boot eine Geschwindigkeit von ca. 6 Knoten.

Abb. 83 u. 84 zeigen ein Motorboot von Fr. Lürssen, Aumund, wie es auf den deutschen Binnengewässern und in den Seehäfen in großer Zahl zu allen möglichen Verkehrs- und Transportzwecken

Verwendung findet (s. auch „Motorboote und Bootsmotoren" S. 223).

Ein ähnliches Fahrzeug, eine sogenannte „Dampfbarkasse" von R. Holtz, Harburg, ist in Abb. 85 wiedergegeben. Der Typ findet sich z. B. im Hamburger Hafen als Verkehrs- und Schleppboot, auch als Dienstboot für Behörden zahlreich vertreten. Auch für das Ausland und die Kolonien ist er oft geliefert worden.

Schraubenboote kommen oft in sehr flachen Gewässern zur Verwendung. Das Tunnelschraubenboot Abb. 86 von R. Holtz zeigt

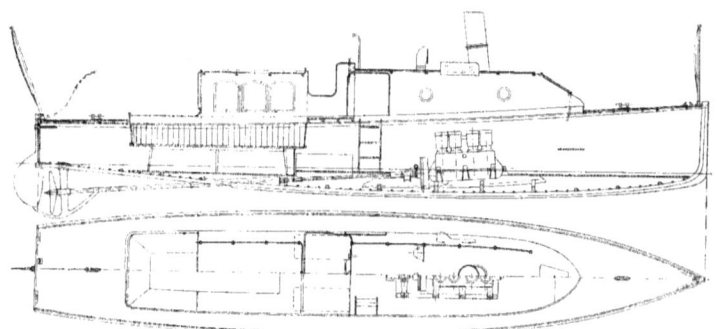

Abb. 87.
Schnelles Verkehrs-Motorboot „Erika" der Howaldtswerke. 1:115.

Länge = 12,00 m
Breite = 2,05 „
Tiefgang mit Hacke = 0,95 m.
45 PS-Reversator-Motor.
Geschwindigkeit = 14,8 Knoten.

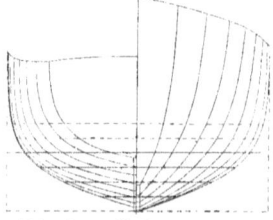

Abb. 88. „Erika". 1:50.

die für diesen Fall geeignete Anwendung des Prinzips der sogenannten „Tunnelschraube" auf ein kleines Dampfboot. Mit diesem System ist es möglich, bei geringem Tiefgang des Fahrzeuges eine genügend große Schraube zur Ausnutzung der Maschinenkraft anzubringen. Bei stilliegendem Boot ist die Schraube nur zum Teil mit Wasser bedeckt; sie kann nötigenfalls durch ein verschraubbares Mannloch in der Tunneldecke nachgesehen und event. ausgewechselt werden. Sobald die Schraube sich aber dreht, füllt sich der Tunnel vollständig mit Wasser, und die Schraube findet dann genügend Widerstand, um ihre volle Wirksamkeit auszuüben.

4*

In Abb. 87 u. 88 ist das schnelle Verkehrsboot „Erika", konstruiert von H. Techel, gebaut von den Howaldtswerken in Kiel, dargestellt. Das Boot hat viel Ähnlichkeit mit den Motorbooten der Marine (vgl. S. 8 bis 9). Ein derartiges Boot kann natürlich auch als schnelles Sportboot dienen und würde als solches schon in die Klasse der Motoryachten (s. S. 89) fallen.

Die folgenden Tabellen geben die Haupt-Konstruktionsangaben über verschiedene von bekannten Firmen gebaute Dampf- und Motorboote zu allgemeinen Verkehrszwecken.

Kleine eiserne Schleppdampfer von R. Holtz in Harburg.

	I	II	III	IV	V
Länge . . . . m	10,0	11,0	13,0	15,0	17,0
Breite . . . . „	2,3	2,6	2,8	3,3	3,6
Seitenhöhe . . . . . . „	1,2	1,3	1,4	1,6	2,0
Tiefgang . . . . „	0,9	1,0	1,15	1,35	1,5
i. PS.	20	30	55	70	85
Heizfläche . . . . qm	8—10	12—14	16—20	26—33	35—40
Geschwindigkeit leer . . Kn	7	7,5	7,5	8	8,5
Zug am Dynamometer . . kg	240	360	660	840	1 020
Gewicht ohne Wasser und Kohlen . . . . „	8 000	9 500	—	—	—
Preis mit Auspuff . . . ca. ℳ	11 000	14 500	20 000	26 500	35 500
„ „ Kondensation . „ „	13 500	17 000	23 400	30 000	40 000

Hölzerne Dampfbarkassen von R. Holtz in Harburg.

	I	II	III	IV	V
Länge . . . . m	7,0	8,0	9,0	10,0	11,0
Breite . . . . „	1,8	2,0	2,25	2,4	2,7
Seitenhöhe . . . . . „	0,9	1,0	1,2	1,2	1,4
Geschwindigkeit . . . . Kn	6,0	6,5	7,0	7,5	8,0
Gewicht ohne Wasser und Kohlen . . . . kg	1 500	2 500	4 000	5 500	7 000
Preis, krawel, ohne Luftkasten, zinkfest . . . ca. ℳ	4 000	5 000	7 000	9 000	11 000
Preis m. Luftkasten, kupferfest . . . . . . ca. ℳ	klinker		diagonal		
	5 000	6 000	9 000	11 000	13 000

Schleppdampfer, Dampfbarkassen, Dampfboote, Motorboote. 53

Schnelle stählerne Dampfboote von R. Holtz in Harburg.

	I	II	III	IV	V
Länge . . . . m	10,0	12,0	14,0	17,0	20,0
Breite . . . . ,,	1,4	1,5	1,8	2,0	2,25
Seitenhöhe . . . . ,,	0,8	0,9	1,0	1,2	1,4
Tiefgang { mit 1 Schraube	0,8	0,8	1,0	1,25	1,3
{ ,, 2 Schrauben	—	—	0,7	0,9	1,0
Heizfläche . . . . . . qm	4	6	10	17	25
Geschwindigkeit . . . . Kn	9	10	11	12	13
Preis { mit 1 Schraube	4200	7000	12 000	18 000	26 000
{ ,, 2 Schrauben	—	—	13 500	20 000	29 000

Stählerne Motorboote der Howaldtswerke-Kiel.

Name des Bootes	Bolinder VIII	Iskra	Motorschlepper	Orlogsboot
Bootsart	Kreuzer	Bereisungsboot	Schleppboot	Dänisches Marine-Beiboot
Länge in W. L.	22,00	15,35	9,00	10,00
Größte Länge	23,00	15,35	10,00	10,10
,, Breite auf Spanten .	3,40	2,40	1,95	2,30
Breite in W. L. auf Spanten	3,20	2,20	1,92	2,00
Konstr. Tiefgang	1,00	0,42	0,50	0,565
Tiefgang, max.	1,35	0,42	0,75	0,87
Seitenhöhe	2,00	1,25	1.20	1,15
Gewichte: Bootskörper mit Zubehör . . .	14 800 kg	4600 kg	2800 kg	3150 kg
Maschine . . .	5 200 ,,	850 ,,	650 ,,	910 ,,
Brennstoff . . .	4 000 ,,	150 ,,	100 ,,	} 100 ,,
Sonstige Vorräte .	3 700 ,,	150 ,,	150 ,,	
Mannschaft	800 ,,	450 ,,	150 ,,	230 ,,
Ballast	500 ,,	100 ,,	—	—
Deplacement	29 000 kg	6300 kg	3850 kg	4460 kg
Geschwindigkeit	12,5 Kn	9 Kn	8.5 Kn	9,65 Kn
Motor: Typ	Bolinder	Daimler	Daimler	Reversator
PSe.	80	30	17	35
Brennstoff	Rohöl	Benzin	Benzin	Petroleum
Umdrehungen . . .	325	800	800	700
Umsteuerung . . .	direkt	Wendegetriebe	Wendegetriebe	direkt
Propeller: Durchmesser . .	1150 mm	600 mm	540 mm	580 mm
Steigung	1500 ,,	450 ,,	525 ,,	580 ,,
Flügelzahl . . .	3	3	3	3
Proj. Flügelfläche .	3540 qcm	1137 qcm	680 qcm	990 qcm

Stählerne Motorboote von der Schiffswerft und Maschinenfabrik „Anker", G. m. b. H., Berlin-Rummelsburg.

	L über alles	L in WL	B auf Spanten	Seiten- höhe	Tiefgang ohne Kiel	Tiefgang an der Hacke	Depla- cement	Motor Zy- linder Zahl	Motor Um- dreh- ungen	PSe	Ge- schwin- digkeit
	m	m	m	m	m	m	t				km
Groß. Personen- boot f. 150 Passa- giere, 2 Kajüten	22,0	19,8	4,2	1,5	0,7	1,0	15,0	4	650	32	ca. 16
Offen. Personen- boot f. 100 Pers.	17,0	15.0	3,0	1,3	0,5	0,8	7,0	2	550	14	ca. 14
Kleines offenes Fährboot	11,0	9,2	2,3	1,15	0,45	0,65	—	2	700	10	ca. 13
Inspektionsboot	12,0	11,2	2,1	1,1	0,5	0,8	4,3	2	750	11	ca. 13,5
Fährboot m Tun- nelschraube	12,0 über Deck	13,0	2,8	1,05	0,35	0,45	5,7	2	550	14	ca. 13,0

f) **Sportboote.**

Die belebende und fördernde Wirkung des Sports auf Handwerk und Industrie, die sich mit der Herstellung der Sportgeräte beschäftigen, zeigt sich ganz besonders auch im Bootsbau. Während bei den übrigen Bootsarten zum Teil ein ziemlich konservatives Festhalten am Althergebrachten festgestellt werden kann, zeigen Ruder-, Segel- und Motorboote, die für Sport- (sei es Renn- oder Vergnügungs-) Zwecke gebaut werden, raschere Entwicklung zu immer höherer Vollkommenheit. Bei ihnen finden wir z. B. häufig eine geradezu raffinierte Ausnutzung der Baustoffe und scharfsinnige Anwendung wissenschaftlicher Erkenntnis. Die Erfolge dieser Konstruktionen haben natürlich wieder Einfluß auf die Bauweise der gewöhnlichen Gebrauchsboote.

α) **Sportruderboote.**[1]

Die dem Rudersport dienenden Boote haben folgenden Anforderungen zu genügen: Die Rudereinrichtung soll so beschaffen sein, daß durch ihre Benutzung dem Körper eine ausgiebige und gesunde Ausbildung gegeben werden kann. Näheres über die Theorie des Ruderns s. Abschn. IV. Die Boote sollen leicht und schlank gebaut

---

[1] Bormann, Die Kunst des Ruderns. Parker B. Field, Canvas Canoes and how to build them. Kuhse, Schülerrudern. Stansfield-Hicks, Yachts, Boats and Canoes. Bearb. von W. Wiese, Leipzig 1888. Vaux Bowyer, Canoes Handling and Sailing. Newyork 1888. Woodgate. Rudern und Skullen. Zeitschriften: Wassersport, Die Yacht.

sein, damit man mit ihnen durch Ausnutzung der Körperkraft eine möglichst große Geschwindigkeit erzielen kann. Die Geschwindigkeit bietet wieder die Möglichkeit, sich mit Hilfe des Bootes schnell in die freie Natur und schöne Gegenden zu begeben und so einen weiteren gesundheitlichen Vorteil zu genießen.

Die Leichtigkeit der Sportruderboote kommt wesentlich ihrer Instandhaltung zugute, da sie sich nach Gebrauch leicht aus dem Wasser heben und sicher unter Dach bringen lassen.

Man unterscheidet „Rennruderboote" und „Touren- oder Gigboote". Eine Zwischenstufe bilden die sogenannten „Übungsboote".

Ferner kann man die Sportruderboote nach der Art ihrer Fortbewegungsmittel einteilen in:

1. „Riemenboote", bei denen jeder Ruderer mit beiden Händen einen langen „Riemen" handhabt. Man hat Riemenzweier, Riemenvierer (Abb. 89 u. 90), Riemensechser und Riemenachter.

2. „Skullboote", bei denen jeder Ruderer in jeder Hand ein „Skull" führt. Die Skulls sind bedeutend kürzer und leichter als die Riemen. Skullen ist in gewisser Beziehung gesunder als Riemenrudern, weil der Körper dabei symmetrisch beansprucht wird. Man hat Einskuller (Abb. 93 bis 95), Skiffs (Abb. 91 u. 92), Doppelskuller (Abb. 96—98, 99—101), Doppelvierer, seltener Dreiskuller, Doppelsechser und Doppelachter.

Zu den Sportruderbooten sind auch die sogenannten „Paddelboote" oder „Kanoes" zu rechnen, die nach dem Vorbilde der Eskimokajaks mit einem doppelarmigen Paddel fortbewegt werden. Der Ruderer hat dabei den großen Vorteil, daß er nach vorn sehen und somit sein Fahrwasser besser beobachten kann. Es gibt Kanoes für 1, 2 und 3 Personen (Abb. 102 u. 103). Sie werden meistens aus Holz, häufig auch aus Leinwand mit Holzversteifungen gebaut. Die Boote sind in der Regel vollständig abgedeckt, und der unmittelbar auf dem Boden sitzende Mann pflegt die Öffnung im Deck um seinen Körper herum durch einen Schurz aus wasserdichter Leinwand, der am Boot und am Körper so angeschnürt wird, daß er im Notfalle leicht gelöst werden kann, ziemlich wasserdicht zu verschließen. Dadurch werden die Paddelboote selbst bei verhältnismäßig rauhem Wetter gebrauchsfähig und sicher. Häufig erhalten sie auch eine leichte Takelung, um günstigen Wind ausnutzen zu können. Man hat sogar Renn-Segelkanoes mit Schwert und sonstigen Sonder-Einrichtungen gebaut. Doch nähern sich diese schon mehr den sogenannten „Segelgigs" (s. S. 67).

Abschnitt I. Beschreibungen von Booten

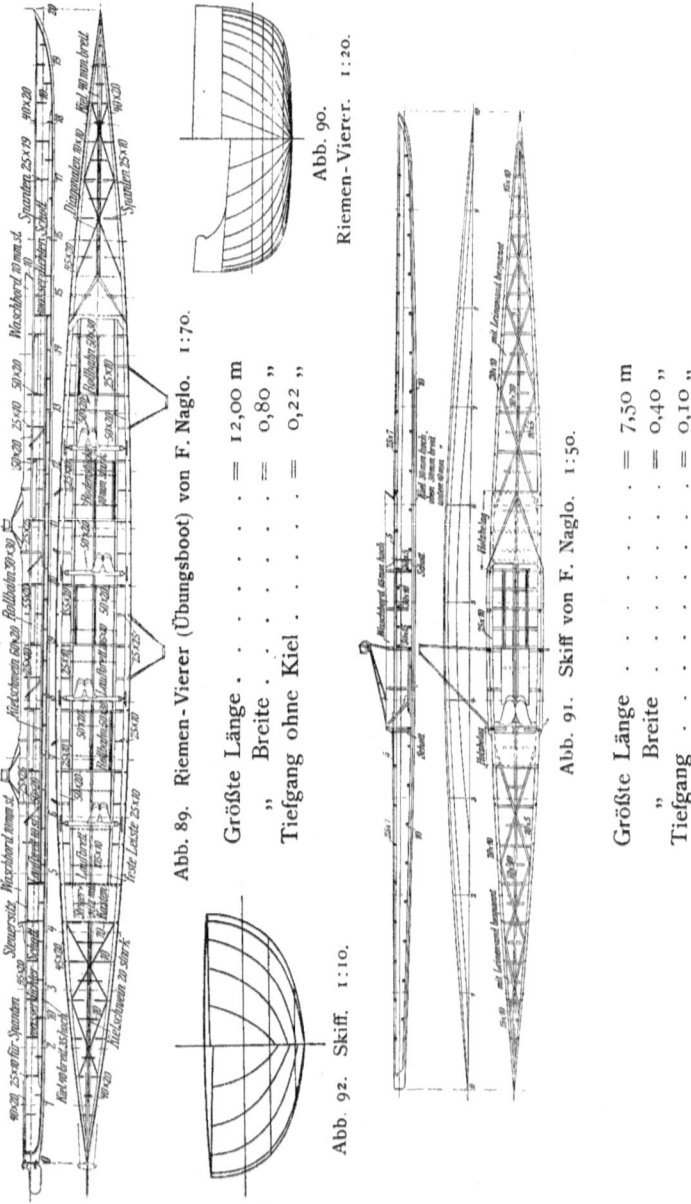

Abb. 89. Riemen-Vierer (Übungsboot) von F. Naglo. 1:70.

Größte Länge . . . . = 12,00 m
„ Breite . . . . = 0,80 „
„ Tiefgang ohne Kiel . . . = 0,22 „

Abb. 90. Riemen-Vierer. 1:20.

Abb. 91. Skiff von F. Naglo. 1:50.

Größte Länge . . . . = 7,50 m
„ Breite . . . . = 0,40 „
Tiefgang . . . . = 0,10 „

Abb. 92. Skiff. 1:10.

Riemen-Vierer, Skiff, gedeckter Einskuller.

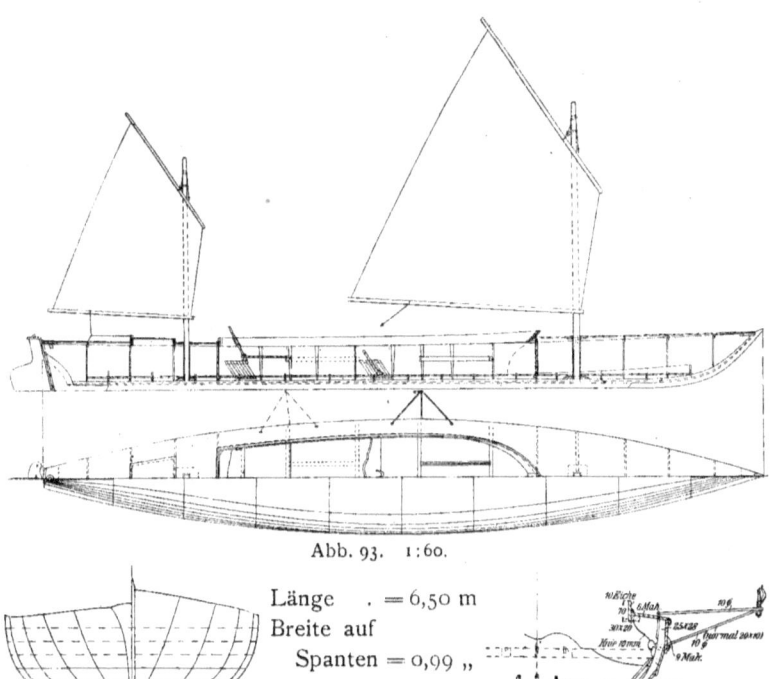

Abb. 93. 1:60.

Länge . = 6,50 m
Breite auf
Spanten = 0,99 „

Abb. 94. 1:25.   Abb. 95. 1:25.

Außenhaut und Deck: Mahagoni.
Spanten: Eiche.

Abb. 93, 94 und 95. Gedeckter Einskuller von K. Holzhausen.
(Auch als Doppelskuller ohne Steuermann zu fahren.)

Die „Rennruderboote" werden ganz besonders schlank und glatt gebaut, um den Widerstand des Wassers auf das geringste Maß herabzudrücken. Aus demselben Grunde wird zur Verminderung des Luftwiderstandes und des Bootsgewichts der Oberteil der Boote möglichst weggeschnitten.

Es sind so reine Rennwerkzeuge entstanden, die die äußerste Ausnutzung der Körperkraft gestatten. Näheres über ihre Bauweise s. S. 145.

Um bei der geringen Breite der Boote genügende Innenhebellänge der Riemen zu erzielen, werden die Dollen (Riemengabeln) bei den meisten Sportruderbooten auf sogenannten „Auslegern"

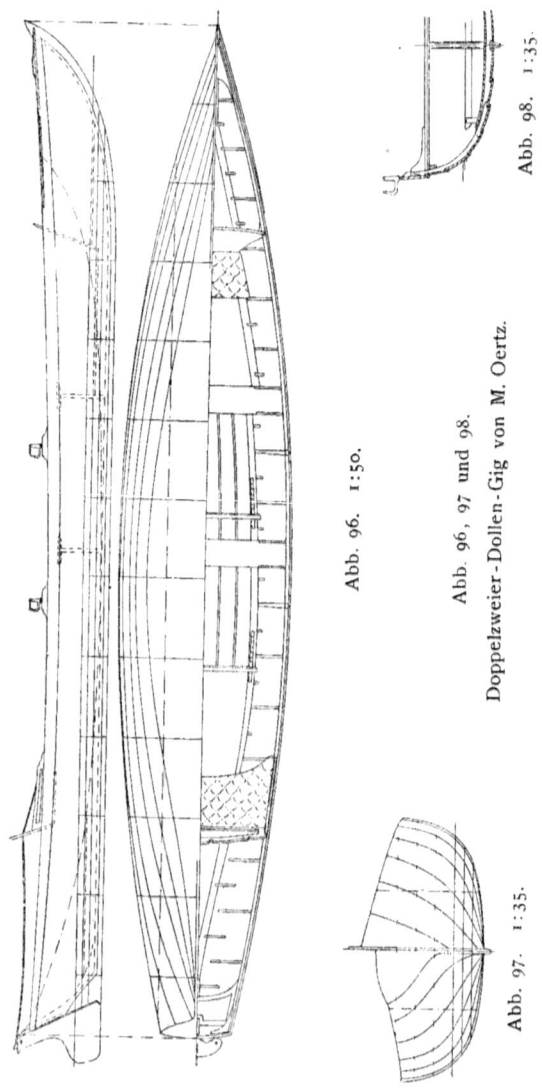

Abb. 96. 1:50.

Abb. 97. 1:35.

Abb. 98. 1:35.

Abb. 96, 97 und 98. Doppelzweier-Dollen-Gig von M. Oertz.

Doppelzweier-Dollen-Gig, Doppelzweier-Halbausleger-Gig. 59

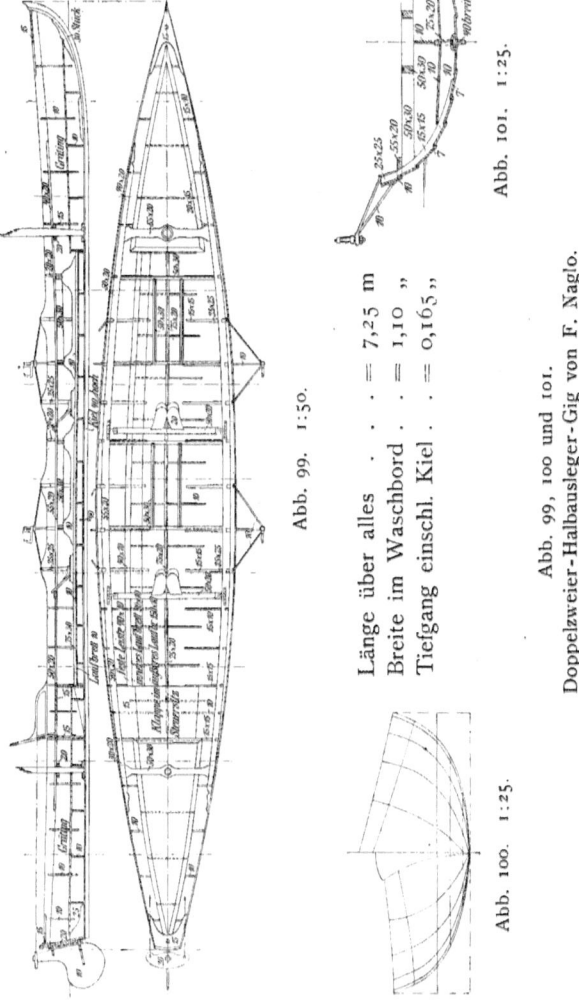

Abb. 99. 1:50.

Länge über alles . . . = 7,25 m
Breite im Waschbord . . = 1,10 „
Tiefgang einschl. Kiel . . = 0,165 „

Abb. 101. 1:25.

Abb. 100. 1:25.

Abb. 99, 100 und 101.
Doppelzweier-Halbausleger-Gig von F. Naglo.

angebracht. Nur bei ganz breiten Gigbooten (Abb. 96) sitzen die Dollen unmittelbar auf dem Dollbord. Im übrigen hat man je nach der Breite Ganz-, Halb- und Viertelauslegerboote. Bei den Tourenbooten sind die Ausleger häufig zum Abnehmen oder Einklappen eingerichtet, um das Befahren schmaler Gewässer und Durchfahrten sowie den Überland-Transport zu erleichtern. (Vgl. S. 155.)

Zur Erhöhung des Wirkungsgrades und besseren Ausnutzung der Körperkräfte der Ruderer erhalten die Sportboote meistens

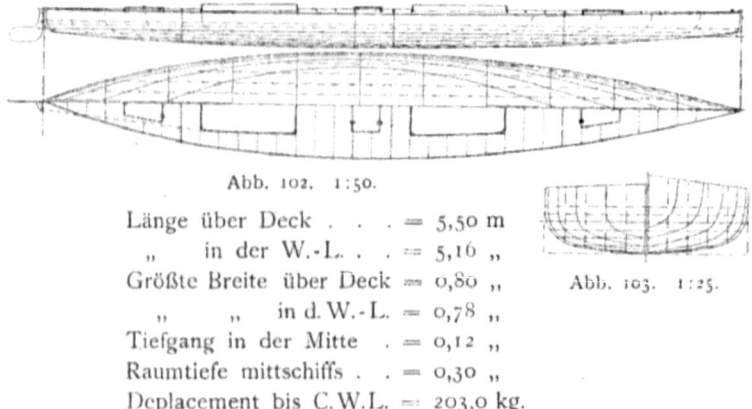

Abb. 102. 1:50.

Länge über Deck . . . . = 5,50 m
„   in der W.-L. . . = 5,16 „
Größte Breite über Deck = 0,80 „
„   „   in d. W.-L. = 0,78 „
Tiefgang in der Mitte . = 0,12 „
Raumtiefe mittschiffs . . = 0,30 „
Deplacement bis C.W.L. = 203,0 kg.

Abb. 103. 1:25.

Abb. 102 u. 103. Doppel-Paddel-Canoe mit Leinwand-Außenhaut von F. Naglo.

sogenannte Rollsitze (s. S. 151). Doch sind die Meinungen über den sportlichen und gesundheitlichen Wert der Rollsitze geteilt. Von erfahrenen Ruderern wird für Rennboote der Rollsitz, für Tourenboote der feste Sitz empfohlen.

Um die Boote, die infolge ihrer hauptsächlich mit Rücksicht auf Geschwindigkeit gewählten Abmessungen und Verhältnisse sowie ihrer leichten Bauart bei schlechtem Wetter sehr unsicher sind und leicht voll schlagen, seetüchtiger zu machen, gibt man ihnen häufig eine Abdeckung, die oft nur den Bug und das Heck schützt, oft auch an den Seiten herumläuft und dann gegen den Innenraum mit einem sogenannten Setzbord oder Waschbord begrenzt wird. Dadurch ergibt sich zugleich die Möglichkeit, die Enden der Boote wasserdicht abzuschotten und die Fahrzeuge unsinkbar zu machen. Außerdem ergeben sich dann für Tourenzwecke Stauräume für die mitzuführenden Sachen.

Die Tourenruderboote erhalten häufig eine beschränkte Segeleinrichtung, manchmal auch ein bewegliches oder ein Steckschwert und nähern sich damit schon den Segelgigs, die im nächsten Abschnitt beschrieben sind und zu den Segelbooten gehören. Im allgemeinen sind die Sportruderboote nicht zum Segeln geeignet und können höchstens ein Treibersegel vor dem Wind fahren.

Bei den Riemenbooten wird die Anordnung der Sitze für die Ruderer häufig so getroffen, daß sie abwechselnd an Steuerbord

Sportruderboote.[1]
a) Gigboote (Klinker gebaut).

	Holz	Länge m	Breite m	Gewicht ohne Riemen rd. kg	Preis ohne Riemen rd. ℳ	Bemerkungen
Einskuller,						
" offen . .	Zeder	7,25	0,80	60	350—375	
" gedeckt	"	6,7—7,0	"	80—85	450	mit Schwert u. Segeln 600—650
" breit . .	Eiche, Zeder, Mahagoni	6,0 " "	1,25 " "	85 75 85	450—465 " "	
Doppelskuller,	Eiche, Mahagoni Zeder	6,4 " "	1,27 " "	95 " 75	500—540 " "	
" breit . .						
" offen . .	"	8,2	0,80—1,0	85	440—460	desgl.
" gedeckt .	"	7,5—8,0	"	100	520	680—700
Riemenzweier	"	7,0—8,2	0,85—1,1	75—85	420—440	
Riemenvierer,	Eiche	10,0	1,1—1,25	150—160		Doppelvierer 580—600
" Dollen .	Zeder	"	"	130	550—560	
" Ausleger	"	10,5—11	0,8—1,0	117—130		
Sechser, Dollen	Eiche	12,0	1,25	215		
	Zeder	"	"	190	680—700	
" Ausleger	"	13,0	0,9	170		
Achter . . .	Eiche	15,0—17,0	0,9—1,1	265	950—970	
	Zeder	"	"	230		
Canoe . . .	"	4,2	0,7	35	240—250	
Doppelcanoe .	"	5,5	0,7	60	320—350	
Werry . . .	"	8,0	0,6	25	290	
Dollengig-Einer	Eiche	6,0	1,1	95	290	
" " ·	Zeder	"	"	70	350	
" Zweier	Eiche	7,0	"	108	350	
" " ·	Zeder	"	"	90	430	

[1] Nach Angaben von Fr. Lürssen-Aumund und W. Deutsch-Berlin.

Abschnitt I. Beschreibungen von Booten.

b) Rennboote.[1])

	Holz	Länge m	Breite m	Gewicht rd kg	Preis ohne Riemen rd. ℳ
Skiff	Zeder, Klinker	8,0	0,3—0,4	27—30	290—300
Skiff	„ glatt	7,5—8,0	0,27—0,31	12—15	310—320
Riemen- ohne Steuermann zweier	„	„	10,0	0,35—0,4	40	450—460
Riemen- zweier mit „	„	„	10,0	„	42	450—460
Doppelzweier ohne Steuermann . . .	„	„	10,0—11,0	„	„	„
Vierer ohne Steuermann	„	„	12,75—13,0	rd. 0,50	53—56	650—670
Vierer mit „	„	„	13,5	„ „	„	650—670
Achter	„	„	18,5	„ 0,60	110—115	1100—1150

und Backbord angebracht sind. (Die Ruderer sitzen verschränkt.) Dadurch wird Auslegerlänge gespart. Doch kann bei ungleichmäßig arbeitender Mannschaft hierbei leicht Störung des gleichmäßigen Fortganges des Bootes verursacht werden, namentlich wenn die Körpergewichte und Kräfte sehr ungleich sind. Besser ist in dieser Beziehung jedenfalls, wenn die Ruderer in einer Linie hintereinander sitzen, so daß Körperschwung und bewegte Massen immer in einer und derselben Ebene wirken müssen.

Vorstehende Tabellen enthalten einige Hauptangaben über bewährte Ausführungen von Sportruderbooten.

β) **Sport-Segelboote und Segelyachten.**[2])

Entsprechend den zahlreichen, aus örtlichen Verhältnissen oder aus dem persönlichen Geschmack wie auch andern Umständen sich ergebenden Anforderungen haben sich außerordentlich

---

1) Nach Angaben von Fr. Lürssen-Aumund und W. Deutsch-Berlin.

2) Dixon Kemp, Yacht Architecture, London 1897; A Manual of Yacht and Boat Sailing, London 1895; Yacht Designing, London 1876. Douglas Frazer, Practical Boat Sailing. Fiennes Speed, Cruises in small yachts and big canoes. Fitzgerald, Hints on Boat Sailing and Racing, Portsmouth 1900. Herreshoff, Watson and others; Yachting, London 1904. Kunhardt, Small Yachts, London 1885. Matthaei, Kritische Beleuchtung der Yachtmeßverfahren. Middendorf, Bemastung und Takelung der Segelschiffe, Berlin 1903. Moissenet, Voilure, navigation et manœuvre du yacht, Paris 1897. Oertz, Über Segelyachten und ihre moderne Ausführung. Jahrb. d. schiffbt. Ges. 1902. Scheibert, Der Segelsport, Leipzig 1901. Muchall Viebrock, Seglers Handbuch 1897, bearb. v. Belitz. Stansfield Hicks, Yacht, Boat and Canoes, bearb. v. Wiese. Leipzig 1888. Stephens, Supplement to Small Yacht von Kunhardt. London 1897. Sullivan, Brassey, Seth-Smith etc., Yachting.

viele verschiedene Typen von Segelbooten und Segelyachten entwickelt. Unsere Abbildungen geben einige der hauptsächlichsten Vertreter wieder.

Die einschlägige Literatur sowohl in Büchern wie in Zeitschriften ist ziemlich reichhaltig, und reichliches Abbildungsmaterial und sonstige Angaben sind vielfach veröffentlicht. Brauchbare Veröffentlichungen haben wir an den passenden Stellen besonders angegeben.

Über die verschiedenen Takelungsarten s. S. 170.

Die kleinsten in Deutschland von den Sportbehörden anerkannten Segelboote sind die sogenannten „Jollen", wie sie in den Abb. 104/5, 106/7, 108/110 in verschiedenen Ausführungen dargestellt sind. Es sind ziemlich leicht gebaute, offene oder halbgedeckte Fahrzeuge mit einfacher, leicht herausnehmbarer Takelung und von solchen Abmessungen, daß sie zwar gute Segeleigenschaften aufweisen, aber doch noch ohne allzu große Anstrengung bei eintretender Windstille gerudert werden können. Sie sind mit einem Schwert ausgerüstet, und das Steuer ist meistens ziemlich tief herabgezogen, um die Manövrierfähigkeit zu verbessern. Durch Abdeckung und zwei Schotten an den Enden läßt sich leicht Unsinkbarkeit der Jollen erzielen. Ihr Gebrauch ist hauptsächlich auf Binnengewässer beschränkt. Je nach den örtlichen Verhältnissen, den zu erwartenden Windstärken und Wellen werden ihre Formen schlanker oder völliger, niedriger oder hochbordiger gewählt. Auch Regatten werden mit derartigen Booten gefahren. Die „Wettfahrtvereinigung Berliner Jollensegler" (W. B. J.) hat besondere Bestimmungen für diesen Zweck aufgestellt. Auch der Deutsche Seglerverband hat Vorschriften über Bau, Ausrüstung und Vermessung von Segeljollen für Regattazwecke herausgegeben. Es ist dadurch die sogenannte „Nationale Jollenklasse des D. S. V." geschaffen worden. Eine besondere Art bildet die „Sharpie"

London 1894. Winn, The Boating Man's Vademecum, London 1890. Yachtbau und Yachtsegeln. Herausgeg. v. „Die Yacht", Berlin 1909. Germanischer Lloyd, Vorschriften für Yachten; Yacht-Register. Deutscher Segler-Verband-Jahrbuch (Vermessungsbestimmungen, Wohnlichkeitsvorschriften und Klassifikationsregeln für Yachten. Vorschriften für Sonderklassen-Yachten. Vorschriften für die nationale Jollenklasse D. S. V.). Vorschriften der W. B. G. (Wettfahrtvereinigung Berliner Gigsegler); W. B. J. (Wettfahrtvereinigung Berliner Jollensegler). Ferner die Zeitschriften: Wassersport, Die Yacht, Das Motorboot, Le Yacht, The Rudder.

Abschnitt I. Beschreibungen von Booten.

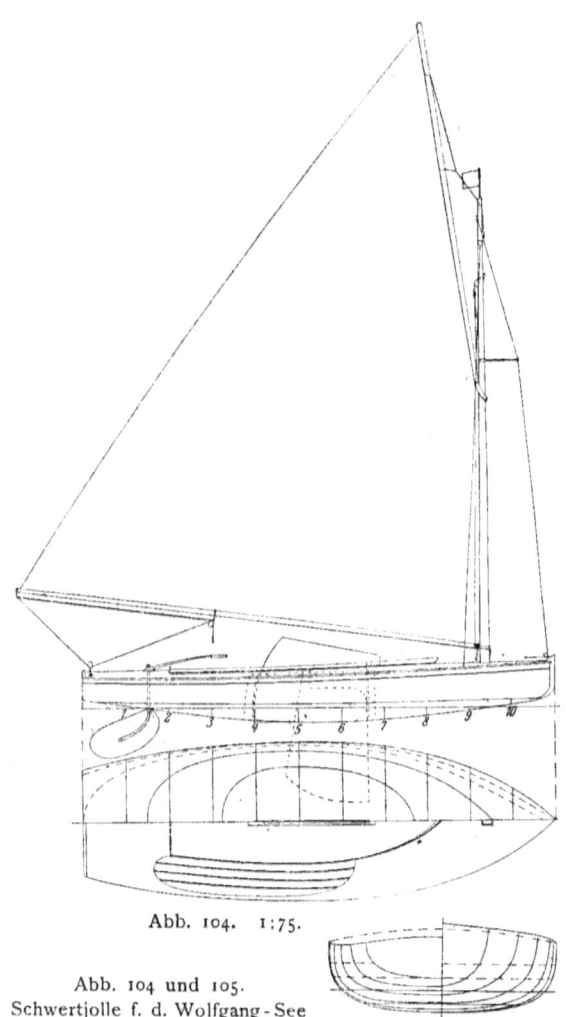

Abb. 104. 1:75.

Abb. 104 und 105.
Schwertjolle f. d. Wolfgang-See
von H. Wustrau.

Abb. 105. 1:50.

Länge über alles . . = 5,50 m	Tiefgang d. Rumpfes	= 0,15 m
„ in W.-L. . . = 4,00 „	„ mit Schwert	= 1,08 „
Größte Breite . . . = 1,80 „	Geringster Freibord .	= 0,35 „
Breite in W.-L. . . . = 1,60 „	Segelfläche . . .	= 19,50 qm

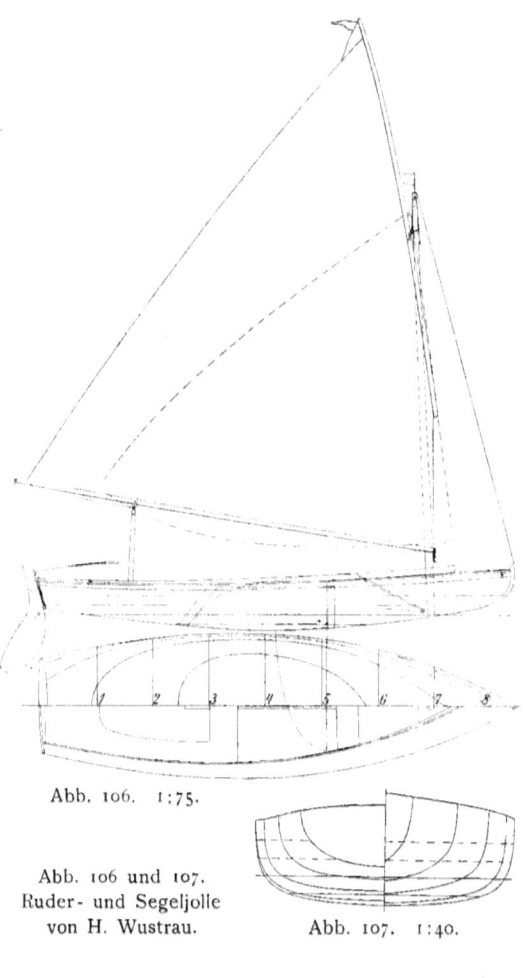

Abb. 106. 1:75.

Abb. 106 und 107.
Ruder- und Segeljolle
von H. Wustrau.

Abb. 107. 1:40.

Länge über alles . . . . =	5,67 m
„ in der W.L. . . . . =	4,19 „
Größte Breite . . . . =	1,66 „
Tiefgang mit Ruder . . . . =	0,66 „
„ mit Schwert . . . . =	1,58 „
Geringster Freibord . . . . . . =	0,37 „
Luggersegel . . . . =	12,0 qm
Spinnaker . . . . =	6,0 „

(Abb. 108 bis 110), ein Fahrzeug mit plattem Boden, eckiger Kimm und geraden Seitenwänden, das infolge seiner einfachen Bauweise besonders billig ist.[1])

Ein Mittelding zwischen Ruder- und Segelboot ist die „Segelgig" (Abb. 111), die ebenfalls in verschiedenen Abmessungen und Formen gebaut wird. Ihre Bauweise ist derjenigen der Sport-

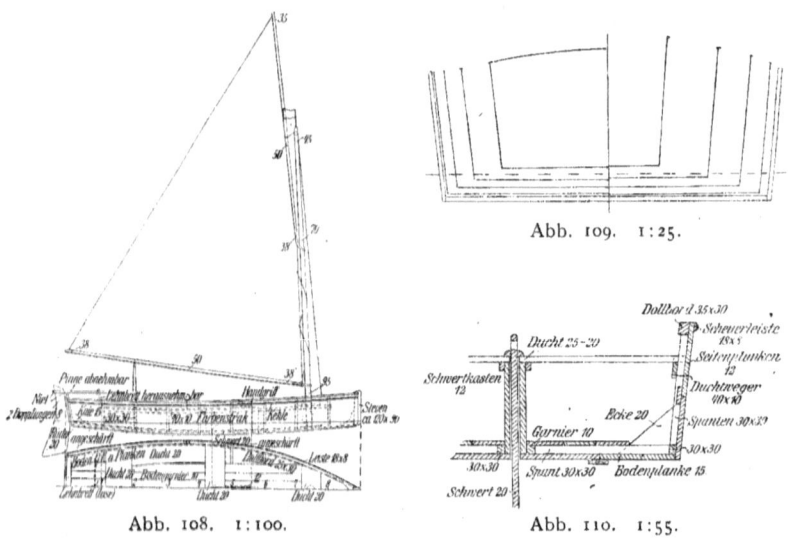

Abb. 109. 1:25.

Abb. 108. 1:100.   Abb. 110. 1:55.

Länge über Steven = 4,60 m   Größte Breite = 1,40 m

Abb. 108, 109 und 110. Kleine Sharpie mit Steckschwert von H. Wustrau.

ruderboote sehr ähnlich. Die kleinsten Vertreter bilden den Übergang zu den „Kanoes" (vgl. S. 60).

Die Rudereinrichtung ist bei den Segelgigs meistens in ähnlicher Weise mit Rollsitz und Auslegern konstruiert wie bei den reinen Sportruderbooten, doch wird sie losnehmbar gemacht, damit man sie beim Segeln beseitigen kann. Unter der Rollbahn sitzt in der Regel der Schwertkasten mit dem ziemlich großen Schwert. Das Steuer ist flossenartig ausgebildet und kann in ähnlicher Weise wie das Schwert hochgezogen werden. Dies ist er-

---

[1]) Kleine Segelboote: Die Yacht, IV. Jahrg., Nr. 15. Die nationale Jollenklasse: Wassersport 1909, Nr. 48, 49.

forderlich, weil die Gigs ebenso wie die reinen Sportruderboote zur besseren Instandhaltung nach Gebrauch aus dem Wasser genommen und unter Dach gebracht werden (vgl. Abschn. V).

Auch diese Fahrzeuge sind für kürzere Fahrten auf Binnengewässern bestimmt; sie bieten auch Gelegenheit zu interessanten Regatten, da es bei ihnen sehr auf die persönliche Geschicklichkeit der Besatzung ankommt. Die W. B. G. (Wettfahrtvereinigung

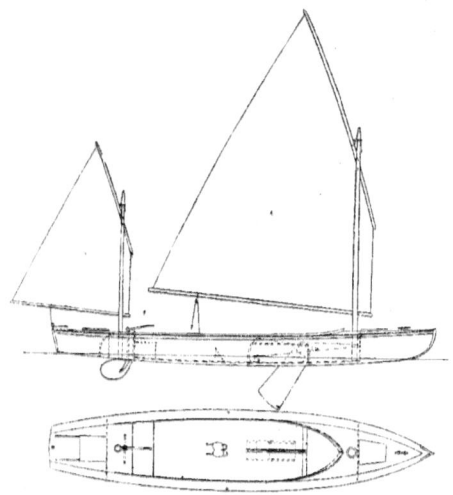

Länge über alles . . = 6,00 m   Tiefgang mit Schwert = 0,74 m
Größte Breite . . . = 1,22 „   Freibord . . . . . = 0,29 „

Abb. 111. 1:100.
Ruder- und Segelgig von H. Heidtmann.

Berliner Gigsegler) hat für Regattazwecke besondere Bestimmungen aufgestellt, nach denen die zugelassenen Boote gebaut, eingerichtet und vermessen werden müssen.

Die hierauf der Größe nach folgenden Yachten stellen schon wesentlich größere Ansprüche an den Geldbeutel der Besitzer, sowohl bei der Anschaffung, als auch für die Instandhaltung.

Abb. 112 bis 114, 115 und 116, zeigen sogen. „Nachmittagsboote" für Segler, die nicht viel Zeit haben, sondern nur ab und an ein paar Stunden auf dem Wasser sein wollen. Es sind elegante, ziemlich stark besegelte Fahrzeuge, die schon eine gute Geschwindigkeit erzielen und eine beträchtliche Windstärke vertragen können.

Abschnitt I. Beschreibungen von Booten.

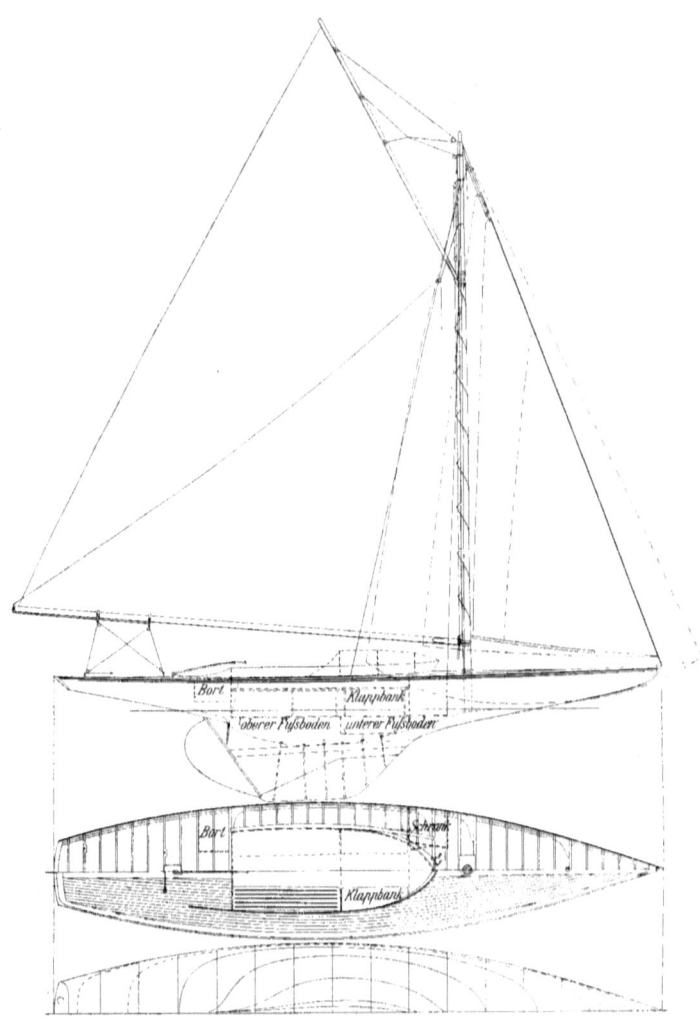

Abb. 112. 1:100.

Länge über Deck . . . . = 9,50 m
„ in der C.W.L. . . . . = 5,60 „
Breite über alles . . . . = 2,09 „
„ in der C.W.L. . . . . = 1,99 „
Geringster Freibord . . . . = 0,46 „

Segelyacht.

Tiefgang	= 1,39 m
Deplacement	= 2,13 cbm
Bleikiel	= ca. 1050 kg
Hauptspant	= 0,753 qm
C.W.L.	= 8,40 qm
Vermessung	= ca. 6,60 Segellängen.
Großsegel	= 40,10 qm
Stagsegel I	= 9,90 „
	50,00 qm
Stagsegel	= 6,75 qm
Ballonklüver	= 14,20 „
Spinnaker	= 23,30 „

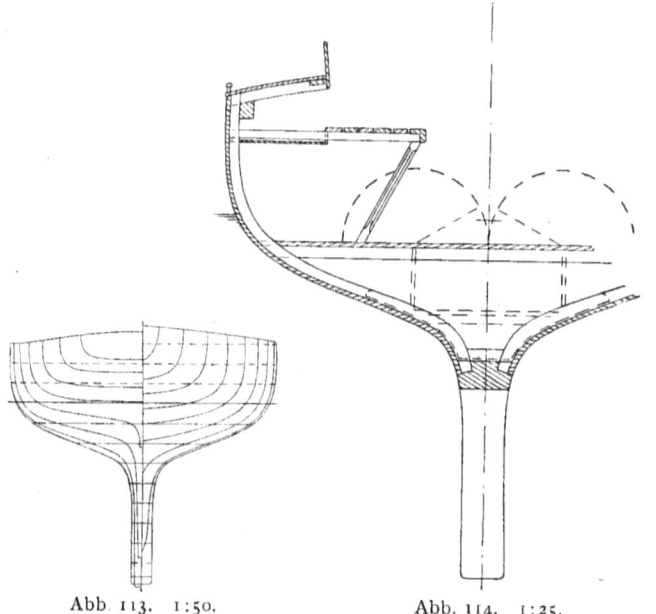

Abb. 113. 1:50.   Abb. 114. 1:25.
Abb. 112 bis 114. Segelyacht von C. Engelbrecht.

Aber sie haben keine Wohneinrichtungen, sind daher für längere Touren nicht geeignet.[1]

---

[1] 5 m-Schwertyacht: Wassersport 1908, Nr. 10. Englische Einhandyacht: Die Yacht, IV. Jahrg., Nr. 20. Kreuzeryacht im modernen Typ: Die Yacht 1909, Nr. 27. 8 m-Kreuzeryacht f. Berl. Gewässer und Ostsee: Wassersport 1909, Nr. 40.

Abschnitt I. Beschreibungen von Booten.

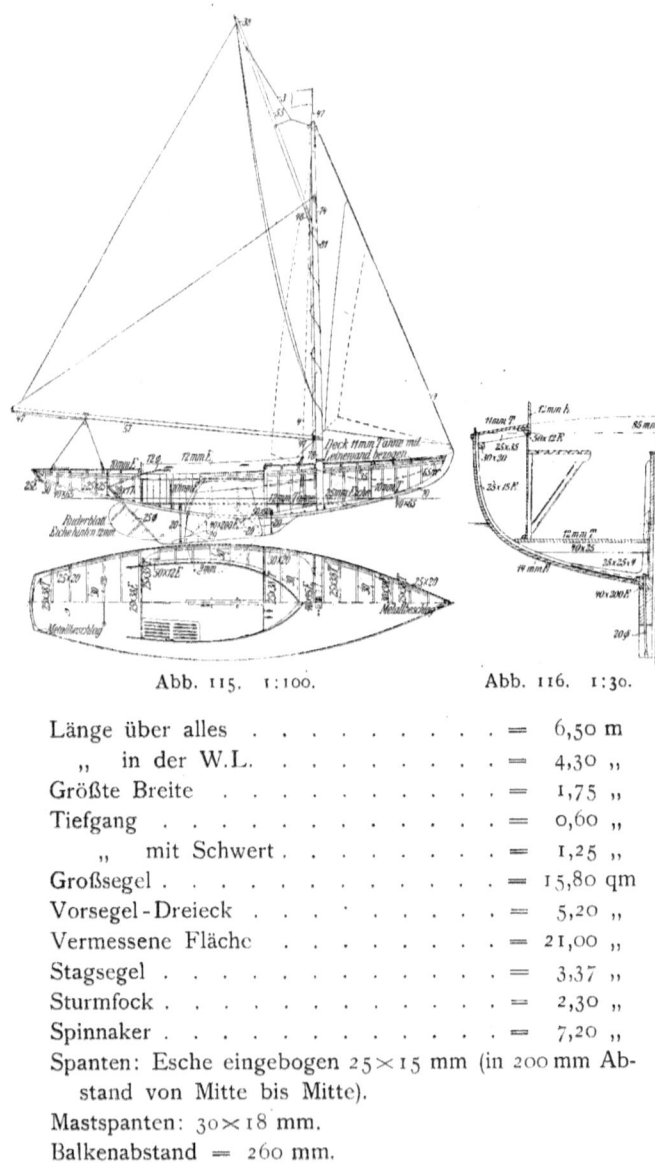

Abb. 115. 1:100.   Abb. 116. 1:30.

Länge über alles . . . . = 6,50 m
„ in der W.L. . . . . = 4,30 „
Größte Breite . . . . = 1,75 „
Tiefgang . . . . = 0,60 „
„ mit Schwert . . . . = 1,25 „
Großsegel . . . . = 15,80 qm
Vorsegel - Dreieck . . . . = 5,20 „
Vermessene Fläche . . . . = 21,00 „
Stagsegel . . . . = 3,37 „
Sturmfock . . . . = 2,30 „
Spinnaker . . . . = 7,20 „
Spanten: Esche eingebogen 25×15 mm (in 200 mm Abstand von Mitte bis Mitte).
Mastspanten: 30×18 mm.
Balkenabstand = 260 mm.

Abb. 115 u. 116.
Schwertyacht von Abeking und Rasmussen.

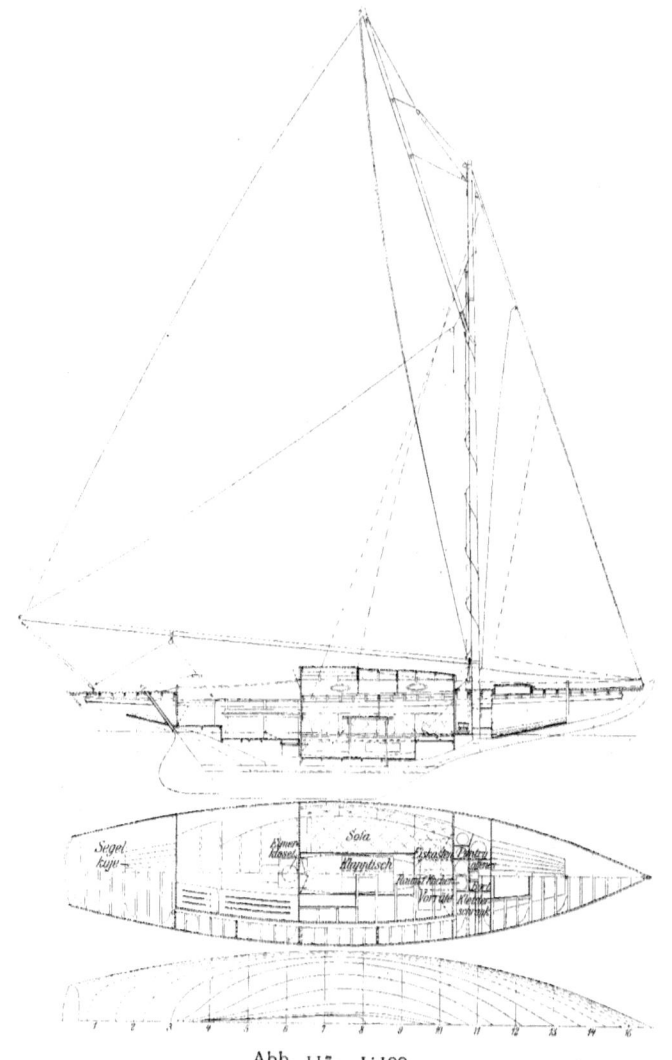

Abb. 117. 1:100.
Segelyacht „Wie's Euch gefällt" von H. Wustrau.

Abb. 117 bis 119 zeigen den Entwurf vom Marinebaumeister Wustrau „Wie's Euch gefällt", der seinerzeit als Sieger aus einem Preisausschreiben der Zeitschrift „Die Yacht" hervorging und seitdem oft gebaut ist. Der Konstrukteur hat eine eingehende Erläuterung zu diesem Entwurf in „Die Yacht" Jahrg. V, S. 350ff. veröffentlicht, der auch im „Yachtbau und Yachtsegeln" abgedruckt ist. Das Fahrzeug ist ein bequemes Tourenboot mit praktisch ausgedachter Inneneinrichtung.

Eine weitere Entwicklungsstufe der reinen Tourensegelyacht zeigen die Abb. 120 u. 121. Die Yacht enthält einen Motor zum Antrieb einer Schraube. Der Motor nimmt zwar Platz weg und vergrößert das Gewicht, bezw. er zwingt zur Vergrößerung der Abmes-

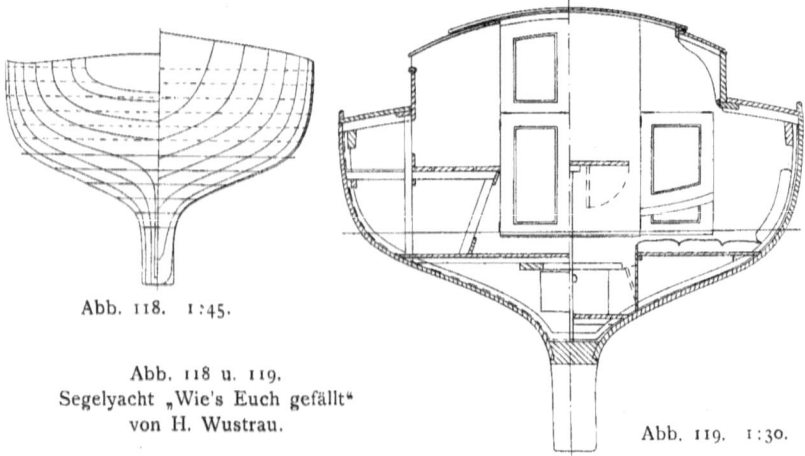

Abb. 118. 1:45.

Abb. 118 u. 119.
Segelyacht „Wie's Euch gefällt"
von H. Wustrau.

Abb. 119. 1:30.

sungen einer Yacht, aber er bietet wesentliche Vorteile. Beim Eintritt von Windstille, beim Durchfahren schmaler Einfahrten oder Verbindungskanäle zwischen zwei Seen usw. sind seine Dienste unschätzbar. Etwas Schmutz und Geruch muß man dafür freilich mit in den Kauf nehmen.

Es würde zu weit führen, wenn wir hier noch mehr von den verschiedenen Entwicklungsformen der Tourensegelyachten beschreiben wollten. Im Auslande hat man z. T. wesentlich von den üblichen Formen abweichende Boote, wie z. B. in Holland. In Deutschland sind in letzter Zeit auf Vorschlag des Marinebaumeisters Wustrau mehrere Yachten im Typ der Fischerboote gebaut worden.

Die Abb. 122 bis 125, 126, 127 bis 129, 130 bis 132, 133 zeigen verschiedene Arten von modernen Renn- und Kreuzer-Yachten.

Segelyacht mit Hilfsmotor.

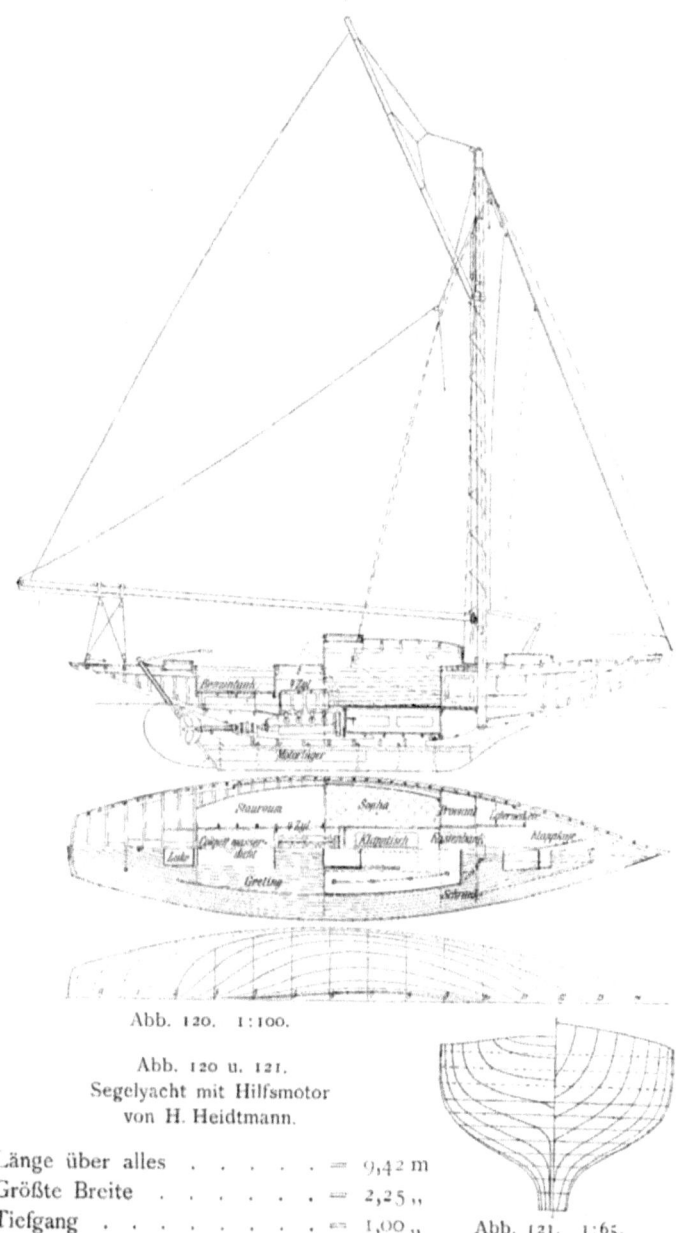

Abb. 120. 1:100.

Abb. 120 u. 121.
Segelyacht mit Hilfsmotor
von H. Heidtmann.

Länge über alles . . . . . . = 9,42 m
Größte Breite . . . . = 2,25 „
Tiefgang . . . . = 1,00 „

Abb. 121. 1:65.

Freibord	= 0,52 m
Ballastkiel	= ca. 1400 kg
Großsegel	= 36,00 qm
Vorsegel-Dreieck	= 10,35 „
Vermessene Segelfläche	= 46,35 qm
Stagfock 1	= 8,60 „
„ 2	= 6,05 „
Spinnaker	= 20,00 „

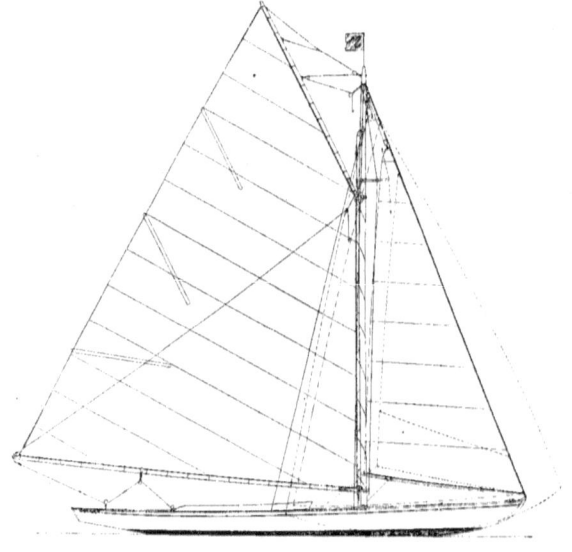

Abb. 122. 1:100.

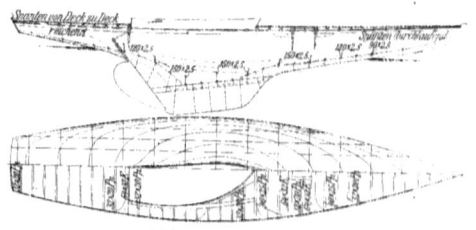

Abb. 123. 1:100.

Länge über alles	= 7,01 m
„ in der W.L.	= 4,40 „
Breite	= 1,56 „
Tiefgang	= 0,95 „

5 m-R-Yacht.

Großsegel . . . . = 22,44 qm
Vorsegel-Dreieck , ... = 9,51 „
Vermessene Segel . . . . = 31,95 qm

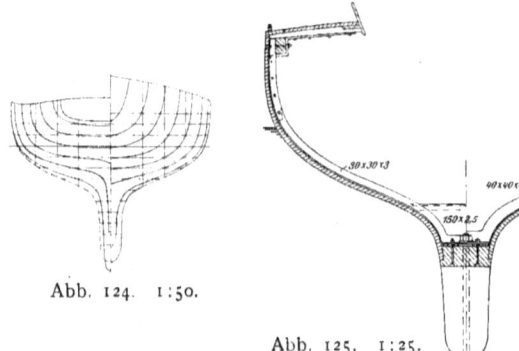

Abb. 124. 1:50.

Abb. 125. 1:25.

Kiel: 75 mm hoch, 110 qcm Querschnitt ⎫
Hintersteven: 75 mm breit . . . . . . ⎬ Eiche.
Vorsteven: 75 mm hoch . . . . . . ⎭
Spanten: Stahl 30×30×3 in 480 mm Abstand,
  eingebogen 22×19 Eiche, je 2.
Flurplatten: 150×2,5.
Bodenwrangen: 40×40×4, je eine.
Balkweger: 25 qcm Querschnitt: 50×50 Pitchpine, am
  Mast verstärkt.
Außenhaut: 13 mm Mahagoni.
Gegenspanten: 25×25×3, zwei b. Mast.
Deckbalken: 180 mm Abstand,
  durchlaufend: 40×25   ⎫
  halbe und End-: 32×20 ⎬ Pitchpine.
Mastbalken: 64×32 Eiche.
Hängekniee: 3 jederseits, 19×8 Schmiedeeisen, 300 mm
  Armlänge.
Deck: 11 mm Whitewood, mit Segeltuch bezogen.
Bleikielbolzen: Gelbmetall 4 Stück $^3/_4''$.
  „   „   1 „ $^1/_2''$.
  „   „   1 „ $^3/_8''$.
Hanftrosse: 25 m lang, 50 mm Umfang.

Abb. 122 bis 125. 5 m-R-Yacht von M. Oertz.

Abschnitt I. Beschreibungen von Booten.

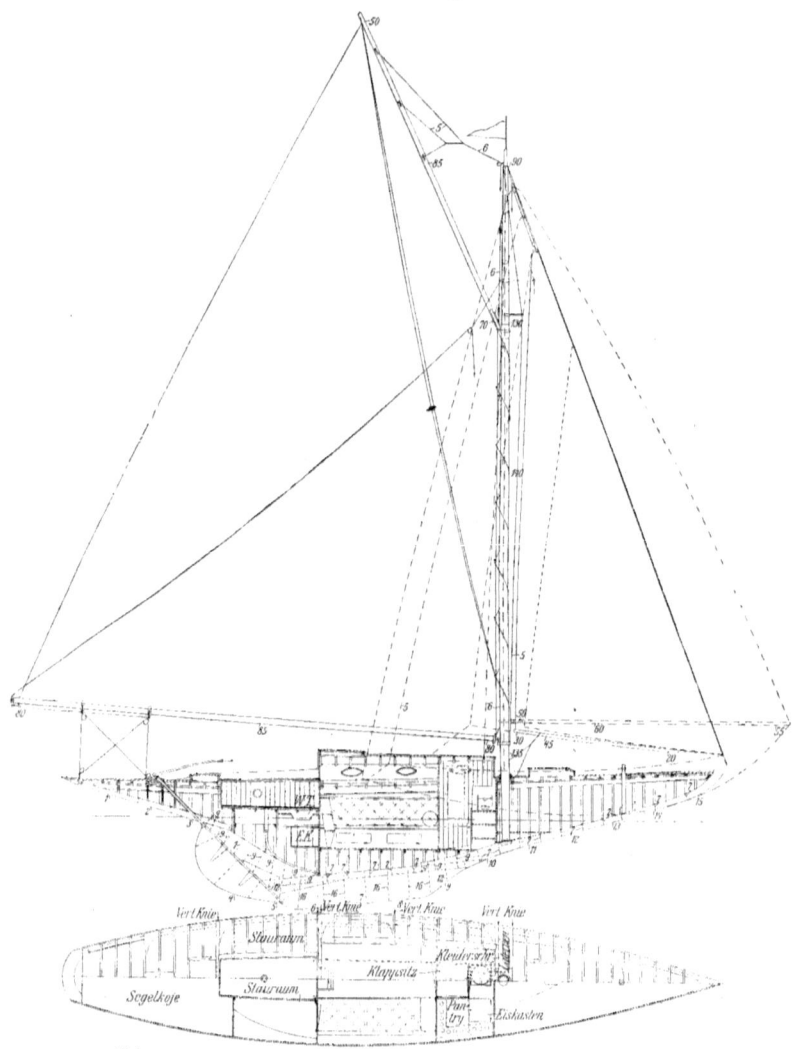

Abb. 26. 7 m-R-Yacht von Abeking und Rasmussen. 1:100.

Länge über alles	= 10,50 m	Verm. Segelfläche	=	66,70 qm
„ in der W.L.	= 6,80 „	Klüver I	=	14,75 „
Größte Breite	= 2,05 „	„ II	=	11,95 „
Tiefgang	= 1,40 „	„ III	=	9,40 „
Großsegel	= 46,10 qm	Ballon	=	22,00 „
Vorsegel-Dreieck	= 20,60 „	Spinnaker	=	34,80 „

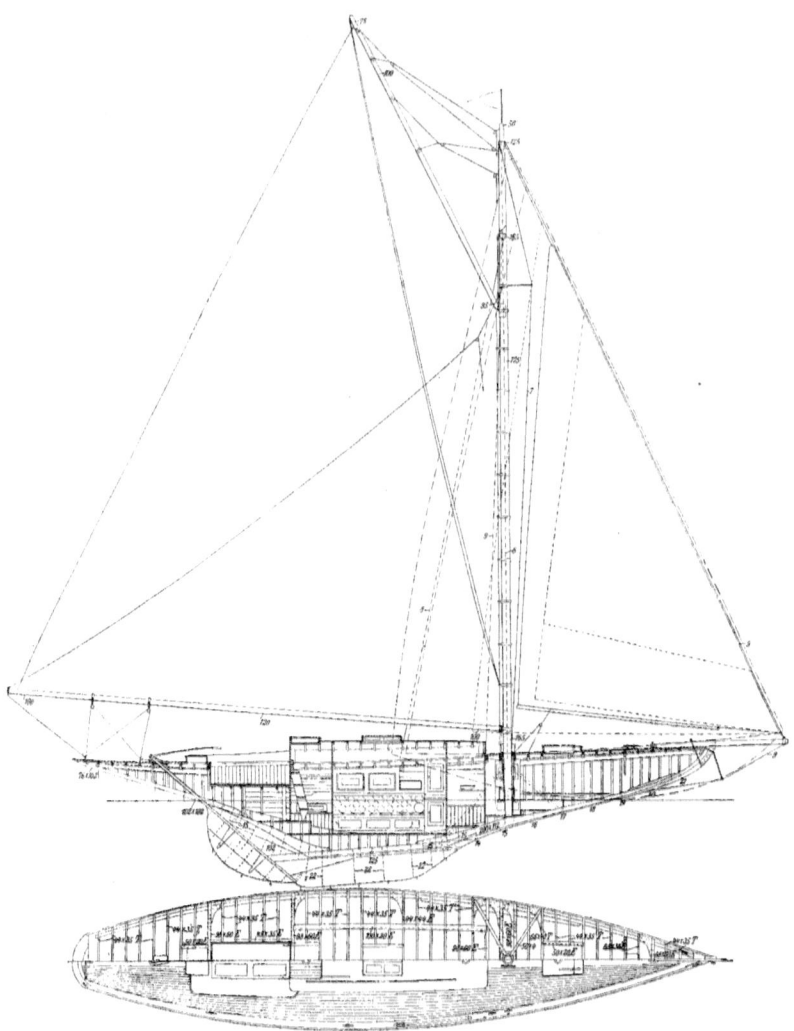

Abb. 127. 9 m-R-Yacht von Abeking und Rasmussen. 1:130.

Länge über alles .	=	12,80 m	Verm. Segelfläche = 108,80 qm
„ i. d. C.W.L.	=	8,50 „	Klüver I . . . . = 30,00 „
Größte Breite . .	=	2,80 „	„ II . . . = 23,80 „
Tiefgang	=	1,70 „	„ III . . . = 18,20 „
Großsegel . . .	=	77,00 qm	Ballon-Klüver . . = 40,00 „
Vorsegel-Dreieck .	=	31,80 „	Spinnaker . . . = 52,00 „

Abschnitt I. Beschreibungen von Booten.

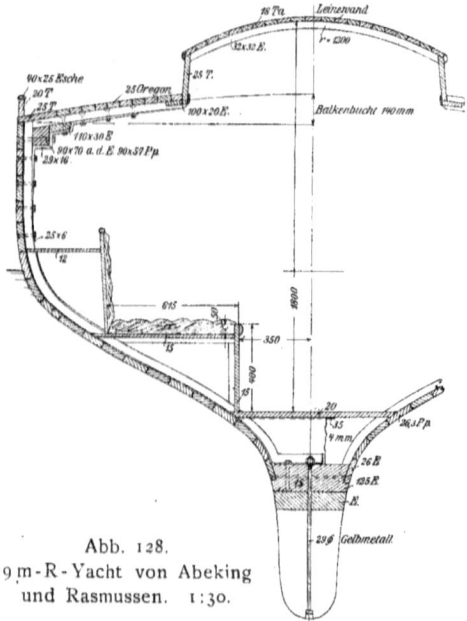

Abb. 128.
9 m - R - Yacht von Abeking
und Rasmussen. 1:30.

Spanten 45×35×4 — 3,6 in 585 mm Entfernung, dazwischen je zwei eingebogene Eschenspanten 38×32, außerhalb $^3/_4$ L 36×32.
Gegenspanten an den Mastspanten 30×30×4.
Hängeknie jederseits 6 Stück, Armlänge = 430 mm, außerhalb $^3/_4$ L = 360 mm.
Verbolzung: Außenhaut mit Stahlspanten: Yellow-Metall-Mutterschrauben 7 mm.
Außenhaut mit eingebogenen Spanten: Kupfernieten 4,5 mm.
Stahlspanten mit Kiel und Steven: Yellow-Metall-Mutterschrauben 15 mm.
Eingebogene Spanten mit Totholz: Yellow-Metall-Spieker 7 mm.
Außenhaut mit Kiel und Steven: Yellow-Metall-Spieker 7 mm.
Hängeknie mit Balken und Spanten: eisenverzinkte Mutterschrauben 11 mm, Halsbolzen 15 mm desgl.
Balkwäger mit Spanten und Außenh.: eisenverzinkte Nieten 7 mm.
Ausrüstung: 1 Stockanker 31 kg einschl. Stock.
    1 „ 24 „ „ „
70 m Kette 9 mm Durchmesser, Gewicht = 135 kg.
1 Hanftrosse 55 m lang, 65 mm Umfang.

Abb. 129. 1-Segellängen-Yacht „Rhe" von M. Oertz. 1:100.

Einige weitere bemerkenswerte Ausführungen sind an folgenden Stellen veröffentlicht: 10 S. L. Yacht „Rhe": Wassersport 1908, Nr. 9. 5 m-R.-Yacht „Frisia": Die Yacht 1909, Nr. 31. 8 m-R.-Yacht „Windekind": Die Yacht 1910, Nr. 2. 10 m R.-Yacht „Ariadne": Wassersport 1910, Nr. 6. Man erkennt, wie mit der wachsenden Größe des Bootskörpers allmählich die Wohnlichkeit verbessert wird. Auch hier ist natürlich entscheidend, für welche Zwecke das betreffende Boot gedacht ist: ob für Binnengewässer oder für See, ob für kürzere

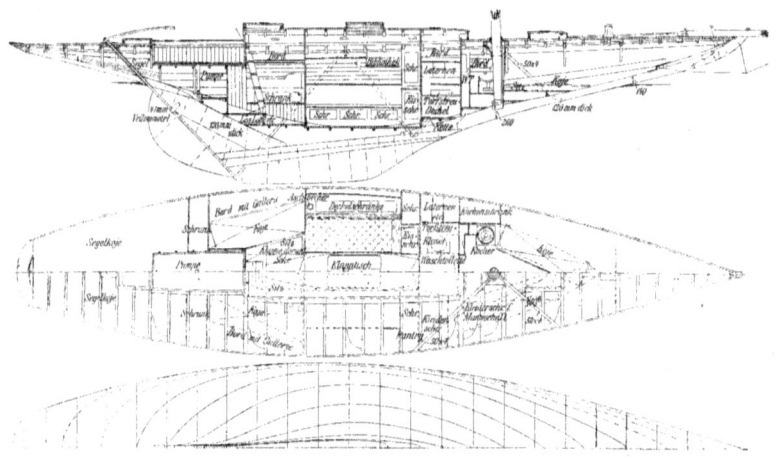

Abb. 130. 10-Segellängen-Yacht „Rhe" von M. Oertz. 1:125.

Länge über alles . = 14,37 m   Größte Breite . . . = 3,22 m
Verm. W.L. . . . = 9,95 „   Tiefgang . . . . . = 1,93 „

oder längere Fahrten, ob mit oder ohne bezahlte Mannschaft usw. Häufig erhalten derartige Yachten zwei verschiedene Besegelungen, die eine für Regattazwecke, die andere für Kreuzfahrten.

Eine Zeitlang waren Renn- und Touren-Yachten durch die Wirkung der Vermessungsvorschriften streng geschieden. Rennboote hatten damals überhaupt keine Wohneinrichtungen. Auf den Regatten ließ man Renn- und Kreuzer-Yachten in getrennten Klassen segeln. Jetzt bestehen Klassifikations- und Wohnlichkeitsvorschriften. Man wollte dadurch die ungesunde Entwicklung des Segelsports, die auf rücksichtslose Ausnutzung der Vermessungsbestimmungen hinauslief, verhindern und gute, sichere, angenehme Boote schaffen, die nicht nur Rennzwecken, sondern auch dem Vergnügen und

Abschnitt I. Beschreibungen von Booten.

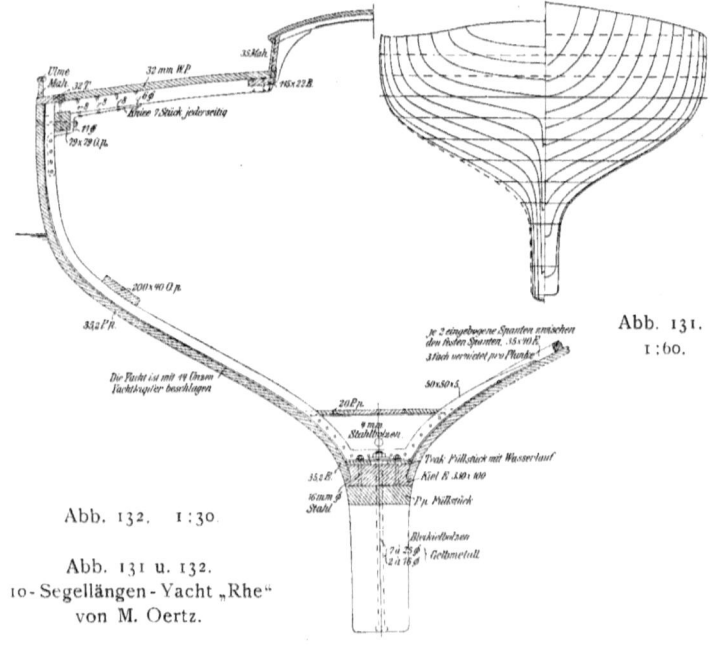

Abb. 131.
1 : 60.

Abb. 132. 1 : 30.

Abb. 131 u. 132.
10- Segellängen - Yacht „Rhe"
von M. Oertz.

Bleikiel = ca. 4,0 t.
Stahlspanten 50×50×5 in 600 mm Entfernung, dazwischen je zwei eingebogene Eichenspanten 35×40 mm.
Zwischen zwei Stahlspanten je eine Stahlbodenwrange, 50×50×5.
Die Stahlspanten erhalten pro Planke je zwei Yellow-Metall-Nieten von 7 mm Durchmesser, die eingebogenen Spanten mittschiffs je drei, an den Enden je zwei Kupfernieten.
Rüsteisen reichen bis zum Steven hinab.
Diagonalen an Deck und unter der Außenhaut: 50×4 mm Stahl.
Decksbalken in durchschnittlich 350 mm Entfernung. Zwei Balken am Mast, sowie je ein Balken an Vor- und Hinterkante Aufbau: 95×60 mm Eiche; Zwei Balken am Spill und ein Balken an Hinterkante Cockpit: 85×60 mm Eiche; Balken am Bugspritfuß: 130×60 mm Eiche; die übrigen durch-

gehenden Balken: 45×50 mm Eiche, die halben
Balken 35×50 mm Pitchpine.
7 Stück Vertikalkniee: 50×13 mm am Hals.
Ruderschaft: 41 mm Yellow-Metall.
1 Anker: 45 kg einschl. Stock   60 m Kette 11 mm Durchm.
1   „   22,5 „   „   „   60 „ Trosse 90 mm Umfg.

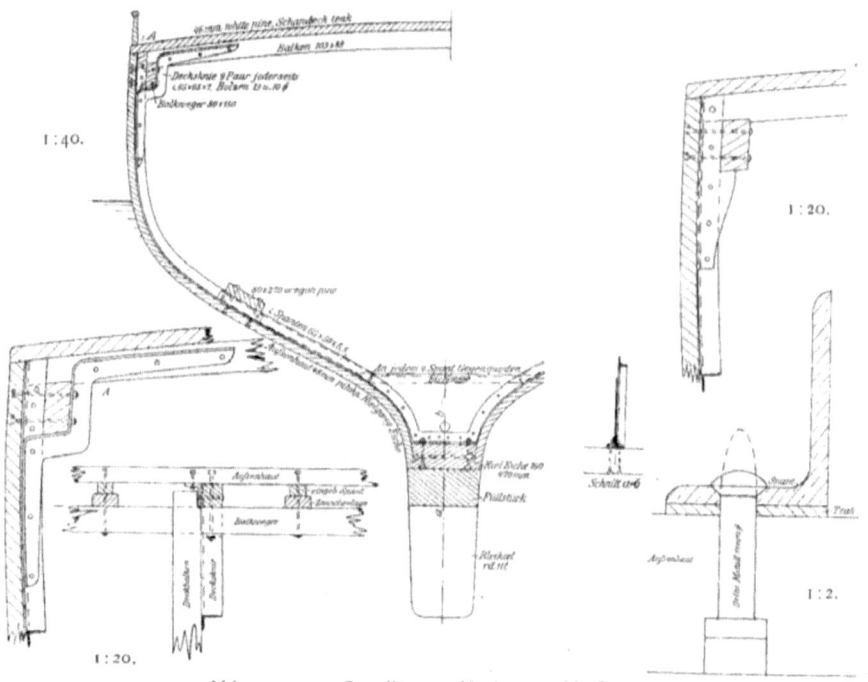

Abb. 133. 14-Segellängen-Yacht von M. Oertz.

Winkelspanten 65×50×5,5 in 600 mm Entfernung;
zwischen je zwei Winkelspanten ein eingebogenes Spant
50×35 mm Eiche.
Zwischen Spanten und Außenhaut liegt Teakholz.
Deckbalken in 500 mm Entfernung, Balken am Mast
100×100.
Balkweger 80×150 Oregonpine.

1 Anker: 100 kg   110 m Kette 14 mm Durch-
1   „   75 „   messer.
1   „   30 „   90 m Trosse 110 mm Umfang.

82　　　　　Abschnitt I. Beschreibungen von Booten.

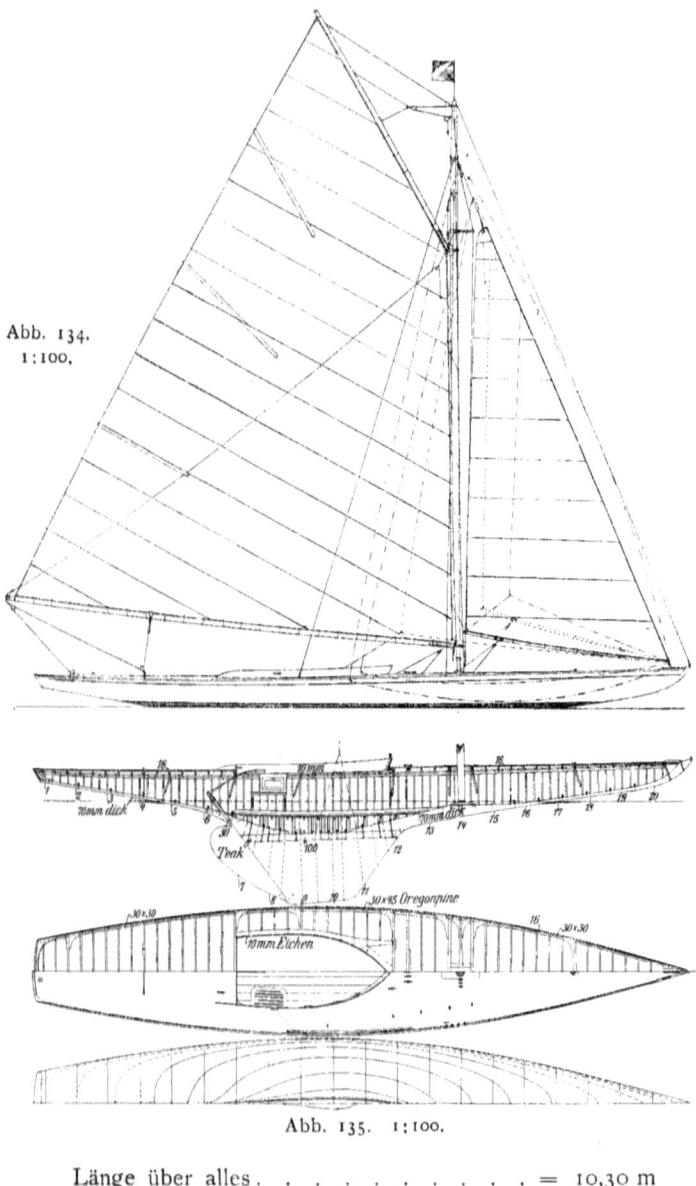

Abb. 134. 1:100.

Abb. 135. 1:100.

Länge über alles . . . . = 10,30 m
„ in W. L. . . . . = 6,22 „

Sonderklassenyacht „Angela IV".

Größte Breite	= 1,97 m
Tiefgang	= 1,56 „
Großsegel	= 38,42 qm
Vorsegel-Dreieck	= 12,58 „
Vermessene Segel	= 51,00 „

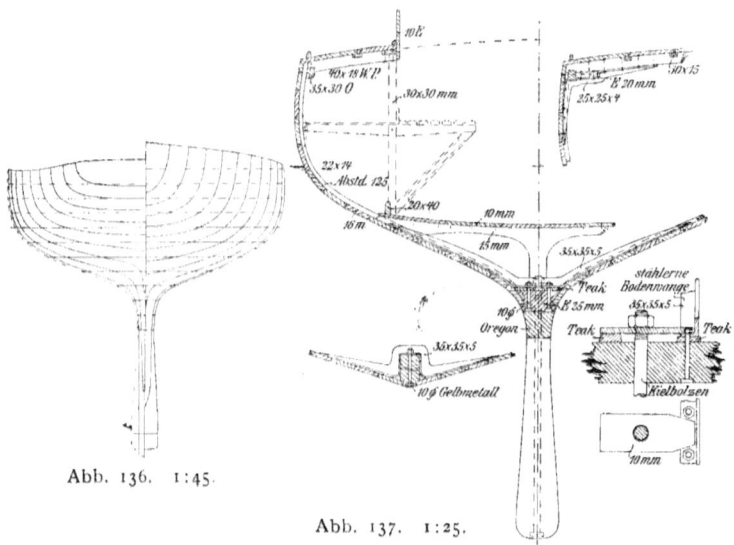

Abb. 136. 1:45.

Abb. 137. 1:25.

Abb. 134 bis 137. Sonderklassenyacht „Angela IV" von M. Oertz.

der Erholung dienen sollen. Diese Hoffnung ist nicht erfüllt worden. Die neuen Regeln haben vielmehr die Erbauung extremer Rennyachten bewirkt. Vgl. „Die Yacht", 1. Juli 1910, Nr. 17. Die Entwicklung wird wahrscheinlich dahin führen, daß man besondere Regeln für Renn- und Tourenyachten aufstellen wird.

Eine besondere Klasse von Segelyachten bilden die bekannten „Sonderklassenboote"[1]), von denen uns Abb. 134 bis 137 die „Angela IV" des deutschen Kronprinzen zeigen. Die Boote werden nach besonderen Vorschriften gebaut, sind sich daher ziemlich ähnlich, und es kommt bei den Regatten hauptsächlich auf die persönliche Geschicklichkeit der Segler an.

---

1) Die Sonderklasse 1909: Wassersport 1908, Nr. 52. Die amerik. Sonderklassenyacht „Crooner" bezw. „Adams II": Wassersport 1909, Nr. 50 u. 51. Sonderklassenyacht „Hertha II": Wassersport 1910, Nr. 4.

84   Abschnitt I. Beschreibungen von Booten.

Segelboote und

Typ, Klasse	Nationale Jolle	Segelgig	6 R Schwertyacht	Tourenyacht „Wie's Euch gefällt"	5 R. K.	6 R. K.
Baujahr	1910	?	?	1909	1910	1908
Bauwerft, Konstrukteur	?	Rehfeldt	Abeking & Rasmussen	H. Wustrau	W. v. Hacht	W. v. Hacht
Takelung	Sloop	Gig	Sloop	Sloop	Sloop	Sloop
Baumaterial der Außenhaut	Mahagoni	Mahagoni	?	?	Mahagoni	Mahagoni
Größte Länge	6,10 m	9,00 m	8,50 m	9.23 m	7,91 m	9,14 m
Länge in der W. L.	5,72 „	7,32 „	5,58 „	6,00 „	5,30 „	5,33 „
Größte Breite	1,70 „	1,40 „	2,07 „	2,20 „	1,54 „	1,90 „
Breite in der W. L.	1,64 „	1,24 „	1,90 „	2,02 „	—	1,78 „
Größter Tiefgang (mit Schwert)	1,25 „	1,25 „	1,32 „	1,00 — 1,20 m	—	1,19 „
Tiefgang in der Mitte (ohne Schwert)	0,16 „	0,15 „	0,75 „	0,80 m	—	—
Niedrigster Freibord	0,43 „	0,30 „	0,48 „	0,52 „	0,44 m	0,44 „
Deplacement	?	?	ca. 2,0 cbm	2.26 cbm	ca. 1,61 cbm	1,9 cbm
Groß-Segel	17,50 qm	—	33,30 qm	38,50 qm	29,30 qm	36,18 qm
Vorsegeldreieck	4,44 „	—	10,50 „	—	8,00 „	11,66 „
Vermess.-Segel	21,94 „	21,00 qm	43,80 „	—	37,30 „	47,84 „
Fock I	4,00 „	—	—	7,70 qm	—	9,18 „
Fock II	—	—	—	4,80 „	—	7,16 „
Ballon	—	—	—	15,80 „	—	12,50 „
Spinnaker	7,20 qm	—	—	—	—	21,50 „
Ungef. Preis ℳ	1000	1000	2500 bis 3000	3500 bis 4000	2500 bis 3000	3000 bis 3500

γ) **Sport-Motorboote.**[1]

Von den Sport-Motorbooten sind die kleinsten, nämlich die Motorbeiboote, oben bei den Booten der Handelsschiffe und

---

1) Kunhardt, Steamyachts and Launches, London. De Méville, Motoryachten. Motorboote und Bootsmotoren. Herausgeg. v. „Die Yacht". The Motorboat Manual. Herausgeg. v. „The Motorboat". Müller, Das Motorboot und seine Maschinenanlagen. Stephens, The Brit. Intern. Trophy Race 1908; Tr. Soc. of. N. A. and M. E., 1908. M. H. Bauer, Das Motorboot und seine Behandlung. Jahrbuch des Deutschen Motoryacht-Verbandes. Motorboot-Kalender. Automobiltechnischer

Segelyachten

7 R. K.	8 R. K.	9 R. K.	9 R. K.	9 R. K.	10 R. K.	Sonderklasse	Sonderklasse
1908	1908	1909	1910	1910	1908	1909	1906
W. v. Hacht	C. O Liljegreen	Abeking & Rasmussen	Lürssen Vertens	Lürssen Mylne	M. Oertz	?	David & Faeton
Sloop	Sloop	Sloop	Kutter	Kutter	Kutter	Sloop	Sloop
Mahagoni	?	Mahagoni	Mahagoni	Mahagoni	?	Mahagoni	White Ceder
10,20 m 6,55 „ 2,02 „ 1,95 „	11,50 m 7,65 „ 2,50 „ 2,47 „	13,25 m 9,25 „ 2,80 „ 2,72 „	14,02 m 8,93 „ 2,65 „ 2,60 „	13,87 m 8,84 „ 2,67 „ 2,57 „	14,30 m 9,42 „ 3,04 „ 2,90 „	10,32 m 6,10 „ 1,98 „ —	10,91 m 5,65 „ 2,24 „ —
—	1,70 „	1,65 „	1,64 „	1,75 „	1,80 „	1,56 „	1,65 „
1,30 „ — 2,89 cbm	1,35 „ 0,58 „ —	1,60 „ 0,65 „ —	1,58 „ 0,76 „ —	1,55 „ 0,75 „ —	1,74 „ 0,60 „ —	— — 2,018 cbm	— — 1,859 cbm
47,60 qm — — 11,95 qm 8,95 „ 15,25 „ 34,30 „	62,00 qm 21,50 „ 83,50 „ 17,50 „ 10,00 „ — —	77,00 qm 31,80 „ 108,80 „ 30,00 „ 23,80 „ 40,00 „ 52,00 „	90,5 qm 36,9 „ 127,4 „ 14,6 „ 13,8 „ 46,5 „ 53,75 „	82,80 qm 45,98 „ 147,04 „ 14,7 „ 22,0 „ 42,0 „ 65,0 „	79,50 qm 40,70 „ 139,00 „ — — — —	— — — 50,52 qm — — —	— — — 50,86 qm — — —
4000 bis 4500	7000 bis 8000	9000 bis 10000	9000 bis 10000	9000 bis 10000	12000 bis 15000	5100	5100

Yachten S. 34 u. 35 erwähnt. Die übrigen zerfallen hauptsächlich in zwei verschiedene Arten: nämlich solche, bei denen auf große Geschwindigkeit der Hauptwert gelegt wird, sogen. „Schnellboote", „Trainierboote", „Rennboote" oder „Rennkreuzer", und solche, bei denen die Wohnlichkeit und der angenehme Aufenthalt an Bord die Hauptrolle spielen, sogen. „Motoryachten", „Motorkreuzer". Bei den letzteren unterscheidet man wieder „Binnenkreuzer" und „See-

---
Kalender. Zeitschriften: Das Motorboot, Die Yacht, Schiffbau, The Motorboat, The Rudder, Int. Mar. Engineering, Nautical Gazette, The Field, Forest & Stream, Le Yacht.

„kreuzer". Der Unterschied liegt in der für die offene See mehr oder weniger geeigneten Bauweise und Ausrüstung.

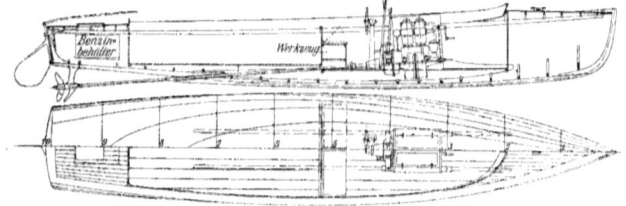

Abb. 138. 1:100.

Länge über alles	= 9,00 m	4 Zyl. W. S. V.-Motor 93×100
Größte Breite	= 1,72 „	Vermessungslänge . = 8,76 m
Tiefgang	= 0,35 „	Vermessungs-Breite. = 1,48 „
Deplacement	= 1500 kg	

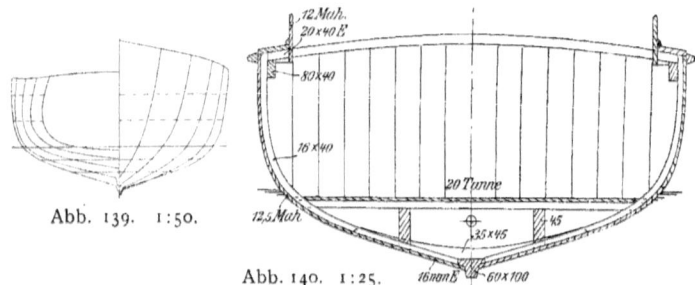

Abb. 139. 1:50.   Abb. 140. 1:25.

Vorsteven: Eiche, unten 100×60 mm, oben 70×60 mm.
Kiel: Eiche 100×60 mm gebogen.
Hintersteven: Eiche 100 mm.
Heckspiegel: Mahagoni, 20 mm.
Spanten: entweder: Ulme bezw. Esche, eingebogen 16×40 mm in 225 mm Entfernung oder: Eiche gewachsen 30×60 bis 30×40 in 900 mm Entfernung, dazwischen je zwei eingebogene 16×40 Esche.
Bodenwrangen: Eiche 35×45 mm.
Motorfundament: Eiche 45 mm, 5 m lang.
Fischung: Eiche 120×16 mm.
Balkweger: Kiefer, in der Mitte 80×40 mm, an den Enden schwächer.
Deckbalken: Eiche, in der Mitte 20×40 mm, an den Enden schwächer.

Abb. 138 bis 140. Motor-Gig von der Elka-Werft in Sacrow bei Potsdam.

Je schneller ein Boot im Verhältnis zu seiner Länge ist, desto mehr kommt es darauf an, daß der Motor und alles, was mit ihm zusammenhängt, in richtiger und sachgemäßer Weise in das Boot eingebaut wird. Näheres hierüber siehe im Kap. IV.

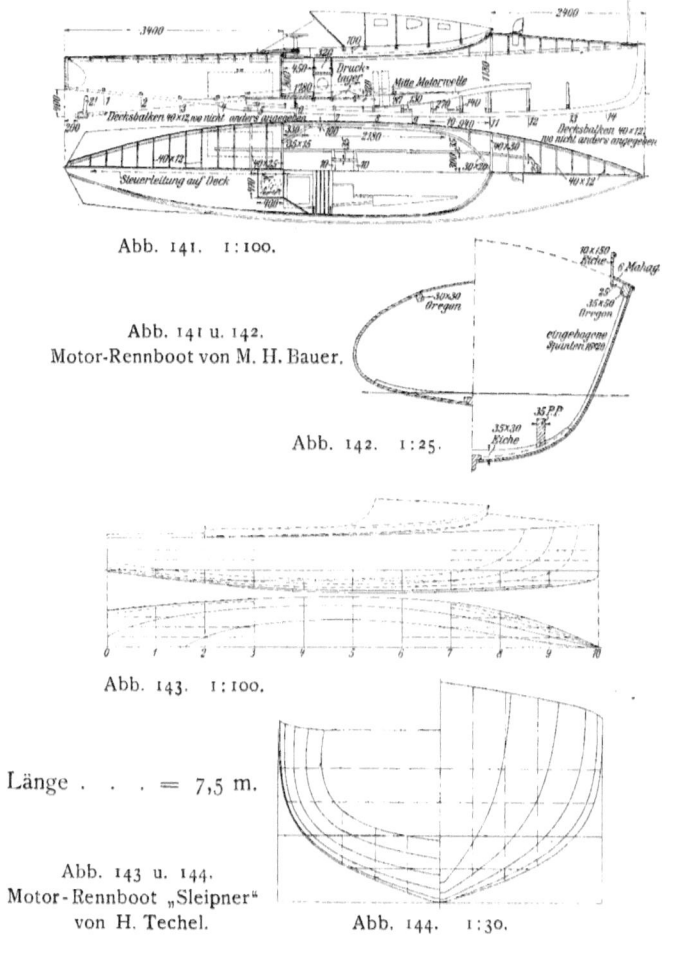

Abb. 141. 1:100.

Abb. 141 u. 142.
Motor-Rennboot von M. H. Bauer.

Abb. 142. 1:25.

Abb. 143. 1:100.

Länge . . . = 7,5 m.

Abb. 143 u. 144.
Motor-Rennboot „Sleipner"
von H. Techel.   Abb. 144. 1:30.

Abb. 138 bis 140 stellen ein offenes Motorboot dar, wie es gern zu Vergnügungs- und Tourenfahrten auf Binnengewässern benutzt wird. Die Form ist elegant und stabil, das Boot ist geräumig und mit bequemen Sitzgelegenheiten ausgestattet. Der

Abschnitt I. Beschreibungen von Booten.

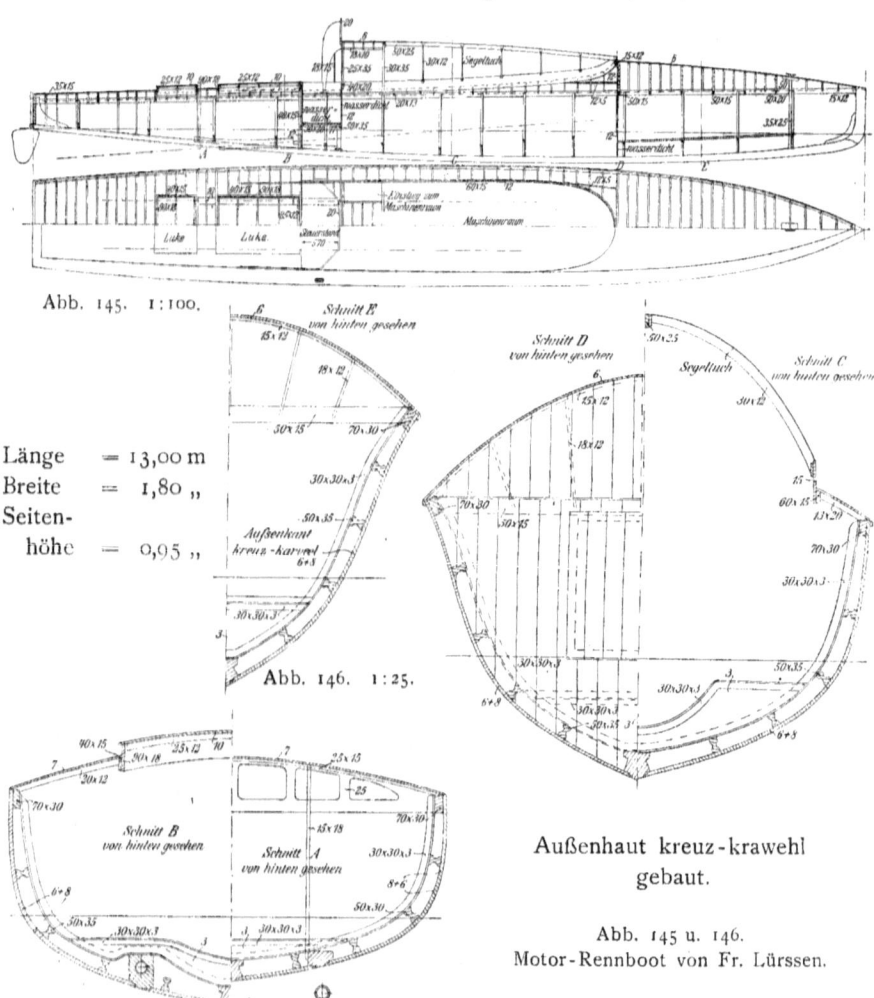

Abb. 145. 1:100.

Länge = 13,00 m
Breite = 1,80 „
Seitenhöhe = 0,95 „

Abb. 146. 1:25.

Außenhaut kreuz-krawehl gebaut.

Abb. 145 u. 146.
Motor-Rennboot von Fr. Lürssen.

Motor ist nicht zu groß und so angeordnet, daß er die Fahrgäste nicht belästigt. Gegen Regen und Sonnenschein kann ein Verdeck aufgespannt werden.

Abb. 141 u. 142 zeigen die typische Form und Bauweise eines Schnell- oder Rennbootes, Abb. 143 u. 144 die Linien des erfolgreichen Rennbootes „Sleipner". In Abb. 145 u. 146 ist die Bauweise eines von Lürssen erbauten Rennbootes von sehr hoher Geschwindig-

Motor-Rennboot, Motor-Kreuzeryacht „Mignon".

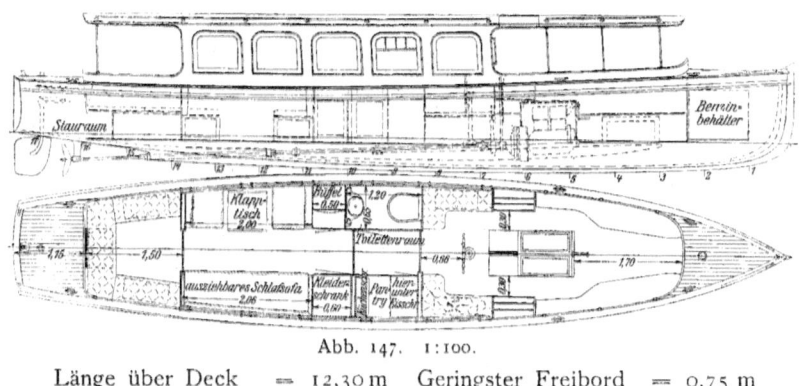

Abb. 147. 1:100.

Länge über Deck	= 12,30 m	Geringster Freibord	= 0,75 m
„ i. d. C. W. L.	= 12,14 „	Tiefgang	= 0,70 „
Breite	= 2,36 „	Deplacement . . .	= 4,11 t

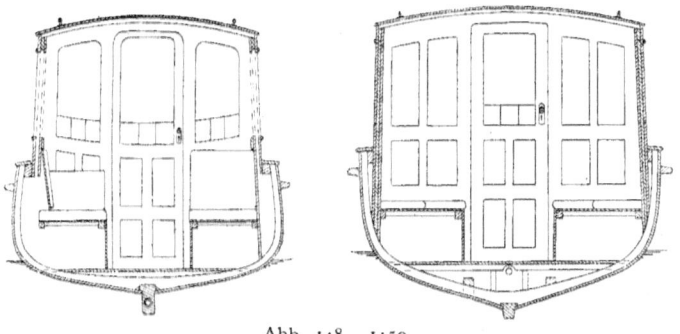

Abb. 148. 1:50.
Vorderes und hinteres Kajütsschott von vorn gesehen.
Abb. 147 u. 148. Motor-Kreuzeryacht „Mignon" von C. Engelbrecht.

keit dargestellt. Bei diesen Booten fehlt, wie gesagt, jegliche innere Einrichtung, abgesehen von Sitzgelegenheiten für die Besatzung. Der Bootskörper wird möglichst leicht und mit raffiniert ausgedachten Längs- und Querversteifungen gebaut, damit er einen möglichst starken, schweren Motor tragen kann. Meistens wird keine lange Lebensdauer von diesen Booten verlangt, da ihr Zweck in der Regel mit der Aufstellung eines Geschwindigkeitsrekordes erfüllt ist. Doch gibt es auch Rennboote, deren Bootskörper noch tadellos ist, obgleich schon der zweite oder dritte Motor eingebaut ist, z. B. „Donnerwetter" von Lürssen. Die äußere Form des Bootskörpers wird möglichst so ausgebildet, daß der Wasserwiderstand gering ausfällt. Näheres Kap. IV.

Abschnitt I. Beschreibungen von Booten.

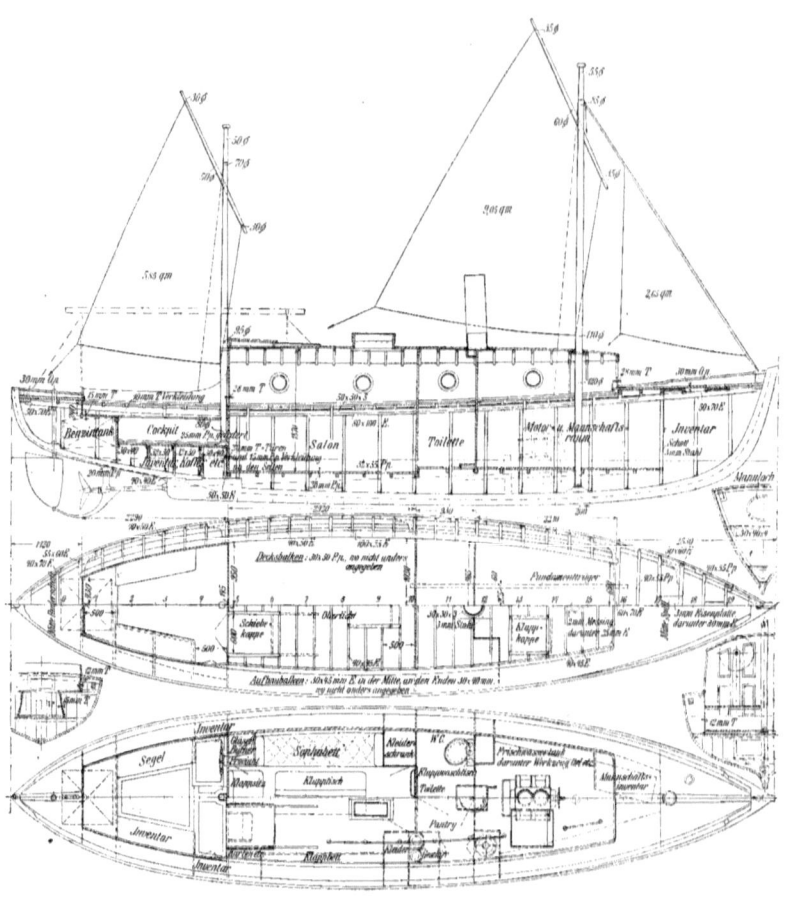

Abb. 149. 1:100.

Länge über alles . . . . = 12,00 m
Breite auf Planken . . . . = 2,83 „
Seitenhöhe . . . . = 1,40 „

Motoryacht „Suanurpe" von M. H. Bauer.

Eine besondere Klasse der Rennboote bilden die sogen. „Gleitboote". Diese sind im Boden mit schräg zur Fahrtrichtung von vorn oben nach hinten unten geneigten Flächen versehen, durch deren Keilwirkung die Boote nach Überschreitung einer kritischen Geschwindigkeit aus dem Wasser gehoben werden

Motoryacht „Suanurpe".

und darüber hinweg gleiten sollen. Einige derartige Boote haben sich in ruhigem Wasser als sehr zweckentsprechend erwiesen, während bei Seegang im allgemeinen keine großen Erfolge damit erreicht worden sind. Ihre Zeichnungen werden sehr geheim gehalten.[1])
Unsere weiteren Abbildungen stellen die Motoryachten oder Motorkreuzer dar. Die Geschwindigkeit dieser Fahrzeuge ist meistens nicht besonders hoch. Sie schwankt etwa von 12 bis 24 km/Std. Für reine Flußfahrzeuge ist sie ja meistens durch

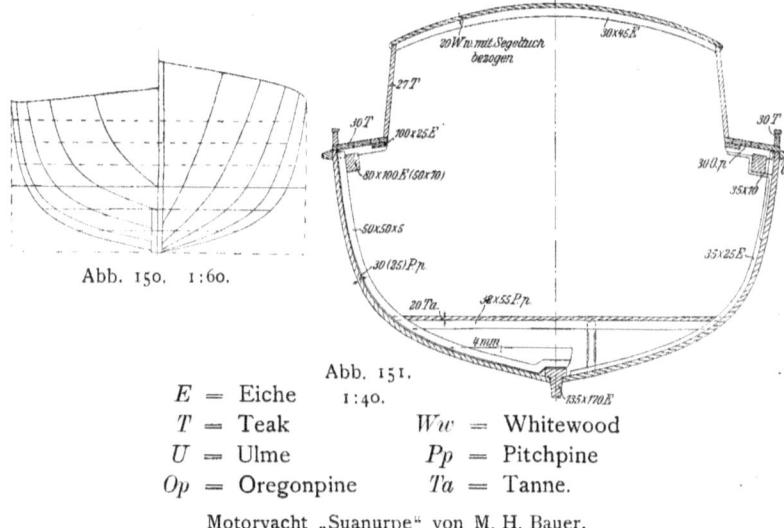

Abb. 150. 1:60.

Abb. 151. 1:40.

E = Eiche
T = Teak
U = Ulme
Op = Oregonpine
Ww = Whitewood
Pp = Pitchpine
Ta = Tanne.

Motoryacht „Suanurpe" von M. H. Bauer.

die polizeilichen Vorschriften begrenzt. Der Tiefgang ist meistens durch die Wasserverhältnisse beschränkt. Um daher das durch die Wohneinrichtungen bedingte Gewicht tragen zu können, muß das erforderliche Deplacement durch flache Formen erzielt werden. Um bei ganz flachen Gewässern die Schraubenflügelfläche in angemessenen Propellern unterbringen zu können, ist man häufig zur Verwendung der schon erwähnten „Tunnelhecks" genötigt.

Bei seegehenden Yachten ist man wieder mit dem Tiefgang nicht an so enge Grenzen gebunden und kann daher dem Fahrzeug schärfere und für das gute Verhalten im Seegang günstigere Formen geben (vergl. Kap. IV).

---

[1] Hydroplane und Gleitboote: Das Motorboot 1909, Nr. 23. Hydroplans and Skimmers: Engg. 12. 3. 1909.

Abschnitt I. Beschreibungen von Booten.

Sport-

Typ, Klasse, Name	Schnelles Kajütboot „Sleipner II"	Schnelles Kajütboot „Clara"	Schnelles Kajütboot „Marga"	Rennkreuzer „Mercedes Hoffmann"
Baujahr	1908	1907	1909	1908
Konstrukteur	H. Techel	H. Techel	M. H. Bauer	M. H. Bauer
Bauwerft	C Waaß, Alt-Hickendorf	Howaldt	Hoffmann & Co., Potsdam	Hoffmann & Co., Potsdam
Baumaterial	Mahagoni Krawehl	Mahagoni und Eiche diagonal	Mahagoni	Mahagoni
Größte Länge	12,50 m	10,00 m	12,00 m	9,00 m
Länge i. d. W. L.	12,50 „	10,00 „	12,00 „	9,00 „
Größte Breite	2,20 „	1,90 „	2,00 „	1,50 „
Breite i. d. W. L.	2,05 „	1,60 „	1,80	1,30 „
Größter Tiefgang	0,85 „	0,75 „	—	—
Tiefgang i. d. Mitte	0,54 „	0,44 „	0,37 „	0,35 „
Seitenhöhe	1,33 „	1,05 „	1,05	0,85 „
Deplacement	5,30 m³	2,40 m³	3,00 m³	1,50 m³
Gewichte: Bootskörper	2500 kg	1400 kg	1800 kg	490 kg
Maschine	2000 „	750 „	730 „	640 „
Brennstoff	200 „	50 „	—	
Inventar usw.	300 „	50 „	—	370 „
Mannschaft	300 „	150 „	—	
Motor	2 u. 4 Zyl. Körting	4 Zyl.-Reversator	Argus	4 Zyl. Merc.
PS	2 × 30	30	43	100
Brennstoff	Benzin	Benzin	Benzin	Benzin
Umdrehungen	700	650	800	1000
Propeller	2	1	1 Zeyse mit Gegenpropeller	1
Durchmesser	650 mm	580 mm	—	—
Steigung	700 „	660 „	—	—
Flügelzahl	3	3	3	3
Geschwindigk. km/Std.	28	25	29,3	46

Die Bauweise dieser Boote wird kräftiger gehalten. Sie richtet sich im allgemeinen nach den Vorschriften der Klassifikationsgesellschaften. Vielfach fällt das Gewicht dieser Boote so klein aus, daß es nicht möglich ist, das durch die Raumbedürfnisse bedingte Deplacement voll auszunutzen und den erforderlichen Tiefgang zu erreichen. Dann ist man in der Lage, durch Ballast die gewünschte Trimmlage und zugleich die Stabilität zu beeinflussen. Allerdings ist das nicht unter allen Umständen eine günstige Lösung der Aufgabe, doch kann dadurch eventl. eine erwünschte Höhe der Kajuträume ermöglicht werden ohne Gefährdung der Stabilität.

Motorboote.

	Gleitboot „Daimler I"	Seegehende Motoryacht	Motoryacht für Binnengewässer	Binnenkreuzer „Rembrandt"	Binnenkreuzer „Youandi"	Seekreuzer „Aloha"
	1910 M. H. Bauer C. Engelbrecht, Zeuthen	„Anker"- Schiff- u. Maschinenbau- G. m. b. H., Rummelsburg Stahl	„Anker"- Schiff- u. Maschinenbau- G. m. b. H., Rummelsburg Stahl	1908 Vertens Lürssen Mahagoni	1909 Vertens Lürssen Mahagoni	1909 Vertens Lürssen Mahagoni
	8,70 m	17,00 m	15,00 m	13,5 m	12,0 m	19,5 m
	8,70 „	15,00 „	13,50 „	12,9 „	12,1 „	19,4 „
	1,74 „	3,00 „	2,78 „	2,52 „	2,2 „	3,5 „
	1,74 „	—	—	2,45 „	1,92 „	3,12 „
	—	1,05 „	0,90 „	0,76 „	0,67 „	1,15 „
	0,18 „	0,85 „	0,65 „	0,58 „	0,47 „	1,00 „
	0,65 „	1,75 „	1.20 „	1,30 „	1,19 „	1,95 „
	1,90 m³	12,00 m³	8,50 m³	5,10 m³	4,74 m³	16,00 m³
	780 kg	—	—	—	3500 kg	10000 kg
	820 „	—	—	—	675 „	3000 „
	—	—	—	—	100 „	700 „
	—	—	—	—	—	2000 „
	—	—	—	—	300 „	300 „
	4 Zyl. Daimler	2 u. 4 Zyl.	4 Zyl.	4 Zyl. Daimler	4 Zyl. Daimler	2 - 4 Zyl. Daimler
	117	2 × 20	30	33	33	2×40
	Benzin	Benzin	Benzin	Benzin	Benzin	Benzin
	1200	725	725	800	780	720
	1	2	1	1	1	2
	—	600 mm	600 mm	—	620 mm	—
	—	550 „	500 „	—	600 „	—
	3	3	3	—	3	3
	50	ca. 17,5	ca. 16,5	18,5	21	20,6

Das wesentliche Merkmal dieser Boote bilden die mehr oder weniger ausgebildeten Kajüträume und Wohnlichkeitseinrichtungen. Salons mit bequemen Sofas, die in der Regel in Betten verwandelt werden können, Anrichte mit Kocheinrichtungen und Eisschrank, Toiletten mit Klosetts und Waschvorrichtung, angenehme Sitzplätze mit freiem Überblick und Schutz gegen Sonne, Wind und Regen, Schlafgelegenheit für den Bootsmann und Maschinisten findet man in der Regel bei diesen Booten. Die Einrichtung ändert sich, je nachdem auf diesen oder jenen Punkt besonderer Wert gelegt wird.

Die Einzelheiten der Türen und Fenster, die Eindeckung des Motors usw. richten sich danach, ob das Fahrzeug nur auf kleineren

Binnengewässern oder ob es auf größeren Landseen oder auf der offenen See benutzt werden soll. In letzterem Falle werden vielfach die frei liegenden Sitzplätze außerhalb der Kajüte in einem sogen. „wasserdichten Cockpit" mit über der Wasserlinie liegendem Fußboden und Speigaten nach außenbords untergebracht, wenn man nicht, namentlich bei größeren Booten, vorzieht, das Deck glatt von vorn nach hinten durchzuführen. Auch sonstige Vorrichtungen, wie z. B. Erhöhung und Wölbung des Vordecks, besondere Sicherung der Türen, Fenster und Luken, Windschutz für den Steuermann usw. werden dann getroffen, um das Fahrzeug gegen die Unbilden von Wind und Wetter widerstandsfähig zu machen.[1]

---

[1] Motorkreuzeryacht: Schiffbau, IX. Jahrg., Nr. 4. Entwurf eines Hochsee-Motorbootes: Das Motorboot 1909, Nr. 11. 9 m-Motorkreuzer „Otter": Die Yacht 1908, Nr. 13 Coeur-dame: Das Motorboot 1908, Nr. 23. Bestimmungen für den Lanz-Preis 1911: Das Motorboot 1910, Nr. 25.

Abschnitt II.

Der Bau von Booten.

1. Materialien.

a) Allgemeines.

Das am meisten beim Bootsbau zur Verwendung kommende Material ist Holz. Vielleicht spielt dabei die Gewohnheit der handwerksmäßigen Herstellung eine gewisse Rolle. Denn auch Boote aus Flußeisen (Stahl[1]) und andern Metallen besitzen große Vorzüge. Aber ihre Zahl ist verhältnismäßig gering gegenüber den Holzbooten.

Im übrigen finden Eisen, Aluminium, Kupfer, Zink und die verschiedenen Bronzearten im Bootsbau ausgiebige Verwendung für Beschläge, Bänder, Kniee und dergl., ferner als Nieten, Bolzen, Nägel, Schrauben.

Als Konstruktionsmaterial für den Bootskörper kommen außer Flußeisen die andern Metalle teils wegen ihres hohen Preises, teils wegen ihres hohen Gewichtes, teils wegen ihrer mangelhaften Festigkeitseigenschaften nicht in Betracht. Aluminium ist allerdings wegen seines geringen Gewichtes verschiedentlich zur Verwendung gekommen, doch hat es die sehr unangenehme Eigenschaft, vom Wasser — namentlich vom Seewasser — stark zerfressen zu werden.

Eine ziemlich häufig vorkommende Bauweise ist der sogen. Kompositbau, bei welchem Spanten und Bodenwrangen, meistens auch die Decksbalken aus Flußeisen, Kiel, Steven, Außenhaut und Deck aus Holz hergestellt werden.

Boote nach dem „Francis"-System (s. S. 146) werden schon seit etwa 40 Jahren aus kannelierten und verzinkten Flußeisenblechen gebaut.

Für manche Bootsteile, wie z. B. Decks, Fußböden, Kajüteinrichtungen, Bänke und dergl. wird man wahrscheinlich

---

[1] Stahl ist die übliche Bezeichnung für Flußeisen.

aus nahe liegenden Gründen im allgemeinen immer nur Holz verwenden. Für den eigentlichen Bootskörper besteht die Möglichkeit, daß Metall — vor allem Flußeisen — mehr und mehr Verwendung finden wird. Hinsichtlich der Kosten liegen die Verhältnisse heute so, daß von manchen Bootswerften Flußeisenboote, von andern Holzboote billiger geliefert werden. Hierbei spielen örtliche Verhältnisse, Ausbildung der Arbeiter, Einrichtungen der Werft usw. eine Rolle. Das Gewicht von Flußeisenbooten ist in den meisten Fällen größer als das von gleich großen und gleich festen Holzbooten, weil man den Blechen und Profilen mit Rücksicht auf örtliche Beanspruchung und auf das Verrosten nicht diejenigen geringen Abmessungen und Dicken geben darf, die vom Standpunkt der Festigkeit der Gesamtkonstruktion erlaubt wären. Der Unterschied wird mit wachsender Bootsgröße geringer, um schließlich bei großen Fahrzeugen in das Gegenteil umzuschlagen.

Die Versuche, die Außenhaut von Booten aus Flußeisen ohne Nietung mit geschweißten Nähten und Stößen (nahtlos) herzustellen, haben noch nicht überall zu einwandfreien Ergebnissen geführt. Es gelingt meistens nicht, eine völlig glatte Fläche ohne Buckel und Beulen herzustellen.

Wir werden jetzt noch etwas näher auf die Vorzüge und Nachteile der beiden hauptsächlich für den Bootskörper zur Verwendung kommenden Materialien: Holz und Flußeisen eingehen. Angaben über die einzelnen Holz- und Metallarten folgen weiter unten (S. 100).

Holz ist verhältnismäßig leicht, ohne Benutzung von komplizierten Werkzeugmaschinen und Werkstatteinrichtungen, zu bearbeiten. Gegen lokale Beanspruchung ist es wegen seiner hohen Elastizität sehr widerstandsfähig. Reparaturen lassen sich in den meisten Fällen leicht ausführen. Farbenanstriche haften auf Holz sehr gut, und es lassen sich unter Benutzung der natürlichen Holzfarbe und der Holzmaserung unter Lack und Politur sehr hübsche Wirkungen erzielen. Mit Hilfe von Leim lassen sich Holzstücke bei sachgemäßer Verarbeitung vorzüglich miteinander verbinden. Durch Dampf und Wärme lassen sich Holzstücke so weich und biegsam machen, daß man sie in beliebige Formen bringen kann. Ein Zurückgehen in die ursprüngliche Gestalt erfolgt nach dem Erkalten nur in unwesentlichem Maße.

Holzboote sind daher in der Regel leicht und elastisch, können rasch hergestellt werden und sind nicht allzu hoch im Anschaffungspreise.

1. Materialien. a) Allgemeines.

Diesen Vorzügen stehen allerdings einige sehr große Nachteile gegenüber. Holz kann krumm und schlecht gewachsen sein. Es hat bisweilen Risse, Äste, faule Stellen usw. Frisch geschlagenes Holz darf überhaupt nicht verwendet werden, sondern man muß je nach der Holzart durch lange Lagerung im Wasser oder an trocknen, luftigen Stellen dafür sorgen, daß die feuchten Säfte ausgelaugt oder eingetrocknet werden, damit sie nicht später in Fäulnis übergehen. Ist das Holz nicht genügend ausgetrocknet, so besteht die Gefahr, daß es im Boot unter der Einwirkung der Trockenheit und Wärme sich zusammenzieht und aufreißt.

Überhaupt ist Holz sehr empfindlich gegen Temperaturschwankungen, Nässe und Trockenheit. Man sagt: „das Holz arbeitet", es dehnt sich aus und zieht sich wieder zusammen, je nach den Feuchtigkeits- und Wärmeverhältnissen seiner Umgebung.

Nur durch sorgfältige Behandlung und guten Anstrich lassen sich Holzboote dauernd dicht und in gebrauchsfähigem Zustand erhalten. Bei Vernachlässigung ist ein Holzboot von sehr geringer Lebensdauer. Dabei zersetzen sich diejenigen Teile am schnellsten, die abwechselnd mit Wasser und mit Luft in Berührung kommen. Sehr schwierig ist die gute und sichere Verbindung der einzelnen Holzstücke miteinander gegen Zug- und Druckbeanspruchung. Da die Verbindung meistens nur durch metallene Bolzen, Nägel oder Schrauben bewirkt werden kann, so ist es unvermeidlich, daß bei den wechselnden Beanspruchungen, denen der Bootskörper bei seiner Benutzung ausgesetzt ist, die Metallteile wegen ihrer größeren Härte in dem Holz zu arbeiten anfangen, und ist erst eine kleine Lockerung eingetreten, so macht sie bald Fortschritte. Überhaupt ist die geringe Widerstandsfähigkeit des Holzes gegen Verschleiß und Reibung eine sehr unangenehme Eigenschaft. Stark der Abnutzung ausgesetzte Teile müssen daher immer durch metallene oder Lederbeschläge geschützt werden.

Hierzu kommt noch die leichte Brennbarkeit und Feuergefährlichkeit sowie die geringe Widerstandsfähigkeit gegen die Angriffe des Bohrwurms, der Ratten, Ameisen und anderer Tiere.

Diese Vorteile und Nachteile sind bei den verschiedenen Holzsorten in verschiedenem Maße vorhanden, und je nach ihren Eigenschaften kann man jede Holzart für bestimmte Teile der Boote mit Vorteil verwenden, während sie an anderen Stellen weniger oder gar nicht zu gebrauchen ist. (Näheres s. u.)

In den alten Kulturländern wird gutes brauchbares Bootsbauholz immer seltener und teurer. Man verwendet viel aus den Kolonien importiertes Holz, das sich zum Bootsbau vorzüglich eignet, aber auch im Preise beständig steigt.

Sehr wichtig ist die sorgfältige Auswahl der zum Bau verwendeten Holzstücke. Bei jeder Holzart ist auf den Wuchs und den Verlauf der Holzfasern, ferner darauf zu achten, ob das Holz aus der Mitte des Stammes (Kernholz) oder aus den jüngeren nahe unter der Rinde sitzenden Schichten (Splint) genommen wird. Planken sollen annähernd radial aus dem Stamme geschnitten sein, damit sie der Dicke nach von annähernd gleichmäßiger Struktur sind. Die nahe dem äußeren Umfange aus dem Stamme geschnittenen Planken sind leichter dem Verwerfen und Krummwerden ausgesetzt als solche, die mehr aus der Mitte geschnitten sind, weil sie sich aus Holz von verschiedener Dichte zusammensetzen. Eichene „Wagenschottplanken" werden gern zur Außenhaut verwendet und werden meistens nach der in Abb. 152 wiedergegebenen Weise aus dem Stamm geschnitten.

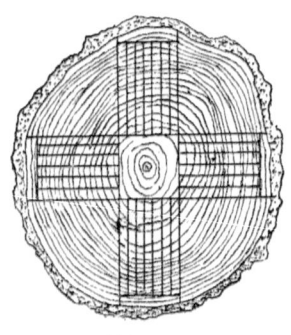

Abb. 152.
Wagenschott-Planken
(Spiegelholz).

Über Holzlagerung und Holztrocknung s. S. 195.

Die Holzpreise schwanken sehr, je nach Angebot und Nachfrage, auch nach der Herkunft, den Transportkosten und Zollabgaben.

Gewichtsangaben über Holz sind immer unsicher wegen der verschiedenen Herkunft, des Alters und Feuchtigkeitsgehaltes. Die in den Handbüchern und anderweitig veröffentlichten Einheitsgewichte von Holzsorten sind Mittelwerte, mit denen man sich bei Gewichtsrechnungen behelfen muß. In wichtigen Fällen bestimmt man das spezifische Gewicht nach Proben. Das eingebaute Holz wird naturgemäß durch Aufnahme von Feuchtigkeit im Laufe der Zeit immer schwerer. Um diese Feuchtigkeitsaufnahme möglichst gering zu machen, sorgt man dafür, daß freiliegende Flächen durch Ölanstrich „wasserdicht" gemacht werden.

1. Materialien. a) Allgemeines.

Die Klassifikations-Gesellschaften bestimmen die Dauer der Klasse, die einer Yacht erteilt wird, und die Abmessungen der Verbandteile nach den verwendeten Holzarten.[1])

Flußeisen hat als Bootsbaumaterial den großen Vorzug der Festigkeit und Zähigkeit bei jeder Art von Beanspruchung. Verletzungen und Löcher entstehen nur durch ganz besonders harte Beanspruchung. Verbeulungen und Verbiegungen lassen sich in den meisten Fällen ohne Nachteil für die Konstruktion wieder beseitigen. Die Bearbeitung des Flußeisens ist, namentlich bei den geringen im Bootsbau erforderlichen Materialstärken, unter Benutzung einiger Spezialwerkzeugmaschinen verhältnismäßig leicht und einfach, und es lassen sich auch schwierige Formen zweckentsprechend und sicher herstellen. Temperaturwechsel, Nässe und Trockenheit üben auf Eisen nicht den Einfluß aus wie auf Holz. Boote aus Flußeisen sind daher dauernd dicht herzustellen. Ein großer Vorzug ist auch ihre Feuersicherheit.

Als Nachteil des Flußeisens als Bootsbaumaterial ist zunächst der hohe Preis des Rohmaterials zu erwähnen; ferner müssen Flußeisenboote sehr gut durch Anstrich oder Verzinkung gegen Verrosten geschützt werden. Bei den geringen erforderlichen Materialstärken sind Platten und Winkel sonst rasch durchgerostet. Die lokale Festigkeit ist gering. Infolgedessen stoßen sich die Boote leicht Beulen.

Als Nachteil muß auch die Notwendigkeit der Anschaffung einiger Werkzeugmaschinen zum Bearbeiten des Eisenmaterials bezeichnet werden, wenn man Stahlboote bauen will. Das trägt zur Erhöhung der Herstellungskosten von Stahlbooten bei, weil die Maschinen amortisiert und verzinst werden müssen. Auch die ganze Art und Weise der Bearbeitung und des Zusammenbauens der einzelnen Teile ist nicht so einfach wie beim Holzbau, da alle Stücke vor dem Zusammenbau genau passend hergestellt und mit sämtlichen Nietlöchern versehen sein müssen. Ein Nacharbeiten am Bootskörper, wie es bei Holz leicht auszuführen ist, ist bei Stahl in den meisten Fällen nicht möglich. Verpaßte und falsch oder nachlässig vorbereitete Stücke lassen sich meistens nicht anderweitig verwerten, sondern müssen verworfen werden, während bei Holz in einem solchen Falle in der Regel noch eine anderweitige Verwendungsmöglichkeit vorliegt.

---

[1]) Vergl. Germ. Loyd, Vorschriften für den Bau von Yachten der internationalen Rennklassen 1908, § 4.

Schließlich ist es als ein ganz erheblicher Nachteil der aus Metall erbauten Bootskörper zu bezeichnen, daß Reparaturen während der Fahrt mit Bordmitteln nur in den seltensten Fällen ausgeführt werden können, so daß fast immer das Aufsuchen einer Werkstatt erforderlich wird.

Seit einiger Zeit baut man auch Boote aus Eisenbeton. Dabei wird zunächst ein Gerippe aus Eisenstäben hergestellt, dieses mit Drahtnetz bespannt und das Ganze mit Zementmörtel innen und außen bekleidet und verputzt. Diese Boote werden zwar ziemlich schwer. Sie sind aber außerordentlich billig in der Herstellung, sehr dauerhaft und stark im Betriebe und verursachen fast gar keine Instandhaltungskosten. Die Bauweise ist bis jetzt namentlich für Brücken- und Anlegepontons zur Anwendung gekommen; es sind aber auch schon Transportfahrzeuge und sogar vereinzelt Motorboote aus Eisenbeton gebaut worden.

b) Holzarten.[1)]

1. Eiche. Sogenannte „milde Eiche" kommt aus Deutschland, Slavonien, Rußland, England. Die Färbung ist gelblich. Sie wird teils in langen geraden Stämmen, teils als sogenanntes „Krummholz" verkauft. Das Holz ist fest, zäh, dauerhaft, von feiner Struktur, schwer zu bearbeiten, aber zu allen Bootsteilen verwendbar. Es wird meistens für vorteilhaft gehalten, die Stämme im Winter zu schlagen und bis Pfingsten aufzuschneiden. Deutsche Eiche hält sich unter Wasser am besten.

Gewicht = 700 bis 1000 kg/cbm.

Preis für Stämme = 140 bis 200 M/cbm, für Krummholz = 60 bis 120 M/cbm.

Sogenannte „Steineiche" stammt aus Amerika. Die Färbung ist mehr rötlich. Die Struktur ist gröber. Beim Einkauf muß man auf faule Stellen und Äste achten. Steineiche wird häufig zu stark gebogenen Teilen verwendet.

2. Ulme. Wird in England gekauft. Die Färbung ist gelbweiß. Das Holz ist dichtfaserig, fest, hart, zäh, schwer zu bearbeiten. Unter Wasser sehr dauerhaft, namentlich in Seewasser; dagegen nicht sehr haltbar, wenn es bald naß, bald trocken ist. Man hat aber auch Deckplanken aus Ulme nach 30 Jahren als gut er-

---

1) Nach Angaben von: F. A. Sohst, Hamburg 15. — Lauche & Alt, Berlin SO. 36. — Kullak & Levy, Berlin SO. — Fr. Lürssen, Aumund-Vegesack. — C. Engelbrecht, Zeuthen. — W. Deutsch, Stralau.

halten aus dem Schiff genommen. Bei Auswahl der einzubauenden Stücke muß man sehr vorsichtig sein.

Ulmenholz wird hauptsächlich zu Kiel und Bodenplanken verwendet, auch zu eingebogenen Spanten (Sonderklassenyachten, Motor-Rennboote) und Scheuerleisten.

Gewicht = 800 bis 900 kg/cbm.
Preis für Stämme = 120 M/cbm und mehr.

3. Esche, kommt aus Europa, Amerika und Sibirien, wird meistens in England gekauft. Das Holz kommt in langen Stämmen von 8 bis 10 m Länge und 25 bis 30 cm Dicke an den Markt. Es hat gelbliche Färbung, ist fest und zäh, aber bequem zu bearbeiten. Es findet hauptsächlich bei gebogenen Teilen Verwendung, z. B. für eingebogene Spanten, Fenderleisten bei Motorbooten usw. Es wird auch zu Kielen, Dollborden, Spanten, Decksbalken und Decksplanken, die gescheuert werden sollen, verwendet. Außerdem werden Riemen, Bootshaken und dergl. Gebrauchsgegenstände, von denen Festigkeit und Beständigkeit verlangt wird, daraus gemacht.

Gewicht = ca. 650 kg/cbm.
Preis = rund 120 M/cbm.

4. Fichte: Kommt aus Deutschland, Schweden, Norwegen, Rußland und wird in Stämmen oder Brettern gekauft. Deutsche Fichte ist besser als russische. Russische Fichte wird aber besser, wenn sie ein Jahr im Wasser gelegen hat.

Das Holz ist weich, leicht spaltend, leicht zu bearbeiten. Es wird zu Kielen von leichten Sportruderbooten, zu Seitenwänden bei Kähnen, zu Fußböden, Türen, Fenstern usw., besonders gern unter Leinwand oder Linoleumbelag, verwendet. In Norwegen werden auch ganze Boote und Yachten sehr billig, einfach und genügend haltbar aus Fichtenholz gebaut.

Gewicht = rund 800 kg/cbm.
Preis für Stämme = 45 M/cbm, geschnitten = 90 M/cbm.

5. Tanne: Kommt hauptsächlich aus Österreich und ist überall zu haben.

Die Färbung ist gelblich bis weiß. Das Holz ist weich, leicht spaltend, leicht zu bearbeiten, wird hauptsächlich zu Masten, Böden von Kähnen und zu inneren Einrichtungen untergeordneter Natur verwendet.

Gewicht = 500 kg/cbm.
Preis für Stämme = 30 bis 40 M/cbm, geschnitten = 60 bis 80 M/cbm.

6. **Kiefer oder Föhre:** Stammt aus den deutschen und russischen Ostseeküstengebieten. Im wesentlichen ist das Holz ähnlich wie Fichten- und Tannenholz, etwas harzreicher und gleichmäßiger in der Struktur. Es wird gern zu Masten und Rundhölzern, auch zu Decksplanken verarbeitet.

7. **Lärche** wird in Österreich geschlagen und kommt in Stämmen oder in Brettern an den Markt. Die Färbung ist dunkelrot, ähnlich dem Pitchpine. Das Holz ist hart und zäh, es ist terpentinhaltig und bleibt wurmfrei. Es ist sehr dauerhaft und fault fast gar nicht. (In Spanien wird Lärchenholz sogar zu platten Dächern verwendet, auf denen Gartenanlagen angelegt werden.) Es kann für alle Bootsteile gebraucht werden, ist aber selten zu erhalten. Gutes Plankenholz für kleine Boote.

Gewicht = 850 kg/cbm.

Preis für Stämme = 50 M/cbm, geschnitten 90 bis 100 M.

8. **Teak.** Echtes Teakholz wird in der englischen Provinz Burma in Indien geschlagen und über Moulmein (Rangoon) ausgeführt. Es heißt daher auch „Moulmein"-Teak. Es kommt in kürzeren und längeren Stämmen oder Blöcken an den Markt. Seine Farbe ist braun. Es ist fest, zäh, schwer spaltend, dauerhaft, von dichter, gleichmäßiger Struktur, fast ganz astrein und splintfrei. Abgesehen von seinem hohen Gewicht und Preis ist es wohl das brauchbarste Holz im Schiff- und Bootsbau, soweit gerade Stücke in Betracht kommen. Sein Harzgehalt verhindert das Rosten eingeschlagener Nägel und macht das Holz unempfindlich gegen Witterungseinflüsse. Auch wird Teak von den Termiten und dem Bohrwurm nicht angegriffen. Es wird für alle Teile verwendet, die viel auszuhalten haben: Decks, Aufbauten, Oberlichter, Kappen, Relingleisten usw. Auch für Kajüteinrichtungen wird es gern genommen.

Gewicht = ca. 900 bis 970 kg/cbm.

Preis: für kurze Bohlen von unter 2,8 m Länge
 = 200 bis 250 M/cbm, im Durchschnitt in Längen von 4 bis 6 m = 280 bis 300 M/cbm, über 6 m Länge = 350 bis 400 M/cbm.

Weniger gut als Moulmein-Teak ist Java-Teak. Es ist sehr kalkhaltig und nicht so harzig. Es wird besonders für Möbel verwendet.

Preis: für kurze Bohlen = 80 bis 160 M/cbm,
 4 m und darüber = 180 bis 220 M/cbm.

9. **Mahagoni.** Es gibt sehr viel verschiedene Sorten von Mahagoni. Einige davon sind von Zedernholz kaum zu unterscheiden. Die beste Sorte ist Tabasco-Mahagoni aus Honduras. Es ist in langen und breiten Stücken zu haben. Die ursprüngliche Farbe ist dunkelrot oder rosa; sie wird verarbeitet immer dunkler. Das Holz ist hart, sehr dauerhaft, schwer zu bearbeiten, von feiner gleichmäßiger Struktur. Es wird zu vielen Bootsteilen, namentlich auch zu Außenhaut- und Decksplanken (Mittelstücke und Leibhölzer, Abdeckungen bei Sportruderbooten) verarbeitet, besonders da, wo das Holz unter Lack oder Politur durch seine schöne Färbung und Maserung wirken soll.

Gewicht = 600 bis 900 kg/cbm.

Preis: über 6 m lange Blöcke = 240 bis 260 M/cbm.

Es gibt auch sehr leichtes und hellfarbiges Honduras-Mahagoni mit einem Gewicht von rund 560 kg/cbm. Ähnlich ist „Laguna", das etwa 600 kg/cbm wiegt.

Eine gute Sorte ist „Sapeli-Mahagoni". Es kommt aus den englischen Kolonien an der Westküste von Afrika, ist rötlich in der Farbe und hat z. T. wunderbar gemaserte Stücke. Diese werden gern poliert zu Kajütseinrichtungen verarbeitet, während weniger geflammte Stücke auch zu deckend gestrichenen Bootsteilen Verwendung finden.

Gewicht = 800 bis 1000 kg/cbm.

Preis = 180 bis 200 M/cbm in Stämmen.

Eine minderwertige Sorte ist Gaboon-Mahagoni. Es kommt aus Französisch-Kongo, ist hellrot in der Färbung. Während echtes Mahagoni wegen seiner Härte und Festigkeit sehr geschätzt wird, ist das Gaboon-Holz weich und faserig. Durch geschickte Bearbeitung und Lackierung lassen sich allerdings Boote aus diesem Holz herstellen, die einen bestechenden Eindruck machen. Zu Fußböden und untergeordneten Teilen ist es gut verwendbar.

Gewicht = 480 bis 520 kg/cbm.

Preis = 60 bis 80 M/cbm in Stämmen.

10. **Zeder:** Sehr beliebtes Holz für leichte Sportruderboote, insbesondere für Rennboote, auch für Segelgigs und leichte Jollen. Es ist sehr haltbar und wetterbeständig, saugt aber begierig Wasser auf, muß daher gut unter Lack gehalten werden. (Zigarrenkisten werden aus Zedernholz gemacht!)

Cuba- und Honduras-Zedernholz ist am besten. Es kommt in langen und breiten Stücken an den Markt, ist hellbraun in der

Farbe, ziemlich weich, aber von gleichmäßiger Struktur und leicht zu bearbeiten. Bei guter Pflege sind Zedernboote sehr dauerhaft.

Gewicht = ca. 450 bis 520 kg/cbm.
Preis = ca. 230 bis 300 M/cbm.

Von etwas geringerer Qualität ist Tabasco-Zeder. Sie ist rötlicher in der Färbung, wiegt ca. 750 kg/cbm und kostet 180 bis 220 M/cbm.

11. Pitchpine oder Yellowpine kommt aus dem südlichen Nordamerika über die Golfhäfen nach Europa, sowohl in gesägten und behauenen Balken als auch in Brettern und Bohlen.

Es ist in großen Längen und Dicken zu haben, hat eine gelbliche Farbe, sieht ähnlich wie Föhrenholz aus, ist sehr harzig, dauerhaft, schwer zu bearbeiten. Es findet hauptsächlich für Teile Verwendung, die rauh behandelt werden und fest sein müssen, wie Decksplanken, Rundhölzer und dergl.

Gewicht = ca. 900 kg/cbm.
Preis = 100 bis 120 M/cbm.

12. Oregonpine kommt von der Westküste Nordamerikas, hauptsächlich aus dem Staate Oregon und aus British Columbia in Brettern, Bohlen und Blöcken von 60 bis 150 mm Stärke und 4 bis 12 m Länge.

Es wird gern für leichtere Decks, ferner für Masten, Rundhölzer, die geraden, astreinen Stücke namentlich zu hohlen Spieren verwendet. Man hat Stämme von 37 m Länge und 80 cm Durchmesser importiert in absolut gerader Ware und mit verhältnismäßig wenig und ganz kleinen Ästen. Das Holz sieht gelblich aus und spielt hin und wieder ein wenig ins rötliche.

Gewicht = ca. 700 bis 800 kg/cbm.
Preis = 100 bis 130 M/cbm.

13. Zypresse wächst in den Sümpfen der südlichen Teile Nordamerikas und wird über die Golfhäfen nach Europa exportiert. Das Holz kommt in Brettern und Bohlen von 25 bis 100 mm Dicke, 200 bis 750 mm Breite und 2,5 bis 6 m Länge auf den Markt. Größere Längen sind selten.

Das Holz ist sehr wertvoll für den Bootsbau, da es nicht so harzig wie Pitchpine ist, weniger Splint hat, astreiner und dabei dauerhafter und gegen Fäulnis unempfindlich ist. Daher hauptsächlich für Boote, die bald im Wasser und bald auf dem Trocknen liegen, brauchbar (Marineboote).

Gewicht = 600 bis 700 kg/cbm.
Preis = 100 bis 150 M/cbm
für allerbestes astreines Holz.

14. **Whitepine** (Columbia Pine oder Quebec Yellow Pine) wächst in Nordamerika, besonders in Kanada, und wird über Quebec und Montreal exportiert.

Es kommt in behauenen Stämmen von 5 bis 13 m Länge und von 45 cm und größeren Dicken auf den Markt, auch in parallel besäumten Bohlen von 50, 75 und 100 mm Dicke und 4 bis 5 m Länge. Das Holz sieht zwischen weiß und weißrötlich aus.

Die sogenannte „Morgenseite" ist weich, die „Abendseite" hart und „grobgahrig", d. h. von grober Struktur mit dicken, harten Jahresringen zwischen weicheren. Das Holz findet im Bootsbau viel Verwendung, und zwar je nach seiner Qualität zu besseren oder minderwertigen Teilen. Es gibt auch ganze Boote aus Whitepine. Bei doppelter Außenhaut wird häufig die innere Lage aus Whitepine gemacht. In Sportruderbooten wird häufig Kiel und Duchtenträger oder „Gondelleiste" (s. S. 148) aus Whitepine hergestellt. Die Stemmbretter werden aus den grobgahrigen Stücken angefertigt.

Gewicht = 420 bis 550 kg/cbm.
Preis = 180 bis 220 M/cbm.

15. **Weiße Zeder.** Ein vorzügliches Bootsbauholz, haltbar wie Eiche, aber weich, ziemlich astrein, leicht zu bearbeiten. Es kommt in Stämmen von 10 m Länge und höchstens 30 cm Durchmesser an den Markt. Färbung hellgelb, ähnlich wie Kiefernholz. Krawel gebaute Boote aus weißer Zeder bedurften nach 50 Jahren noch keiner Nachdichtung.

Gewicht = 480 bis 650 kg/cbm.

16. **Whitewood** (amerikanische Pappel). Ein sehr leichtes Holz, das nur für Innenarbeiten zu empfehlen ist.

Gewicht = 400 kg/cbm.
Preis = 85 bis 150 M/cbm.

17. **Spruce** (kanadische Fichte, Schwarzfichte). Wird in Kanada in verschiedenen Qualitäten gewonnen, ist von sehr heller Färbung und hat einen satinartigen Schimmer. Es ist fest, zäh, elastisch, gleichmäßig in der Struktur. Die astreinen Stücke werden gern zu Riemen und Skulls verarbeitet, auch für hohle Spieren auf besseren Segelyachten.

Gewicht = 450 bis 500 kg/cbm.
Preis = 60 bis 150 M/cbm.

Kanada erhebt einen hohen Ausfuhrzoll auf dieses Holz, daher der verhältnismäßig hohe Preis.

18. **Kaurie- oder Cowdie-Pine** wird in England gekauft in Planken von ca. 10 m Länge. Färbung hellgelb bis braun. Es ist ein gerades, astreines und ziemlich fehlerfreies Holz, das gern zu Decksplanken, auch zu Rundhölzern verarbeitet wird. Es ist fester, härter und spröder als Tanne, Whitepine und ähnliche Hölzer.

Gewicht = 400 bis 600 kg/cbm.
Preis = 170 bis 200 M/cbm.

Außer den erwähnten Hölzern finden noch verschiedene andere zu bestimmten Zwecken im Bootsbau Verwendung, z. B. Nußbaum, Birke und andere als Furniere bei Kajütseinrichtungen, Pockholz als Lager für Wellen und Zapfen, Bambus für leichte Spieren und dergl. mehr. Der Preis eines Bootes kann durch Verwendung kostbarer und schwer zu bearbeitender Materialien für die Ausstattung wesentlich gesteigert werden.

c) Metalle.

1. Stahl und Eisen.

Obgleich diese Bezeichnungen bei dem heutigen Stande der Eisenindustrie und der Wissenschaft nicht mehr treffend genug zur Unterscheidung der verschiedenen Eisensorten sind, werden sie doch im praktischen Leben noch viel gebraucht.

Es seien hier kurz die für den Bootsbau in Betracht kommenden Eisensorten aufgeführt und charakterisiert (vgl. Hütte, „Des Ingenieurs Taschenbuch", 20 Aufl. I, S. 519 ff.).

Gußeisen, im Kupol-, Flamm- oder Tiegelofen aus grauem (weichem) oder halbiertem (hartem) Roheisen umgeschmolzen, Kohlenstoffgehalt etwa 6%. Für den Bootsbau werden kleine Beschlagteile, wie: Poller, Klampen, Klüsen, Spuren und dergl., bei denen entweder auf das äußere Aussehen weniger Wert gelegt wird oder keine besonderen Festigkeitsansprüche gestellt werden, aus Gußeisen gefertigt. Manchmal findet Gußeisen als Ballast in Form eines gegossenen Kiels oder als lose im Kielraum verstaute Stücke Verwendung.

Schmiedbarer Guß oder Temperguß entsteht durch nachträgliches längeres Glühen von Gußeisen mit sauerstoffreichen Erzen

Er gestattet ebenso wie Stahlguß (s. u.) die Anwendung geringerer Materialstärken und führt dadurch Gewichtsersparnisse herbei.

Die nachfolgenden Eisensorten haben unter 1,6% Kohlenstoffgehalt und führen den gemeinsamen Namen „schmiedbares Eisen".

Schweißeisen, schweiß- und schmiedbar, nur wenig härtbar, durch Frischen von Roheisen auf Herden oder in Flammöfen (Puddelöfen) im teigigen Zustande gewonnen. Kohlenstoffgehalt = 0,5 bis 0,1 %. Sehniges Schweißeisen mit geringem C-Gehalt und mattgrauem, hakigem oder langfaserigem Bruch; Feinkorneisen mit größerem C-Gehalt und lichtgrauem, feinkörnigem Bruch; eingesetztes Schweißeisen ist durch längeres Glühen mit kohlenstoffreichen Körpern (Zementieren) äußerlich verstählt. Schweißeisen wird als Blech, Draht, Stab- und Walzeisen verwendet.

Flußeisen, schweiß- und schmiedbar, nicht härtbar, im flüssigen Zustande als Bessemer-, Thomas- oder Martinflußeisen in Form von Blöcken gewonnen. Kohlenstoffgehalt = 0,25 bis 0,05 %. Bruch hellgrau, gleichmäßig feinkörnig.

Flußeisen verdrängt als Baumaterial (Flußeisen = „Schiffbaustahl", Schweißeisen = Eisen im Sinne des Germ. Lloyd) das Schweißeisen in Form von Blechen, Draht, Stab- und Profileisen immer mehr.

Bei der Auswahl der Profile richtet man sich unter Zugrundelegung der Regeln der Klassifikations-Gesellschaften am besten nach dem „Deutschen Normal-Profilbuch für Walzeisen II. Band" (Verlag der La Ruelleschen Akzidenzdruckerei und lithographischen Anstalt in Aachen). In diesem sind auch die Gewichte in kg/m für jedes Profil angegeben.

„Feinbleche" sind 5 mm und darunter, „Grobbleche" sind über 5 mm dick. Feinbleche werden in bezug auf Dicke auch nach sogenannten Lehren gekauft, die in Deutschland, England, Frankreich usw. verschieden eingeteilt sind.

Stahlguß wird aus Gußeisen durch Zusatz von Flußeisenabfällen hergestellt. Es ist gewissermaßen eine bessere Gußeisensorte, die die Verwendung geringerer Materialstärken zuläßt.

Besonders zu erwähnen sind noch:

Gelochte Bleche, welche in Dicken von 0,75 bis 2 mm, und in verschiedenen Mustern zu haben sind und im Bootsbau zu Verkleidungen von Rohrleitungen usw. bisweilen Verwendung finden; ihr Gewicht erniedrigt sich infolge der Lochung um etwa 50% gegen volles Blech.

Riffelbleche oder **Waffelbleche**, die in Dicken von 1,5 bis 5 mm und auf einer Seite mit leistenförmigen, sich kreuzenden, 1,5 bis 3 mm hohen Riffeln versehen sind; **Warzenbleche**, die mit kleinen, runden, buckelartigen Erhöhungen versehen sind; diese Bleche werden hauptsächlich zu Decksbelägen und Flurplatten bei Schleppern und schwereren Arbeitsfahrzeugen verwendet, weil sie nicht so schnell glatt gelaufen werden wie gewöhnliche Bleche. Warzenbleche sind noch praktischer als Riffelbleche, weil auf ihnen keine Feuchtigkeit stehen bleiben kann, wie zwischen den Riffeln.

Die Gewichtserhöhung beträgt ca. 1 kg/qm.

Weißblech ist gutes, gleichmäßig stark verzinntes, dünnes Eisenblech, das in kleinen Tafeln verkauft wird und zu Dosen, Deckeln, Einsätzen, Rinnen und dergl. gebraucht wird.

Rohre werden entweder mit stumpfer oder überlappter Schweißnaht oder ohne Schweißnaht nach dem Mannesmann- oder anderen Verfahren hergestellt. Im Bootsbau kommen am meisten „Gasrohre" zur Verwendung, deren übliche Abmessungen und Gewichte die folgenden sind:

Durchm. licht	$1/8$	$1/4$	$3/8$	$1/2$	$5/8$	$3/4$	$7/8$	1	$1\,1/4$	engl. Zoll
Wandstärke	1,9	2,1	2,3	2,7	3	3	3,3	3,3	3,7	mm
Gewicht	0,4	0,57	0,87	1,15	1,50	1,72	2,25	2,44	3,4	kg/m

Durchm. licht	$1\,1/2$	$1\,3/4$	2	$2\,1/4$	$2\,1/2$	$2\,3/4$	3	$3\,1/2$	4	engl. Zoll
Wandstärke	3,9	4	4,3	4,5	4,7	4,8	5	5,3	5,3	mm
Gewicht	4,2	4,6	5,8	6,8	7,7	8,9	10	11,5	13,5	kg/m

Vorschriften über die Festigkeitseigenschaften des Eisenmaterials s. H.T.B. 20. Aufl. Bd. I, S. 549 ff., sowie „Germanischer Lloyd", Vorschriften für Klassifikation, Bau und Ausrüstung von Yachten.

Als Einheitsgewicht für Gewichtsberechnungen nimmt man für Flußeisen in der Regel 7850 kg/cbm an.

Die Preise schwanken sehr und sind außer von der Konjunktur abhängig von Form und Größe der zu liefernden Stücke. Im allgemeinen kostet z. Zt. (Okt. 1910):

    Gußeisen 60 bis 70 M/1000 kg,
    Stahlguß 80 bis 90 „ „

Flußeisenplatten 120 bis 130 M/1000 kg,
Flußeisenwinkel und -profile 110 bis 125 M/1000 kg,
Dünne verzinkte Bleche 140 bis 150 M/1000 kg,
Stahldraht 130 M/1000 kg.

2. Zink.

Zinkblech wird in 26 verschiedenen Stärken nach einer Lehre (H. T. B. I, S. 572) gekauft und findet im Bootsbau zu Verkleidungen, Einsätzen, Kästen, Rinnen und dergl. Verwendung. Es ist leicht und billig; durch Feuchtigkeit entsteht auf der Oberfläche eine dünne, fest haftende Oxydschicht, die die weitere Zersetzung an der Luft verhütet.

Im übrigen wird Zink hauptsächlich zur Feuer- oder galvanischen Verzinkung anderer Metalle benutzt, ferner in Verbindung mit anderen Metallen zur Herstellung von Metallegierungen.

Bei Verzinkung rechnet man auf 1 qm Verzinkung etwa 0,25 kg Zink. Doppeltverzinkte Bleche werden um 1 kg/qm schwerer.

Die Verzinkung bewirkt bei Eisen keinen unbedingt sicheren Rostschutz, da an den Blechkanten und Nietlöchern immer etwas von dem Eisen freigelegt wird. Verzinkung nach dem Zusammenbau und der Vernietung ist meistens schwierig. Auch blättert die Verzinkung im Betriebe durch Schläge, Stöße und Verbiegungen leicht ab. Bei manchen stark beanspruchten Teilen, wie z. B. Auslegern von Ruderbooten, ist die Verzinkung nicht überall beliebt, da der Arbeitsvorgang beim Verzinken das Eisen häufig spröde und brüchig macht.

Gewicht = 7200 kg/cbm.

3. Kupfer.

Kupferblech findet im Boots- und Yachtbau viel Verwendung. Stellen, die starkem Verschleiß ausgesetzt sind, wie z. B. an einander reibende Teile der Takelage, Riemenblätter usw., werden mit Kupferblech beschlagen. Seegehende Yachten erhalten häufig einen kupfernen Bodenbeschlag, der den Anwuchs verhindert und immer glatt bleibt. Näheres s. S. 147.

Wegen seiner Zähigkeit, Biegsamkeit und Widerstandsfähigkeit gegen chemische Einwirkungen wird Kupfer sehr viel zu Rohrleitungen verwendet. Eisenbleche können mechanisch oder galvanisch mit einem Kupferüberzug versehen werden, um sie gegen Verrosten zu schützen. Gewichtserhöhung 5 bis 10%.

Die Hauptverwendung findet Kupfer im Bootsbau in Form von Nägeln und Nieten aus dem Grunde, weil es weder selbst vom Wasser angegriffen wird noch auf das Holz eine zerstörende Wirkung ausübt, wie es z. B. bei Eisen im Laufe der Zeit geschieht.

Dazu kommt, daß es sich leicht im kalten Zustande bearbeiten läßt, was namentlich bei der Vernietung sehr wichtig ist.

Gewicht = 8900 kg/cbm.

4. Blei.

Blei findet im Bootsbau hauptsächlich in Form von Rohren (für Lenzpumpen) und als Beschlag zum Schutz gegen Feuchtigkeit unter Tanks, Eiskästen usw. Verwendung. Hierfür machen es seine Weichheit und Anpassungsfähigkeit, sowie seine Widerstandsfähigkeit gegen Feuchtigkeit und Säuren geeignet. Eisenbleche können mit einem Bleiüberzug versehen werden, um sie gegen Verrosten zu schützen. Gewichtserhöhung = 0,4 bis 0,5 kg/qm.

Seine Hauptverwendung findet Blei als Ballast, entweder in Form von gegossenen Bleikielen (s. S. 121) oder von losen Stücken, die im Kielraum verstaut werden.

Gewicht = 11 250 kg/cbm.

5. Messing (Gelbguß).

Legierung aus Kupfer und Zink, eventl. mit Zusatz von Blei und Zinn, wird im Bootsbau sehr viel verarbeitet. Kleine Beschläge, Poller, Klampen, Klüsen, Türbeschläge, Schilder usw. werden aus Messing gegossen, Messingdraht und Messingblech werden in ähnlicher Weise wie Kupferdraht und Kupferblech benutzt. Holzschrauben und Mutterschrauben werden viel aus Messing gemacht. Außerdem Rohre, Stangen, Beschlagleisten usw. Mit Vorliebe wird Messing poliert und eventl. vernickelt. Vernickelung wird allerdings durch Seewasser bald zerstört.

Seine Brauchbarkeit beruht hauptsächlich auf seiner Widerstandsfähigkeit gegen Feuchtigkeit.

Gewicht = 8550 kg/cbm.

6. Bronze (Rotguß).

Legierung aus Kupfer und Zinn, eventl. mit Zusatz von Zink und Blei. Es gibt verschiedene Arten von Bronze, die sich durch ihre Härte und Bearbeitbarkeit unterscheiden. Bronze findet ähnliche Verwendung wie Messing (s. o.), ist aber fester und kommt

1. Materialien. c) Metalle.

daher für Teile, die starker Beanspruchung ausgesetzt sind, in Betracht, z. B. für Wellenböcke, Ruder, Stevenbeschläge, Rudergabeln, Glocken usw. Sie wird poliert und auch vernickelt.

Gewicht = ca. 8600 kg/cbm.

7. Weißmetall.

Legierung aus Zinn, Kupfer, Antimon und Blei in verschiedenen Zusammensetzungen. Es wird hauptsächlich als Lagermetall verwendet, kommt daher im Bootsbau für Wellen- und Ruderlagerungen in Betracht.

8. Deltametall.

Legierung aus Kupfer, Zink und Eisen, von großer Festigkeit und Dehnbarkeit, in Rotglut schmiedbar. Es findet namentlich wegen seiner Widerstandsfähigkeit gegen Seewasser im Bootsbau viel Verwendung in Form von Gußteilen, Blechen und Stangen.

9. Duranametall,

eine vollkommen homogene Kupfer-Zink-Eisen-Legierung der Dürener Metallwerke-A.-G. von ausgezeichneter Festigkeit und Widerstandsfähigkeit. Es läßt sich warm schmieden und gießen.

10. Magnalium,

leichte Aluminium-Magnesiumlegierung, welche die Eigenschaften von Messing und Bronze besitzt.

11. Aluminium.

Gegen Salzsäure, Laugen, Sodalösung, Seewasser sehr empfindlich. „Thermit" ist ein inniges Gemenge aus Aluminiumpulver mit Eisenoxyd. Entzündet man dies Pulver, so vereinigt sich das Aluminium unter Entwicklung so gewaltiger Hitze mit dem Sauerstoff des Eisenoxyds, daß das freigewordene Eisen dünnflüssig wird. Durch das ausfließende Eisen kann man Brüche und andere Schäden an Eisenteilen bequem, billig und dauerhaft ausbessern.

Aluminium wird in Form von Blechen und Profilstangen in ähnlicher Weise wie Eisen verarbeitet, muß aber vor Feuchtigkeit und Säuren geschützt werden. Seine Festigkeit ist nur etwa $1/3$ derjenigen des Flußeisens.

d) Farben, Lack und dergl.

Wie schon bei der Besprechung der Baumaterialien erwähnt wurde, spielt die Konservierung der Holz- und Metallteile durch schützende Anstriche im Bootsbau eine große Rolle. Die Malerwerkstatt und Lackiererei bildet einen außerordentlich wichtigen Bestandteil einer Bootswerft. Bootsbesitzer können viel zur Erhaltung der Fahrtbereitschaft und des guten Aussehens ihrer Boote beitragen, wenn sie mit den verschiedenen Anstricharten und der Art und Weise, sie auf das Boot zu bringen, vertraut sind. Hauptzweck aller Anstriche ist, die darunterliegenden Konstruktionsteile gegen die zersetzenden Einflüsse von Wasser, Luft und Sonnenstrahlen zu schützen.

In zweiter Linie steht die Absicht, einen gefälligen Eindruck zu erwecken und die Schönheit der Formen durch farbenfreudigen Anstrich zu ergänzen.

Für den unter Wasser liegenden Teil der Außenhaut kommt noch hinzu, daß man ihn möglichst glatt zu machen sucht, um den Reibungswiderstand bei der Fahrt herabzumindern.

Bei hölzernen Fahrzeugen wird dieser letztere Zweck am besten durch einen Beschlag mit Kupfer- oder Yellowmetallblechplatten erreicht, wie dies auf S. 147 näher beschrieben ist. Ein Kupferbeschlag ist zwar in der Herstellung teuer, bedarf aber dafür außer einem öfter wiederholten Abscheuern keinerlei Instandhaltung. Anwuchs bildet sich nicht auf ihm, und die Oxydationsprodukte bleiben nicht an ihm haften. Er wird meistens bei solchen Yachten angewendet, die im Seewasser fahren sollen.

Will man den Boden nicht kupfern, so erhält er bei den meisten Booten einen Anstrich von besonders für diesen Zweck geeigneter Farbe oder Lack. Gewöhnlichere Boote, Kähne, Fischerfahrzeuge usw. werden auch mit Teer gestrichen. Eiserne Fahrzeuge erhalten meistens ein oder zwei Anstriche mit Eisenmennige und darüber mit einer besonderen Schiffsbodenfarbe, wie sie von den bekannten Firmen Holzapfel, v. Höveling und anderen hergestellt wird. Diese Farben besitzen die Eigenschaft, daß sie einen ausgiebigen Rostschutz gewähren und außerdem das Bewachsen des Bodens mit allerlei Seepflanzen und -tieren verhüten.

Bessere Boote und Yachten aus Holz werden unter der Wasserlinie meistens mit einer Öl- oder Lackfarbe gestrichen in Farben, die sich nach dem Geschmack des Bootsbesitzers richten,

1. Materialien. d) Farben, Lack und dergl.

weiß, rot, grün, schwarz. Man pflegt die „Wasserlinie" oder den oberen Rand des Bodenanstrichs meistens parallel zur Schwimmebene, etwas oberhalb derselben, mitunter auch nach den Bootsenden etwas auflaufend abzusetzen und leicht im Holz zu markieren, damit bei späteren Neuanstrichen immer wieder dieselbe Linie eingehalten werden kann. Mitunter wird die Wasserlinie als schmaler weißer Streifen ausgemalt.

Sehr häßlich sieht es aus, wenn der Verlauf dieser „Wasserlinie" nicht glatt, sondern wellenförmig oder ungleichmäßig ist.

Empfohlen wird für Bodenanstriche von Yachten das „Ripolin", das eine porzellanartig glänzende Fläche von großer Dauerhaftigkeit ergibt. Auch „Holzapfels Kupferfarbe" hat sich bei Yachten und Gebrauchsbooten gut eingeführt.

Bei den leichten, aus Zedern- oder Mahagoniholz gebauten Sportbooten wird der Boden meistens in derselben Weise wie das Überwasserschiff mit Lack gestrichen. Es gibt besondere Sorten von Bootslack, die sich für diese Zwecke eignen. Beim Einkauf ist Vorsicht anzuwenden und nur von einer guten Firma zu beziehen, da billige Lacksorten sich nicht gut halten. Es ist vorteilhafter, einen etwas teureren Lack zu kaufen (ca. M. 4 das kg). Beim Lackieren ist große Mühe darauf zu verwenden, daß der Lack recht gleichmäßig und möglichst dünn aufgetragen und gut auseinandergestrichen wird. Dadurch wird ein gutes Erhärten erzielt, während zu dick aufgetragener Lack immer klebrig bleibt. Man soll ein Boot zwei- bis dreimal recht dünn lackieren. Wenn man zwischen den einzelnen Lackierungen die Teile mit feinem Sandpapier abschleift, kann man wunderschöne spiegelblanke Flächen erzielen, die sich durch häufiges Abreiben mit feuchtem Lederlappen gut erhalten lassen.

Die über Wasser befindlichen Teile der Außenhaut werden je nach der Holzart, der Bauweise und dem Geschmack des Eigners entweder mit Ölfarbe oder mit Lack gestrichen, ebenso die dem Wetter ausgesetzten Teile innenbords, Cockpit, Deck, Reling usw.

Die Bilge, das ist der Raum unter den Fußbodenbrettern, muß besonders sorgfältig mit einem Schutzanstrich versehen werden, da hier sich meistens etwas Feuchtigkeit sammelt, die nicht immer gleich entfernt werden kann. Man verwendet bei Eisenbooten meistens Eisenmennige, bei Holzbooten Teer, Black Varnish, Ölfarbe, auch wohl Ripolin.

Abschnitt II. Der Bau von Booten.

Die Kajütseinrichtungen werden meistens lackiert oder auch poliert, da man hierzu ausgesuchte Hölzer verwendet, deren natürliche Farbe und Maserung unter Lack und Politur sehr gut wirkt.

Ehe man Lack oder Farben auf Holz aufträgt, sollte man nie versäumen, das Holz vorher mehrfach gehörig mit Leinöl zu bestreichen; man braucht sonst von der Anstrichmasse viel mehr, weil sie durch das trockene Holz aufgesaugt wird.

Über den Verbrauch und das Gewicht von Anstrich-Materialien geben folgende Zahlen einen Anhalt.

Bezeichnung	1 kg deckt qm
Schiffsbodenfarbe	5—6
Ripolin	8—10
Holzapfels Kupferfarbe	6—7
Ölfarbe, grün	9
„ schwarz	18
„ braun	11
Eisenmennige	11
Bleiweiß	8—9
Zinkweiß	9—10
Lackfarbe, weiß	6—7
Harzkitt für Linoleum	2,5

2. Bauausführung.

a) Bauweisen und Reihenfolge der Arbeiten.

Boote mit normalen Formen werden in der Regel mit dem Kiel nach unten auf Stapel gesetzt und von unten herauf gebaut (Abb. 153). Kleinere und nicht zu schwere Boote und solche mit verhältnismäßig flachem Boden baut man auch gern kieloben (Abb. 154), weil alle Arbeiten, wie z. B. Anpassen der Planken, Bohren der Nietlöcher usw., sich weit bequemer und somit billiger ausführen lassen, wenn der Bootsbauer sich über seine Arbeit beugen kann, als wenn er gezwungen ist, unter dem Boot liegend oder hockend nach oben zu arbeiten.

Das Umdrehen des Bootes muß sehr vorsichtig ausgeführt werden, nachdem provisorische innere Versteifungen angebracht

Bauweisen und Reihenfolge der Arbeiten.

sind. Man tut gut, falls die Decke des Arbeitsraumes genügend hoch und fest ist, oben angebrachte Taljen, an denen das Boot in Schlingen hängt, zu Hilfe zu nehmen (Abb. 155). Kleine leichte Boote werden von Hand umgedreht.

Es sei als Beispiel angenommen, daß ein Boot mit glatter Außenhaut und eingebogenen Spanten entstehen soll. Dann ist die Reihenfolge der Arbeiten beim Bau „Kiel unten" folgende. An der Stelle, an der das Boot entstehen soll, wird eine dem Bootsgewicht entsprechende Bohle, „Helling" genannt, hochkant in soliden Böcken — Oberkante etwa $1/_2$ m über dem

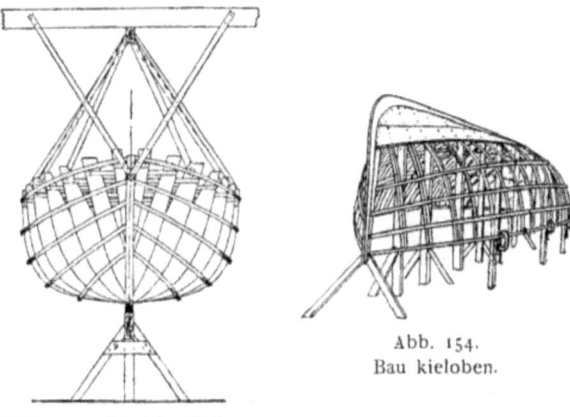

Abb. 153. Boot in Mallen.

Abb. 154. Bau kieloben.

Fußboden — aufgestellt und am Boden gut befestigt (Abb. 156). Die Oberkante der Helling liegt meistens horizontal. In einer eingerichteten Bootswerft sind derartige Hellinge in der Regel in beliebigen Längen fest eingebaut, so daß man kleinere Boote in größerer Anzahl hintereinander gleichzeitig in Bau nehmen kann. Auf einer solchen Helling wird der Kiel des Bootes genau nach der Konstruktionszeichnung „gestreckt". Vor- und Hintersteven werden angebaut, und dann die inzwischen nach dem „Spantenriß" (s. Abschn. IV) geschnittenen „Malle" (Abb. 157) auf dem Kiel in den entsprechenden Abständen aufgestellt und, wie aus der Abbildung ersichtlich, ausgerichtet und befestigt. Einige Längslatten geben diesem Lehrgerüst Halt und Form.

Nachdem die Malle alle genau auf Mitte Boot ausgerichtet sind (vergl. Abb. 153), kann mit dem „Aufplanken" begonnen

8*

werden. Abb. 158 veranschaulicht ein Segelboot in diesem Baustadium. Wenn, wie hier, der Kiel gewölbt und außerdem eine Flosse vorhanden ist (vergl. S. 124), baut man derartige Boote nicht auf einer Helling, sondern frei auf dem Boden und versteift den Bau gegen Boden und Decke.

Hat nun die Außenhaut durch Heftnägel Halt in sich und an den Spantmallen gefunden, so wird mit dem Einbau der „Spanten" begonnen; die Malle werden allmählich entfernt und die endgültigen Vernietungen der Außenhaut mit Kiel, Steven und Spanten ausgeführt. „Stringer" (s. S. 150) und „Schan-

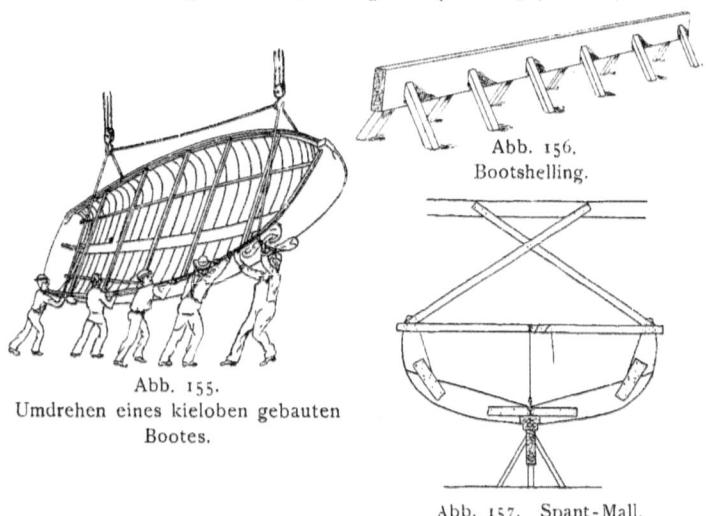

Abb. 156. Bootshelling.

Abb. 155. Umdrehen eines kieloben gebauten Bootes.

Abb. 157. Spant-Mall.

deckelleiste" (s. S. 148) werden, falls nicht schon vorhanden (vergl. oben Abb. 153, Anbringung von Längslatten), nunmehr eingebaut, die Decksbalken eingepaßt und schließlich das Deck verlegt. Vorher werden Fußböden und sonstige Einbauteile eingepaßt und vorbereitet. Ist das Boot soweit im Rohbau gediehen, so werden die Plankennähte gedichtet und die Außenhaut verputzt und glatt gehobelt. Hat das Boot einen Motor, so wird dieser jetzt einmontiert, alsdann Rohrleitung, Steuerleitung und der sonstige Ausbau fertig gemacht. Es folgt nunmehr das Firnissen, Lackieren und Malen; soll der Boden mit Kupferbelag versehen werden (s. S. 147), so bringt man diesen an, nachdem die Außenhaut gefirnißt ist.

Wie oben bemerkt, gilt diese Beschreibung nur für den Bau von Booten mit glatter Außenhaut und eingebogenen Spanten, bei anderen Bauweisen ist die Reihenfolge und die Art der Arbeiten eine etwas andere.

Bei eiligen Aufträgen „überlappen" diese einzelnen Arbeiten einander mehr oder weniger, es werden mehr Leute angestellt, und es findet dann mehr ein Nebeneinander- als Hintereinanderarbeiten statt.

Es empfiehlt sich bei Sportbooten, einen Neubau im Herbst in Auftrag zu geben, damit alle Arbeiten mit mehr Ruhe und

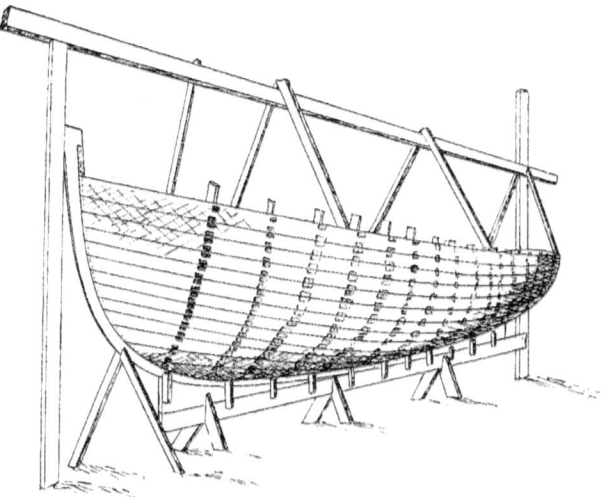

Abb. 158. Segelboot „aufgeplankt".

sachgemäß während des Winters erledigt werden können und damit das Holz, der Lack und die Farbe auch genügend Zeit zum Trocknen haben, ehe das Boot zu Wasser kommt.

Das Zuwasserbringen oder der Stapellauf bildet, abgesehen von Fertigstellungsarbeiten und den noch mehr oder weniger nötigen Probefahrten, den Abschluß des Baues und gleichzeitig für den Konstrukteur die Probe, ob seine Berechnungen bezügl. Tiefgang und Trimm, sowie seine Annahmen über Form und Aussehen des Bootes richtig waren.

Bei kieloben gebauten Booten ist die Reihenfolge der Arbeiten im wesentlichen dieselbe, abgesehen davon, daß das Boot nach Fertigstellung der Außenhaut umgedreht werden muß.

Abschnitt II. Der Bau von Booten.

b) Die einzelnen Bauteile.

Eine große Anzahl von Einzelheiten und Abmessungen von einzelnen Bauteilen sind in den Abbildungen des Abschnittes I enthalten. Boote, die klassifiziert werden sollen, werden nach den Vorschriften der betr. Klassifikationsgesellschaften gebaut. Vergl. Vorschr. des Germ. Lloyd für Yachten.

Kiel.

Der Kiel als Hauptlängsverbandteil eines Bootes wird zuerst in Angriff genommen. Man schneidet ihn in möglichst großen Längen. Sind Stoßlaschen nicht zu vermeiden, so müssen sie vor allem sauber zusammengepaßt, gut verbolzt und gesichert werden. Abb. 159 zeigt die einfachste Verbindung, deren Festigkeit nur durch die Bolzen gewährleistet ist.

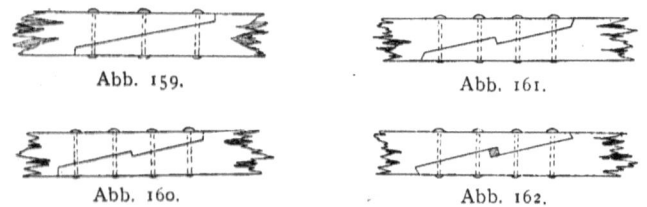

Abb. 159.   Abb. 161.

Abb. 160.   Abb. 162.

Abb. 159 bis 162. Kiel-Lasche.

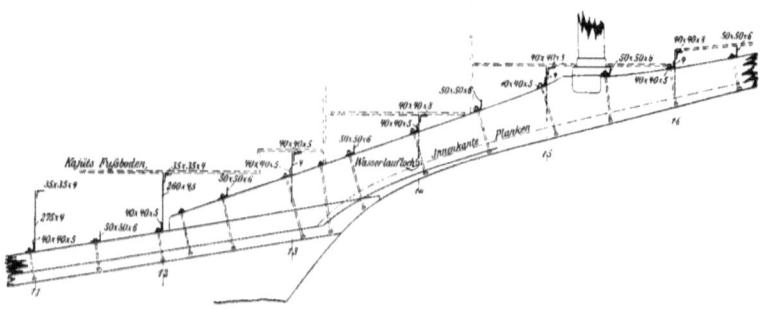

Abb. 163. Kielverbindung bei einer 10 Sm.-Yacht.

Gegenspanten an Sp. 14, 15, 16 (40×40×8) so hoch zu führen, wie Bodenwrangenplatte (275 mm) reichen würde. Darüber an Sp. 15 und 16 Gegenspanten (35×35×4) bis zum Deck.

Abb. 160, 161, 162 zeigen Laschen, bei denen Scherbeanspruchung der Bolzen vermieden wird. Bei der letzten Konstruktion ist die Verbindung infolge des eingetriebenen Keiles und der dadurch dichtgepreßten Stoßfugen eine äußerst solide. Abb. 163 zeigt die Kielverbindung einer 10 Segelmeter-Yacht mit stählernen

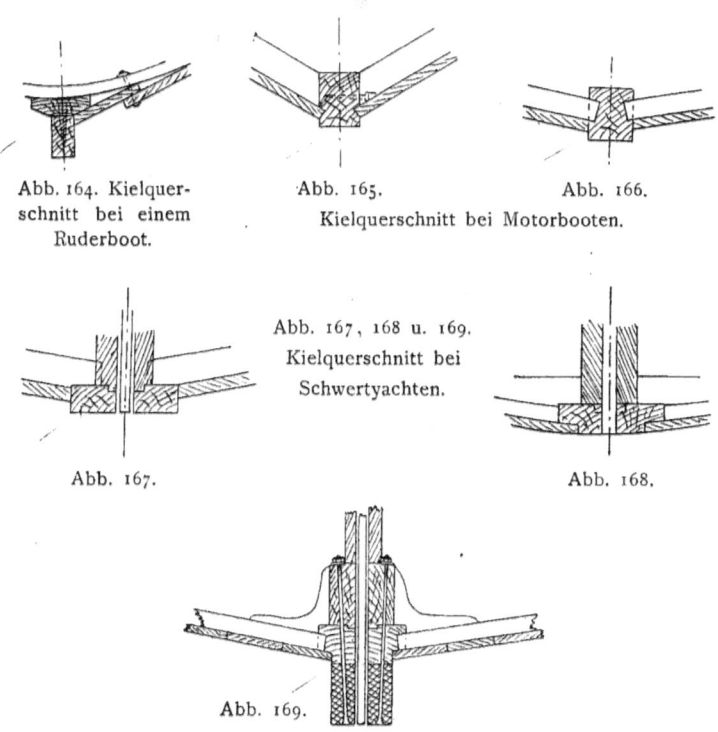

Abb. 164. Kielquerschnitt bei einem Ruderboot.

Abb. 165.

Abb. 166.

Kielquerschnitt bei Motorbooten.

Abb. 167, 168 u. 169. Kielquerschnitt bei Schwertyachten.

Abb. 167.

Abb. 168.

Abb. 169.

Bodenwrangen und Spanten. Abb. 164 gibt den Kielquerschnitt eines gewöhnlichen Ruderbootes wieder, Abb. 165 und 166 geben denselben für Motorboote, Abb. 167, 168, 169 Kielquerschnitte von Schwertbooten wieder. Beim Einbau des Schwertkastens ist auf äußerst genaue Arbeit und solide Verbindung mit dem Kiel und den Bodenwrangen zu achten. Abb. 170 stellt einen eisernen Schwertkasten vor, wie er bei den Marinekuttern Kl. O (S. 15) zur Verwendung kommt, Abb. 171 einen solchen für eine kombinierte Schwert- und Kielsegelyacht.

Abschnitt II. Der Bau von Booten.

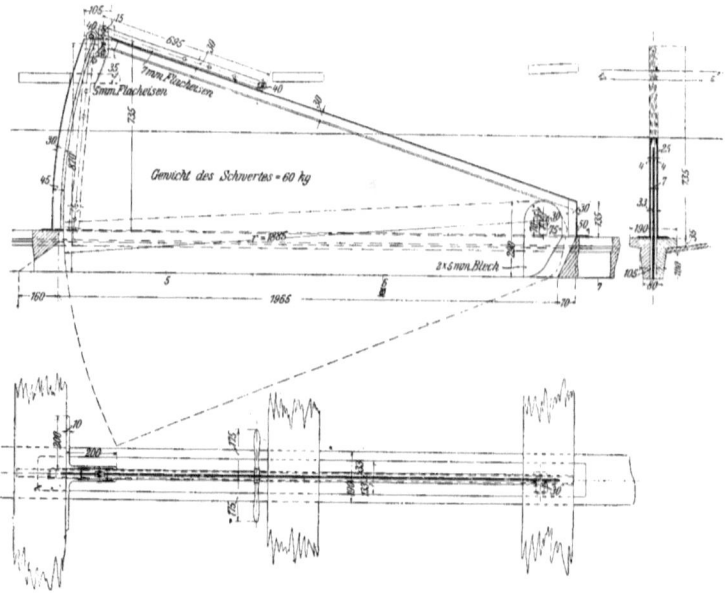

Abb. 170. Eiserner Schwertkasten bei Marinekutter Kl. O.

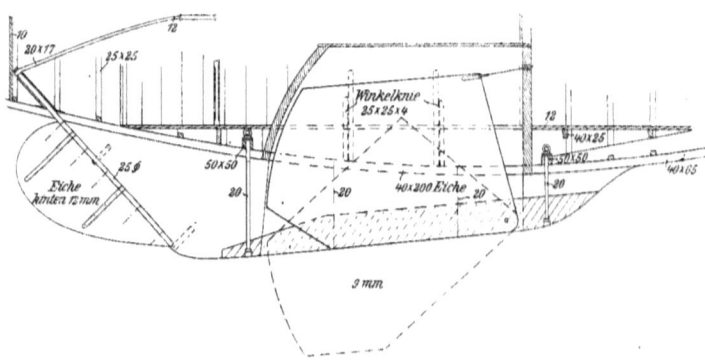

Abb. 171. Schwertkasten einer Kiel- und Schwertyacht.

Bei Ballastkielen ist die richtige Dimensionierung, Anordnung und Verteilung der Befestigungsbolzen von besonderer Wichtigkeit. Abb. 172 zeigt einen Schnitt durch den Bleikiel und die verschiedenen Holzstücke, aus denen die Flosse bei modernen Flossenkielyachten zusammengesetzt ist, Abb. 173 die Anordnung der Bolzen bei einer 9 Segelmeter-Yacht.

Der Ballastkiel wird in der Regel aus Blei gegossen, des niedrigen Preises wegen manchmal aus Gußeisen. Während Gußeisenkiele aber nur in Eisengießereien hergestellt werden können, kann eine Bootsbauerei die Bleikiele sehr gut selbst anfertigen. Die Herstellung der Gußform, entweder aus Sand nach einem Holzmodell, oder aus Holz — am besten aus Whitepineholz wegen

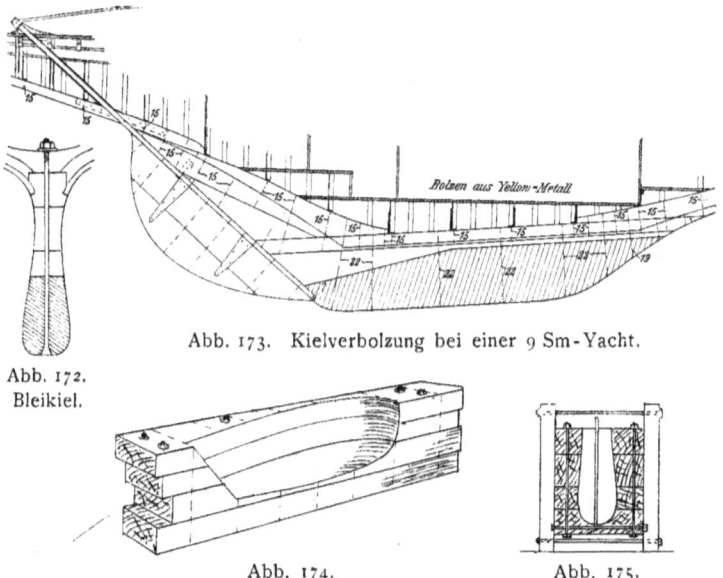

Abb. 172.
Bleikiel.

Abb. 173. Kielverbolzung bei einer 9 Sm-Yacht.

Abb. 174.
Form aus Holz für einen Bleikiel.

Abb. 175.

seines geringen Harzgehaltes — erfolgt nach Schwindmaß, das für Blei 20,5 mm auf 1 m beträgt. Die Form wird in zwei Hälften ausgearbeitet (Abb. 174) und nach Zwischenlegen von dünner Asbestpappe mittels langer Durchbolzen zusammengeschraubt und ausreichend versteift (Abb. 175). Um das mühsame Bohren der Bolzenlöcher zu umgehen, werden hölzerne Rundstäbe an den entsprechenden Stellen unten und oben in der Form befestigt. Beim Gießen ist darauf zu achten, daß keine Unterbrechungen eintreten, da sonst einzelne voneinander getrennte Schichten entstehen. Nach dem Erkalten und Herausnehmen des Gußstückes wird die Oberfläche geglättet, die verkohlten Holzstäbe werden mittels Bohrer entfernt und schließlich Bleikiel, Totholz und Holzkiel mittels langer Durchbolzen aus Eisen oder besser aus Gelbmetall fest miteinander verschraubt. Um Leckagen zu vermeiden, legt man unter die Muttern und deren Unterlegscheiben Mennige- oder Bleiweißlappen, desgl. auch zwischen Blei und Holzkiel.

Zur Bestimmung von Anzahl und Durchmesser der Kielbolzen kann man bei Yellow-Metall folgende Tabelle benutzen, wenn man es nicht vorzieht, durch Berechnung der Beanspruchung die Durchmesser zu bestimmen. Dabei muß aber darauf Rücksicht genommen werden, daß die Bolzen nicht nur auf Zug, sondern bei geneigtem Fahrzeug auch auf Biegung beansprucht werden, und daß im Seegang unter Umständen Stöße auftreten können.

Bolzendurchmesser	$1/2''$	$5/8''$	$3/4''$	$7/8''$	$1''$	$1\,1/8''$	$1\,1/4''$	$1\,3/8''$	$1\,1/2''$
Tragfähigkeit pro Bolzen in kg	90	135	200	270	360	450	560	670	800

Gebogene Kiele müssen, wie alle Hölzer mit starken Krümmungen, zuerst im Dampfkasten (s. S. 196) durch nassen Dampf weich und biegsam gemacht werden, ehe man sie in der vorgeschriebenen Form festspannt. Auf Einhaltung der Kurvenmaße, sowie ausreichende Absteifung des gebogenen Kieles gegen die Helling und die Decke zur Vermeidung von Abweichungen beim Erkalten ist peinlichst zu achten, da Abweichungen am Kiel sich später in der Form des Bootes höchst unangenehm bemerkbar machen können.

Über die üblichen Kielformen bei den verschiedenen Bootstypen vergl. die Abbildungen in Abschnitt I.

Vorsteven.

Ehe der Holzkiel in die richtige Form gebogen wird, werden Vor- und Hintersteven angepaßt und angelascht und die „Sponung" zur Aufnahme der Plankenenden beiderseits herausgearbeitet. Abb. 176 bis 179 zeigen Kielverbindungen mit dem Vorsteven, Abb. 180 veranschaulicht die Herstellungsweise der Sponung am Vorsteven. Gemäß den verschiedenen Einlaufwinkeln der Planken werden an mehreren Punkten taschenartige Vertiefungen genau passend herausgestemmt und nachher das dazwischen stehen gebliebene Material weggearbeitet. Abb. 181 zeigt Kiel und Steven mit fertiger Sponung. Charakteristische Ausführungsformen von Vorsteven bei einigen Marinebooten zeigen Abb. 182, 183, 184; Abb. 185 gibt den aufgestellten Kiel nebst Steven einer Segelyacht wieder.

Übliche Formen von Vorsteven siehe Abbildungen in Abschnitt I.

Vorsteven.

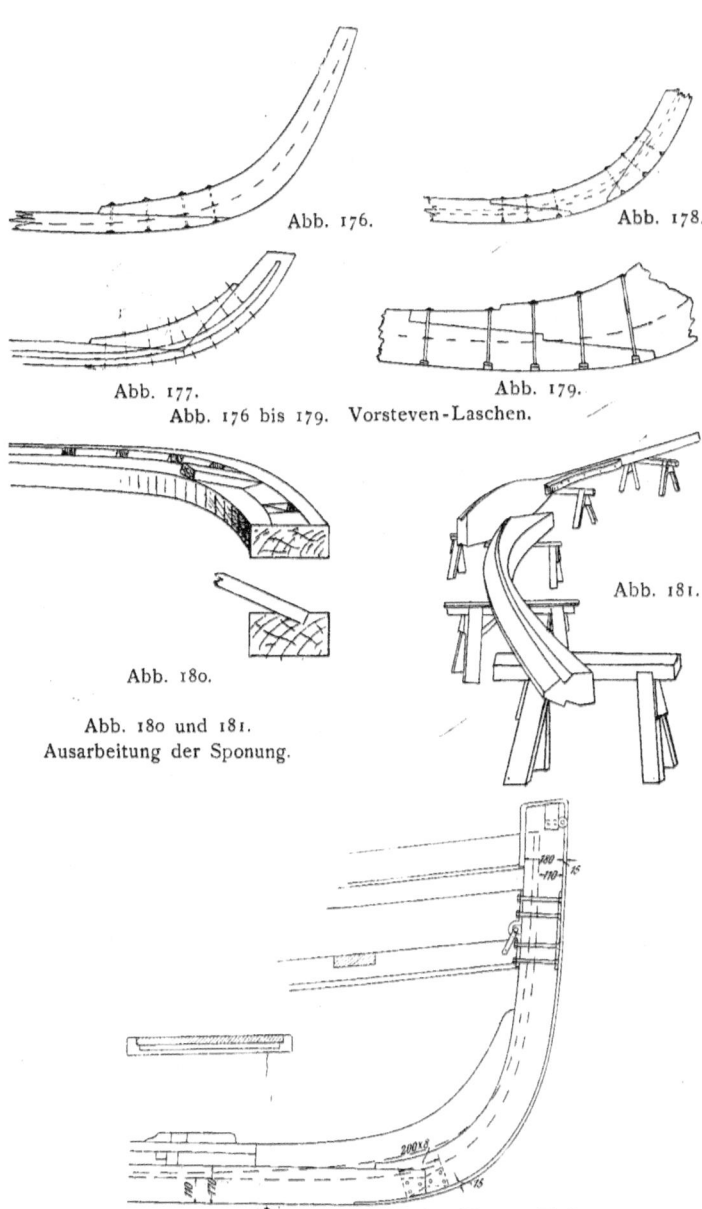

Abb. 176.

Abb. 178.

Abb. 177.

Abb. 179.

Abb. 176 bis 179. Vorsteven-Laschen.

Abb. 181.

Abb. 180.

Abb. 180 und 181.
Ausarbeitung der Sponung.

Abb. 182. Vorsteven einer Marine-Pinasse Kl. I.

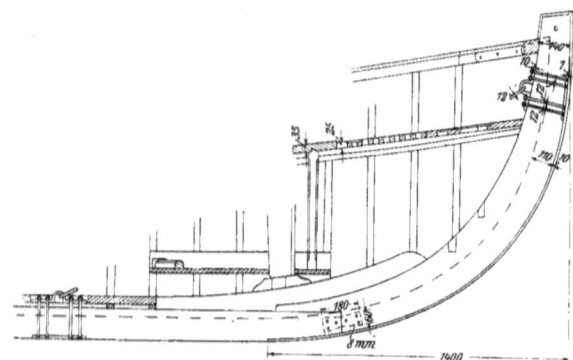

Abb. 183. Vorsteven einer Marine-Gig Kl. I.

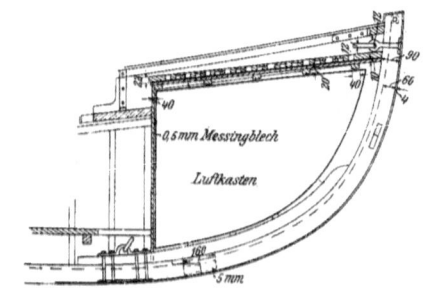

Abb. 184. Vorsteven eines Marine-Walfischbootes.

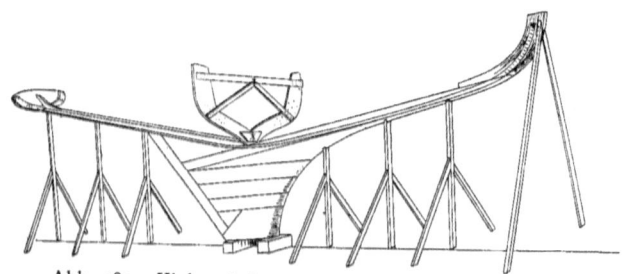

Abb. 185. Kiel und Steven einer Segelyacht aufgestellt.

Hintersteven, Ruder, Wellenaustritt.

Der Hintersteven wird je nach der Art des Bootes sehr verschieden gebaut. Übliche Formen der einzelnen Bootstypen siehe Abschnitt I. Die Abb. 186 bis 190 zeigen die Einzelheiten einiger Marineboote.

Hintersteven, Ruder, Wellenaustritt.

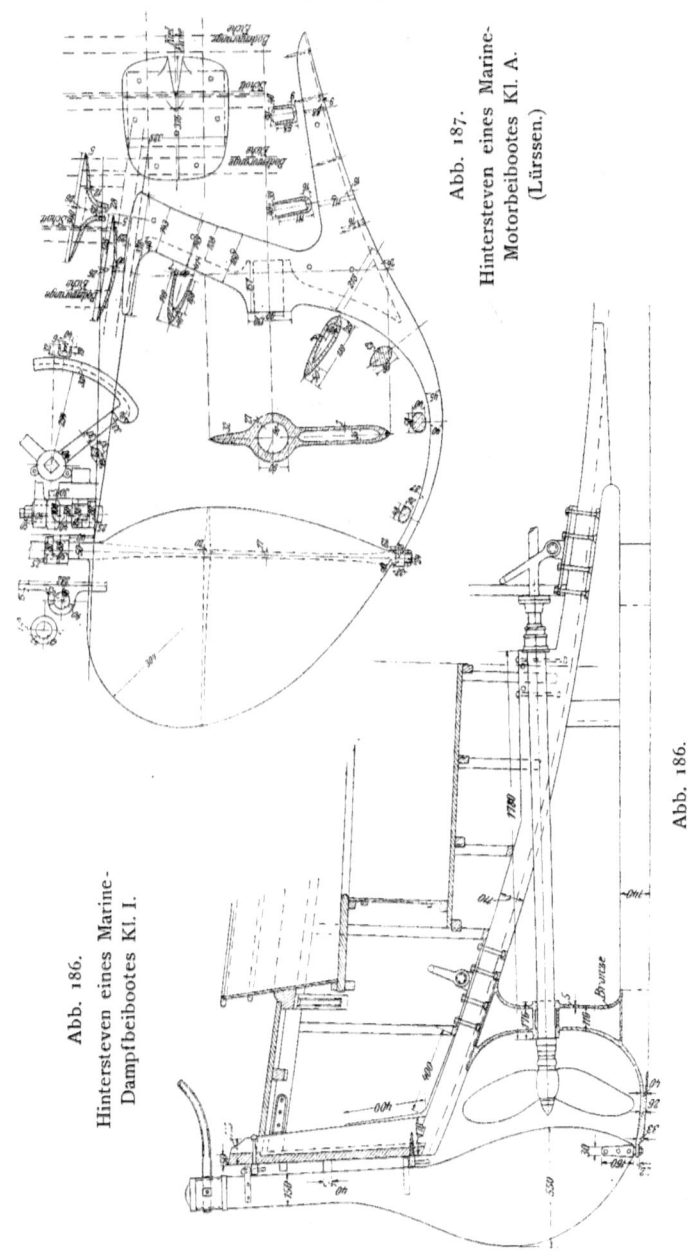

Abb. 187.
Hintersteven eines Marine-Motorbeibootes Kl. A.
(Lürssen.)

Abb. 186.
Hintersteven eines Marine-Dampfbeibootes Kl. I.

Abschnitt II. Der Bau von Booten.

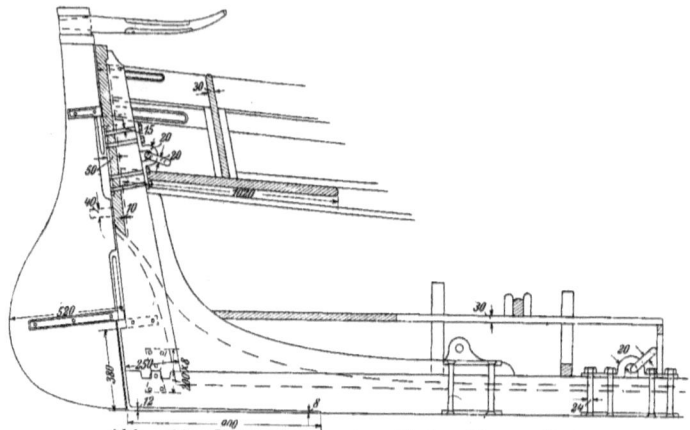

Abb. 188. Hintersteven einer Marine-Pinasse Kl. I.

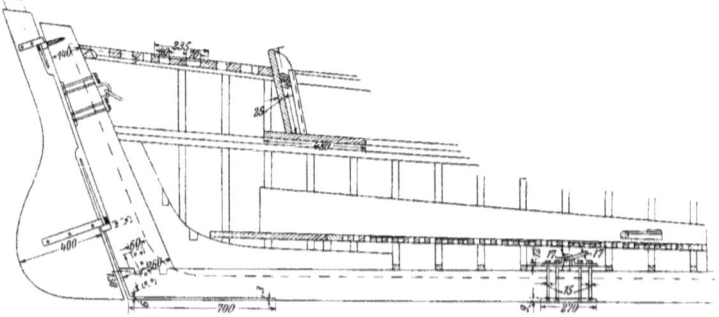

Abb. 189. Hintersteven einer Marine-Gig Kl. I.

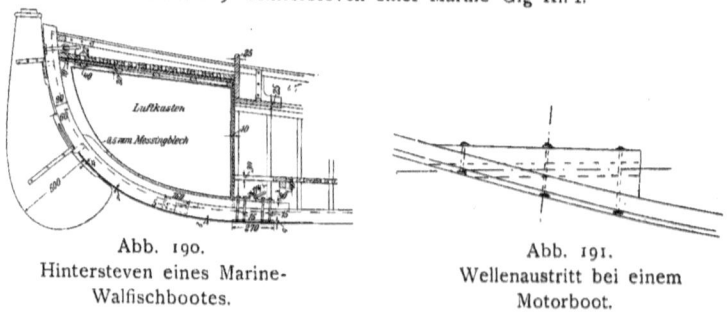

Abb. 190.
Hintersteven eines Marine-Walfischbootes.

Abb. 191.
Wellenaustritt bei einem Motorboot.

Eine der einfachsten Ausführungen eines Wellenaustrittes bei einem Motorboot stellt Abb. 191 dar.

Zu knappe Lagerung des Wellenrohres im Hintersteven ruft oft übermäßige Vibrationen beim Fahren hervor. Daher ist die

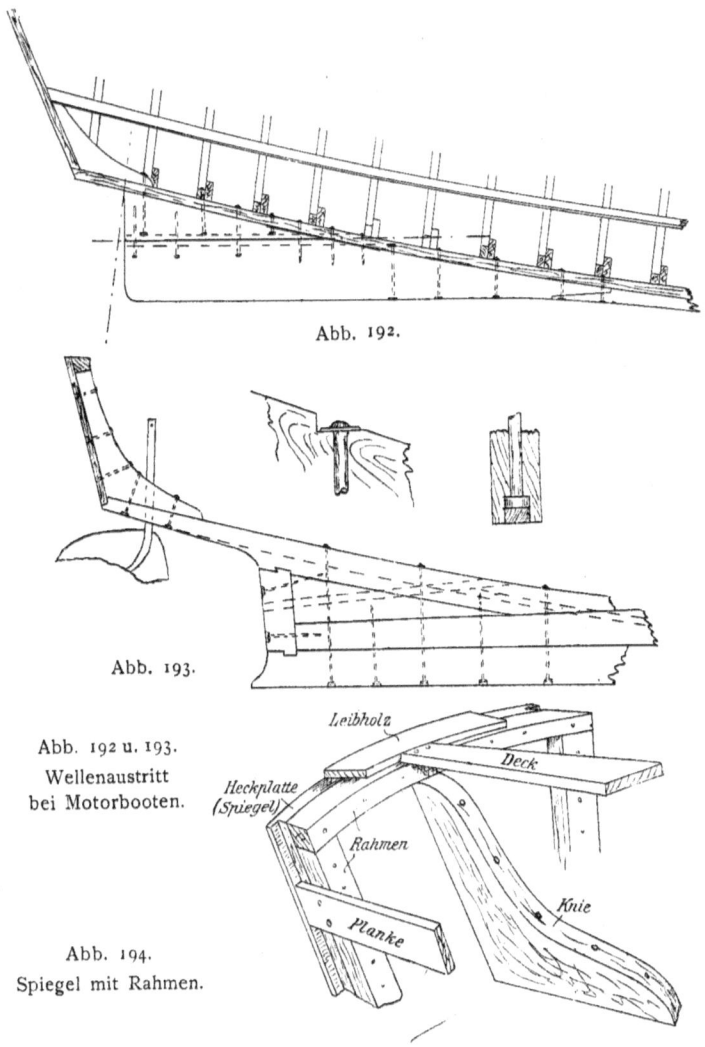

Abb. 192.

Abb. 193.

Abb. 192 u. 193.
Wellenaustritt
bei Motorbooten.

Abb. 194.
Spiegel mit Rahmen.

Konstruktion nach Abb. 192 besser. Hier ist das Totholz auf Mitte Welle mit Feder und Nut dicht zusammengefügt und gegen den Kiel ausreichend verbolzt. Ein Leinwandstreifen mit Bleiweiß sorgt für Dichtung am Bohrloch. Besteht das Totholz aus mehreren Holzstücken, so sind die Hirnflächen nach hinten, wie Abb. 193

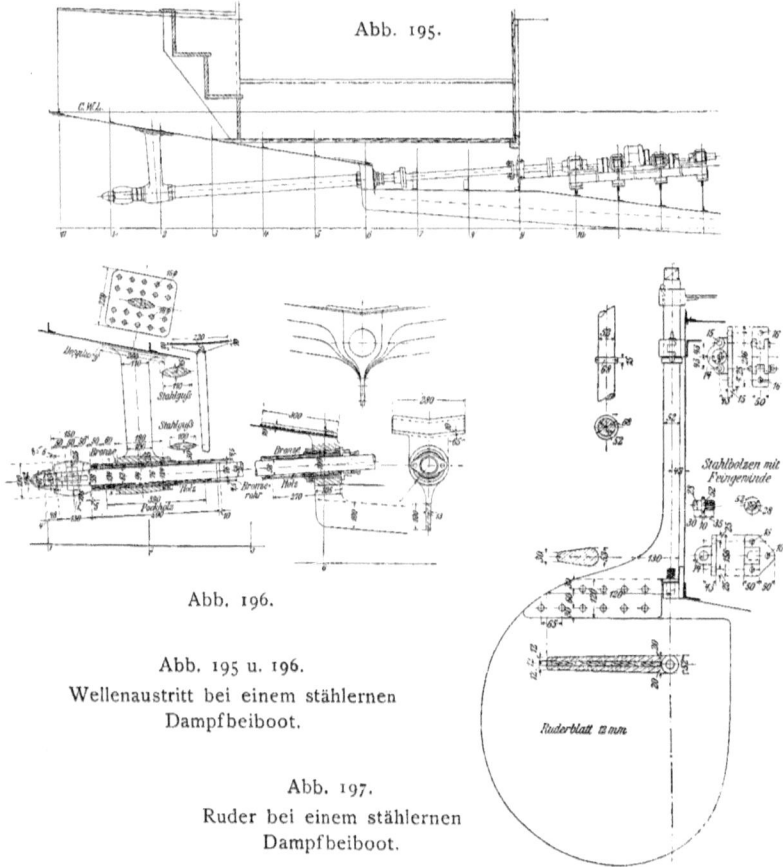

Abb. 195 u. 196.
Wellenaustritt bei einem stählernen Dampfbeiboot.

Abb. 197.
Ruder bei einem stählernen Dampfbeiboot.

zeigt, zu verdecken, um die durch ungleichmäßige Ausdehnung der Hölzer etwa entstehenden Unebenheiten zu vermeiden.

Das Wellenrohr wird nach außen meistens durch eine aufgeschraubte Mutter mit Unterlegscheibe und Packung gut gedichtet. Auch ist es sehr wichtig, daß es gut stramm in die Bohrung im Hintersteven paßt. Häufig bohrt man von oben mehrere senkrechte Löcher in die Aufklotzung und gießt geschmolzenes Pech oder Kolophonium hinein, um alle Hohlräume neben dem Wellenrohr auszufüllen. Dadurch wird auch nach Möglichkeit der Fäulnisbildung durch eingedrungene Feuchtigkeit vorgebeugt.

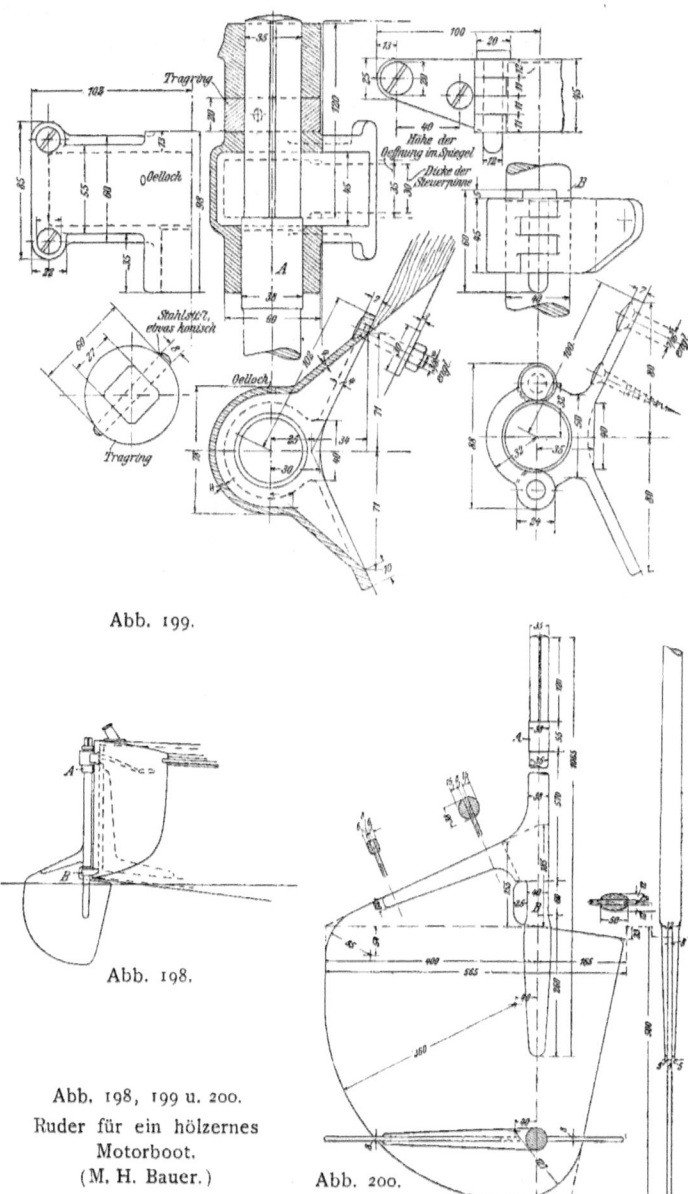

Abb. 199.

Abb. 198.

Abb. 200.

Abb. 198, 199 u. 200.
Ruder für ein hölzernes
Motorboot.
(M. H. Bauer.)

Abschnitt II. Der Bau von Booten.

Die Verbindung des Hinterstevens bezw. des Spiegels mit dem Kiel bezw. Hintersteven wird in der Regel durch Kniee aus gewachsenem Holz hergestellt. Abb. 194 zeigt einen Spiegel mit Rahmen, um eine bessere Befestigung der Plankenenden zu erzielen.

Die Anordnung der Wellenlagerung bei einem stählernen Dampfbeiboot ist aus Abb. 195, 196, 197 ersichtlich, in denen auch die Einzelheiten des Stevenrohrs, des Schraubenbockes und des Ruders zu erkennen sind. Abb. 198, 199, 200 zeigen das Ruder und

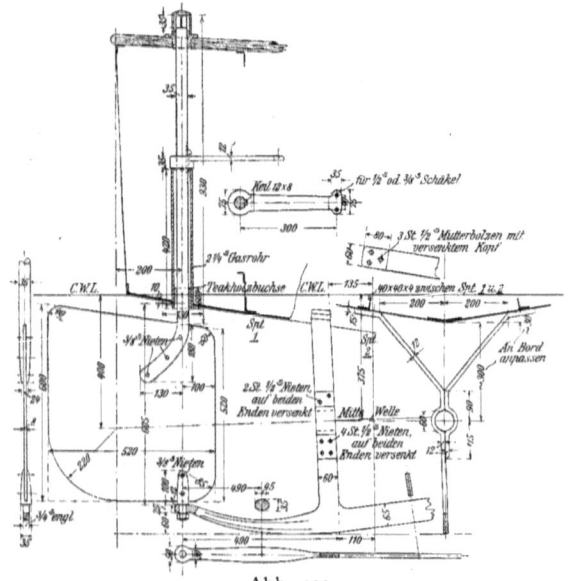

Abb. 201.
Ruder und Wellenbock für ein stählernes Motorboot (M. H. Bauer).

seine Lagerung bei einer hölzernen Motoryacht nach einer Konstruktion von M. H. Bauer. Abb. 201 Ruder und Wellenbock für ein stählernes Motorboot von demselben Konstrukteur. Andere Ausführungsformen sind aus den im Abschnitt I gegebenen Abbildungen ersichtlich.

Die Anordnung eines sogen. Schraubentunnels mit der dadurch bedingten Wellenlagerung für ein flachgehendes eisernes Fahrzeug ist nach einer Ausführung von R. Holtz in Harburg in Abb. 202 dargestellt.

Die verschiedenen Arten der bei Kiel und Steven zur Verwendung kommenden Beschläge sind aus den Abbildungen ersicht-

Hintersteven, Ruder, Wellenaustritt. 131

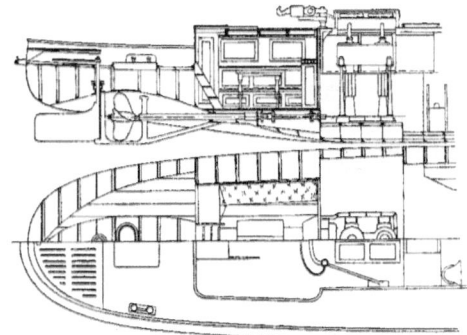

Abb. 202. Tunnelheck für ein flachgehendes Dampfboot (Holtz).

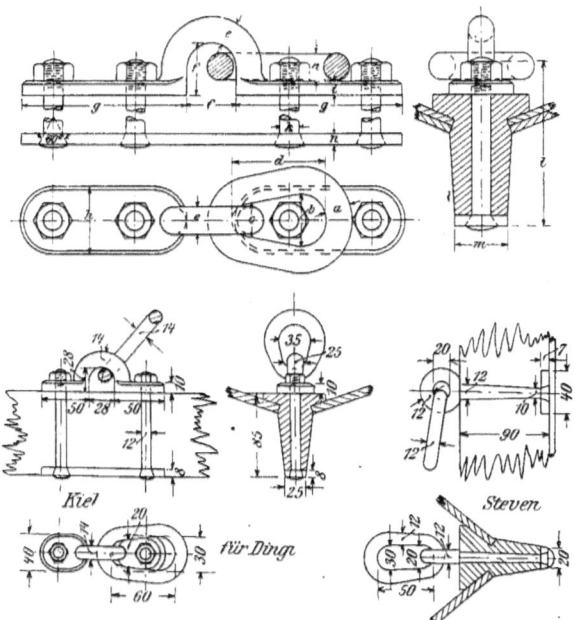

Abb. 203. Heißaugen für Marineboote.

lich. Sie werden in der Regel aus verzinktem Eisen, bei besseren Booten aus Bronze mit kupfernen Befestigungsbolzen hergestellt.

Sehr wichtige Beschläge bei Booten, die an Bord von Schiffen mitgeführt werden, sind die sogen. „Heißaugen", in welche die

9*

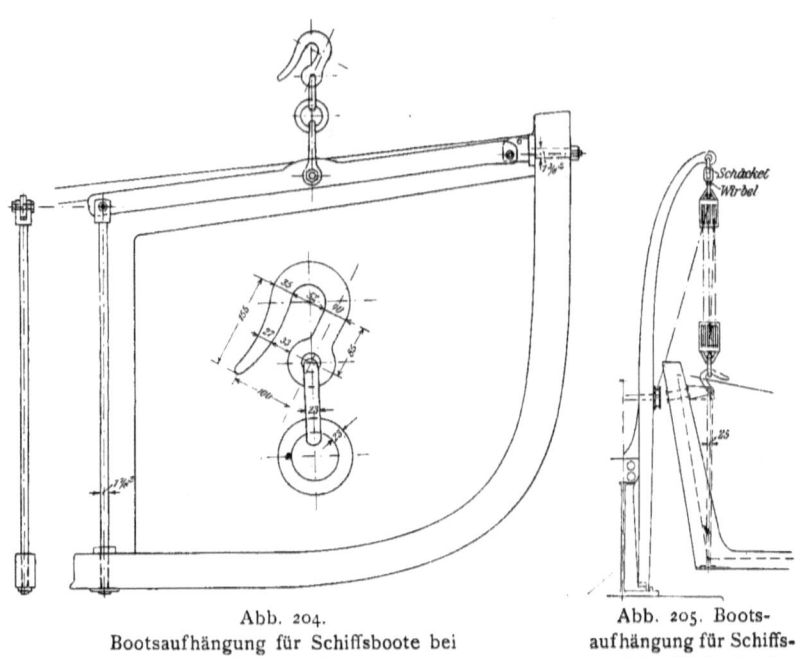

Abb. 204.
Bootsaufhängung für Schiffsboote bei gewöhnlichen Davits.

Abb. 205. Bootsaufhängung für Schiffsboote bei Welin-Davits.

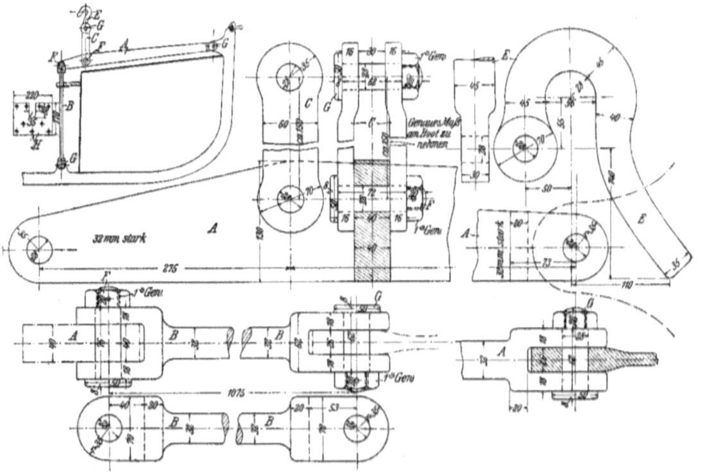

Abb. 206. Bootsaufhängung für eiserne Schiffsboote von 9,14 m Länge (Bremer Vulcan).

Spanten. 133

Taljen zum Heißen der Boote eingehakt werden. Abb. 203 zeigt Ausführungen bei Marinebooten, und die folgende Tabelle enthält die zu den verschiedenen Bootstypen passenden Abmessungen dieser Teile, die als Anhalt für die Bemessung von ähnlichen Beschlägen dienen können.

Einige Ausführungsformen und Einzelheiten der Bootsaufhängung bei Schiffsbooten der Handelsmarine geben die Abb. 204, 205, 206 wieder.

Spanten.

Die Spanten haben den Zweck, das Boot querschiffs zu versteifen, die beiden Bootshälften miteinander und die Außenhaut

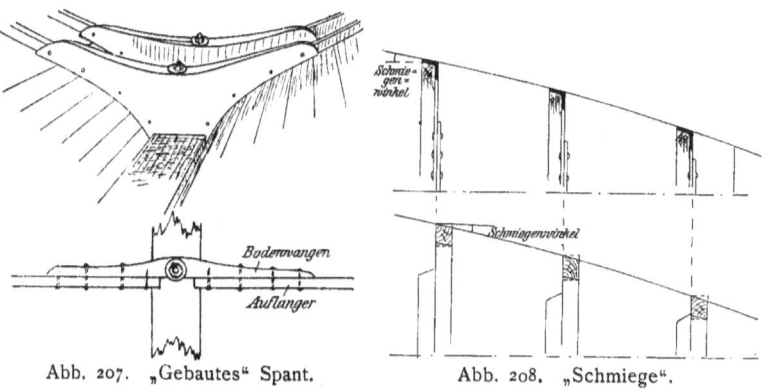

Abb. 207. „Gebautes" Spant.   Abb. 208. „Schmiege".

in sich zu verbinden und gegen lokale Beanspruchungen zu verstärken. Beim Krawelbau (s. S. 140) bilden die Spanten außerdem die einzige Verbindung der einzelnen Planken miteinander. „Gewachsene" oder „gebaute" Spanten, aus Krummholz herausgearbeitet, bestehen entweder aus einem Stück oder aus Bodenwrangen und Auflangern (Abb. 207).

Beide sind gut miteinander zu verbolzen und zusammenzupassen. Die Bodenwrangen werden oft durch Verkämmen mit dem Kiel gegen Verschieben gesichert. Die Spantentfernung wird je nach den Spantabmessungen, Bauart und Dicke der Außenhaut verschieden gewählt. Die Innenseiten der Spanten werden mitunter erst nach Anbringung der Außenhaut auf die vorgeschriebene Form und Abmessungen hin gearbeitet, um während des Baues das Spantholz möglichst stark zu halten. Die Außenflächen der

Abschnitt II. Der Bau von Booten.

	Barkasse					Pinasse			Kutter					Gig		Jolle		Walfischboot
	0	I	II	III	IV	0	I	II	0	I	II	III	IV	I	II	I	II	
Länge des Bootes in m	14,0	13,0	12,0	11,0	10,0	11,0	10,0	9,0	9,0	9,0	8,5	8,0	7,5	10,0	9,3	6,0	5,5	7,54
Gewicht in kg (mit Besatzung)	8000	6700	5050	4300	3650	4100	3630	3260	3350	3000	2550	2300	1950	1250	1170	1520	1430	1250
Heißaugen für den Kiel. Maße in mm																		
Heißring Stärke a	40	38	34	31	29	31	29	27	27	26	24	23	21	17	16	18	18	17
" Weite b	80	75	70	65	60	65	60	55	55	50	45	40	35	35	35	40	40	35
Auge Länge d	150	140	130	120	115	120	115	110	105	100	95	90	80	80	80	80	80	80
" Stärke e	50	50	45	40	40	40	40	35	35	35	33	30	25	25	25	26	26	25
" Weite f	40	38	34	29	29	31	29	27	27	26	24	23	21	17	17	18	18	17
Lappen Länge g	260	250	225	215	210	215	210	190	190	175	165	160	145	120	115	120	120	115
" Breite h	80	75	70	65	60	65	60	55	55	50	50	45	40	40	40	40	40	40
" Stärke i	40	38	34	31	29	31	29	27	27	26	24	23	21	16	16	18	18	17
Bolzen Durchmesser k	100	95	85	75	75	85	75	70	70	60	50	45	45	32	32	40	40	35
Unterlegschiene Breite l	19	18	17	16	15	16	15	14	14	13	12	12	12	16	16	12	12	15
" Länge m	32	31	27	25	24	25	24	23	23	20	18	18	18	40	40	40	40	40
" Dicke n	251	239	224	221	219	221	209	207	198	196	182	172	170	167	166	147	147	—
Bolzen l_1	80	80	70	60	60	70	65	60	60	55	60	55	50	45	45	40	40	40
" Dicke n	16	16	15	14	13	14	13	12	12	11	10	10	10	9	9	9	9	9
Heißaugen für die Steven																		
Heißring Stärke a_1	30	27	24	21	20	21	20	19	19	17	16	16	14	12	12	12	12	—
" Weite b_1	70	65	60	55	55	55	50	50	50	45	45	45	40	30	30	30	30	—
Auge Länge d_1	100	100	100	90	90	90	90	85	85	80	75	70	70	60	60	60	60	—
" Stärke e_1	40	35	35	30	30	30	30	30	30	26	25	25	25	30	30	30	30	—
" Weite f_1	30	27	24	22	20	22	20	20	20	18	16	16	14	12	12	12	12	—
Lappen Länge g_1	185	175	160	150	140	150	140	135	135	130	125	115	115	90	90	90	90	—
" Breite h_1	65	55	55	50	50	50	45	45	45	45	45	40	40	36	36	36	36	—
" Stärke i_1	14	14	13	12	12	12	12	11	11	10	10	10	9	8	8	8	8	—
Bolzen Durchmesser k_1	22	21	18	17	16	17	17	15	15	14	14	14	13	12	12	11	11	—
" Länge (Vorsteven) l_1	246	235	221	209	208	224	217	216	201	199	189	179	177	170	170	149	149	—
Unterlegschiene Breite	50	45	40	35	35	35	35	30	30	30	30	25	25	25	25	25	25	—
" Dicke	11	11	10	9	9	9	9	8	8	8	8	7	7	7	7	7	7	—

Spanten müssen genau nach der Schmiege, das ist dem Winkel, den die gekrümmte Außenhaut mit den Spantebenen bildet, gearbeitet werden (Abb. 208). Wird an den Bootsenden die Schmiege zu groß, so setzt man rechtwinklig zur Außenhaut „Kantspanten" nach Abb. 209. „Geschnittene" Spanten, aus Planken gesägt, sind weniger gut als gewachsene, da sie leicht mit der Faser absplittern. „Eingebogene" Spanten, bei leichteren Booten verwendet, werden aus dünnen Eichen-, Eschen- oder Ulmenholzlatten geschnitten, gedämpft und in das fertig aufgeplankte Boot eingebogen, am besten von Bord zu Bord durchlaufend. Sie werden häufig abwechselnd mit gebauten Spanten angewandt. Vgl. Abb. 84, S. 49. Am Kiel und am Dollbord (s. S. 148) werden die Spanten abgeschrägt oder in entsprechende Ausschnitte eingepaßt.

„Eiserne" Spanten werden aus Blechen (Bodenwrangen) und Winkeleisen zusammengenietet (Abb. 210).

Die Winkelschenkel an der Außenhaut müssen durch Aufbiegen ebenfalls Schmiege erhalten; daher sind die an der Außenhaut liegenden Schenkel immer nach mittschiffs gerichtet. Hölzerne Spanten liegen dagegen auf der andern Seite, der sogenannten „Mallkante" (vgl. Abb. 208), als natürliche Folge der Herstellungsweise.

Eiserne Spanten werden häufig abwechselnd mit hölzernen — dann meistens eingebogenen — eingebaut.

„Composit" gebaute Boote haben Holzhaut und Stahlspanten.

„Rahmenspanten" (vgl. z. B. Abb. 52), aus Blechen und Winkeln zusammengebaut, setzt man an besonders beanspruchte Stellen, z. B. neben Mast, Luken usw. Bei größeren Booten werden bisweilen an Oberkante der Bodenwrangen und manchmal auch an den Spantwinkeln sogenannte „Gegenspanten" zur Verstärkung angenietet (s. Abb. 208).

Die Verbindung der Spanten mit der Außenhaut erfolgt durch Nägel, Spieker, Niete oder Bolzen. Sie müssen in zweckentsprechender Entfernung, dürfen aber nicht zu eng gesetzt werden, um ein Verschwächen der Spanten durch Abnieten zu vermeiden.

Mit den Decksbalken werden die Spanten an besonders beanspruchten Stellen durch hölzerne oder eiserne Knie oder Knieplatten verbunden, wie aus den verschiedenen Querschnittabbildungen in Abschnitt I zu ersehen ist.

Auch mit den Seiten eines eventl. vorhandenen Schwertkastens wird stets eine möglichst gute Verbindung der Spanten durch Knie hergestellt.

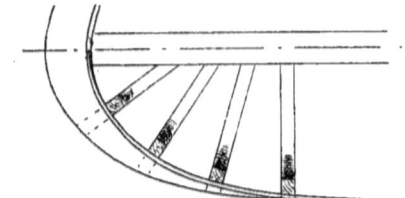

Abb. 209. „Kantspanten".

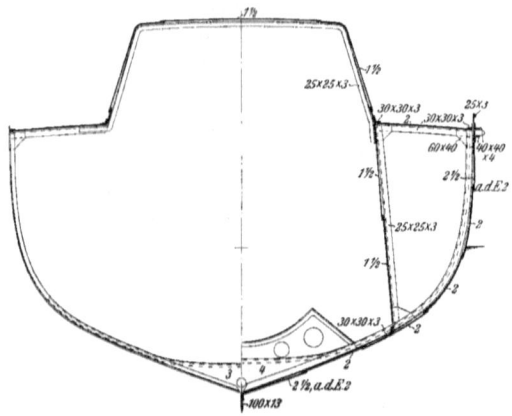

Abb. 210. Hauptspant eines stählernen Dampfbeibootes.

Kiel und Steven: 100 × 13 mm.
Spiegel: 3 mm.
  „   Verbindungswinkel m. d. Außenhaut 30 × 25 × 3.
Spanten: 35 × 35 × 3,5 in 400 mm Entfernung.
  „   im Maschinen- und Kesselraum 40 × 35 × 4.
Gegenspanten: 25 × 25 × 3 mm.
Bodenwrangen: 100 × 3 mm.
Schotte: unterer Gang 2 mm.
       übrige Gänge 1,5 mm.
Schottversteifungen: 25 × 25 × 3 mm.
Kohlenbunkerlängsschotte: 1,5 mm.
  „   Versteifungsw.: 25 × 25 × 3 mm.
Decksbalken: 30 × 30 × 3 mm.
Decksbeplattung: 2 mm.
Fußbodenwinkel: 30 × 30 × 3.
Ruderplatte: 2 mm.

Spanten.

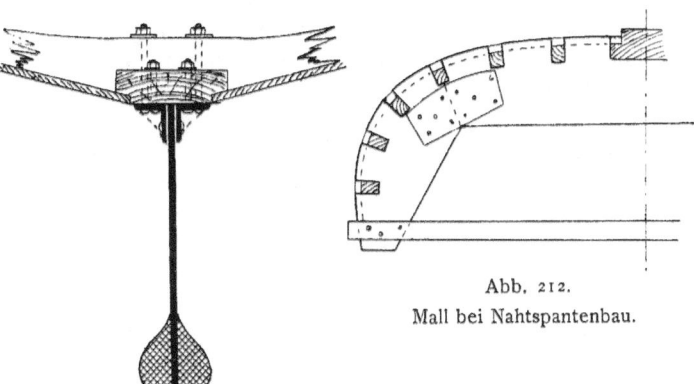

Abb. 212.
Mall bei Nahtspantenbau.

Abb. 211. Wulstkiel-Befestigung.

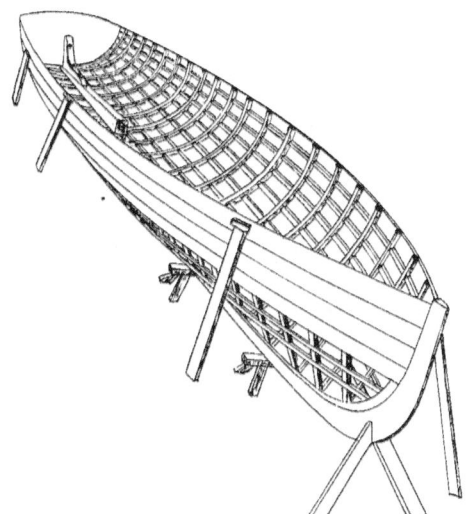

Abb. 213. Nahtspantenbau.

Bei außen liegendem Ballastkiel sind möglichst viele Bolzen durch die hölzernen Bodenwrangen, die entsprechend der Verschwächung durch das Bolzenloch stärker zu halten sind, zu setzen. (Vgl. Abb. 63.) In gleicher Weise muß bei Wulstkielyachten eine solide Verbindung zwischen Flossenplatte, Kiel und Bodenwrangen ausgeführt werden (Abb. 211). Die entsprechende Bauweise bei eisernen Spanten ist wohl selbstverständlich.

Abschnitt II. Der Bau von Booten.

Wie schon auf S. 116 beschrieben, werden die eingebogenen Spanten erst nach Fertigstellung der Außenhaut in das Boot eingebaut. Die gebauten Spanten und die stählernen Spanten dagegen werden zuerst aufgestellt. Hierbei und bei der Anfertigung der Lehrspanten oder Malle ist darauf zu achten, daß die richtige Spantkontur, die in der Konstruktionszeichnung meistens auf Außenkante Außenhaut gezeichnet wird, um die Plankendicke nach innen zu versetzen ist, da andernfalls das Boot eine nicht unbeträchtliche Deplacementsvergrößerung erfahren würde. Dabei ist bei völligen Formen an den Bootsenden die Schmiege zu berücksichtigen. Ferner muß, bevor mit dem Aufplanken begonnen wird, jedes Spant oder Mall sauber am Umfang nach der erforderlichen Schmiege hingearbeitet werden. Man kontrolliert die Schmiege durch Anhalten dünner, nicht allzu weicher Latten, die einen glatten Verlauf nehmen und doch gut am Spant anliegen müssen.

Eine besondere Art von Mallen ist bei den mit „Nahtspanten" (s. S. 141) gebauten Booten erforderlich. Diese werden meistens kieloben aufgeplankt. Abb. 212. Die Nahtspanten werden nach dem Verlauf der Plankennähte in die Lehrspanten eingelassen. Abb. 213 veranschaulicht diesen Arbeitsvorgang noch deutlicher. Bei dieser Bauweise können die Lehrspanten nicht, wie gewöhnlich der Fall, für mehrere gleiche Boote nacheinander benutzt werden, sondern sie müssen zwischen den Längsspanten herausgespalten werden.

Ebenso wie die Nahtspanten, werden manchmal Kimmstringer und Dollbord (s. S. 148) vor dem Aufplanken in die Malle eingelassen, um dem ganzen Gerippe von vornherein die richtige Form und die nötige Festigkeit zu geben.

Das Herausnehmen der Malle geht schrittweise mit dem Einbringen der endgültigen Spanten vor sich.

Bei der Bauweise mit gewachsenen oder eisernen Spanten werden provisorisch sogenannte „Sentlatten" angebracht (vgl. Abb. 153), die dann allmählich mit dem Fortschreiten des Aufplankens abgenommen werden.

Außenhaut.

Die Außenhaut von Booten wird auf sehr verschiedene Weise hergestellt. Eine für kleinere Boote besonders verbreitete Beplankung ist der „Klinkerbau", Abb. 214 c. Bei sorgfältiger Ausführung werden hierbei auch die gewachsenen oder gebauten

Spanten ausgeklinkt (Abb. 214b). Die Plankenbreite wird mit Rücksicht auf die verwendete Holzart, auf das Schwinden des Holzes beim Trocknen, auf gutes Aussehen je nach der Größe des Bootes gewählt und schwankt von etwa 8 cm bei kleinen Booten bis 16 cm bei größeren. Die Planken werden auf dem mittleren Spant gleichmäßig eingeteilt und nach den Enden zu gleichmäßig verjüngt. Je zwei benachbarte Planken werden in der Überlappung oder

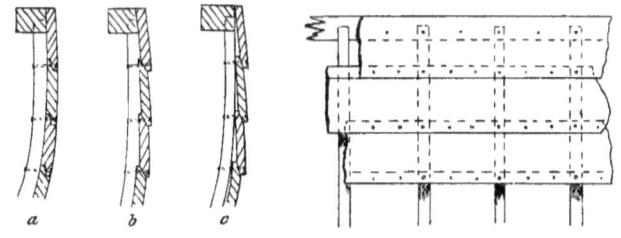

Abb. 214. Klinkerbau.

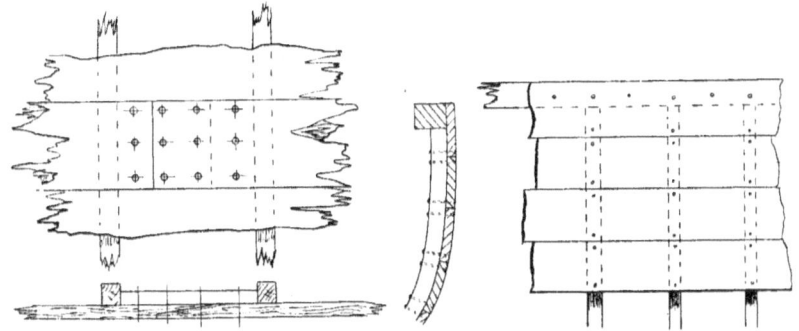

Abb. 215. Blattlasche.   Abb. 216. Krawelbau.

„Lannung" paßrecht gegeneinander abgeschrägt. An den Steven wird die Lannung sauber ausgeschärft, so daß die Planken in der Stevensponung Kante auf Kante übereinander stehen. Die Planken werden zunächst genau von Dicke gehobelt, annähernd von Form geschnitten, im Dampfkasten (s. S. 196), falls nötig, weich gemacht, dann von der Mitte nach den Enden zu angebracht und provisorisch befestigt. Dabei wird mit der untersten Planke, dem Kielgang, begonnen. Erforderliche Korrekturen werden mit Bleistift vermerkt. Nach dem Erkalten wird die Planke abgenommen, nachgearbeitet und namentlich an den Sponungen sauber eingepaßt. Lannungen und Sponungen erhalten bei größern Booten Zwischenlagen aus Teerpapier oder Teer und Kuhhaaren zwecks besserer Dichtung, bei kleineren Bleiweiß oder Lack. Dann wird die Planke endgültig angebracht und mit Nägeln auf den Lehrspanten angeheftet. Die Nägel erhalten unterm Kopf Holzklötzchen, die, um die Nägel ohne Verletzung der Außenhautfläche herausziehen zu können, weggespalten werden. Sind alle Planken angebracht, so erfolgt die „Nietung" der Nähte mittels kupferner Klinknägel mit Scheiben. Nietabstand etwa 80 bis 100 mm, in den Sponungen am Kiel und an den Steven doppelte Reihe von Kupferspiekern in ca. 30 mm Abstand. Die Planken sollen in möglichst langen Stücken durchlaufen. Wenn dies nicht möglich ist, so muß man die Stöße der einzelnen Planken gut miteinander verschießen lassen. Die Stöße werden als Blattlasche nach Abb. 215 ausgeführt.

Abb. 214a zeigt eine zwar sehr gut dichte, aber kostspielige Art der Klinkerbeplankung.

Abb. 216 zeigt den für größere Boote wohl am meisten zur Verwendung kommenden Krawel-Bau. Hierbei stehen die Planken Kante auf Kante und haben außer durch die Spanten keine Verbindung untereinander. Deshalb müssen die Planken beim Krawelbau stärker sein als beim Klinkerbau. Die Boote werden daher schwerer, haben aber den Vorteil einer glatten Außenfläche gegenüber den geklinkerten Booten. Die Planken werden in derselben Weise wie beim Klinkerbau angepaßt und auf den Lehrspanten oder auf den gewachsenen Spanten befestigt. Zum Schluß werden die Nähte „kalfatert" oder gedichtet, d. h., es wird mit besonderen meißelartigen Kalfateisen Werg oder Baumwolle in die Fugen geklopft und die Fuge dann mit Pech oder Kitt geschlossen. Peinlich arbeitende Bootswerften bauen krawel ohne Dichtung oder — bei kleineren Booten — indem zwischen die Plankenkanten eine Ducht Baumwolle mit Farbe eingelegt wird. Die Plankenstöße werden beim Krawelbau meist stumpf gestoßen und durch eine innen liegende Lasche nach Abb. 217 geschlossen.

Ist die Beplankung zum Kalfatern nicht dick genug, so kann man Dichtheit durch Hinterlegen und Vernieten der Nähte mit Holzleisten erzielen. Diese Leisten müssen natürlich von vorn bis hinten durchlaufen. Man wählt sie entweder flach liegend, Abb. 218a und b, oder hochkant stehend, Abb. 218c. Im ersteren Falle heißen sie „Nahtstreifen". Hierbei werden die Querspanten entweder, falls sie stark genug sind, für die Nahtstreifen ausgeklinkt,

Außenhaut.

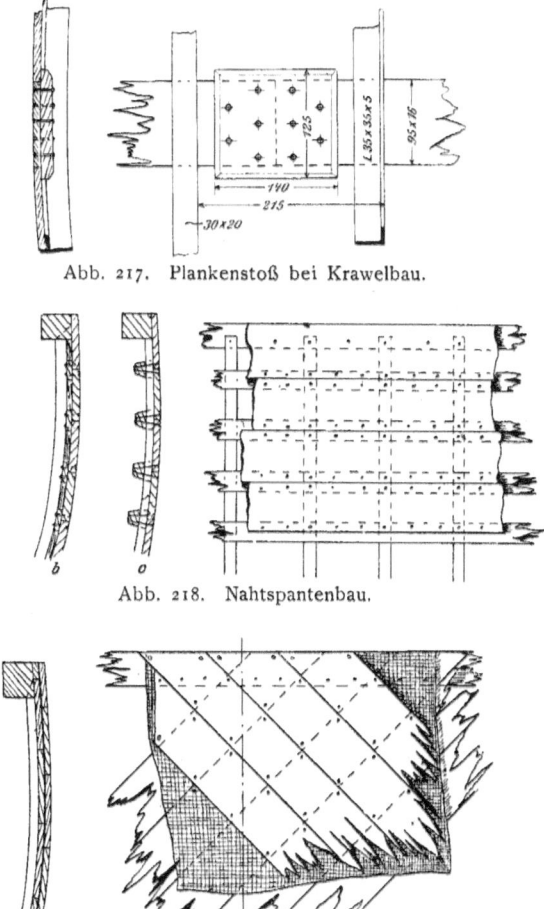

Abb. 217. Plankenstoß bei Krawelbau.

Abb. 218. Nahtspantenbau.

Abb. 219. Diagonalbau.

oder es werden, wie Abb. 218 b zeigt, Paßstücke zwischen Außenhaut und Spant eingelegt. Zuweilen baut man auch mit zwischen die Querspanten eingepaßten Laschen. Hochkant gestellt nennt man die Leisten „Nahtspanten". Sie werden in der Regel über die schwachen eingebogenen Querspanten weggekämmt. Diese Bauweise kommt hauptsächlich bei ganz extrem gebauten Segel- und

Motor-Rennbooten zur Verwendung, wenn es darauf ankommt, die größtmögliche Festigkeit und Elastizität des Bootskörpers mit dem geringsten Gewicht zu erzielen. Der Hauptnachteil, den man dafür in den Kauf nimmt, ist außer dem etwas mangelhaften Querverband die Unmöglichkeit, das Boot innen ganz sauber und trocken zu halten, da Schmutz und Feuchtigkeit sich aus den vielen Ecken des Spantennetzes nicht entfernen lassen. Die Nahtspantenboote haben daher nur verhältnismäßig geringe Lebensdauer.

Der „Diagonalbau", Abb. 219, besteht aus zwei unter 45 bis 50° gegen die Wasserlinie geneigten, sich kreuzenden Plankenlagen. Er ist schwierig und kostspielig herzustellen, erlaubt aber die Erbauung von verhältnismäßig leichten, dabei aber festen und elastischen Booten. Als Inhölzer sind nur bis zur Kimm reichende Bodenwrangen erforderlich. Der Kiel muß innen ziemlich breit gehalten werden und wird manchmal mit zwei Sponungen versehen. Naturgemäß sind Reparaturen an Diagonalbooten ziemlich schwierig auszuführen.

Beim Bau müssen die Lehrspanten durch eine größere Anzahl in dieselben eingelassener Sentlatten miteinander verbunden werden, um eine gute Auflage für die darüber zu biegenden Planken zu schaffen. Der Dollbord (s. S. 148) wird vor Anbringung der Planken angefertigt und in die Lehrspanten eingelassen, um die oberen Enden der Planken gut befestigen zu können. Er bekommt dann die in Abb. 15 erkennbare Konstruktion und setzt sich aus der eigentlichen Dollbordleiste, einer außen die Spiekerköpfe verdeckenden Halbrundleiste und der von oben die Plankenenden verdeckenden Schandeckelleiste zusammen.

Die Diagonalplanken werden möglichst sämtlich von derselben Breite geschnitten. Man fängt mit der inneren Haut entweder in der Mitte oder an einem Bootsende an. Die Planken werden im Dampfkasten weich gemacht und angebogen; die erste Planke wird am Kiel und Dollbord gleich endgültig festgemacht, an den Lehrspanten und Senten dagegen nur leicht angespiekert. Alle übrigen Planken werden zunächst nur angeheftet. Wenn sie alle angebracht und erkaltet sind, werden sie wieder abgenommen, nachgepaßt und endgültig am Kiel und Dollbord befestigt. Nunmehr werden die von den Heftspiekern herrührenden Löcher durch kleine Holzpfropfen geschlossen, die ganze Oberfläche glatt gehobelt und geputzt, mit Ölfarbe, Teer oder Leinöl gestrichen und mit in Teer getränktem Filz, Flanell oder Nesseltuch gleichmäßig glatt bespannt.

Außenhaut.

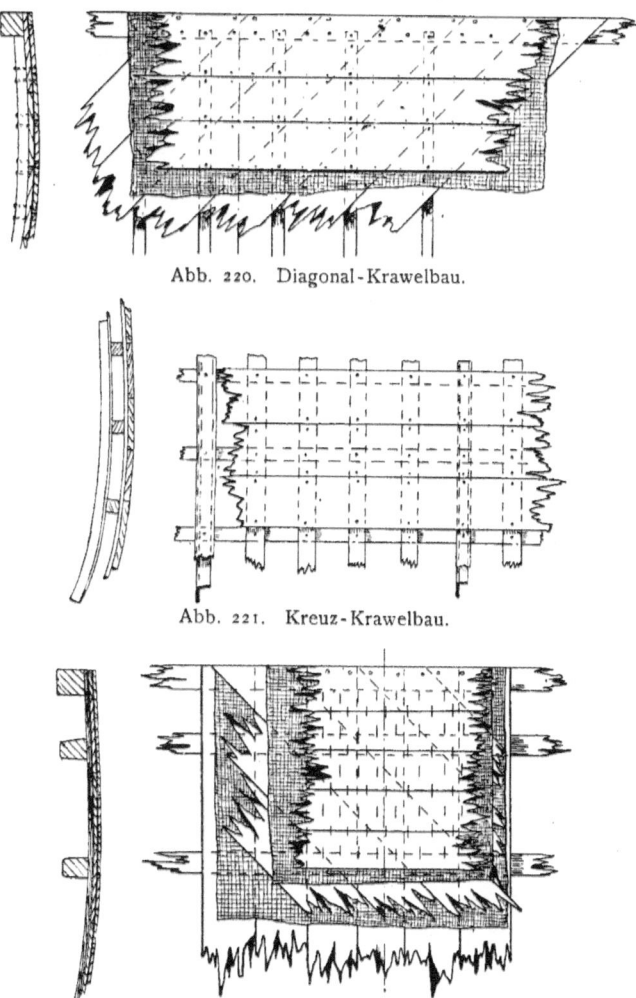

Abb. 220. Diagonal-Krawelbau.

Abb. 221. Kreuz-Krawelbau.

Abb. 222. Außenhaut aus mehreren Lagen.

In gleicher Weise wird dann die zweite äußere Plankenlage rechtwinklig zur ersten angebracht. Dann werden unter allmählicher Entfernung der Lehrspanten beide Holzlagen miteinander vernietet. Entfernung der Niete in den Sponungen = 30 bis 40 mm, in jedem Rhombus 4 Niete in 120 bis 130 mm Abstand.

Man nimmt für die innere Plankenlage schwer faulendes Holz, wie Mahagoni oder Teak, für die äußere meistens Eichen-Wagenschottplanken (s. S. 98). Auf sorgfältige Trocknung der Planken vor dem endgültigen Zusammenbau ist zu achten.

Vor dem Kalfatern der Kielsponung müssen die Bodenwrangen eingesetzt sein.

Der Diagonalbau wird in der Regel nur bei außen deckend gestrichenen Booten angewendet, weil die schräg liegenden Planken, wenn sie sichtbar sind, nicht gut aussehen. Soll daher ein Boot nicht gestrichen, sondern lackiert werden, so läßt man die Planken der äußeren Lage horizontal verlaufen. Diese Bauweise wird „Diagonal-Krawelbau" genannt und erfreut sich großer Beliebtheit bei Motorbooten. Sie besitzt beinahe dieselben Eigenschaften wie der gewöhnliche Diagonalbau, ist aber naturgemäß etwas weicher als dieser.

Abb. 221 zeigt den von Fr. Lürssen in Aumund-Vegesack eingeführten „Kreuz-Krawelbau". Es ist eine Kombination von Quer- und Längsspanten und zwei Außenhautlagen. Die Querspanten bestehen aus Stahl-Bodenwrangen und Stahlwinkeln und sitzen nach Bedürfnis in etwa 1 m Abstand. Auf ihrer Außenkante sind Längsspanten aus Pitchpineholz angebracht, die in etwa 150 bis 200 mm Abstand liegen und von hinten bis vorn durchlaufen. Die darüber gespannte innere Plankenlage besteht aus senkrecht zum Kiel stehenden dünnen Planken, die nicht dicht gefugt sind. Die äußere Plankenlage ist in Krawelbau ausgeführt. Zwischen beide Plankenlagen kommt eine Lage von in Teer getränktem Nesseltuch. Die Bauweise bietet große Festigkeit bei bedeutender Leichtigkeit, ist dauernd dicht und doch verhältnismäßig einfach und bequem auszuführen. Um Gewicht zu sparen, werden die Längsspanten manchmal profiliert (s. Abb. 146).

In dem Bestreben, möglichst leichte und doch feste und elastische, dichte Bootskörper zu erhalten, ist man dazu gekommen, die Außenhaut aus drei und mehr sich kreuzenden Holzlagen zusammenzusetzen. Abb. 222 zeigt eine derartige Bauweise, bei der die inneren Planken vertikal, die mittleren diagonal und die äußeren horizontal liegen. Zwischen je zwei Holzschichten wird eine Stofflage gespannt, und sämtliche Schichten werden durch und durch miteinander vernietet oder nach dem sogenannten „Saunders-System" mittels Bronzedraht miteinander vernäht. Hierbei muß der Draht in der äußeren Fläche versenkt werden.

Außenhaut.

Diese Systeme haben, wie alle aus mehreren Plankenlagen zusammengesetzten, den großen Nachteil, daß Reparaturen sehr schwierig und kostspielig und daß die Boote etwas weich sind. Die dünnen Planken saugen sich außerdem leicht voll Wasser und verfaulen dann.

Um bei den Rennruderbooten durch ganz dünne Plankenstärke äußerste Leichtigkeit zu erzielen, macht man die ganze Außenhaut der Breite nach in zwei Hälften aus je einer einzigen Planke (Abb. 223). Hierzu wird Zedernholz von 4 bis 8 mm Dicke genommen. Es wird eine größere Anzahl von Lehrspanten kieloben aufgestellt, die Kielleisten werden darüber gestreckt, die Außenhautplanken im Dampfkasten weich gemacht, vorsichtig über die Malle gebogen und bis zum Erkalten durch zweckentsprechende Umschnürungen festgehalten. Nach dem Erkalten werden sie los-

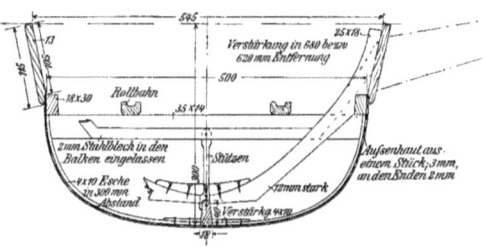

Abb. 223. Außenhaut bei einem Rennruderboot.

genommen, nachgearbeitet und endgültig mit der Kielleiste verschraubt. Dann wird diese Schale umgedreht und werden die Spanten und sonstigen Längs- und Querverbände eingebaut. Die Stoßverbindungen der Außenhaut werden durch breite, innen eingelegte Laschen bewirkt. Die Boote sind zwar sehr leicht und für ihren Zweck fest genug, sie müssen aber sehr vorsichtig behandelt werden. Die Außenhaut besitzt infolge ihrer Bauweise starke innere Materialspannungen, so daß unter Umständen ein leichter Stoß die Beplankung zum Aufreißen bringt. Auch dürfen die Boote nicht den Sonnenstrahlen ungeschützt ausgesetzt und ihre Lagerung im Schuppen muß sehr vorsichtig angeordnet werden, damit sie sich nicht verziehen. Näheres s. Abschnitt V.

Als Material für eine Außenhaut aus Metall kommen Stahl, Aluminium, Kupfer, Bronze, Deltametall u. a. in Betracht, (die letzteren als Unterwasserbeschlag auf Holzhaut), und es sind verschiedene Bauweisen möglich. Wird ein Boot ganz aus Stahl oder Aluminium gebaut, so ist der Arbeitsvorgang in der Regel derselbe wie im Großschiffbau. Zuerst werden Kiel und Steven, dann Querspanten und Stringer aufgestellt. Dann werden die nach Zeichnung bestellten Platten der Reihe nach angepaßt, beschnitten, gelocht und schließlich zusammengenietet. Die Nähte werden bei einigermaßen dicken Platten dicht gestemmt, d. h. die abliegenden Kanten werden durch Bearbeiten mit einem besonderen meißelartigen Werkzeug gegen die anliegenden Platten zusammengestaucht. Bei sehr dünnen Platten wird die Dichtung durch Papierzwischenlagen bewirkt. Bei den abliegenden Gängen (vgl. Abb. 210) sind Füllstücke (Packeisen) aus Flacheisen zwischen Spant und Außenhaut anzubringen. Auf den Verlauf der Plattenkanten ist des guten Aussehens wegen zu achten. Sollen die Nähte und Stöße der Platten nicht zu sehen sein, so werden die Platten durch innenliegende Naht- und Stoßstreifen miteinander verbunden. Die Herstellung der Nietlöcher erfolgt gewöhnlich durch Stanzen und soll immer von der anliegenden Seite her erfolgen, da das Loch immer etwas konisch ausfällt.

Überlappungs- und Auflageflächen auf den Spanten müssen vor dem Zusammenbringen der Teile gut mit Mennige gestrichen werden.

Zum besseren Schutz gegen Rost werden Stahlplatten und -winkel häufig verzinkt.

Mit Hilfe der autogenen Schweißung und anderer Schweißmethoden hat man mehrfach eine vollständig nahtlose Außenhaut aus Stahlblech hergestellt. Dazu ist ein Lehrgerüst aus Holz erforderlich. Die Erzielung einer vollkommen glatten und tadellosen Form ohne Buckel und Beulen ist aber sehr schwierig. Bei einigen Booten hat man auch Schweißung in Verbindung mit Nietung zur Anwendung gebracht.

Schiffs- und Küstenrettungsboote werden häufig mit einer Außenhaut nach dem Francis-System (s. Abb. 46, S. 27) versehen. Hierbei werden Kiel, Steven und Dollbord aus Holz ohne Sponung hergestellt. Die Außenhaut wird mit einer Zwischenlage von in Öl oder Firnis getränktem Flanell angenagelt. Sie wird in vertikalen Gängen aus ca. 0,5 m breiten, galvanisch verzinkten Stahlplatten, die in einer besonderen Maschine mit auswechselbaren Matrizen eine der Bootsform und dem Verlauf der Linien entsprechende Kannelierung erhalten haben, zusammengesetzt, so daß das äußere Aussehen wie das eines geklinkerten Bootes wird. Die Nietung der vertikalen Nähte ist zweireihig überlappt und erfolgt mit verzinkten Nieten in kaltem Zustande. Die Platten werden über einem Lehrgerüst so zusammengebogen, daß die einzelnen Kannelierungen glatt ineinander übergehen. Die Bauweise besitzt durch ihre Form eine derartige Festigkeit, daß Querspanten vollständig überflüssig sind.

Das Francis-System besitzt gegenüber seinen vielen großen Vorzügen den einen Nachteil, daß Reparaturen sehr schwierig auszuführen sind.

Dies wird bei den Stahlbooten nach der Konstruktion von R. Holtz in Harburg vermieden, s. Abb. 43 bis 45, S. 26. Hierbei werden dünne verzinkte Stahlplatten klinkerartig miteinander vernietet. Innen werden mitschiffs zwischen den beiden Luftkastenschotten hölzerne Längslatten eingespannt, während an den Enden stählerne Querspanten eingebaut werden.

Soll ein Boot mit Kupfer- oder Metallbeschlag am Boden versehen werden, so wird dazu in der Regel sogenanntes „Yacht-Kupfer" oder auch Yellow-Metall, manchmal Zink verwendet. Die Bleche sind in normalen Abmessungen im Handel zu haben. Früher wurde allgemein unter dem Metallbeschlag zunächst eine Lage Filz auf die Außenhaut genagelt. Heute nagelt man meistens die Metallplatten direkt auf die Planken, indem man sich von der chemischen Einwirkung der entstehenden Zersetzungsprodukte eine konservierende Wirkung auf das Holz verspricht. Beim Aufbringen der Platten wird am Hinterschiff angefangen, so daß immer die vordere Platte die hintere überlappt.

Ganz leichte Sportruderboote, Canoes, Beiboote und dergl. erhalten bisweilen eine Außenhaut aus Segeltuch. Es wird ein Holzgerippe aus Längs- und Querspanten oder, wie z. B. bei den kanadischen Canoes und einigen von Fr. Lürssen gelieferten Yacht-Beibooten, in Kreuz-Krawelbauart hergestellt, darüber die Leinwand straffgespannt und durch mehrmaliges Bestreichen mit Lack und Ölfarbe wasserdicht gemacht.

Die Boote aus Eisenbeton, die zuerst von der Firma Gabellini in Rom hergestellt worden sind und jetzt auch an andern Orten gebaut werden, haben wir bereits auf S. 100 erwähnt.

Dollbord.

Der Dollbord oder Dollbaum soll den oberen Rand der Außenhaut bei offenen Booten versteifen und gleichzeitig zur Befestigung der Dollen für die Ruder oder Riemen (s. S. 153) dienen. Er wird als rechteckige Leiste möglichst in einem Stück von vorn bis hinten durchlaufend hergestellt, s. Abb. 224 (vgl. auch die Querschnitte der Marineboote in Abschnitt I). Meist ist wegen der Krümmung Behandlung im Dampfkasten (s. S. 196) erforderlich. Nach dem Erkalten wird die Leiste, die provisorisch mit Schraubzwingen festgesetzt war, wieder abgenommen, passend nachgearbeitet und mit Aussparungen für die oberen Enden der Spanten (s. S. 136) versehen. Die Aussparungen werden entweder abgeschrägt oder gerade, zapfenförmig, eingearbeitet. Nach dem Einsetzen und Vernieten werden am Bug und Heck Kniestücke eingepaßt oder auch metallene Bänder aufgesetzt. Als Abschluß wird oben an den Dollbord eine dünne Planke, der „Schandeckel", und außen eine Halbrundleiste befestigt.

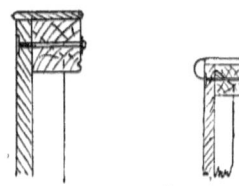

Abb. 224. Dollbord.

Bei den Ruderbooten der Kriegsmarine wird auf den Dollbord noch ein „Setzbord" zur Erhöhung des Bootes aufgesetzt und zwischen den Rundseln (s. S. 154) befestigt.

Offene Sportruderboote haben, wie aus den Abbildungen in Abschnitt I, S. 58 ersichtlich, keinen Dollbaum, sondern es wird nur die oberste Planke der Außenhaut stärker ausgeführt. Dafür wird in Sitzhöhe innen eine stärkere Leiste (in Berlin als „Gondelleiste" bezeichnet) hochkant zur Versteifung gegen die Außenhaut gesetzt. Sie dient zugleich als Auflager für die Rudersitze oder Duchten und wird daher auch „Duchtenträger" genannt. Um das Reinigen der Boote zu erleichtern, wird diese Leiste auch oft ganz weggelassen oder sie wird ganz an die Innenkante der Spanten verlegt, so daß in das Boot gelangter Sand oder Wasser bequem durch einfaches Umkehren des Bootes hinaus befördert werden kann.

Bei eingedeckten Ruderbooten (vgl. Abb. 93) versteift die Abdeckung die Außenhaut genügend, und man bringt dann keinen Dollbord an. Um das Deck, soweit es ausgeschnitten ist, also im mittleren Teil des Bootes, zu stützen, werden einige vertikale Kniee angebracht.

Dollbord, Balkwäger, Duchtenwäger.

Balkwäger.

Bei größeren Booten mit Deck tritt an die Stelle des Dollbords der „Balkwäger", der neben der Versteifung der Außenhaut und der Aufnahme der Spantenenden noch die Aufgabe hat, die Enden der Decksbalken, die nicht immer gerade auf einem Spant sitzen können, aufzufangen. Er wird in verschiedener Weise ausgeführt, wie die Abb. 225 bis 230 und die verschiedenen Querschnittzeichnungen in Abschnitt I erkennen lassen. Die Konstruk-

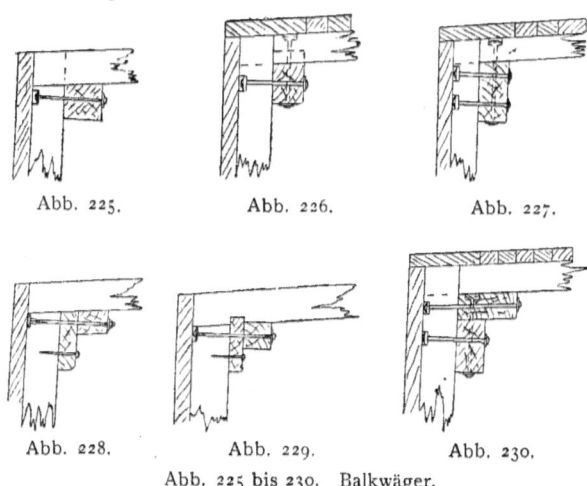

Abb. 225. Abb. 226. Abb. 227.

Abb. 228. Abb. 229. Abb. 230.

Abb. 225 bis 230. Balkwäger.

tion wird je nach der Größe des Bootes gewählt. Besonders zu empfehlen ist die in Abb. 229 dargestellte Verzahnung der Decksbalken mit dem Balkwäger.

Duchtenwäger.

Dieser dient als Auflager für die Duchten oder Sitze in Ruderbooten (vgl. oben „Dollbord"). Je nach der Größe des Bootes wird er als mehr oder minder kräftige, flach auf den Spanten liegende Längsleiste etwa 150 bis 300 mm unter Oberkante Dollbord von vorn bis hinten durchlaufend angebracht und mit Spanten und Außenhaut durch und durch vernietet. Wenn die Duchten losnehmbar sind, erhält er die nötigen Beschläge (s. S. 151). Bei Sportruderbooten wird er wie S. 148 angegeben ausgeführt. Er dient bei diesen Booten hauptsächlich auch zum Heben und Tragen des Bootes beim Transport.

Stringer.

Diese kommen bei größeren Booten (vgl. Abb. 133) zur Verwendung und dienen zur Versteifung der Außenhaut gegen lokale Beanspruchungen. Sie werden in der Regel in der Gegend der Kimm, d. i. der schärfsten Spantenkrümmung, von vorn bis hinten durchlaufend, auf der Innenkante der Spanten angebracht (vgl. Abb. 231) und mit diesen vernietet. Können sie nicht in einem Stück durchlaufen, so müssen die Stöße, wie bei allen Längsverbänden, lang gelascht werden.

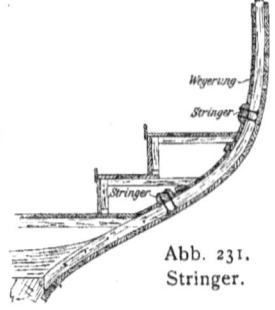

Abb. 231. Stringer.

Duchten, Pflichten, Sitze, Fußleisten, Stemmbretter.

„Duchten" sind die Querbänke, die als Sitze für die Ruderer bezw. als Halt für die Masten dienen. „Pflichten" nennt man die Abdeckungen der Bootsenden.

Diese haben außer ihrem eigentlichen Zweck den weiteren, die Querfestigkeit des Bootes zu erhöhen. Daher sind sie gut mit den beiden Bordseiten zu verbinden.

Bei der Anordnung der Sitze und der Fußleisten oder „Stemmbretter", gegen die die Ruderer die Füße stellen, ist auf gute Ausnutzung der Körperkräfte der Ruderer und auf freie Beweglichkeit ihrer Glieder Rücksicht zu nehmen. Maßgebend ist Länge und Hebelverhältnis der Riemen und die Höhe der Riemenauflage in der Dolle über Wasser. Um Verschiedenheiten in den Beinlängen auszugleichen, werden die Stemmbretter verstellbar gemacht (s. u.). Für Marineboote und ähnliche Fahrzeuge nimmt man gewöhnlich an, daß die Hand eines normalgroßen Ruderers 400 mm über der Sitzebene den Riemen angreift. Im allgemeinen kann die Entfernung von Oberkante Ducht bis Riemenauflage mit 250 bis 270 mm angenommen werden. Mitte der Ducht soll 360 bis 375 mm vor Riemenachse liegen, Fußleiste 450 bis 500 mm unter Oberkante Ducht und 400 bis 450 mm hinter der Riemenachse. Abstand der Duchten voneinander = 800 bis 845 mm.

Bei Sportruderbooten mit festen Sitzen und ohne Ausleger liegt Oberkante Ducht 150 mm unter Bordoberkante, Duchtenmitte 400 mm vor Dollenmitte, Stützpunkt für die Ferse des Ruderers 200 mm unter Oberkante Ducht und 800 mm hinter Mitte Ducht.

Abstand der Duchten voneinander = 1150 mm. Dabei ist der Innenhebel des Riemens zu 800 mm, das Hebelverhältnis mit 1 : 4,5 angenommen. Bei einem Vierer von 10,5 m Länge soll die Mitte der dritten Ducht von vorn 450 mm vor Bootsmitte und die Mitte der Ducht für den Steuermann 1850 mm hinter der Mitte der vierten Ducht liegen.

Bei Sportruderbooten wird als normal angenommen, daß die Hand des Ruderers 270 mm über der Sitzebene angreift. Bei einem Verhältnis von 7 : 5 zwischen der ganzen Riemenlänge und der Entfernung zwischen Dolle und Blattende wird die Höhe zwischen

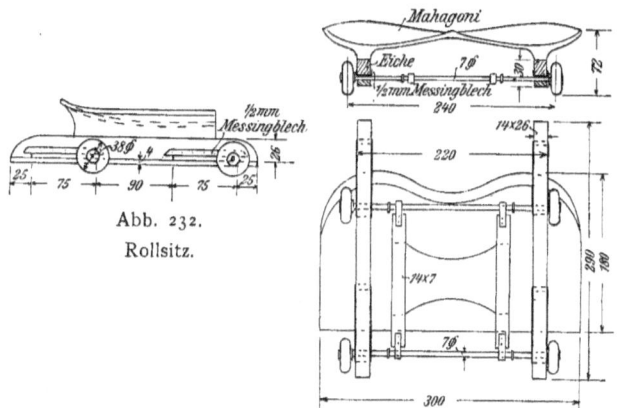

Abb. 232. Rollsitz.

Duchtoberkante und Riemenauflage = 158 mm, wenn die Sitzebene 150 mm über Wasser liegt.

Bei Verwendung von Rollsitzen (Abb. 232) soll die Rollbahnlänge = 620 bis 650 mm sein, Höhe von Oberkante Rollbahn bis Riemenauflage = 220 mm, Mitte Rollsitz ausgerollt bis Innenkante Dolle bei Riemenbooten = 820 mm, bei Skullbooten = 760 mm. Hinterkante Rollsitz bis Hinterkante Trittbrett oben 1300 mm.

Feste Duchten werden mit der Bordwand möglichst starr durch hölzerne, eiserne oder bronzene Kniee verbunden. Segelduchten mit doppelten Knieen. Lose, d. h. wegnehmbare Duchten kommen bei größeren Marinebooten zur Anwendung, um die kleineren Boote in die großen hineinstellen zu können (vgl. Abschn. V). Diese Duchten greifen mit einem an der Unterseite der Ducht angeschraubten, hufeisenförmigen, in zwei Zapfen endigenden Beschlag in zwei am Duchtweger befestigte Ösen und werden durch ein zwischen Dollbord und Ducht eingeschobenes Plankenstück, das „Duchtenschloß", gegen unbeabsichtigtes Entfernen gesichert.

Bei armierten Booten werden am Bug und Heck mehr Duchten und eingelegte Duchten zur guten Unterstützung des Geschützes angebracht.

Die Fußleisten für die Füße der Ruderer werden, wie aus den Abbildungen in Abschnitt I ersichtlich, lose in Klampen eingelegt.

Die Stemmbretter bei Sportruderbooten werden in verschiedenen Arten konstruiert, s. Abb. 233, 234, 235. Vor allem

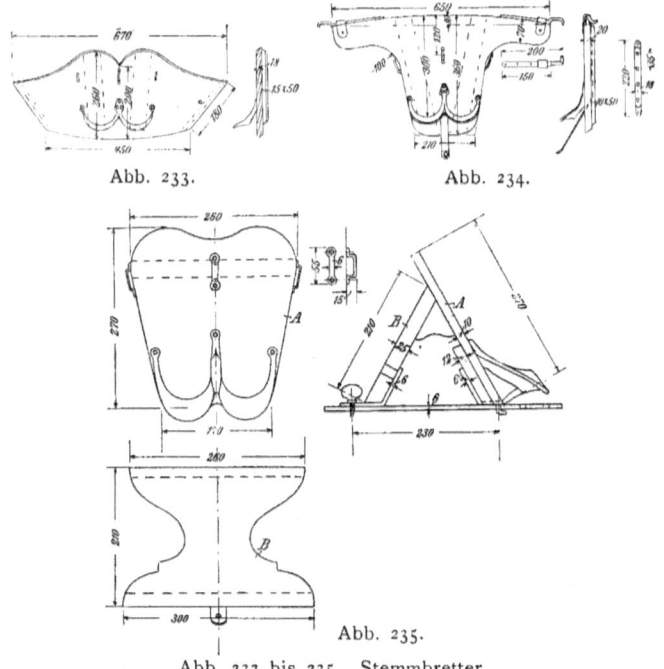

Abb. 233.   Abb. 234.

Abb. 235.

Abb. 233 bis 235. Stemmbretter.

werden sie so eingerichtet, daß sie sich je nach der Beinlänge des Ruderers verstellen lassen. Die Fersen ruhen in dem „Fersenhalter", die Fußspitzen werden durch einen Riemen festgeschnallt, damit der Ruderer sich auf dem Rollsitz hin- und herschieben kann. Von großer Wichtigkeit ist die richtige Schräge der Stemmbretter, damit der Ruderer sich während des ganzen Durchzuges kräftig mit den Hacken abstoßen kann.

Die Sitze werden bei Sportruderbooten in der Regel als „Rollsitze" nach Abb. 232 konstruiert. Dies hat den Zweck, auch die

Beinmuskulatur des Ruderers ausgiebig für den Antrieb des Bootes auszunutzen und dem „Schlag" eine größere Länge zu geben. Dadurch, daß die Rollenachsen sich nicht in festen Lagern drehen, sondern in länglichen Schlitzen angebracht sind, wird jegliche Zapfenreibung vermieden, so daß nur rollende Reibung zu überwinden ist und der Rollsitz äußerst leicht beweglich wird.

Dollen, Ausleger usw.

Die folgenden Abbildungen zeigen verschiedene Formen von Ruderdollen. Am einfachsten sind zwei gewöhnliche Pflöcke, die in einem Abstande, der etwas größer als die Riemendicke ist, in entsprechende Löcher im Dollbord gesteckt werden. Diese Art ist auch bei den Marine-Barkassen üblich (Abb. 236). Die Pflöcke werden aus Eisen geschmiedet und erhalten unten eine Kette, um sie gegen Verlorengehen zu sichern. Abb. 237 stellt die den Dampfbeibooten gegebene Ruderdolle aus Bronze oder schmiedbarem Guß dar, ähnliche Dollen haben die Gigs und Walfischboote. Abb. 238 zeigt die Dolle der Torpedobootsbeiboote.

Die übrigen Marineboote haben statt der drehbaren Gabeln oder der Pflöcke feste „Rundseln" nach Abb. 239. Diese werden auf dem Dollbord und am Setzbord angeschraubt und ruhen zwischen zwei im Dollbord eingelassenen Zapfen. Die in den Setzbord eingeschnittenen Öffnungen, „Rojepforten" genannt, werden beim Segeln mittels schrägkantiger Einschiebsel, „Pfortendeckel", geschlossen.

Verschiedene Formen von Dollen und Riemengabeln für gewöhnliche Boote und Rettungsboote zeigen die Abb. 240 bis 244. Sie werden aus Schmiedeisen, schmiedbarem Guß, Bronze oder Messing ausgeführt und häufig verzinkt oder vernickelt.

Für Rennruderboote kommen meistens die sogenannten „festen Dollen" nach Abb. 245 zur Anwendung. Sie müssen oben geschlossen sein, damit die Ruderer in der Lage sind, dem Boote in der Ruhelage durch ihre Riemen Stabilität zu geben. Die Abb. 246 bis 250 stellen verschiedene Ausführungsformen der bei Sportruderbooten üblichen „Drehdollen" dar. Ihre Formen sind aus dem Bestreben entstanden, den Riemen und Skulls eine möglichst sichere Führung und Lagerung, die aber doch leicht beweglich ist, zu geben. Auch bei ihnen ist die Öffnung, durch die der Riemen eingelegt wird, so eng, daß nur die dünnste Stelle des Schaftes hindurchgeht und daß der Drehpunkt des Schaftes nicht

Abschnitt II. Der Bau von Booten.

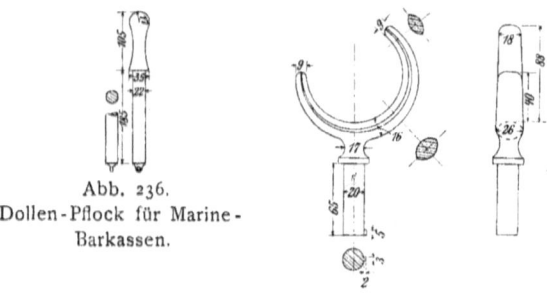

Abb. 236.
Dollen-Pflock für Marine-Barkassen.

Abb. 237.
Ruderdolle für Marineboote.

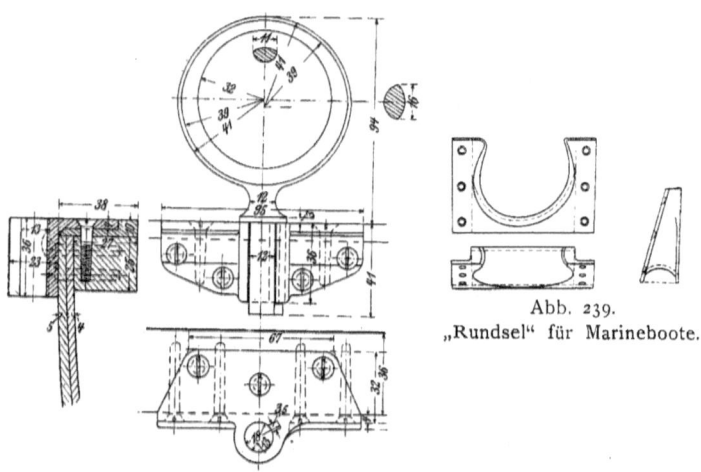

Abb. 239.
„Rundsel" für Marineboote.

Abb. 238.
Ruderdolle für Torpedoboots-Beiboote.

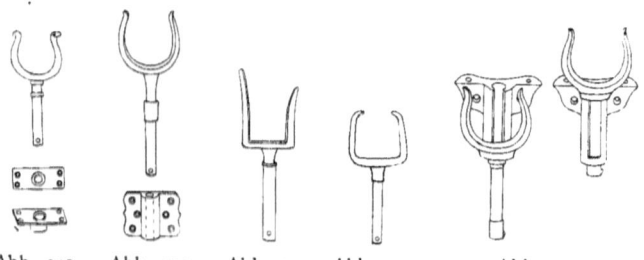

Abb. 240.   Abb. 241.   Abb. 242.   Abb. 243.   Abb. 244.
Abb. 240 bis 244. Ruderdollen.

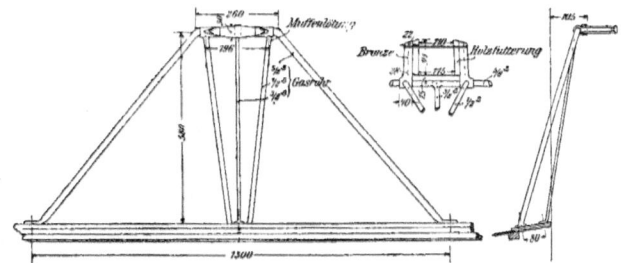

Abb. 245. Ausleger mit „fester Dolle" für Rennruderboote.

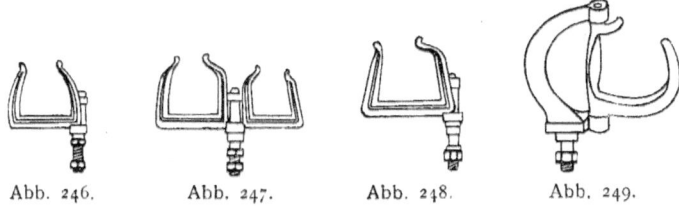

Abb. 246.   Abb. 247.   Abb. 248.   Abb. 249.
Abb. 246 bis 249. „Drehdollen" für Sportruderboote.

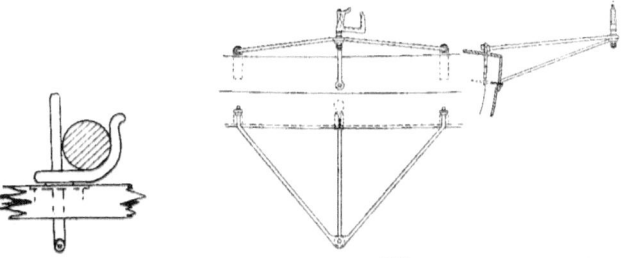

Abb. 250.
Ruderdolle für Küstenrettungsboote.

Abb. 251.
Losnehmbarer Ausleger für ein Skullboot.

herauskann, so daß man auch hierbei durch Festhalten der Riemen senkrecht zur Bootsachse die Stabilität des Bootes wesentlich unterstützen kann.

Abb. 251 stellt einen losnehmbaren „Ausleger" für ein Skullboot dar. Man macht die Ausleger häufig losnehmbar, namentlich bei Tourenbooten, um das Transportieren und Aufbewahren des Bootes zu erleichtern. Auch hat dies häufig den Zweck, beim Segeln die Dollen beseitigen zu können, weil sich in ihnen die Schoten leicht verfangen können.

Fußboden, Bodenbretter, Grätinge.

Die Fußböden usw. haben einen doppelten Zweck zu erfüllen. Zunächst handelt es sich darum, im Boot gerade und horizontale Flächen zum Gehen und Treten zu schaffen, die möglichst so hoch liegen sollen, daß sie nicht gleich von eindringendem oder überkommendem Wasser überschwemmt werden. Sodann sollen die Bodenplanken durch sie gegen Druck von oben und Beschädigungen geschützt werden.

Wenn die Bodenbretter nicht unmittelbar auf den Bodenwrangen liegen können, ist für ausreichende Unterstützung durch Balken und Stützen Sorge zu tragen.

Die Bodenbretter dürfen aber nicht fest eingebaut werden, sondern müssen jederzeit aufgenommen werden können, um Feuchtigkeit und Schmutz in der Bilge sorgfältig beseitigen zu können.

Die Marineboote erhalten, wie aus den Abbildungen in Abschnitt I ersichtlich, aus Längs- und Querlatten zusammengefügte sogenannte „Remms" oder „Remmleisten". Diese sind in einzelnen, der Bootsform angepaßten Stücken eingelegt und zwischen die Spanten eingepaßt, so daß sie sich nicht verschieben können. Sie gestatten der Luft in sehr vorteilhafter Weise freien Zutritt zum Kielraum des Bootes.

Die übrigen Ruderboote erhalten meistens „Bodenbretter", die je nach Art und Zweck des Bootes stärker oder schwächer gehalten werden. Bei den Rennruderbooten schrumpft der Bodenbelag auf ein Paar kleine Brettchen für die Füße des Steuermannes zusammen, während die übrige Mannschaft ihre Füße auf die Kielleiste und auf die Stemmbretter (s. o.) setzen muß.

In größeren Booten und Yachten erhalten die Bodenbretter bisweilen recht kräftige Abmessungen, werden aber immer in einzelnen, losnehmbaren Tafeln ausgeführt und mit Handgriffen oder Ringen zum bequemen Anfassen versehen. Bei Motorbooten und Segelyachten ist die sachgemäße Einteilung des Bodenbelags von Wichtigkeit, damit nicht unnötige Schwierigkeiten beim Aufnehmen und Wiederzulegen entstehen.

In besseren Booten werden die Fußbodenbretter häufig mit Linoleum belegt. Zum Abschluß der Kanten und zum besseren Verschluß erhalten die einzelnen Tafeln dann am Rande schmale übergreifende Messingleisten von nicht zu geringer Dicke.

Des besseren Aussehens wegen und zur Erleichterung der Ventilation des Bodenraumes verwendet man anstatt der Bretter

Fußboden, Bodenbretter, Grätinge.

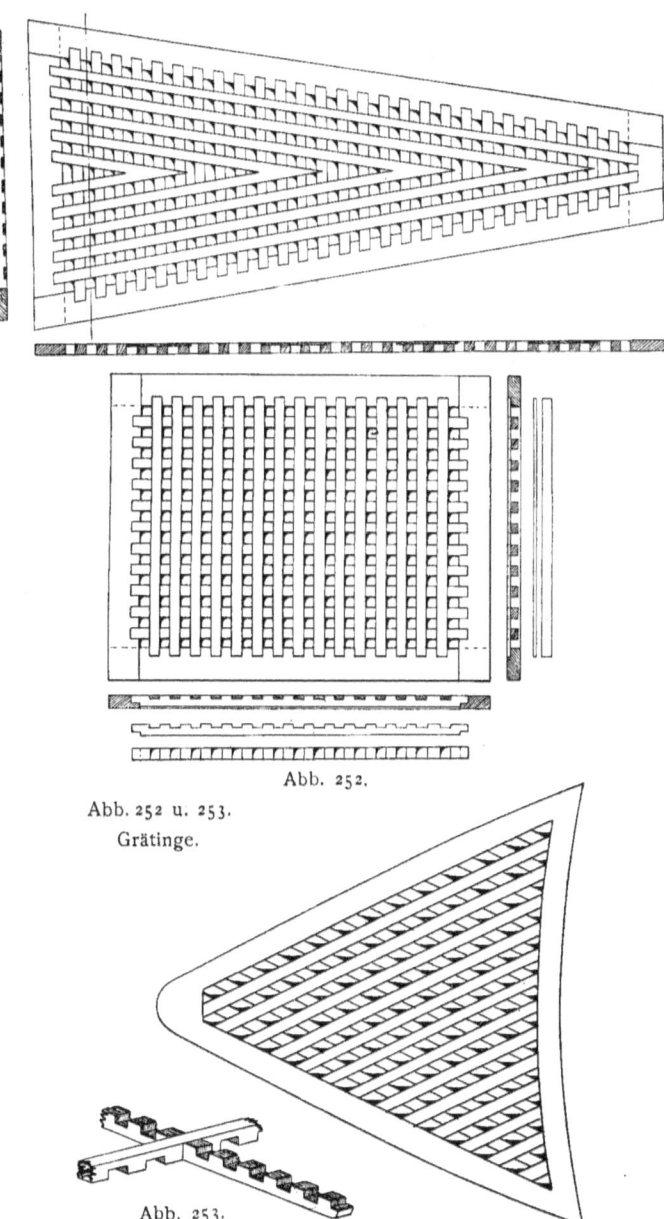

Abb. 252.

Abb. 252 u. 253. Grätinge.

Abb. 253.

manchmal sogen. „Grätinge". Diese bestehen aus einem der Bootsform angepaßten Rahmen, der durch Kreuz- und Querleisten in mannigfachen Formen und Mustern, häufig aus hellem und dunklem Holz, zusammengefügt wird. Abb. 252, 253.

Auf größeren Yachten werden häufig Grätinge lose an Deck gelegt; mitunter haben sie dann kleine Füße, um sie etwas zu erhöhen, z. B. über dem Ruderquadranten, als Lagerplatz für Tauwerk, am Steuerstand usw.

Deck.

a) Decksbalken.

Die Decksbalken haben den Zweck, das Deck zu tragen und den oberen Rand des Bootes querüber zu verbinden und zu versteifen. Sie werden in der Regel nach oben konvex (mit „Decksbucht") gemacht, um dadurch eine bessere Festigkeit gegen Druck von oben zu erhalten und dem Wasser besseren Ablauf nach den Bootsseiten zu verschaffen. Die Decksbucht ist meistens für alle Balken eines Bootes dieselbe. Die Erhöhung in der Mitte beträgt in der Regel mindestens $1/_{50}$ der Bootsbreite.

Die Anordnung der Decksbalken erfolgt mit Rücksicht auf die Decksöffnungen, Kajüten, Schotten, Oberlichter usw.

Als Material für die Balken nimmt man meistens Eichenholz. Die Abmessungen richten sich für größere Yachten nach den Vorschriften der Klassifikationsgesellschaften. Im übrigen vergleiche man die Abbildungen von Hauptspanten ausgeführter Boote in diesem Buche Abschnitt I.

Die am Vorder- und Hinterende von Luken sitzenden Balken müssen verstärkt werden, ebenso die bei den Masten sitzenden Balken. Die „halben" Balken neben den Decksöffnungen können schwächer gehalten werden.

Die Decksbalken werden in der Regel auf den Balkwäger (s. o.) gelegt und mit diesem verschraubt, oft werden sie auch in den Balkwäger eingeklinkt (Abb. 229) oder aber mit Schwalbenschwanz ganz in den dann entsprechend angeordneten Balkwäger eingelassen. (Abb. 254).

Im Bug befestigt man auf den Balkwägerenden ein massives Füllstück von der Dicke der Decksbalken, das einerseits die Enden der Decksplanken sicher aufnehmen, anderseits auch zur allgemeinen Versteifung der Bootsspitze dienen soll (Abb. 255). In gleicher Weise sind im Heck entsprechende Kniestücke vorzusehen (Abb. 256).

Deck. Decksbalken.

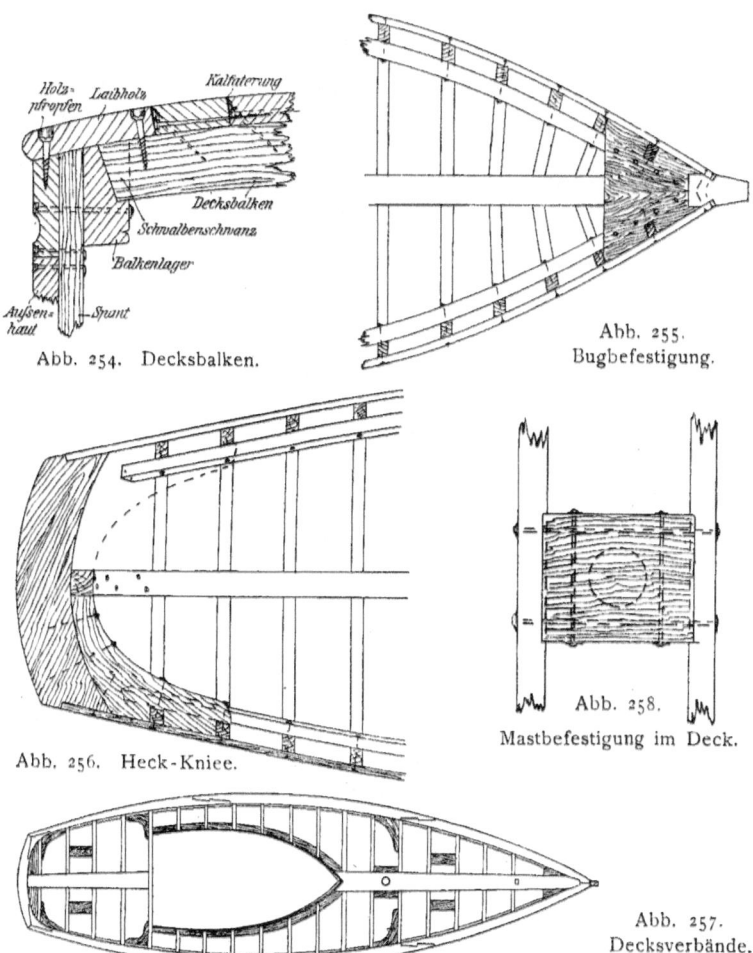

Abb. 254. Decksbalken.

Abb. 255. Bugbefestigung.

Abb. 256. Heck-Kniee.

Abb. 258. Mastbefestigung im Deck.

Abb. 257. Decksverbände.

Die halben Balken neben den Decksöffnungen werden durch „Lukenstringer" oder „Schlingen" abgefangen, die wiederum mit den Lukenendbalken fest verbunden werden (Abb. 257).

Ferner sind an den Stellen, wo Klampen, Klüsen und sonstige Decksbeschläge (s. S. 178) angebracht werden sollen, besondere eichene Verstärkungen zwischen den Balken anzubringen. Es ist daher von Vorteil, die Verteilung der genannten Decksbeschläge rechtzeitig vorzunehmen, damit nicht bei weiter vorgeschrittenem

Bau oder gar fertigem Boot nachträgliche Änderungen erforderlich werden.

Abb. 258 veranschaulicht die Verstärkung der Mastlochstelle oder „Fischung". Der zwischen die Decksbalken eingepaßte Klotz wird in die entsprechend verstärkten Mastbalken eingelassen und durch Bolzen festgehalten.

Zur Vermeidung diagonaler Verzerrungen müssen an derartig beanspruchten Stellen, z. B. neben Mast, Lukenecken usw., am besten starke, gewachsene Eichenholzkniestücke — „Horizontalkniee" — zwischen Balken und Balkwäger bezw. Außenhaut eingebaut werden. (Abb. 257).

Bei größeren Yachten werden zu demselben Zwecke eiserne Diagonalschienen auf den Decksbalken verlegt und mit diesem verbolzt. Bei eisernen Booten werden die Decksbalken analog den Spanten aus Winkeleisen hergestellt und mit den Spanten durch Knieplatten verbunden.

Vor dem Aufbringen der Decksplanken sind die oberen Flächen der Decksbalken entsprechend dem Decksprung (s. Abschn. IV) nachzuarbeiten und abzuschlichten, um einen glatten Verlauf des Decks und ein gutes Anliegen der Decksplanken zu erzielen.

b) Decksplanken.

Die Deckbeplankung soll fest und dicht sein. Sie setzt sich zusammen aus dem „Schandeckel" oder „Leibholz", das außen an der Deckskante herumläuft, den „Fischungen", starken Mittelplanken, „Leibhölzern", die um Aufbauten und Luken herumgelegt werden, und den eigentlichen „Decksplanken".

Der Schandeckel wird aus hartem festem Holz, am besten Teak oder Mahagoni, in möglichst großen Längen angefertigt. Notwendige Stöße werden am besten in Form von Hakenlaschen (Abb. 257) ausgeführt, um einen guten Längsverband zu erzielen.

Fischung und die übrigen Leibhölzer werden meistens auch aus hartem, dunklem Holz gearbeitet. Das Aussehen des Decks wird u. U. durch den Farbenunterschied der Hölzer gegen die helleren Decksplanken gehoben.

Die Decksplanken werden entweder parallel zur Schiffsmitte verlegt (Abb 259) oder parallel zum Schandeckel gebogen (Abb. 260). Um ein Absplittern der Enden wirkungsvoll zu verhüten, werden die Planken je nach ihrem Verlauf entweder in den Schandeckel oder in die Fischung stufenartig eingelassen (Abb. 259, 260).

Die Decksplanken werden aus Whitepine, Eiche, Mahagoni gefertigt. Sie werden aus sorgfältig ausgesuchtem, möglichst astreinem, gerade gewachsenem Holz geschnitten und sollen nicht zu breit, aber möglichst lang sein. Man schneidet die Planken gern

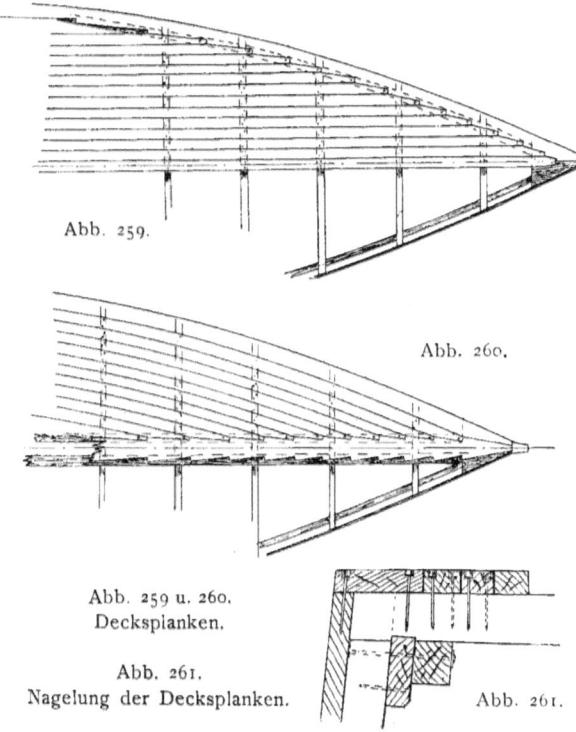

Abb. 259 u. 260.
Decksplanken.

Abb. 261.
Nagelung der Decksplanken.

aus einer nach dem System der Wagenschottplanken (Abb. 152) aus dem Stamm geschnittenen Bohle, die so dick ist, wie die Planken breit werden sollen.

Abb. 261 zeigt die gewöhnliche Art der Nagelung der Decksplanken, mit der sie an den Decksbalken befestigt werden. Die Nagelköpfe werden im Deck versenkt und die Löcher durch Holzpfropfen mit Bleiweißdichtung geschlossen. Bei der sogen. „verdeckten Nagelung", die ein absolut glattes Deck ergibt (Abb. 254), werden die Planken horizontal Kante auf Kante gegeneinander vernagelt und mit den Decksbalken durch schräge Spieker von der Naht her verbunden.

Brix, Bootsbau. 4. Aufl.

Die Nähte werden in derselben Weise wie bei der Außenhaut mit Werg oder Baumwolle kalfatert und mit Marineleim ausgegossen.

Bei kleineren Booten und bei leichten Decks wendet man mitunter eine Leinwandbespannung an. Dabei kann man breitere Planken nehmen, und es ist nicht nötig, die Plankenenden im Schandeckel so sauber einzupassen, wie bei freiliegenden Decksplanken. Dagegen werden manchmal die Nähte von unten mit Leisten abgedichtet.

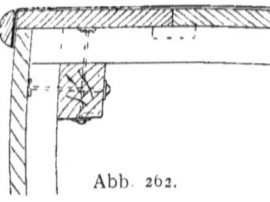

Abb. 262.
Nagelung der Decksplanken.

Um später eintretender Faltenbildung vorzubeugen, wird die Lein-

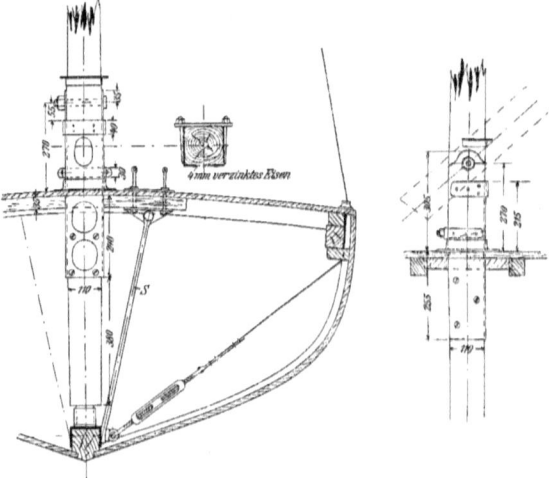

Abb. 263. Deckstützen.

wand vor dem Aufbringen gehörig in Wasser ausgewaschen, um die Appretur zu entfernen, dann wieder getrocknet und trocken aufgespannt. Vorher wird das Deck mit Farbe, Bleiweiß oder Öl bestrichen. Ist die Decksbreite größer als die der Leinwand, so wird die letztere entweder aus Stücken zusammengenäht oder in der Bootsmitte überlappt und die Nagelung durch eine flache abgerundete Leiste verdeckt. An der Bordwand muß ebenfalls die Nagelung durch eine darüber gelegte Halbrundleiste (Abb. 262) verdeckt werden.

Eingedeckte leichte Sportruderboote erhalten meistens eine Abdeckung aus 4 mm dickem Mahagoniholz. Wenn nötig, werden die Stücke in der Bootsmitte gestoßen; als Lasche wird hier eine Leiste vom Profil der Decksbalken untergelegt. Derartige Abdeckungen darf man im allgemeinen nicht betreten, da sie zu schwach sind. Das dazu verwendete Holz muß sehr alt und trocken sein, da es sonst unter der Hitze der Sonnenstrahlen, namentlich an den Ecken von Decksöffnungen, sehr leicht einreißt. Bei Rennruderbooten werden die Bootsenden nur mit dünnem gefirnißten Shirting bespannt (Abb. 89 u. 91).

c) Deckstützen.

Die Decks müssen durch sachgemäß verteilte Deckstützen versteift und abgestützt werden, falls nicht andere Konstruktionsteile, wie z. B. Längs- und Querschotte, diese Aufgabe übernehmen. Die Deckstützen sollen unten und oben sowohl gegen Druck als auch gegen Zug befestigt werden. Sie bilden dann wie bei einer Brücke die Absteifung der unteren und oberen Gurtung gegeneinander und tragen so zur Festigkeit des ganzen Bootskörpers wesentlich bei. Es ist nicht immer erforderlich, daß die Stützen absolut senkrecht stehen. Auch kann man sie mit Vorteil in die Angriffspunkte und womöglich sogar in die Richtung der Takelagetaue (stehendes und laufendes Gut) verlegen. Ein Beispiel hierfür zeigt Abb. 263, welches das untere Ende des Mastes einer 6 S. L.-Yacht darstellt. Hier entlasten die gezeichneten Streben das Deck von dem Zug der Fallen.

Schotte.

Mit „Schott" wird im allgemeinen jede Wand im Innenraum des Bootes bezeichnet. Die Querschotte werden nach Möglichkeit von Bord zu Bord gebaut, an ein Spant verlegt und mit diesem verbunden. Die hölzernen Schotte werden entweder aus verleimten oder aus gespundeten Brettern hergestellt oder auch aus Rahmen und Füllungen zusammengesetzt. Abb. 264 zeigt das hintere Kajütschott eines kleinen Kreuzers. Gewöhnliche Schotte reichen in der Regel nur bis auf den Fußboden hinunter. Wasserdichte Schotte dagegen müssen selbstverständlich bis auf den Boden hintergeführt werden. Die letzteren werden auch der besseren Haltbarkeit und Dichtigkeit wegen mit Vorliebe aus Winkeln und Blechen zusammengebaut, insbesondere bei Booten aus Stahl.

Bei hölzernen Schotten sind in der Regel keine besonderen Versteifungen der Flächen erforderlich, da die Holzdicke schon an und für sich dem Schott genügend Steifigkeit verleiht. Eiserne Schotten, die meistens aus 1,5 bis 2 mm starken verzinkten Blechen gemacht werden, bedürfen dagegen der Schottversteifungen, die in der Regel aus kleinen Winkelprofilen (30 × 30 × 3 oder ähnl.) hergestellt und je nach den örtlichen Verhältnissen in ca. 0,5 m Abstand angenietet werden. Dies muß auch mit Rücksicht darauf geschehen, daß ein Schott immer als Teil

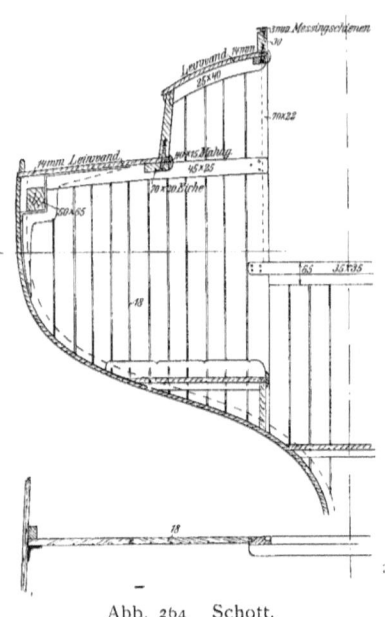

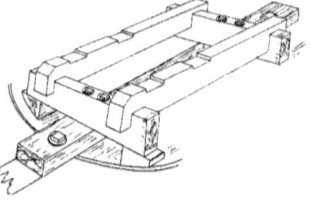

Abb. 264. Schott.   Abb. 265. Maschinenfundament.

des ganzen Bootskörpers anzusehen ist und zur Versteifung und Verbindung von Außenhaut und Deck beitragen muß.

Maschinen- und Kesselfundamente.

Um die Maschinenanlagen gut, sicher und in der richtigen Stellung mit dem Bootskörper zu verbinden und das Gewicht dieser Teile auf einen größeren Teil des Bootskörpers zu übertragen, baut man Fundamente aus Längs- und Querbalken ein, die mit Ausschnitten für die Bodenwrangen versehen und mit diesen und der Außenhaut gut verbunden werden. Von großer Wichtigkeit ist die Länge des Maschinenfundamentes. Bei schweren Maschinen in leichten Booten müssen die Fundamente, um das Auftreten von Schwingungen beim Arbeiten der Maschine zu vermeiden, wesentlich länger gehalten werden als bei normalen Booten. Bei den letzteren genügt meistens eine Fundamentlänge von 1,5- bis 2,5 facher Maschinenlänge, je nach den besonderen Verhältnissen.

Abb. 265 zeigt ein Maschinenfundament einfachster Bauart aus je zwei Quer- und Längsbalken mit Einschnitten für den Maschinenrahmen. Abb. 266 zeigt Anordnung und Befestigung eines Fundamentes für eine schwerere Maschinenanlage. Außer-

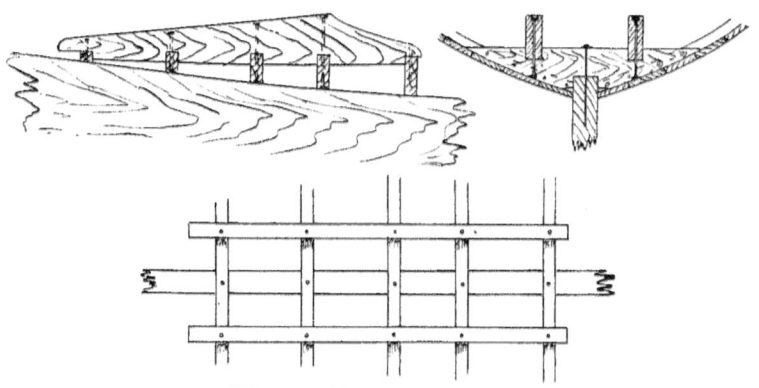

Abb. 266. Maschinenfundament.

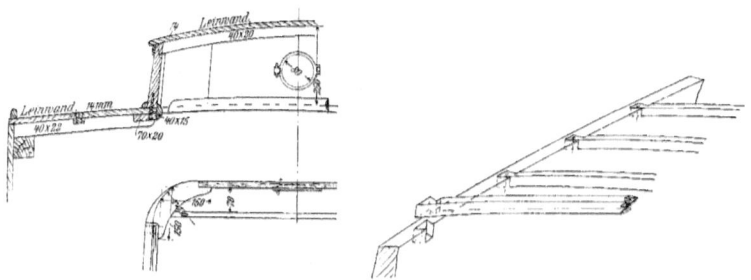

Abb. 267. Kajüts-Aufbau.   Abb. 268. Kajütsdecksbalken.

dem ist in den Abbildungen unseres Abschnittes I noch eine größere Anzahl verschiedener Fundamentanordnungen bei Dampf- und Motorbooten erkennbar.

Die Anordnung der Träger muß sich natürlich nach der Form und der Verteilung der Bolzenlöcher in dem Fundamentrahmen des Motors richten, während andererseits dieser Fundamentrahmen von seiten der Maschinenfabrik nach Möglichkeit der Bootsform angepaßt werden soll. Bei Rennbooten und ähnlichen Fahrzeugen, bei denen es auf Ausnutzung aller Konstruktionsmöglichkeiten ankommt, werden meistens Maschinenfundamentplatte und Fundamentierung im Boot nach einheitlichem Plane zusammen durchkonstruiert und gebaut.

Holzfundamente haben den Vorzug, daß man sie mit Leichtigkeit nacharbeiten und anpassen kann. Dagegen sind sie nicht allzu dauerhaft und standhaft gegen die Erschütterungen des Maschinenbetriebes. Eisenfundamente müssen vor dem Einbau sehr sorgfältig zugerichtet werden, da ein nachträgliches Verändern sehr viel Umstände macht. Sie haben aber den Vorzug größerer Festigkeit und Dauerhaftigkeit.

Aufbauten.

Bei den Aufbauten ist das Hauptaugenmerk auf eine solide und dichte Verbindung mit dem Deck zu richten. Kleine Kajütsaufbauten werden meistens nach der in Abb. 267 wiedergegebenen Weise hergestellt. Die Ecken des Aufbaues werden in abgerundeter Form aus einem massiven Stück, das die Seitenwände in einem Falz aufnimmt, herausgearbeitet. Die Kajütsdeckbalken werden oft, um einen Balkwäger zu sparen, in den oberen Rand der Seitenwände schwalbenschwanzförmig eingelassen (Abb. 268). Abb. 269 zeigt einen Querschnitt durch einen Motorkreuzer mit Kajüte.

Die Kajütsdecke wird meistens der Leichtigkeit wegen aus dünnen Brettern zusammengefügt und mit Leinwand bespannt. Sie wird häufig stark gewölbt ausgeführt, einerseits um durch die Form Festigkeit zu erhalten, anderseits, um an Gewicht zu sparen. „Stehhöhe" in der Kajüte ist ja meistens nur in der Mitte zwischen den Bänken erforderlich, und ein allzu hoher und massiver Aufbau wirkt im äußeren Bilde der Yacht leicht häßlich.

Die Unterseite des Kajütsdecks wird auf besseren Yachten in ähnlicher Weise wie die Seitenwände und Möbel der Kajüte oder harmonisch zu diesen passend hübsch ausgestattet. Die Kanten der Decksbalken werden profiliert und die Felder zwischen den Balken mit Furnierholz, Pegamoid oder ähnlichen Stoffen belegt. Das letztere geschieht meistens in der Weise, daß man den inneren Belag für die ganze Fläche zunächst auf die Balken legt und dann erst das eigentliche Deck darüber anbringt. Beide Lagen werden dann durch Leim und verdeckte Nagelung miteinander verbunden.

Oberlichter, Kappen, Luken.

Diese Teile pflegen bei nicht ganz vorzüglicher Bauweise den Yachtbesitzern vielen Ärger zu bereiten. Meistens haben sie die

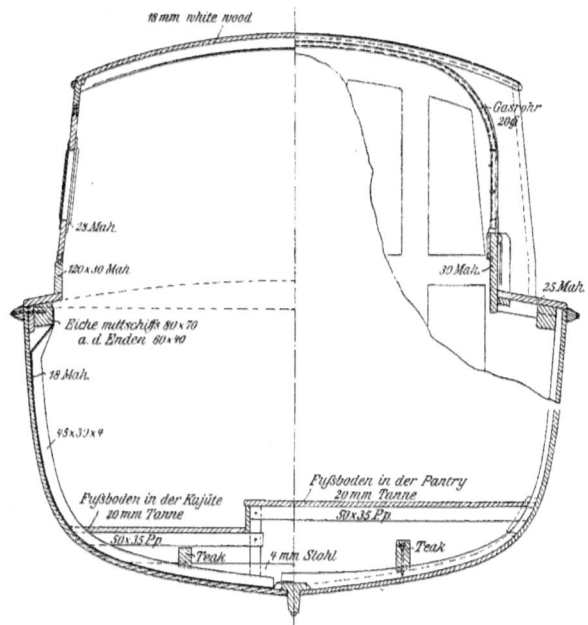

Abb. 269. Hauptspant für ein Motorboot (M. H. Bauer).
(12,0 × 2,1 × 1,1 m.)

Kiel und Steven: Eiche.
Außenhaut: 18 mm Mahagoni.
Spanten: eingebogene 22 × 30 mm Eiche in 500 mm Entfernung; außerdem 3 stählerne Spanten 45 × 30 × 4.
Bodenwrangen: 50 × 40 mm in 500 mm Entfernung.
Balkweger: Eiche, mittsch. 80 × 70 mm, an den Enden 60 × 40 mm.
Deck: vorn aus Whitewood mit Segeltuch bezogen, achtern aus Oregonpine, Schandeckel und Fischung Mahagoni.
Aufbau: Seitenwände 28 mm Mahagoni, Decke 18 mm Whitewood mit Segeltuch bezogen; Balken 45 × 35 mm Eiche in ca. 400 mm Entfernung.
Fußboden: Tanne 20 mm, Balken 50 × 35 mm Pitchpine.
Fenderleiste: Esche 50 × 40 mm mit Halbrundleiste aus Gelbmetall.

168 Abschnitt II. Der Bau von Booten.

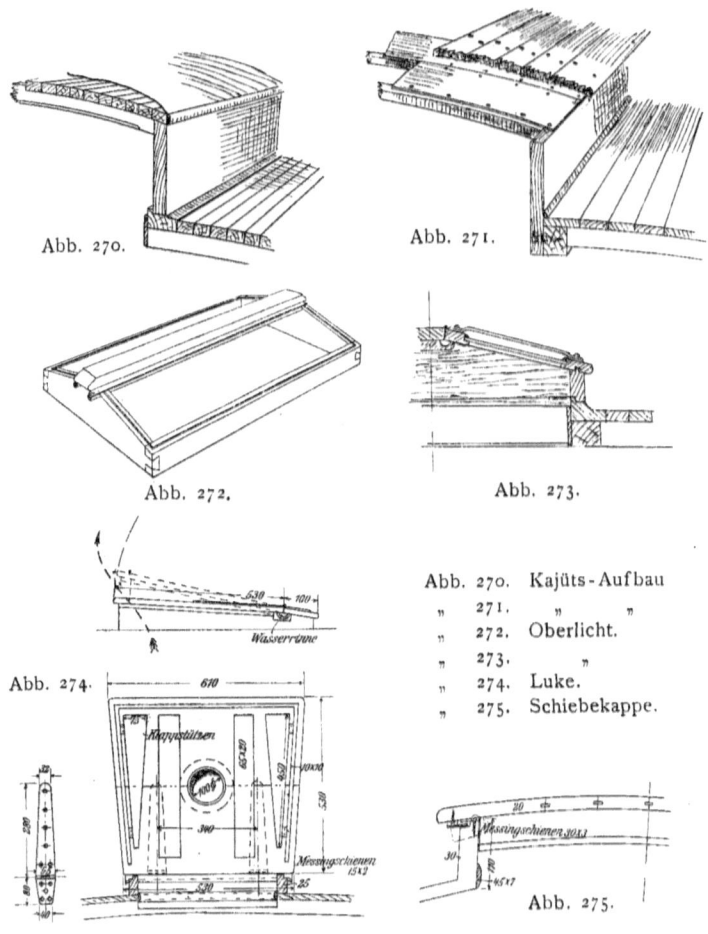

Abb. 270.
Abb. 271.
Abb. 272.
Abb. 273.
Abb. 274.
Abb. 275.

Abb. 270. Kajüts-Aufbau
„ 271. „ „
„ 272. Oberlicht.
„ 273. „
„ 274. Luke.
„ 275. Schiebekappe.

unangenehme Eigenschaft, bei Regen und Seeschlag nicht genügend wasserdicht zu sein. Häufig funktioniert auch der bewegliche Teil nicht zur Zufriedenheit, indem er entweder zu lose oder zu fest in seinen Führungen geht. Ganz einwandfrei läßt sich allerdings eine Kappe oder Luke nicht herstellen, da das verwendete Holz immer unter dem Einfluß der Temperatur und Feuchtigkeit quillt oder sich zusammenzieht, aber es kommt doch sehr auf geschickte Anordnung und saubere Ausführung der Teile an. Die gewöhnliche Bauart eines hölzernen Oberlichtes zeigt Abb. 272. Die

Längs- und Quersülle des Rahmens werden miteinander verzinkt. Unterhalb der Mittelleiste, an der die Fenster mit Charnieren befestigt werden, bringt man beiderseits Traufrinnen an, um das durchsickernde Wasser wieder nach außen abzuleiten.

Abb. 273 zeigt die Ausführung im Querschnitt und gleichzeitig die Verbindung des Oberlichtes mit dem Deck. Die Glasscheiben werden meistens durch eiserne oder messingene Grätinge gegen Beschädigung geschützt. Luken und Kappen werden in verschiedenen Formen und Bauweisen hergestellt, wie aus unseren Abbildungen in Abschnitt I zu ersehen ist.

Abb. 274 zeigt eine Klappluke für eine kleinere Segelyacht. Der Deckel ist mit zwei keilförmigen Klappwänden versehen, die sich auf die Längssülle stellen lassen, so daß bei geschlossenem Deckel zu Ventilationszwecken ein Spalt offen bleiben kann. Auch hier ist unter den Charnieren eine Traufrinne angebracht. Ferner ist im Deckel ein kleines rundes Fenster in Messingrahmen (sog. Bullauge) angeordnet.

In Abb. 275 ist eine gebräuchliche Konstruktion einer Schiebekappe dargestellt, bei der die Führung des Schiebedeckels durch zwei angeschraubte Messingschienen bewirkt wird.

Cockpit.

Bei eingedeckten Segel- und Motorbooten nennt man den mit Sitzgelegenheiten ausgestatteten, nicht eingedeckten Teil, in dem sich die Mannschaft und eventl. die Fahrgäste während der Fahrt aufhalten, das „Cockpit". Häufig wird das Cockpit „wasserdicht" und „selbstlenzend" hergestellt. Dabei liegt dann der Fußboden oberhalb der Schwimmwasserlinie; Fußboden und Seitenwände des Cockpits werden wasserdicht gefugt und kalfatert, und zur Entfernung des von oben in das Cockpit gelangenden Wassers werden beiderseits nach außenbords führende Rohre mit Rückschlagventilen angebracht. Ein wasserdichtes Cockpit darf nicht zu groß sein, damit es seinen Zweck nicht verfehlt. Das in das Cockpit durch überkommende Brecher oder beim Überliegen unter Segeldruck hineingelangende Wasserquantum darf nämlich nicht so groß sein, daß dadurch Stabilität und Schwimmfähigkeit des Bootes gefährdet werden, denn die Abflußröhren können naturgemäß das übergenommene Wasser nur in einer gewissen Zeit wieder entfernen, und je kleiner das Wasserquantum, desto schneller verschwindet es wieder und desto kürzer ist die gefährliche Periode.

In kleinen Booten kann der Einbau von wasserdichten Cockpits dahin führen, daß die Vorteile durch die Unbequemlichkeit der Sitzgelegenheiten usw. wieder aufgewogen werden.

Abb. 276 gibt einen Längsschnitt durch das Cockpit eines kleinen Binnenkreuzers wieder. Es ist nicht wasserdicht, aber

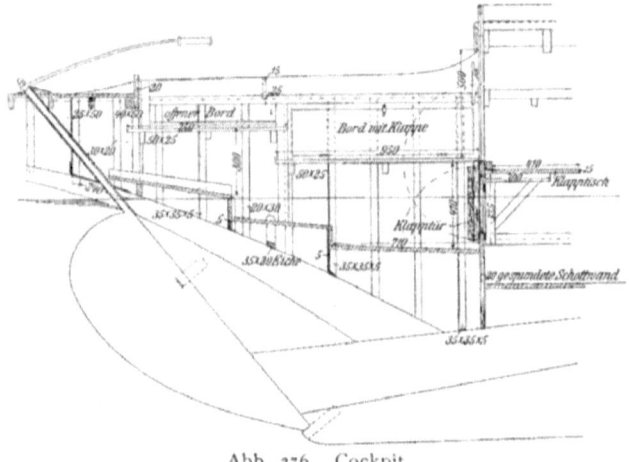

Abb. 276. Cockpit.

bequem und geräumig mit Gelegenheit zum Sitzen und zum Verstauen von Sachen.

Takelung, Mastenzubehör.

Aus den Abbildungen in Abschnitt I sind verschiedene gebräuchliche Takelungsarten von Booten und Yachten zu erkennen. Auch die Durchmesser von Rundhölzern und Tauen sind bei einzelnen Darstellungen angegeben, so daß es danach durch Vergleich möglich ist, auf die im vorliegenden Falle benötigten Materialstärken zu schließen.

Man unterscheidet folgende Takelungsarten:

1. „Sprietsegel", eine bei Fischer- und Lotsenbooten der Ostsee übliche Takelung. Das Segel ist viereckig, am Mast angereiht, und wird durch das „Spriet", eine vom Unterende des Mastes schräg nach der äußeren oberen Ecke des Segels führende Spreize, ausgespannt. Die Boote haben je nach ihrer Größe 1, 2 oder 3 derartig getakelte Masten. In etwas abgeänderter Weise findet man Sprietsegel auch auf schwedischen und dänischen Segelyachten.

2. „Luggersegel", eine bei kleinen, offenen Booten, Kriegsschiffsbooten, Rettungsbooten, Fischerbooten oft angewendete Takelung. Das Segel ist viereckig; sein oberer Rand ist an einer Raa angereiht; der untere wird entweder an einem Baum angereiht oder ohne Baum gefahren. Die Raa wird auf etwa $1/_3$ ihrer Länge vom vorderen Ende am Fall befestigt, so daß die Raa, wenn das Segel gesetzt ist, ziemlich steil nach oben steht (Abb. 13, 16, 19 usw.).

3. „Sliding gunter"-Segel. Diese kommen bei den Gigs der Kriegsmarine (Abb. 25) und bei kleinen Yachten zur Anwendung. Das Segel ist dreieckig; die Raa wird wie eine Stenge senkrecht am Mast gleitend befestigt.

4. „Cat-Takelung". Das Segel ist genau wie das Großsegel der Sloop, Kutter usw. (s. u.) getakelt. Der obere Rand ist an einer Gaffel, der untere an einem Baum angereiht, während der vordere Rand mittels Gleitringen am Mast befestigt ist. Der Mast steht ganz vorn im Boot, und es wird nur ein einziges derartiges Segel gefahren (Abb. 104).

5. „Sloop-Takelung". Diese ist aus der Cat-Takelung durch Hinzufügung eines dreieckigen Fock- oder Stagsegels entstanden. Es ist die gebräuchliche Takelung aller kleineren Segelyachten (Abb. 112 usw.).

6. „Kutter-Takelung", ähnlich wie bei der Sloop, aber meistens erst für größere Yachten gebräuchlich. Statt des einen Vorsegels werden deren drei — Stagfock, Klüver und Flieger gefahren, und das Großsegel kann durch ein Dreikant- oder Vierkant-Topsegel vergrößert werden (Abb. 129).

7. „Yawl-Takelung". Das Fahrzeug erhält 2 Masten, von denen der vordere wie beim Kutter getakelt wird, während der hintere ganz hinten hinter der Ruderpinne steht, klein ist und ein kleines Gaffelsegel trägt.

8. Ketsch-Takelung. Ebenfalls mit zwei Masten, von denen der hintere vor dem Ruder steht und etwas größer als bei der Yawl ist.

9. Schooner-Takelung. Nur bei sehr großen Yachten üblich. Der hintere „Großmast" ist größer als der vordere „Fockmast", ebenso das „Großsegel" größer als das „Schoonersegel". Die Vorsegel sind wie beim Kutter. An beiden Masten können Topsegel gefahren werden.

Rennyachten fahren in der Regel außer den eben erwähnten Segeln noch die „Ballonfock", ein sehr großes dreieckiges Vorsegel, und den „Spinnaker", ein dreieckiges Segel von etwa der Größe des Großsegels, das vor dem Winde an der entgegengesetzten Seite des letzteren gefahren wird, indem die äußere untere Ecke durch den „Spinnakerbaum" ausgespreizt wird (Abb. 129).

Auf dem Gebiete der Mast- und Rundholzbeschläge und des ganzen Takelungszubehörs ist naturgemäß vieles dem persön-

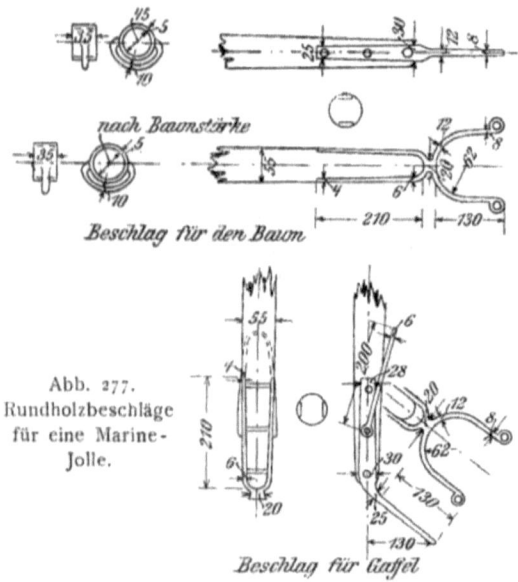

Abb. 277. Rundholzbeschläge für eine Marine-Jolle.

lichen Geschmack und der Erfahrung überlassen. Um dem Leser einen Anhalt für Formen und Abmessungen derartiger Teile zu bieten, bringen wir in den folgenden Abbildungen ausgeführte Konstruktionen.

In Abb. 263 waren schon die Einzelheiten eines Klappmastes für einen kleinen Binnenkreuzer von 6 m Wasserlinienlänge dargestellt.

Abb. 277 zeigt die Beschläge für Baum und Gaffel einer Marinejolle I. Kl. (vgl. Abb. 28, S. 19), Abb. 278 Rundholzbeschläge und Leitwagen einer Gig I. Kl., Abb. 279 desgl. für eine Pinasse I. Kl., Abb. 280 und die Tabelle S. 175 gibt Formen und Abmessungen der Mastduchtbeschläge für die deutschen Marineboote.

Takelung, Mastenzubehör.   173

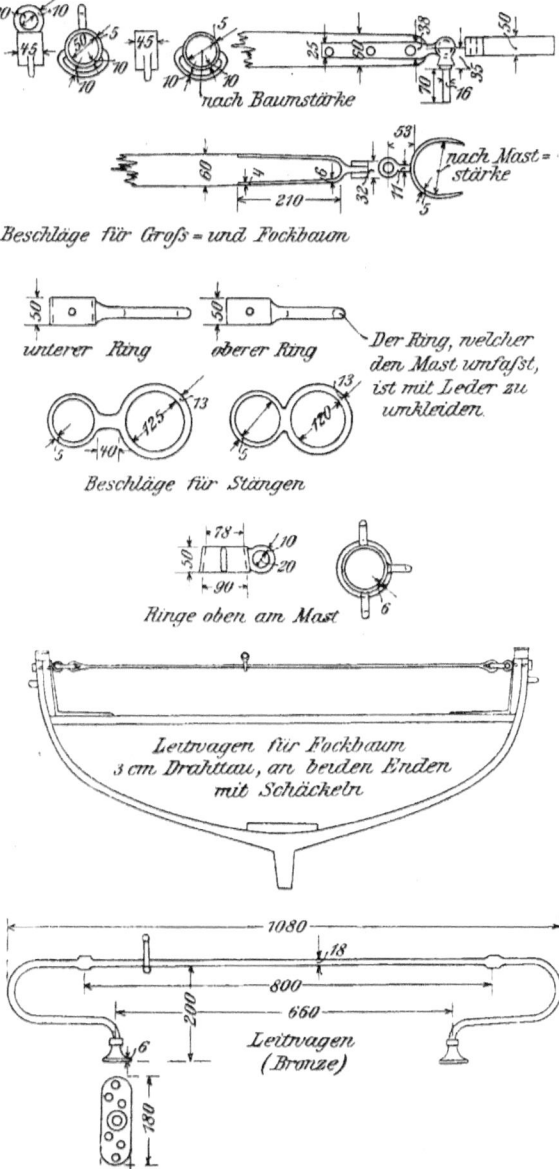

Abb. 278. Rundholzbeschläge für eine Marine-Gig.

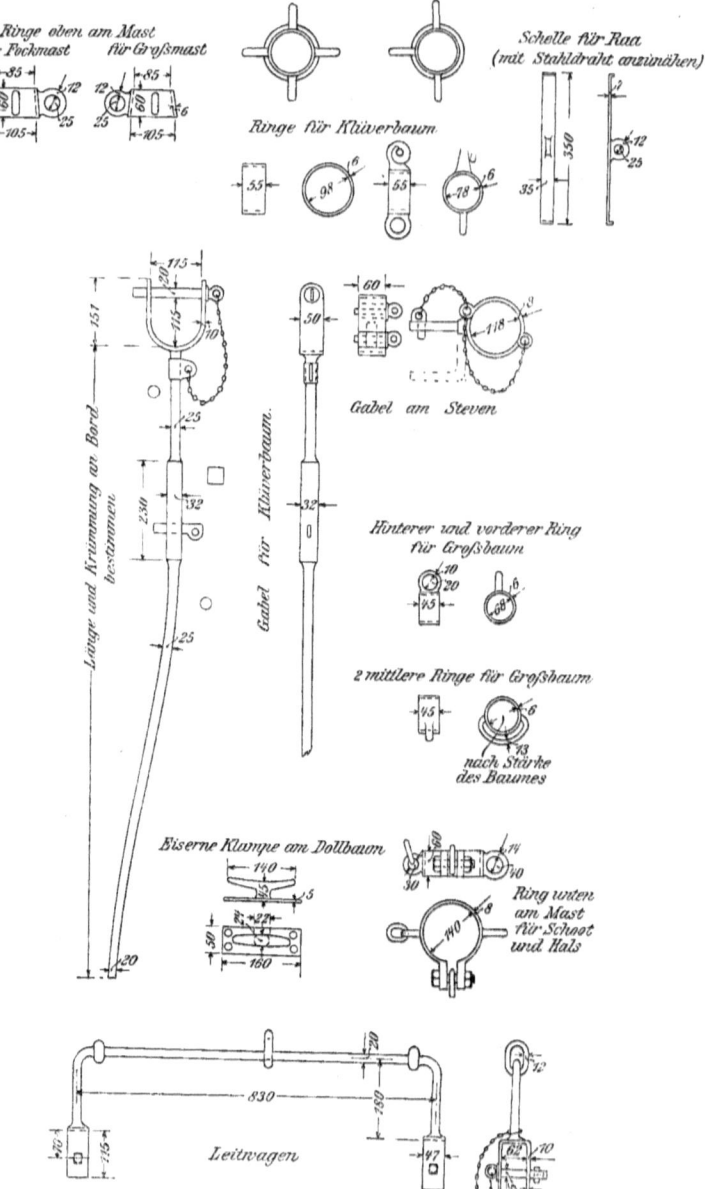

Abb. 279. Rundholzbeschläge für eine Marine-Pinasse.

Takelung, Mastenzubehör.

Abmessungen des Mastducht-Beschlages. (Abb. 280)..

		a	a^1	b	c	d	e	f	g	h	i	k	l	m	n	o	p	q	r	s
Barkasse	0	175	160	10	80	13	17	47	15	45	70	244	40	18	10	14	34	8	7	200
"	I	170	155	10	80	13	17	47	15	45	70	244	40	18	10	14	34	8	7	200
"	II	150	140	10	75	13	17	47	15	45	70	244	40	18	10	14	34	8	7	200
"	III	145	130	10	75	13	17	47	15	45	70	244	40	18	10	14	34	8	7	200
"	IV	140	130	10	70	13	17	47	15	45	70	244	40	18	10	14	34	8	7	200
Pinasse	0	145	145	10	70	13	17	42	14	40	65	225	40	18	10	13	34	8	7	150
"	I	140	140	10	70	13	17	42	14	40	65	225	40	18	10	13	34	8	7	150
"	II	130	130	10	65	13	17	42	14	40	60	225	40	18	10	13	34	8	7	150
Kutter	0	120	115	9	40	12	15	42	13	40	40	232	38	16	8	12	32	7	7	150
"	I	115	110	9	40	12	15	42	13	40	40	232	38	16	8	12	32	7	7	150
"	II	105	100	9	40	12	15	42	13	40	40	232	38	16	8	12	32	7	7	150
"	III	100	100	9	40	12	15	42	13	40	40	232	38	16	8	12	32	7	7	150
"	IV	95	95	9	40	12	15	42	13	40	40	232	38	16	8	12	32	7	7	150
Gig	I	95	95	8	35	11	14	32	12	30	35	144	36	15	8	11	30	6	6	150
"	II	95	95	8	35	11	14	32	12	30	35	134	36	15	8	11	30	6	6	150
Jolle	I	100	—	8	35	11	14	37	12	35	35	184	36	15	8	11	30	6	7	150
"	II	95	—	8	35	11	14	37	12	35	35	184	36	15	8	11	30	6	7	150

a gilt für Großmast, a^1 für Fockmast, die anderen Maße für beide Masten.

Takelungen für Rettungsboote (vgl. Tabelle S. 26).

Bootsgröße	1	2—3	4—5	6—7	8—9	10—11
Mast, ganze Länge	7250	7000	6500	6250	5750	5250
Länge vom Fuß bis zur dicksten Stelle	900	900	900	850	800	520
Masttop-Länge	250	250	250	250	250	250
Durchmesser am Fuß	110	110	105	100	95	85
" an der dicksten Stelle	130	130	120	115	110	100
Durchmesser am Top	90	90	90	80	80	70
Fußzapfen	70	70	70	70	70	60
Raaen, ganze Länge	4500	4500	4000	3750	3000	
Länge von der vorderen Nock bis zum Heißring	1600	1400	1400	1300	1100	
Durchmesser der vorderen Nock	48	45	45	45	40	
Durchmesser der hinteren Nock	80	75	75	70	65	

Takelungen von Rettungsbooten.
Vorschrift des Norddeutschen Lloyd.

Bootsgröße	I	II	III
Länge des Bootes	9,145	7,950	6,705
Breite „ „	2,600	2,060	1,830
Tiefe „ „	1,070	0,900	0,720
Vorderer Mast, Länge	6,500	6,000	6,000
Hinterer „ , „	5,000	4,500	—
Vordere Raa, „	3,800	3,500	3,500
Hintere „ , „	2,500	2,300	—
Baum, „	2,500	2,300	2,300
Groß-Segel	16,4 qm	13,0 qm	13,0 qm
Besahn	6,3 „	5,0 „	—
Fock	4,2 „	3,5 „	—

Abb. 281 ist eine Darstellung einer Patent-Reef-Vorrichtung von Abeking & Rasmussen.

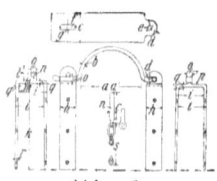

Abb. 280.
Mastducht-Beschlag für Marineboote.

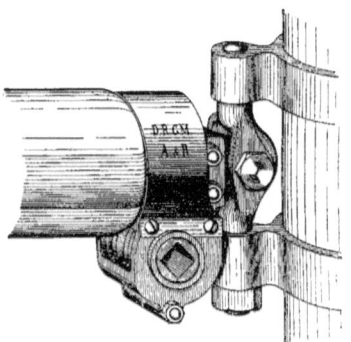

Abb. 281.
Patentreef von Abeking & Rasmussen.

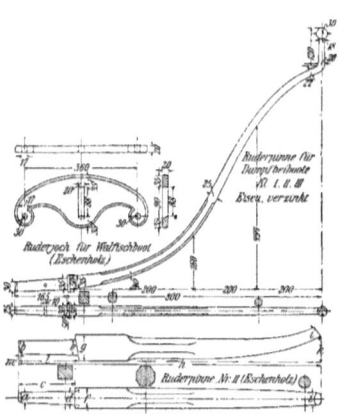

Abb. 282.
Ruderpinnen usw. für Marineboote.

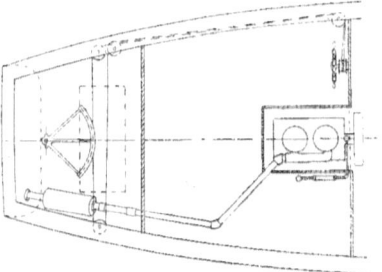

Abb. 283.
Ruderleitung bei einem Motorboot.

Die Hauptabmessungen der auf den Rettungsbooten der großen Passagierdampfer üblichen Takelagen sind in den Tabellen S. 175 und 176 zusammengestellt.

Steuer und Zubehör.

Über die verschiedenen Arten der Steuereinrichtungen auf Booten unterrichten die Abbildungen in Abschnitt I, ebenso über Formen und Größen von Ruderflächen. Kleinere Boote und Segelyachten werden meistens mit der „Pinne" gesteuert. Bei größeren Booten und insbesondere bei Dampf- und Motorbooten wendet man meistens eine der Konstruktion auf großen Schiffen nachgebildete Bauweise mit Handrad und Ketten- oder Seilübertragung auf einen auf der Ruderspindel sitzenden Quadranten an.

Einzelheiten und Abmessungen der Ruderbeschläge für ausgeführte Boote zeigten schon die Abb. 185 bis 200. In Abb. 282 sind die bei Marinebooten üblichen Formen für Ruderpinnen und Ruderjoch dargestellt.

Tabelle für hölzerne Ruderpinnen.

	a	b	c	d	e	f	g	h	i	k	l	m
Barkassen . .	35	40	165	40	50	60	80	800	35	80	180	8
Pinassen . . .	35	40	155	40	45	60	80	800	35	80	170	6
Kutter u. Jollen	30	35	145	35	40	55	70	700	30	75	160	4

Reepleitungen zwischen Handrad und Ruderquadrant müssen so verlegt werden, daß sie gegen Beschädigungen und Witterungseinflüsse geschützt sind; sie müssen aber doch leicht zugänglich sein, damit man sie jederzeit nachsehen und reparieren kann. Sie müssen so über Rollen geführt werden, daß sie möglichst wenig Widerstand bieten und Kraft verbrauchen; sie dürfen ferner nirgends Gelegenheit finden, sich festzuhaken oder festzuklemmen. Der Reck in der Leitung muß durch eine Spannvorrichtung ausgeglichen werden können, damit kein toter Gang vorhanden ist. Abb. 283 zeigt schematisch die Anordnung einer derartigen Steuervorrichtung auf einem Motorboot.

Gewöhnlich wird für den Notfall eine Vorrichtung getroffen, daß beim Versagen und Brechen der Reepsteuerung auch mit einer Pinne gesteuert werden kann. Die Ruderspindel bekommt eine entsprechende Verlängerung nach oben mit einem Vierkantansatz, auf den die Reservepinne aufgesteckt werden kann. (Vgl. Abb. 198, 201.)

Abschnitt II. Der Bau von Booten.

Anker, Ketten, Trossen und Zubehör.

Über Größen, Stärken und Gewichte bei klassifizierten Rennyachten sind Vorschriften vom Germanischen Lloyd erlassen, die als Anhalt auch für andere Boote dienen können.

Poller, Klampen, Klüsen und sonstige Decksbeschläge.

„Poller" sind Beschläge auf Deck, an denen größere Taue, Ankerketten, Landfesten, Schleppleinen und dergl. „belegt" werden können. Sie werden meistens in Gußeisen oder Bronze in verschiedenen Formen fertig gegossen vom Eisenhändler bezogen. Mitunter, namentlich im Vorschiff, wird ein viereckiger Pfosten

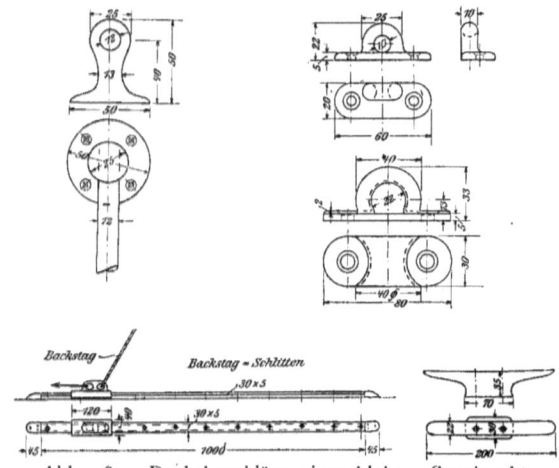

Abb. 284. Decksbeschläge einer kleinen Segelyacht.

aus festem Holz, der im Deck und am Kiel gelagert ist, angebracht. (Vgl. Abb. 177 ff.)

„Klampen" sind für leichteres Tauwerk bestimmt, werden ebenfalls in Holz, Eisen oder Metall ausgeführt und haben sehr verschiedene Formen. „Klüsen" dienen zur Führung von Tauen oder Ketten an einer bestimmten Stelle. Je nach ihrem Zweck sind sie entweder ringförmig geschlossen oder offen, so daß man das betr. Tau von oben hineinlegen kann. Letztere Form kommt namentlich für Bug und Heck zur Anwendung, um die Haltetaue oder Landfesten darin zu lagern. Gewöhnlich gehört zu jedem Poller oder jeder Klampe auch eine Klüse. Die Entfernung zwischen beiden darf nicht zu klein sein, damit Platz zum Anholen und Bedienen der Taue ist.

Abb. 284 zeigt noch einige andere Beschläge, wie sie bei einer kleineren Segelyacht zur Anwendung kommen. Besondere Sorgfalt ist auf die Befestigung der Beschläge am Holz zu verwenden. Kleinere Gegenstände, die keiner besonderen Beanspruchung ausgesetzt sind, können einfach mit gewöhnlichen Holzschrauben angeschraubt werden. Wird aber Widerstandsfähigkeit gegen größeren Zug oder Druck verlangt, so empfiehlt es sich, sogen. „Durchbolzen", die an der einen Seite mit Mutter und Unterlegscheibe versehen sind, anzuwenden.

Innere Einrichtung, Möbel.

Über Einteilung der Möbel und ihre üblichen Größen findet man das Nötige in unsern Abbildungen in Abschnitt I. Abmessungen von Möbeln s. S. 288. Selbstverständlich lassen sich darin noch zahllose Variationen ausführen.

Sehr viel Wert wird heutzutage auf die Ausstattung der Kajütsräume gelegt, und es sei an dieser Stelle energisch vor Überschreitungen in dieser Beziehung gewarnt. Auf Booten haben reiche Polsterungen, Vorhänge, Furniere, Intarsien u. dergl. keinen Zweck. Unter dem Einfluß der Feuchtigkeit und der Erschütterungen sowie durch den nicht immer vorsichtigen Gebrauch leiden die Sachen unvermeidlich und werden bald unansehnlich. Sollen gar Seefahrten mit dem Fahrzeug gemacht werden, so ist dringend zu möglichster Einfachheit zu raten. Denn bei der ersten kräftigen Brise ist meistens doch alles durcheinandergebracht und durchgeweicht. Mit Werftmitteln und durch gute Auswahl der Hölzer und sonstigen Materialien läßt sich eine gediegene, einfache, aber praktische und gemütliche Einrichtung schaffen, die auch Strapazen aushält. Vor allem ist dafür zu sorgen, daß Luft und Licht überall hinkommen können, daß keine Ecken und Winkel entstehen, in denen sich Feuchtigkeit sammelt und aus denen sie schlecht entfernt werden kann. Ferner wähle man einfache glatte Formen ohne viele Schnörkel und vorspringende Leisten, Säulchen usw. Je weniger Arbeit das Reinigen macht, desto sorgfältiger wird es ausgeführt, und desto länger bleibt der Glanz der Neuheit erhalten.

Von Wichtigkeit ist die gute Ausführung der gepolsterten Sitze und Schlafgelegenheiten. Sitze bedürfen einer ziemlich harten Polsterung und fester Sprungfedern, während das Schlafen auf derartigen Polsterungen bei länger dauernden Fahrten nicht sehr erquickend ist.

Man hat daher besondere Einrichtungen getroffen, um unter möglichst vollkommener Platzausnützung Sitzgelegenheiten zu schaffen, die sowohl bei Tage wie bei Nacht allen Ansprüchen genügen.

Abb. 285 stellt zwei Ausführungsformen der „Mengha"-Kojen dar. Hierbei sind die Sitze oder die Lehne mit doppelseitiger Federung versehen, nach der Sitz- bezw. Lehnseite mit starker, nach der Liegeseite mit weicher Federung. Die Sitzkante ist durch besondere Federn versteift. Zur Herstellung des Schlaflagers wird

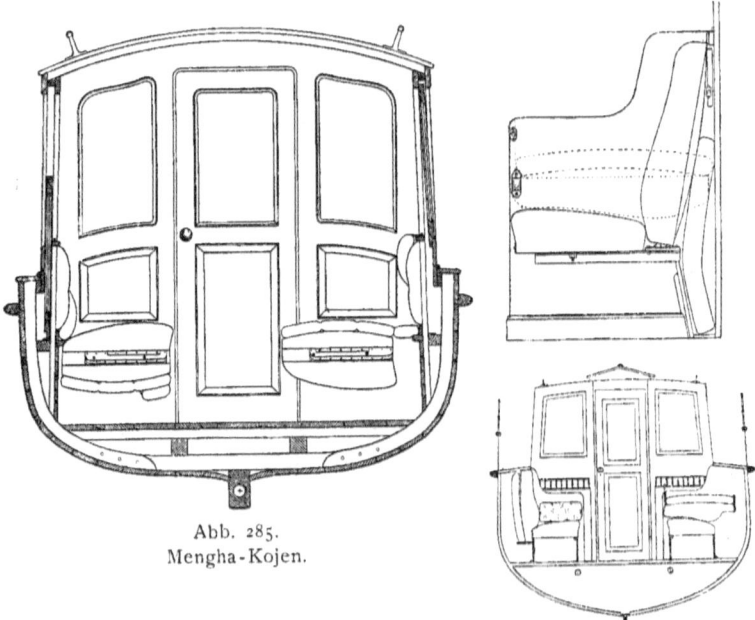

Abb. 285.
Mengha-Kojen.

bei der einen Ausführung der Sofasitz um seine Längsachse gedreht und gleichzeitig gegen die Bootsmitte vorgerückt, so daß eine breite Liegefläche entsteht. Die Auflegematratze ist am Sitz festgeschnallt. Bei der andern Ausführung ist die Rückenlehne herunterklappbar und mit einem Schlingerbrett versehen. Im aufgeklappten Zustande verschwinden in diesem Falle Schlingerbrett und Roßhaarmatratze hinter der Rücklehne.

Wasch- und Klosetteinrichtungen.

Die Wasch- und Klosetteinrichtungen sind auf Tourenfahrzeugen sehr erwünscht. Gewöhnlich ist aber der Platz für ihre

Wasch- und Klosetteinrichtungen.

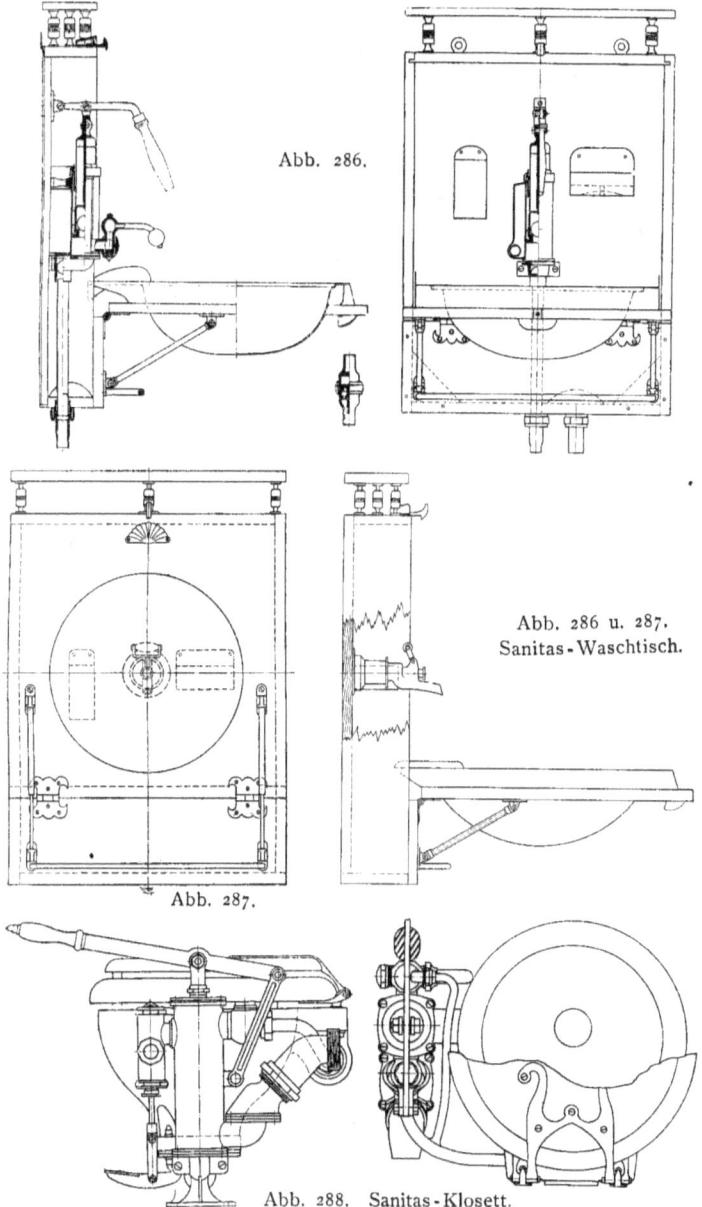

Abb. 286.

Abb. 286 u. 287.
Sanitas-Waschtisch.

Abb. 287.

Abb. 288. Sanitas-Klosett.

Unterbringung sehr beschränkt. Wir bringen in unseren Abb. 286 bis 288 die Konstruktionen von Yachtwaschtischen und Pumpklosetts der Sanitas-A.-G. in Hamburg. Besonderer Wert ist bei ihrer Montage darauf zu legen, daß die zugehörigen Rohrleitungen nicht leicht beschädigt werden können, daß sie aber jederzeit für Revision und Reparatur zugänglich sind. Im übrigen muß jedem Besitzer einer Yacht dringend geraten werden, von Anfang an auf äußerste Sauberkeit dieser Einrichtungen zu halten, da sie sonst eine Quelle ewigen Verdrusses werden können.

Sonstige Einrichtungs- und Ausrüstungsgegenstände.

Es kann nicht unsere Aufgabe sein, hier bis ins einzelne über die zahlreichen Gegenstände zu reden, die in sehr verschiedener

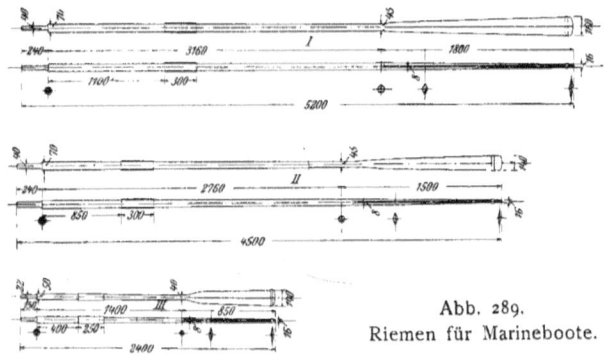

Abb. 289.
Riemen für Marineboote.

Ausführung zum Inventar eines Bootes rechnen. Diese Gegenstände gehören schon mehr unter „Seemannschaft", und der Leser findet Näheres darüber in Büchern wie:

„Muchall Viebrook, Seglers Handbuch".

„Yachtbau und Yachtsegeln".

„Motorboote und Bootsmotoren".

„M. H. Bauer, Das Motorboot und seine Behandlung".

Wir beschränken uns hier auf ein Beispiel, nämlich eine Zusammenstellung der Ausrüstungsteile für ein Rettungsboot unter Berücksichtigung der Vorschriften der See-Berufsgenossenschaft sowie auf einige Ausführungen über „Riemen und Skulls", das wichtigste Zubehör der Ruderboote. Die üblichen Abmessungen und Formen der Riemen einiger Marineboote sind in Abb. 289 wiedergegeben.

Ausrüstung für Rettungsboote (vgl. Tab. S. 26).

1 Ruder

1 verzinkte eiserne Pinne, den Kopf des Ruders umfassend, Länge = 1,1 m.

1 1/2 Satz Rudergabeln oder Szepter aus schmiedbarem Eisenguß, Schaftdurchmesser = 16 mm, am untern Ende eine verzinkte eiserne Kette mit Knebel.

Bootsgröße....	1—3	4—9	10—11
Anzahl der Gabeln .	18	16	13

Buchsen für Rudergabeln 260 mm hinter Hinterkante Ducht, außerdem eine an Backbord neben dem Hintersteven.

1 Paar Korkfender aus Segeltuch Nr. 0

Bootsgröße ...	1—5	6—9	10—11
Durchm. d. Fenders	180 mm	160 mm	140 mm

mit trockenen reinen Korkabfällen vollgestopft, so fest, daß die Reihleine keine Einschnürung verursachen kann. Als Reihleine dient zwölfgarnige Manilaleine.

1 Paar Greifleinen aus zwölfgarniger Manilaleine, über dem Fender befestigt und in ca. 1200 mm langen und 150 mm tiefen Buchten durchhängend.

1 Kompaß in einem Kasten von 500 × 250 × 320 mm lichten Maßen unter der hintersten Ducht.

1 Feuerwerksdose aus Weißblech, 430 mm lang, 105 mm Durchmesser, in einem Holzkasten unter der Ducht.

Riemen, 1 für jede Ruderducht und 2 Reserveriemen.

Bootsgröße ...	1—3	4—6	7—8	9—10	11
Anzahl der Riemen	8	1	7	1	7	1	6	6
Länge in Fuß ..	16	14	16	14	15	13	14	13

aus Eschenholz, das Blatt mit einem 25 mm breiten Kupferblechstreifen 50 mm vom untern Rande beschlagen.

1 Bootshaken, 3,5 m lang, 40 mm Durchmesser, eiserner verzinkter Haken.

1 Fangleine, 46 m lang, vierschäftige geteerte Hanftrosse von 3 1/2" Umfang, mit Schäkel am vorderen Ringbolzen befestigt.

1 Oesfaß aus Erlenholz.

1 Schöpfeimer, 30 cm hoch, aus verzinktem Eisenblech, mit verzinkter Kette am Boot befestigt.

2 Ölbeutel aus Ravenstuch Nr. 0***, 300 × 300 mm, mit Werg gefüllt, mit 5,5 m langer neungarniger Logleine daran.

1 Öltank, 5,75 l Inhalt, 380 × 180 × 120, aus verbleitem Eisenblech, mit Füllschraube und Zapfhahn, unter der vorderen Ducht befestigt.

1 Brottank, 85 l.

1 Bootslaterne für 9 Stunden Brenndauer.

2 Wasserfässer aus Eichenholz mit verzinkten Eisenbändern, von ovaler Form, zusammen 60 l Inhalt, mit Pumpe und Spund, auf hölzernen Klampen am Fußboden festgezurrt.

2 Bootsbeile, hinten und vorn im Boot festgebunden.

1 Ölkanne für Lampenöl.

1 Treibanker mit 30 m Leine, unter der vordersten Ducht.

1 Flasche Rum oder Kognak.

Masten, Raaen, Segel und Takelage.
 Segel und Raaen in einem wasserdichten Bezug. Fallen, Halstaue und Schooten aus Hanf, ungeteert.

Pflöcke für Wasserablaßlöcher, wenn nicht automatisch schließende Entwässerungsventile angebracht sind.

Beiholer-Taue von 4 m Länge an der 2. und 5. Ducht.

Segeltuchsäcke für Proviant.

1 Segeltuchsack, 400 × 200 mm, enthaltend Segelhandschuh, Nadeln, Garn, Marlleine, Marlspieker, Feuerzeug, kleine Flasche mit Terpentingeist.

Korkjacken.

Riemen und Skulls für Sportboote.
(Nach einem Beitrag von E. Praetzel und H. Bormann.)

Das für Sportzwecke benutzte Ruder hat sich der verfeinerten Form der Boote, insbesondere der Rennboote, angepaßt. Da bei der heutigen Konstruktion der Rennboote und bei dem hohen Stande der Rudertechnik jedes Kilogramm unnützen Gewichtes im Rennen einen zeitlichen Nachteil, wenn auch nur von Bruchteilen einer Sekunde, bedeutet, so mußten die Riemenmacher ebenfalls darauf bedacht sein, möglichst leichte Riemen und Skulls herzustellen, ohne dabei die Festigkeit zu verringern. Gleichzeitig wurde die Form des Blattes und des Schaftes dem vorliegenden

Bedürfnis entsprechend gestaltet. Das Blatt wurde dünn, hohl und löffelförmig mit Mittelrippe gemacht; dadurch erhielt es eine das Wasser gut fassende Form bei möglichst geringem Materialaufwand. Der Schaft erhielt den gegen Biegung festen ovalen Querschnitt und im Drehpunkt den das „Kippen" oder Flachdrehen der Riemen erleichternden kantigen Querschnitt. Dann aber ging man dazu über, die Riemen noch leichter zu machen. Man machte den Schaft entweder hohl oder arbeitete ihn mit Rippen. Dadurch erzielte man drei Vorteile: 1. Das Gewicht des einzelnen Riemens verringerte sich um etwa 1 kg, was für einen Achter z. B. die schon sehr beträchtliche Gewichtsersparnis von 8 kg bedeutet. Die Ersparnis an Arbeitsleistung über die Rennstrecke von 2000 m, bei der etwa 220 Schläge gemacht werden, ist hiernach leicht zu berechnen. 2. Die Durchbiegung des Riemens

Abb. 290. Riemen für Sportboote.

vermindert sich. Dadurch ist ein schärferer Einsatz und eine bessere Ausnutzung der Körperkraft möglich, da der Ruderer im Wasser schneller vollen Widerstand findet als bei einem weicheren Riemen, der erst bei einer gewissen Durchbiegung vollen Halt gewährt. Nach angestellten Versuchen ist es aber nicht vorteilhaft, die Riemen vollständig steif zu machen, eine gewisse Federung muß beim Einsatz vorhanden sein. 3. Das Gleichgewicht zwischen Innen- und Außenhebel wird verbessert. Es braucht auf den Innenhebel 0,5 kg weniger Druck ausgeübt zu werden.

Gekehlte Riemen haben zwar auch den Vorteil der Gewichtsersparnis, doch sind sie nicht so fest wie hohle Riemen, weil sie bei der Durchbiegung der Verdrehung nicht genügend Widerstand leisten können.

Die Herstellung der Hohlriemen erfolgt in der Weise, daß der Schaft aufgeschnitten und nach der Aushöhlung mit einer besonderen Art von Leim wieder zusammengeleimt wird. (Abb. 290.)

(Näheres s. in „Die Yacht". Jahrgang IV, Nr. 15 und 16.)

186 Abschnitt II. Der Bau von Booten.

c) Materialstärken ausgeführter Boote.

Materialstärken der deutschen Marine-Dampfbeiboote (vgl. Tabelle S. 5).

Bauteile	Material	Dampfbeiboot			
		A	I	II	III
Kiel: Ganze Höhe	Eiche	Nach Zeichnung			
Höhe außen		„	„		
Dicke an Oberkante		200	150	140	140
„ am Wellendurchgang		240	180	170	170
„ außen		90	85	80	80
„ unten		80	70	65	60
Vorsteven: Ganze Breite oben	„	200	160	150	140
Breite außen		100	100	90	80
Dicke innen		130	125	120	120
„ außen		90	80	75	75
„ vorn		30	25	25	25
Hintersteven: Breite unten	„	180	170	165	160
„ oben		130	115	110	105
Dicke		80	75	70	65
Spiegel: Dicke	„	50	45	45	40
Grat im Spiegel tief		10	10	10	10
Bodenwrangen: Breite	Eiche oder Esche	40	—	—	—
von Kimm zu Dicke am Kiel		65	—	—	—
Kimm, 800 mm „ an den Abstand Enden		50	—	—	—
Spanten, eingebogen, 400 mm Abstand		40×25	40×25	40×25	40×25
Duchten, hinten, längsschiffs und vorn	„ Teak	330×25	330×25	330×25	330×25
hinten		400×25	400×25	400×25	400×25
Dollbord	Eiche oder Esche	110×70×52	80×50	70×48	65×45
Schandeckel	„	50×70×90	60×55	60×55	60×50

Bauteile	Material	Dampfbeiboot A	I	II	III
Scheuerleiste	Eiche oder Esche	110×50×100	95×50	90×45	85×40
Kessellager, Dicke	Eiche	100	90	85	80
Belag auf dem Kessellager	„	—	20	20	20
Bodenwegerung	Kiefer oder Zypresse	15	15	15	15
Fußboden, hinten	„	20	20	20	20
Ruder	Eiche				
Maschinenlager	Eiche oder Teak	Eiche, bei Kl. A: Bronze nach Zeichnung			
Querschotte und Setzbord	Kiefer oder Zypresse	—	12	12	12
Beplankung, Dicke innen	Eichen, Wagenschott	10	10	9	9
„ außen		12	10	9	9
Breite innen		ca. 200	200	200	200
„ außen		„ 100	100	100	100
Deck	Kiefer oder Zypresse	30	25	25	25
Deckstringer	Eiche	75×120	45×105	45×100	40×95
Deckleiste für Setzbord	Esche	—	45×30	45×30	45×30
Reihleiste	„	—	25×20	25×20	25×20
Seiten-Decksbalken	Kiefer oder Zypresse	45×40	40×30	40×30	40×30
Durchgehende Decksbalken	„	80×60	60×50	60×50	60×50
Kohlenbunker-Querschotte	„	—	25	25	25
„ Längsschotte	Stahl verzinkt	1,5	1,5	1,5	1,5
Wasserdichte Querschotte	„	2	2	2	2
Vorstevenschiene	Eisen verzinkt	10	10	10	10

Abschnitt II. Der Bau von Booten.

Materialstärken der deut-

Bauteile	Material	Barkasse					Pinasse		
		o	I	II	III	IV	o	I	II
Kiel: Ganze Höhe	Eiche	200	190	180	180	180	180	170	170
Höhe außerhalb der Sponung		140	130	120	120	120	120	110	110
Dicke innen		150	150	140	130	130	130	130	130
„ an Außenkante Sponung		95	95	90	85	85	80	75	70
„ an Unterkante		80	80	70	60	60	70	65	60
Vorsteven: Ganze Breite am Dollbord	Eiche	200	190	180	170	170	185	180	180
Breite außerhalb der Sponung		140	130	120	110	110	120	110	110
Dicke innen		150	150	140	130	130	130	130	130
„ an Außenkante Sponung		95	95	90	80	80	80	75	70
„ vorn		50	45	40	35	35	35	35	30
Hintersteven: Breite auf dem Kiel	Eiche	300	290	285	280	280	270	260	260
Breite oben einschl. Spiegel .		160	150	140	130	120	120	120	120
Dicke innen		105	100	95	90	90	90	90	90
Spiegel: Dicke	Eiche	80	80	70	60	60	60	60	55
Grat im Spiegel tief		15	15	12	12	12	10	10	10
Beplankung: Art		Diagonal[1]					Diagonal[1]		
Dicke der inneren Lage . . .	Eichen[2]	10	10	10	10	10	10	9	9
„ „ äußeren „ . . .	Wagenschott	12	12	12	11	10	10	10	9
Anzahl d. Gänge an jeder Seite		—	—	—	—	—	—	—	—
Bodenwrangen: Mallbreite in der Kimm	Eiche	40	40	40	35	35	35	35	35
Mallbreite am Kiel	oder	75	70	65	60	55	55	55	50
Dicke	Esche	65	60	55	50	50	50	50	45
Innenhölzer[3]: Mallbreite		—	—	—	—	—	—	—	—
Dicke		—	—	—	—	—	—	—	—
Entfernung ungefähr		—	—	—	—	—	—	—	—
Kielschwein: Dicke	Esche[4]	40	40	40	40	40	40	40	40
Breite in der Mitte		350	330	320	310	310	300	300	250

schen Marine-Ruderboote.

Kutter					Gig		Jolle		Dingi	Wal-fisch boot	Torpedoboots-Beiboot	Bemerkungen
0	I	II	III	IV	I	II	I	II				
160	160	150	140	140	140	140	120	120	85	90	65	Alle Maße mm.
120	120	110	105	105	105	105	85	85	65	65	37	
105	105	105	100	100	95	95	90	90	65	90	65	
65	65	65	60	60	55	55	50	50	35	50	37	
55	55	55	50	50	45	45	40	40	25	40	27	
165	165	155	145	145	140	140	120	120	90	90	65	
115	115	105	100	100	100	100	85	85	55	60	35	
105	105	105	100	100	95	95	90	90	65	90	50	
65	65	65	60	60	55	55	50	50	37	50	35	
30	30	30	25	25	25	25	25	25	20	20	17	
260	260	260	250	250	230	230	200	200	140	—	110	Beim Walfischboot sind die Maße des Hinterstevens gleich denen des Vorstevens.
120	120	120	120	120	140	140	100	100	65	90	70	
85	85	85	80	80	80	80	80	80	55	90	50	
50	50	50	45	45	—	—	45	45	25	Diagonal[1] 6	Diagonal[1] 4[1]	1) Walfischboote, welche als Arbeitsboote dienen, sind diagonal aus Eichenwagenschott, die als Gigs dienenden krawel aus Zypresse zu bauen.
10	10	10	10	10	—	—	10	10	8			
		Krawel			Krawel		Krawel				Krawel	
15	15	15	13	13	13	12	12	12	11	6[1] 12[1]	5[1]	2) Bei Kuttern, Gigs, Jollen, Dingis und Walfischbooten, die als Gigs dienen, Zypresse; nur der Kiel und obere Gang Eichenwagenschott.
13	12	12	11	11	12	11	10	10	9	11[2] 16[1]		
20	20	20	18	18	16	15	15	15	10	25[1] 16[7]		3) Eingebogen, abgerundet.
35	35	30	30	30	30	30	25	25	20	25[2] D. Kr.		
200	200	200	200	200	200	200	200	200	200	300 200		
35	35	35	35	35	30	30	25	25	20	30	10	4) Beim Walfischboot und Torpedoboots-Beiboot Zypresse.
300	290	280	280	240	260	260	250	250	200	130	350	

Abschnitt II. Der Bau von Booten.

Bauteile	Material	Barkasse					Pinasse		
		0	I	II	III	IV	0	I	II
Remmleisten[1]:	Esche[1]	120×25	120×25	120×25	120×25	120×25	110×25	105×25	100×20
Dollbord[2]	Eiche	100×85	100×80	100×75	90×70	90×65	90×70	90×65	85×65
Schandeckel[3]	Eiche	110×35	105×35	100×35	95×35	85×35	90×15	85×15	85×15
Setzbord[4]: Höhe in der Mitte .	Eiche oder Esche	—	—	—	—	—	190×30	190×30	190×30
Scheuerleiste[5]	Eiche oder Esche	100×50	100×50	100×50	100×50	100×50	60×50	60×50	60×50
Duchtenweger	Eiche[6]	150×45	140×40	130×40	130×40	130×40	120×40	120×40	120×40
Ruderduchten	Esche[6]	200×50	200×50	200×50	200×50	200×50	200×50	200×50	200×50
Mastenduchten	Esche	225×70	225×70	225×70	225×70	225×70	225×65	225×65	225×60
Lehnbrett[7]	Mahagoni oder Teak	—	—	—	—	—	—	—	—
Ruder: Größte Breite	Eiche	600	580	520	520	520	540	520	520
Loskiel	Kiefern	—	—	—	—	—	—	—	—
Beschläge: Verbindungsstücke am Vor- und Hintersteven . . .	Eisen verzinkt	200×9	200×8	200×8	200×8	200×8	200×8	200×8	200×8
Vorstevenschiene (stark abgerundet!)	„	15	15	15	15	15	15	15	15
Hinterstevenschiene, Dicke im Kropf	„	15	15	12	10	10	15	12	10
„ an den Enden . . .	„	8	8	8	6	6	8	8	6
Duchtenknice, Breite	„[9]	—	—	—	—	—	—	—	—
Dicke im Kropf	„	—	—	—	—	—	—	—	—
„ an den Enden	„	—	—	—	—	—	—	—	—
Mastenduchten'-Beschläge . . .	„[9]	—	—	—	—	—	40×8	40×8	40×8
Verkleidung der Luftkasten . .	Cypresse	—	—	—	—	—	—	—	—
Luftkasten	Messingblech	—	—	—	—	—	—	—	—

Materialstärken der deutschen Marine-Ruderboote.

Kutter 0	Kutter I	Kutter II	Kutter III	Kutter IV	Gig I	Gig II	Jolle I	Jolle II	Dingi	Walfischboot	Torpedoboots-Beiboot	Bemerkungen
90 × 15	90 × 15	90 × 15	90 × 15	90 × 15	80 × 12	80 × 12	80 × 15	80 × 15	70 × 12	50 × 10	50 × 10	1) Bei Gigs weiß bleibendes Holz.
55 × 60	55 × 60	55 × 60	50 × 55	50 × 55	40 × 35	35 × 35	50 × 55	50 × 55	30 × 35	35 × 45	25 × 27	2) Bei Gigs mit Hohlkehle.
—	—	—	—	—	45 × 15	45 × 15	—	—	45 × 12	54 × 10	36 × 10	3) Bei Gigs Esche, abzurunden.
150 × 25	140 × 25	140 × 25	140 × 25	140 × 25	160 × 13	160 × 13	140 × 20	140 × 20	—	—	—	4) Bei Gigs losnehmbar.
50 × 35	50 × 35	50 × 30	50 × 30	50 × 30	25 × 25	25 × 25	40 × 30	40 × 30	25 × 15	25 × 25	15 × 20	5) Die Scheuerleiste ist stark abzurunden.
90 × 25	90 × 25	90 × 25	80 × 25	80 × 25	70 × 25	70 × 25	80 × 25	70 × 25	50 × 20	65 × 20	—	6) Beim Walfischboot und Torpedoboots-Beiboot Zypresse.
200 × 35	200 × 35	200 × 35	200 × 30	200 × 30	180 × 25	180 × 25	180 × 25	180 × 25	180 × 20	200 × 30	160 × 18	Bei Walfischbooten vordere und hintere Ducht 285.
225 × 40	225 × 40	225 × 40	225 × 40	225 × 40	210 × 35	210 × 35	205 × 35	205 × 35	—	210 × 35	—	
30	30	30	30	30	25	25	—	—	—	25	—	7) Poliert.
520	520	520	500	500	400	390	400	390	300	500	290	
—	—	—	—	—	250 × 45	250 × 45	—	—	—	—	—	
180 × 8	180 × 8	180 × 8	180 × 8	180 × 8	180 × 7	180 × 7	170 × 6	160 × 6	100 × 3	160 × 5	100 × 3	
12	12	12	11	11	10	10	9	9	8	4 [8]	3 [8]	8) Flacheisen.
8/3	8/3	8/3	8/3	8/3	6/3	6/3	6/3	6/3	6/3	4/3	3/3	Läuft unten flach in den Kiel aus.
40/9/6/40×7	40/9/6/40×7	40/9/6/40×7	40/9/6/40×7	40/9/6/40×7	35/8/5/30×6	35/8/5/30×6	35/8/5/35×6	35/8/5/35×6	30/7/4/—	30/7/5/35×6	—	9) Bei Gigs und Walfischbooten, die als Gigs gefahren werden, Bronze.
—	—	—	—	—	—	—	—	—	—	10; 0,5	—; 1	

Abschnitt II. Der Bau von Booten.

Materialstärken von hölzernen Rettungsbooten, vgl. Tabelle auf S. 26.

Bauteile	Material	Bootsgrößen 1—3	4—6	7—9	10—11
Kiel: Ganze Höhe	Eiche	150	140	130	120
Höhe außen		100	95	90	85
Dicke innen	"	100	95	90	85
„ außen		70	70	70	60
„ unten		60	60	60	50
Vorsteven: Ganze Breite oben	"	140	125	110	100
Breite außen		90	80	70	70
Dicke innen		70	70	70	60
„ außen		65	65	65	60
„ vorn		38	35	32	28
Hintersteven: Breite unten	"	175	150	130	120
Breite oben		140	125	110	100
Dicke innen		70	70	70	60
„ hinten		40	40	40	40
Außenhaut: innere Lage	Eichen-Wagenschott,	9	8	7	7
äußere Lage	diagonal	9	9	8	7
Plankenbreite		ca. 200	200	200	180
Vernietung	Kupfer	2,8	2,8	2,8	2,8
Bodenwrangen: Dicke	Eiche	35	35	35	35
in 500 mm Abstand Höhe in der Kimm		25	22	20	20
„ am Kiel		35	32	30	28
Spanten in ca. 500 mm Abstand	"	35×25	35×22	35×20	35×20
Remmleisten (auf die Spanten geschraubt)	Kiefer	100×25	90×25	90×25	70×25
Dollbord	Eiche	65×50	65×45	65×40	60×35
Schandeckel	"	82×12	82×12	80×12	75×12
Scheuerleiste	"	40×25	40×25	40×25	35×25
Ruderduchten	Kiefer	225×35	225×35	225×35	200×30
Pflichtduchten	Eiche	160×40	160×40	160×40	140×35
Mastduchten		280×40	280×40	280×35	250×35
Pflichten	"	20	20	20	18

Bauteile		Material	Bootsgrößen			
			1—3	4—6	7—9	10—11
Fußboden		Kiefer	18	18	18	16
Querschotte .		"	20	20	20	20
Längsschotte	bei Luftkasten	Eiche	10	10	10	10
Deckel . . .		Kiefer	15	15	15	15
Fußleisten		Eiche	60 × 60	60 × 60	55 × 55	50 × 50
Ruder		"	30	30	30	25
Luftkasten		Messing	0,7	0,7	0,7	0,7
Heißstangen-Durchmesser	.	Eisen verz.	30	28	25	22
Zugstange n. d. Steven . . .		"	25	22	20	18
Heißhaken-Durchmesser . .		"	40	37	35	32
Duchtenstreben		"	30 × 10	30 × 10	28 × 8	25 × 8
Stevenband		"	4	4	4	4

3. Einrichtungen einer Bootswerft.

Bootsbau wird in Deutschland mit Ausnahme einiger großer Werften (Kaiserliche Werften, Germania-Werft, Neptun-Werft, Howaldtswerke) von kleinen Bootsbauereien und Yachtwerften — häufig mit sehr geringem Kapital und primitiven Hilfsmitteln — betrieben. Daß auch zahlreiche Amateure sich in der Bootsbaukunst praktisch versuchen, sei ebenfalls erwähnt. In den übrigen Ländern liegen die Verhältnisse ähnlich.

Ein Überfluß an wirklich tüchtigen Handwerkern für den Bootsbau ist z. Zt. nicht vorhanden. Die meisten Bootswerften haben ihren festen, ortsansässigen Arbeiterstamm. Dadurch, daß die Leute auf die Einrichtungen ihrer Werft eingearbeitet sind, ist es möglich, vorzügliche Arbeiten herauszubringen.

In den letzten Jahren haben sich die Bootsbauereien entsprechend dem steigenden allgemeinen Interesse sehr entwickelt. Neue Firmen sind gegründet, größere Kapitalien zur Verfügung gestellt und bessere Einrichtungen und Maschinen beschafft worden.

Bezüglich Gediegenheit der Ausführung braucht Deutschland die Konkurrenz des Auslandes, besonders von England, Frankreich, der Schweiz, Österreich, Schweden, Norwegen, Dänemark, Amerika, in denen der Bootsbau in hoher Blüte steht, nicht zu fürchten. Wenn trotzdem immer noch eine Anzahl von Aufträgen ins Ausland gehen, so hat das seinen Grund einerseits in dem Weltruf gewisser ausländischer Firmen, wie z. B. in England und

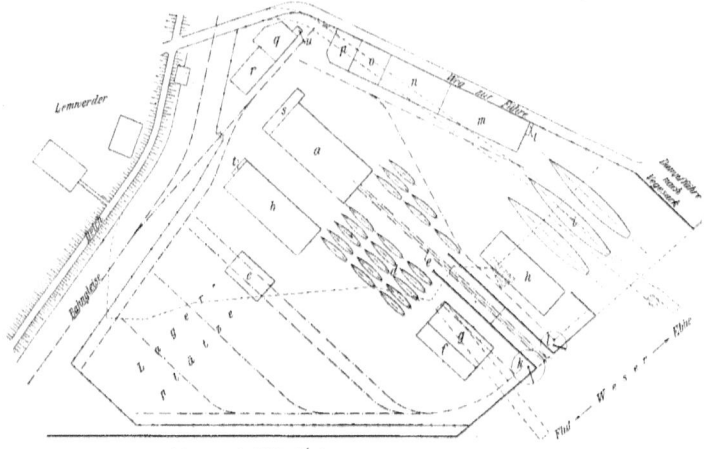

a Bauhalle für Yachten.
b Tischlerei und Bauhalle für Sportboote.
c Sägerei.
d Überwinterungsplätze für mittlere Yachten.
e Patent-Slip.
f Inventarkammer und Malerei.
g Überwinterungshalle für kleine Yachten.
h Überwinterungshalle für große Yachten mit Inventarkammer, Taklerboden und Segelkammer.
i Helgen für große Yachten.
k Ausrüstungskran.
l Verladekran.
m Schiffbau-Maschinenhalle.
n Schmiede und Gießerei.
o Kraftzentrale.
p Kohlenbunker.
q Büro.
r Speise- und Wärmhalle.
s Magazin.
t Aborte.
u Portier.

Abb. 291. Boots- und Yachtwerft von Abeking & Rasmussen in Lemwerder a. d. Weser.

Amerika, andererseits in dem durch billiges Holz und niedrige Arbeitslöhne ermöglichten niedrigen Lieferungspreise, z. B. in Norwegen.

Als Beispiel einer modernen Bootswerft bringen wir in Abb. 291 den Dispositionsplan der Boots- und Yachtwerft von Abeking & Rasmussen in Lemwerder a. d. Weser.

Einrichtungen einer Bootswerft.

Zur Durchführung des rationellen Betriebes einer größeren Yacht- und Bootswerft sind folgende Einrichtungen erforderlich:

1. Büroräume für die kaufmännische und technische Leitung des Unternehmens mit den nötigen Einrichtungen.

2. Planboden zum Aufreißen der Spanten und wichtiger Einzelheiten in natürlicher Größe, bestehend aus einer Lage starker gehobelter und miteinander durch Nut und Feder verbundener Bretter auf einer festen, möglichst genau horizontalen Unterlage.

3. Ein oder mehrere Schuppen oder Hallen mit natürlicher oder künstlicher Beleuchtung für den Bau der Boote. Hierin sind die nötigen Werkbänke, Hobelbänke, Band- und Kreissäge, Dickenhobelmaschine, Abrichtmaschine usw. unterzubringen.

Große Boote werden mitunter im Freien gebaut. Doch empfiehlt es sich dann, über dem Bau ein provisorisches Dach zu errichten. Ein unter Dach gebautes Fahrzeug wird von den Klassifikationsgesellschaften für eine längere Besichtigungsperiode klassifiziert.

Leichte Sportfahrzeuge werden sehr häufig der besseren Raumausnutzung wegen in den oberen Stockwerken der Bootshallen, wenn diese mehrstöckig errichtet sind, gebaut.

4. Schmiede zur Anfertigung von Beschlägen; bei Eisenbau auch zur Herstellung der Steven, Wellenböcke usw.

5. Schlosserei zur Bearbeitung der Metallteile, enthaltend Schraubstöcke, Bohr-, Stanz-, Schneide-, Biegemaschinen usw. zur Metallbearbeitung.

6. Kupferschmiede, Klempnerei, Verzinkerei, Einrichtung zum Gießen von Bleikielen.

7. Maler- und Lackiererwerkstatt. Der Raum wird meistens ziemlich groß gewählt, damit man die leichten Sportboote während des Lackierens in ihm unterbringen kann. Er wird häufig in den oberen Stockwerken angelegt, soll möglichst staubfrei sein und im Winter geheizt werden können, da Kälte dem frisch aufgetragenen Lack schadet.

8. Holzlagerplatz. Das Holz soll trocken, luftig und nicht zu warm lagern. Man benutzt zu diesem Zwecke gern überdeckte, zugige Durchwege zwischen zwei Gebäuden.

9. Holztrocken-Einrichtung. Um im Bedarfsfalle Holz schnell auszutrocknen und gebrauchsfähig zu machen, wird in der Regel neben der Kraftzentrale, über einer Dampfrohrleitung, Heizung oder dergl., eine Einrichtung zum luftigen, warmen Lagern von

Holz getroffen. Größere Yachtwerften, wie z. B. die von Max Oertz in Hamburg, besitzen eigens zu diesem Zweck gebaute Trockenöfen mit Ventilationseinrichtung, in denen das Holz, auch wenn es ganz frisch ist, rationell und schnell ausgetrocknet werden kann.

10. **Dampfkasten** zum Weichmachen der zu biegenden Hölzer und Planken, 7 bis 8 m lang, etwa 0,5 m breit und hoch, aus Holzbohlen zusammengesetzt oder, wenn aus Eisen, gut mit Holz ausgefüttert. Den nötigen Dampf liefert ein kleiner Kessel oder die Abdampfleitung der Betriebsmaschine.

11. **Magazin** zur sicheren und geordneten Aufbewahrung von Nägeln, Nieten, Schrauben, Bolzen, Beschlagteilen und der vielen kleineren und größeren Gegenstände, die zum Bau, zur Einrichtung und Ausrüstung von Booten erforderlich sind. Die Sachen lagern hier teils in rohem, teils in halbfertigem und fertigem Zustande. Das Magazin muß gut gesichert, verschließbar und unter ständiger Aufsicht sein. Über Eingang und Ausgang der dort gelagerten Gegenstände muß genau Buch geführt werden.

12. **Kraftzentrale.** In modernen Betrieben wird man wohl immer eine Dynamo zur Lieferung von elektrischem Strom für Kraft und Licht anschaffen, um die von den Werkzeugmaschinenfabriken in hoher Vollkommenheit gelieferten Maschinen rationell verwenden zu können. Ein Kompressor zur Lieferung von Gebläse- und Preßluft für Schmiedefeuer und Preßluftwerkzeuge gehört mit zu einer rentablen modernen Anlage.

13. **Transporteinrichtungen für Boote.** Kleine und leichte Boote werden einfach mit der Hand gehoben, getragen und vom Landungssteg ins Wasser geschoben oder herausgezogen, eventl. unter Zuhilfenahme von Walzen. Größere Segel- und Kraftfahrzeuge erfordern zu ihrem Transport besondere Einrichtungen. Dazu gehört vor allem eine sogenannte „Slipanlage", das ist eine Bahn aus Schienen oder Balken, auf denen sich ein niedriger Wagen oder ein Schlitten bewegt. Die Bahn muß in sanfter Neigung ins Wasser führen und sich noch eine Strecke unter dem Wasserspiegel fortsetzen. Der Wagen oder Schlitten muß so eingerichtet sein, daß Boote von verschiedener Form und verschiedenem Gewicht auf ihm sicher und doch leicht lösbar festgemacht werden können. Man sieht zu diesem Zwecke seitlich feststellbare Stützen vor, an denen das Boot festgebunden werden kann, während sein Kiel unten an zwei Stellen ein sicheres Auflager findet. Der Wagen oder Schlitten kann mit Hilfe eines Drahtseils und einer

Bockwinde aus dem Wasser gezogen oder ins Wasser gelassen werden.

Zum weiteren Transport der Boote an Land in die Schuppen oder auf den Winterstand bringt man mitunter besondere Schienengleise mit kleinen Wagen an.

Zum Einsetzen schwerer Masten sowie zum Anheben von Booten, wenn man Unterwasserteile, wie z. B. die Schraube, nachsehen will, ist es vorteilhaft, an der Werft eine Kraneinrichtung zu haben.

Die Kaiserlichen Werften haben mehrstöckige Bootsmagazine mit Laufkranen, mit deren Hilfe die Boote in jeder beliebigen Richtung bewegt werden können.

Um abzuliefernde Boote zum Versand bringen zu können, muß eine Bootswerft das nötige Ladegeschirr an Böcken, Stroppen usw. haben, das unter Umständen mit dem Boot versandt werden muß, um es am Ablieferungsort unbeschädigt zu Wasser bringen zu können. Vgl. auch Abschnitt V.

14. Taklerei, Segelmacherei. Diese beiden Werkstätten sind meistens in einem Raume vereinigt. Blöcke und Beschläge werden von einigen Bootsbauereien selbst angefertigt, meistens aber aus Spezialfabriken bezogen.

Die Segel, namentlich die besserer Yachten, werden meistens von selbständigen Segelmachereien angefertigt.

15. Eine Wage zum Verwiegen einzelner Teile und womöglich ganzer Boote in verschiedenen Baustadien zur Kontrolle der Berechnungen ist eine zwar sehr wünschenswerte, aber kostspielige und daher fast nur in den Staatsbetrieben vorhandene Einrichtung.

16. Schuppen und freie Plätze für Winterstände zum Vermieten. Ein gutes Winterlager für Yachten und Boote ist sehr gesucht und kann wesentlich zur Rentabilität einer Bootswerft beitragen. Es sollte daher bei einer Neuanlage nicht versäumt werden, hierauf bei der Verteilung des Platzes sowie bei der Konstruktion der Transporteinrichtung Rücksicht zu nehmen. Kleinere Boote werden in offenen luftigen Schuppen, größere meist freistehend und mit Persenningen zugedeckt aufbewahrt. Die Aufstellung soll möglichst so geschehen, daß man während des Winters oder im Frühjahr zur Vornahme von Reparaturarbeiten an die einzelnen Boote herankommen kann.

Abschnitt III.

Maschinenanlagen für Boote.

Bestimmung der Maschinenleistung s. S. 301.
Einfluß auf Stabilität s. S. 222.
„   „ Festigkeit s. S. 291.
Maschinenfundamente s. S. 164.
Wellenlagerung und Stevenrohr s. S. 125, 128.

1. Allgemeines.[1])

Bootsmaschinen haben einige wesentliche Bedingungen zu erfüllen, durch die sie sich von großen Schiffsmaschinen und andern Fahrzeugmaschinen unterscheiden. Infolge der Kleinheit und Leichtigkeit der Gesamtanlage sind viele Bedingungen, die auch für Großschiffsmaschinen gelten, verschärft. Dazu gehören die Anpassung an die beschränkten Raumverhältnisse, möglichste Gewichtsersparnis, Unempfindlichkeit gegen Witterungseinflüsse und heftige Bewegungen der kleinen Fahrzeuge.

Als Hauptanforderungen an eine Bootsmaschine kann man folgende aufstellen:

Einfachheit im Bau und in der Bedienung mit Rücksicht auf geringe bezw. gar nicht vorhandene technische Bildung der Benutzer. Dies gilt besonders für Fischerfahrzeuge;

Betriebssicherheit, da oft davon die Sicherheit des Bootes, mindestens aber die Rentabilität der Anlage abhängt;

---

[1]) Motorboote und Bootsmotoren, Verlag „Die Yacht", Berlin. — M. H. Bauer, Das Motorboot und seine Behandlung. — Dittmer und Buhl, Seefischereifahrzeuge und -boote ohne und mit Hilfsmaschinen. — The Motorboat Manual. — Verlag „The Motorboat", London.

Äußerste Sparsamkeit im Brennstoffverbrauch, da die meisten angewandten Brennstoffe im Verhältnis zur Maschinenleistung teuer sind und bleiben werden.

2. Dampfmaschinen.

Gegen die bis jetzt gebauten Benzin- und Spiritusmotoren kann die Dampfmaschine im Bootsbetriebe noch unter gewissen Bedingungen mit Erfolg konkurrieren.

Ihre Hauptvorzüge liegen in ihrer hohen Anpassungsfähigkeit an die verschiedensten Betriebsverhältnisse, in ihrer Manövrierfähigkeit und Betriebssicherheit. Beachtenswerte Versuche, die Dampfmaschine auch für kleine Boote bequemer verwendbar zu machen, sind die Konstruktionen von Lilienthal, Escher Wyss & Co., Simpson & Strickland (Rose en Soleil im Engineer 13. 7. 1906) und der Lune Valley Co. Diese Anlagen haben ihre Erfolge durch besondere Wasserrohr-Kesselkonstruktionen mit Verwendung flüssiger Brennstoffe sowie durch Anwendung sehr hohen Dampfdruckes mit drei- und vierfacher Expansion und hohen Umdrehungszahlen errungen. Man hat beachtenswerte Geschwindigkeiten unter Einhaltung einer guten Wirtschaftlichkeit erzielt. Doch werden derartige Anlagen ziemlich kompliziert, nehmen reichlich viel Platz in Anspruch, sind im Vergleich zur Verbrennungsmaschine umständlich zu bedienen und instand zu halten und haben eine verhältnismäßig kurze Lebensdauer.

Angaben über die Maschinenanlagen der deutschen Marine-Dampfbeiboote, die wohl in absehbarer Zeit durch Motorboote ersetzt werden dürften, s. S. 5.

Auch für kleinere Boote für Verkehrszwecke, Zoll- und Polizeidienste werden noch vielfach Dampfmaschienen verwendet. Mit dem Bau derselben beschäftigen sich in Deutschland eine größere Anzahl von Firmen, wie Gebr. Sachsenberg A.-G. in Roßlau a. d. Elbe, Nordd. Maschinen- und Armaturenfabrik in Bremen, H. C. Stülcken Sohn in Hamburg und andere. Einen besonderen Ruf auf diesem Gebiete besitzt die Firma R. Holtz, Dampfboot- und Maschinenfabrik in Harburg a. E. Sie hat als eine Spezialität besonders die Durchbildung kleiner Dampfmaschinen- und Kesseltypen gepflegt. Ihre Maschinen sind als ein- und zweizylindrige Hochdruckmaschinen, Verbundmaschinen mit den Zylindern über- und nebeneinander, Dreifach-Expansionsmaschinen mit 2 Kurbeln und 4 Zylindern in leichter und schwerer Ausführung, mit Auspuff, Einspritz- und Oberflächen-Kondensation in tausenden von Exemplaren verbreitet. Die zugehörigen Kessel sind als Zylinder-, Lokomotiv- oder Wasserrohrkessel gebaut.

Einige Angaben über ausgeführte Dampfboote finden sich auf S. 52 ff.

Da die Dampfmaschine jetzt tatsächlich für Boote geringere Bedeutung besitzt, so haben wir unsere bezüglichen Ausführungen absichtlich kurz gehalten.

3. Verbrennungsmotoren.

Die Dampfmaschine ist nahe daran, für Boote durch den Verbrennungsmotor gänzlich verdrängt zu werden. Die Gründe hierfür sind schon auf S. 7 ff. auseinandergesetzt worden. Vielleicht wird die Entwicklung in absehbarer Zeit noch schneller vor sich gehen, wenn es gelingt, die mit den billigeren Brennstoffen arbeitenden Rohölmotoren, die sich bei größeren Anlagen bereits stetig mehr und mehr das Feld erobern, auch für kleinere Fahrzeuge, d. h. für die hauptsächlich im Bootsbetrieb in Betracht kommenden Leistungen von 6 bis 30 PS, brauchbar auszuführen. Zurzeit sind die eigentlichen Schwerölmotoren für sehr viele Bootstypen noch zu schwer und platzraubend, auch zu teuer im Anschaffungspreis.

Verbrennungsmotoren, die den Brennstoff nicht durch Vermittlung des Wasserdampfes in Arbeit umsetzen, sondern ihre Kraftimpulse durch direkte Verbrennung von Benzin, Benzol, Spiritus, Petroleum oder Rohöl im Arbeitszylinder erhalten, sind schon seit 20 Jahren im Bootsbau eingeführt. Schon die ersten Ausführungsformen dieser Maschinenart fanden Verwendung auf Wasserfahrzeugen, und durch ständige Beobachtung der Betriebsergebnisse und dementsprechende Verbesserungen ist es gelungen, die Motoren zu einer hohen Stufe von Vollkommenheit zu entwickeln.[1]

Ihre Einführung wurde aufgehalten durch folgende drei Nachteile, deren Beherrschung allerdings mehr und mehr gelingt:

1. Im Anfang nicht genügende Betriebssicherheit im Verhältnis zur Dampfmaschine.

Auch jetzt ist diese bei vielen Konstruktionen noch nicht in ausreichendem Maße vorhanden. Man hat aber Fortschritte gemacht,

---

[1] Bootsmotoren-Konstruktionen: Das Motorboot 1909 Nr. 24, 25. Hülfsmotoren für Segelyachten und ihre Aufstellung: Wassersprt 1910, Nr. 3, 4. Die Bootsmotoren auf der 2. internationalen Motorboot- und Motorenausstellung Berlin 1910. Marine-Rundschau 1910 Nr. 5.

und außerdem wird die Kenntnis der Verbrennungsmaschinen und ihrer Eigentümlichkeiten allmählich mehr und mehr Allgemeingut.

2. Die Feuergefährlichkeit der Brennstoffe, insbesondere des Benzins.

3. Die hohen Kosten der Brennstoffe im Verhältnis zur Leistungseinheit. Diese werden allerdings — namentlich bei intermittierendem Betriebe — durch Ersparnisse im Verbrauch zum Teil ausgeglichen.

Konstruktive Schwierigkeiten sekundärer Natur bestanden in der nicht ganz genügenden Manövrier- und Umsteuerfähigkeit der Motoren und ferner in der Anpassung der Umdrehungszahl an diejenige der Schiffsschraube. Man war mit der Umdrehungszahl bei den Motoren sehr hoch hinaufgegangen, um die Maschinen leicht und billig zu bekommen. Der Wirkungsgrad der Schiffsschraube sinkt aber bei Überschreitung einer gewissen Umdrehungszahl schnell.

Die Überwindung dieser beiden Schwierigkeiten ist schon in den meisten Fällen gelungen.

Den erwähnten Nachteilen stehen folgende großen Vorteile gegenüber, die sich mit der Dampfmaschine nicht erzielen lassen:

1. Geringer Raumbedarf.
2. Geringes Gewicht.
3. Bequeme Unterbringung und Ergänzung des Brennstoffes und geringer Raumbedarf dafür.
4. Rasche Betriebsbereitschaft.
5. Bequemer und reinlicher Betrieb ohne viel Abgänge (Asche, Ruß, Rauch usw.).
6. Einfachheit der Bedienung.
7. Einfachheit der Instandhaltung und Reinigung.
8. Geringe Betriebskosten trotz hoher Einheitpreise der Brennstoffe. Dies ist eine Folge der rationellen Ausnutzung der Brennstoffe und der Ersparnis an Deplacement bezw. Bootsgröße bei gleicher Nutzleistung. Man ist z. B. in der Lage, mit 10 PS dasselbe zu leisten, wozu man bei der Dampfmaschine 20 PS und mehr gebrauchen würde.

Vergleicht man die verschiedenen Arten der Verbrennungsmotoren miteinander nach den verwendeten Brennstoffen, so ergibt sich folgendes:

Benzinmotoren werden z. Zt. noch am häufigsten verwendet, da sich die Verbrennung von Benzin wegen seiner leichten Vergasung bei gewöhnlichen Temperaturen am leichtesten konstruktiv beherrschen läßt. Sie arbeiten bei guter Bedienung rauchfrei, und die Zylinder werden sehr wenig durch Verbrennungsrückstände verschmutzt. Der Betrieb von Benzinmotoren ist verhältnismäßig zuverlässig. Ihr Gewicht ist im Verhältnis zur entwickelten Leistung gering. Die Feuergefährlichkeit des Benzins erfordert aber eine sehr aufmerksame und sorgfältige Wartung des Motors sowie der Tanks und Rohrleitungen, deren Bauausführung auch vorzüglich sein muß.

Bei gedeckten Booten und bei solchen, bei denen die aufmerksame Beaufsichtigung des Motors nicht gewährleistet werden kann, wie z. B. bei Fischerbooten, hat man mit Benzin sehr üble Erfahrungen gemacht. Verhängnisvolle Brände und Vergiftungen durch die angesammelten Benzingase waren die Folgen, und man kann für solche Fahrzeuge die Verwendung von Benzinmotoren nicht empfehlen.

Benzol- und Spiritusmotoren sind nicht so betriebssicher wie Benzinmotoren. Es bilden sich leichter Verbrennungsrückstände in den Zylindern. Man muß die Motoren mit Benzin anlaufen lassen, weil es mit Spiritus gar nicht und mit Benzol schlecht gelingt. Auch vor dem Stillstand müssen die Motoren zweckmäßig eine Zeitlang mit Benzin laufen, um die Bildung von Essigsäure, die die Zylinder angreift, zu verhüten.

Spiritus ist bei demselben Heizwert pro PS-Stunde teurer als Benzin.

Die Petroleummotoren zerfallen in drei verschiedene Arten:

1. Solche, die genau wie Benzin- und Benzolmotoren arbeiten und elektrisch zünden. Sie erfordern einen etwas größeren Kompressionsraum als Benzinmotoren, da Petroleum keine so hohe Kompression verträgt, und kräftige Vorwärmung der Verbrennungsluft beim Passieren des Vergasers. Zum Anlassen muß entweder Benzin benutzt oder der Vergaser mit Hilfe einer Gebläselampe oder sonstigen Heizeinrichtung kräftig vorgewärmt werden. Im übrigen liegen die Verhältnisse bezüglich Umdrehungszahl usw. ganz wie beim Benzinmotor.

2. Petroleummotoren mit Glühkopfzündung. Bei diesen wird Luft angesaugt und komprimiert. In diese wird gegen Ende

des Hubes Petroleum mittels einer Pumpe eingespritzt. Das Gemisch entzündet sich durch die Kompressions- und Glühkopfwärme. Der Glühkopf muß vor dem Anlassen mit einer Lampe angewärmt werden und bleibt dann während des Betriebes von selbst rotglühend.

Diese Motorentypen sind in den skandinavischen Ländern sehr ausgebildet, namentlich für Fischerboote. Sie sind dort in tausenden von Ausführungen vorhanden und finden neuerdings auch in England und Deutschland Eingang.

Zum Teil arbeiten diese Motoren auch schon mit Rohöl, z. B. der Bolindermotor.

3. **Motoren des Diesel-Typs.**[1]) Diese arbeiten mit sehr hoher Kompression, durch deren Wärme das durch Einspritzen von Öl in den Zylinder entstandene Gasgemisch entzündet wird. Außer Lampenpetroleum können in diesen Motoren auch rohes Petroleum und sogar die schweren Rückstände der Petroleumdestillation und Teerölprodukte verarbeitet werden.

Die Dieselmotoren sind leicht umsteuerbar zu konstruieren, da sie mit Hilfe der Preßluft in der einen oder anderen Gangrichtung angelassen werden können. Ihre Umdrehungszahl läßt sich in ziemlich weiten Grenzen regulieren. Ein ganz besonderer Vorzug ist ihr geringer Brennstoffverbrauch und die Möglichkeit, billige Brennstoffe zu verwenden.

Allerdings sind ganz kleine Maschineneinheiten nach diesem System noch wenig ausgeführt. Doch ist anzunehmen, daß der Dieselmotor von etwa 10 PS oder noch weniger im Zylinder an aufwärts die Bootsmaschine der Zukunft sein wird. Bei Unterseebooten ist er bereits der Motor der Gegenwart. Seine Gewichte sind, wenn auch größer als bei den anderen Verbrennungsmotoren, doch derart, daß seine allgemeine Einführung, besonders da, wo es auf hohe Ökonomie, wie z. B. beim Dauerbetrieb und großem Aktionsradius, ankommt, wohl bald ernsthaft in Frage kommen wird.

Eine unangenehme Eigenschaft der Petroleummotoren (mit Ausnahme der Dieselmotoren) ist die gewöhnlich starke Rauch- und Geruchbildung. Ferner entstehen in den Zylindern und Auspuffleitungen leicht Ablagerungen von Verbrennungsrückständen, so daß öftere Reinigung erforderlich ist.

---

1) Verwendung der Dieselmotoren für Motoryachten: Das Motorboot 1910, Nr. 3.

Als besondere Vorzüge des Petroleums und der übrigen Rohoder Schweröle gelten ihre geringere Feuergefährlichkeit und ihr verhältnismäßig niedriger Preis.

Sauggasmotoren, die hauptsächlich auf größeren Fahrzeugen, Schleppern usw. Verwendung finden, sind besonders von Capitaine und der Gasmotorenfabrik Deutz ausgebildet worden. Da die Erzeugung des Brenngases einen besonderen Ofen oder Generator nebst zugehörigen Reinigungsapparaten bedingt, so kommen die Sauggasmotoren in Gewicht und Raumbedürfnis der Dampfmaschine sehr nahe.

Ihr Hauptvorzug liegt in der rationellen und billigen Ausnutzung der Kohle. Ihr Betrieb ist nicht ganz gefahrlos wegen der Möglichkeit des Eintretens von Kohlenoxydgasvergiftung in geschlossenen Räumen.

Bei der Auswahl eines Bootsmotors ist, abgesehen von der allgemeinen Durchbildung der einzelnen Maschinenelemente, hauptsächlich auf folgende Konstruktionseinzelheiten zu achten:

1. Zweitakt oder Viertakt? Mit „Takt" bezeichnet man einen einfachen Kolbenhub bzw. eine halbe Kurbelumdrehung.

Beim „Viertaktmotor" spielt sich der Arbeitsvorgang im Zylinder folgendermaßen ab:

I. Takt: Kolben geht von oben nach unten und saugt Gasgemisch an.

II. Takt: Kolben geht von unten nach oben und komprimiert das Gemisch.

III. Takt: Arbeitshub, Kolben geht von oben nach unten, das Gemisch ist, kurz bevor oder sobald der Kolben oben angelangt ist, explodiert und expandiert während des Hubes.

IV. Takt: Kolben geht von unten nach oben und stößt das verbrannte Gas aus dem Zylinder hinaus.

Beim „Zweitaktmotor" ist der Vorgang anders:

I. Takt: Kolben geht von oben nach unten, Arbeitshub, das explodierte Gemisch expandiert und fängt bei Öffnung der Auspuffschlitze durch den Kolben an, zu entweichen, gleich darauf beginnt die neue Ladung einzutreten.

II. Takt: Kolben geht von unten nach oben, Ende des Auspuffs und der Ladung, Kompression des Gemisches, Entzündung kurz von Erreichung der oberen Totlage.

Der Viertaktmotor bedarf zur Durchführung seiner Arbeitsweise an jedem Zylinder mindestens zweier Ventile, das eine zur Regulierung des Ansaugens, das andere für den Auspuff.

Der Zweitaktmotor braucht in seiner einfachsten Ausführung überhaupt keine Ventile. Der Kurbelkasten wird dann gewöhnlich gasdicht hergestellt und steht durch einen Kanal mit der oberen Hälfte des Zylinders in Verbindung. Die Öffnung dieses Kanales wird von dem oberen Rande des Kolbens bei Abwärtsgang geöffnet und beim Aufwärtsgang geschlossen. Dasselbe geschieht mit der der Eintrittsöffnung gegenüberliegenden Austrittsöffnung.

Geht der Kolben nach oben, so saugt er Gasgemisch in den Kurbelkasten, geht er nach unten, so drückt er dieses in den Zylinder.

Dies ist die bei der Kleinheit der Maschine für Bootsmotoren fast allein übliche Konstruktion. Bei größeren Ausführungen wird eine besondere Gemisch- oder Spülpumpe mit den nötigen Ventilen angebracht.

Theoretisch und bei größeren Maschinen auch tatsächlich bewirkt der Zweitakt eine rationellere Ausnutzung der Triebwerksteile insofern, als auf jeden zweiten Hub ein Arbeitshub kommt, während dies beim Viertakt nur bei jedem vierten Hub der Fall ist. Das kommt aber für den Kleinbetrieb der Bootsmotoren wenig in Betracht.

Der Zweitaktmotor verbraucht bei derselben Leistung mehr Brennstoff wie der Viertaktmotor. Er ist aber bedeutend einfacher in der Konstruktion und Bedienung. Wo es daher auf die Brennstoffkosten nicht so sehr ankommt, wie z. B. in Amerika, erfreut sich der Zweitaktmotor für Boote großer Beliebtheit, während in Deutschland das Umgekehrte der Fall ist.

Ein Vorteil des Zweitaktes gegenüber dem Viertakt ist die geringere Umdrehungszahl, mit der der erstere arbeiten kann.

Der Viertakt hat aber den großen Vorzug der besseren Regulierfähigkeit, womit eine weitere Brennstoffersparnis ermöglicht wird.

Das Schwungrad muß im allgemeinen beim Viertakt schwerer sein als beim Zweitakt, da es den Motor über drei Leerhübe hinwegschleppen muß.

Da man mit dem Viertakt gewöhnlich dieselbe Leistung mit höherer Umdrehungszahl erreichen kann als mit dem Zweitakt, so fallen Viertaktmotoren bei kleinen Leistungen trotz Vermehrung der Triebwerksteile häufig leichter aus als entsprechende Zweitaktmotoren.

2. Anzahl der Zylinder. Ein- und Zweizylindermotoren haben den Vorzug, weniger bewegte Teile zu besitzen und billiger im Preise zu sein. Dagegen ist ihre Arbeitsweise für den Bootsbetrieb nicht immer einwandfrei wegen schlechterer Ausbalancierung der hin- und hergehenden Triebwerksmassen. Am meisten Verwendung findet bei mittleren Bootsgrößen der Vierzylindermotor, der bei sorgfältiger Regulierung und Wartung recht ruhig arbeitet. Noch bessere Resultate ergibt in dieser Beziehung der Sechszylindermotor. Noch höhere Zylinderzahlen an einer Welle kommen im Bootsbau fast nur bei Rennmotorbooten vor, um eine größere Kraftentwicklung zu erzielen.

3. Vergaser. Bei den mit elektrischer Zündung arbeitenden Motoren wird das Gasgemisch, d. h. die explosible Mischung von Brennstoffstaub mit Luft, in einem besonderen Vergasungsapparat außerhalb der Zylinder hergestellt. Der Vergaser wird von den verschiedenen Firmen in etwas voneinander abweichenden Konstruktionen gebaut. Die Bauart wird wesentlich durch die Anordnung der Gemischregulierung (s. u.) beeinflußt.

Für den Bootsmotor ist wichtig, daß der Vergaser an einer Stelle sitzt, wo er bequem zugänglich ist, daß seine Teile sich leicht auseinander nehmen und wieder zusammensetzen lassen, daß er gegen Schlinger- und Stampfbewegungen, Stöße und Vibrationen unempfindlich ist.

Sehr wichtig ist die Anordnung eines leicht herausnehmbaren Siebes vor dem Vergaser, durch das etwaige mitgerissene Unreinigkeiten zurückgehalten werden.

Da der Vergasungsvorgang des Brennstoffes von der Art desselben (Benzin, Benzol, Petroleum usw.), deren verschiedenartiger Zusammensetzung und außerdem von der Temperatur der Außenluft abhängig ist, so muß eine Regulierung für die Temperatur der Vergaserluft, die durch die Auspuffgase oder durch das abfließende Kühlwasser vorgewärmt wird, vorhanden sein.

4. Regulierung der Umdrehungszahl. Die Umdrehungszahl der Motoren kann in der Regel um 50 % und mehr verändert werden. Gewöhnlich ist ein Achsenregulator vorhanden, der das Überschreiten einer bestimmten Umdrehungszahl durch Schließen eines meistens als Kolben- oder Röhrenschieber ausgebildeten Drosselventils zwischen Vergaser und Arbeitszylinder

verhindert. Je nachdem der Zylinder mehr oder weniger Gasgemisch erhält, arbeitet der Motor rascher oder langsamer. Das Drosselventil kann auch durch ein besonderes Gestänge von Hand reguliert werden, um eine gewünschte Umdrehungszahl herbeizuführen.

Bei den Rohölmotoren erfolgt die Regulierung häufig in der Weise, daß der Regulator auf das Gestänge der Einlaßventile oder Einspritzpumpen wirkt, so daß bei zu raschem Gange kein Gas bezw. Öl in den Zylinder gelangt und daher die Explosionen „aussetzen". Man nennt dies die „Aussetzerregulierung".

Betreffs Zündregulierung s. u.

5. Ventile. Die Ventile müssen so angeordnet sein, daß sie jederzeit leicht nachgesehen und, wenn nötig, nachgeschliffen werden können, da von ihrem sicheren Funktionieren und dichten Abschluß der einwandfreie, ruhige Gang des Motors wesentlich abhängig ist. Das gleiche gilt für das Ventilgestänge, bei dem außerdem für ausreichende und gute Schmierung Sorge zu tragen ist.

6. Zündung. Die Entzündung des Gasgemisches erfolgt auf verschiedene Weise:

a) Durch einen elektrischen Funken. Der elektrische Strom wird während des Ganges vom Motor selbst in einer durch Zahnradübersetzung angetriebenen kleinen Dynamo, in der Regel „Magnetapparat" genannt, erzeugt. Als Reserve und zur Erleichterung des Anlassens wird mitunter eine Batterie angebracht, die man nach Bedürfnis ein- und ausschalten kann. Bei Verwendung einer Batterie kann man den Zündzeitpunkt leicht regulieren. Der Funke wird entweder durch sogen. „Abreißzündung" hervorgebracht, indem durch ein besonderes Gestänge innerhalb des Zylinders der Strom im richtigen Augenblick plötzlich unterbrochen wird, oder durch sogen. „Zündkerzen", das sind im Zylinderkopf isoliert eingeschraubte Fassungen, in denen die Leitungsdrähte endigen. In diese Kerzen wird durch einen besonderen Verteilapparat abwechselnd Strom geschickt, der dann zwischen den Leitungsenden als Funke überspringt.

Die „Abreißzündung" hat den Vorteil, daß der entstehende Funke sehr wirksam und betriebsicher ist. Nachteile dieser Zündung sind die Kompliziertheit und Empfindlichkeit des Gestänges.

Bei der „Kerzenzündung" ist der Mechanismus sehr einfach. Die Kerze läßt sich leicht auswechseln. Sie wird aber leicht unwirksam durch Verschmutzen infolge von zu viel Öl oder von Verbrennungsrückständen im Zylinder.

b) Durch Glühkopf oder Glührohr, wie oben beschrieben.

c) Durch die Wärme der komprimierten Luft, wie oben erwähnt.

Hauptgesichtspunkte für die Konstruktion der Zündung sind zugängliche, übersichtliche und leicht auswechselbare Anordnung, guter Schutz gegen Feuchtigkeit und sonstige Beschädigungen, Schutz des Bedienungspersonals gegen Explosion und elektrische Schläge.

Die elektrische Zündung läßt sich so einrichten, daß man den Zündzeitpunkt verstellen kann. Man hat dadurch ein zweites Mittel zur Regulierung des Motorganges, indem man „Frühzündung" oder „Spätzündung" („Vor- oder Nachzünduug") bewirken kann.

7. Kühlung. Das gute Funktionieren der Zylinderkühlung ist von größter Wichtigkeit für den Gang und die Lebensdauer des Motors. Vor allem ist dafür zu sorgen, daß die Saugeöffnung in der Außenhaut so angelegt wird, daß die Kühlwasserpumpe unter allen Umständen, auch bei sehr schnell fahrendem Boot und bei Seegang, Wasser bekommt. Dieser Punkt ist namentlich bei Gleitbooten und während der Fahrt stark trimmenden Fahrzeugen zu beachten.

Die Pumpe muß sich leicht auseinandernehmen und nachsehen lassen.

Die Zylindermäntel sollen bequem angeordnete Deckel haben, um die sich ansammelnden Niederschläge von Kesselstein und Salz entfernen zu können.

Die Kühlanlage muß durch passend angeordnete Hähne gänzlich vom Wasser entleert werden können, damit im Winter bei stilliegendem Boot Zylinder und Rohre nicht durch Eisbildung gesprengt werden können.

Der Abfluß des Kühlwassers muß so angeordnet werden, daß sich der Bootsführer bezw. der Maschinist leicht von dem ordnungsmäßigen Funktionieren der Kühlung überzeugen kann.

Die Kühlleitung erhält am besten innerhalb des Saugestutzens an der Außenhaut eine Absperrung und zwischen dieser und dem Motor ein leicht herausnehmbares Sieb, um das Eintreten von Unreinigkeiten, Kraut usw. zu verhüten. Ein Sieb außenbords vor dem Saugstutzen läßt sich schlecht reinigen, wird aber doch vielfach bei kleineren Booten ausgeführt und kann dort auch als zulässig angesehen werden.

8. **Auspuff.** Bei Rennbooten werden die Auspuffgase meistens direkt aus dem Zylinder durch kurze Rohre ins Freie geleitet, um möglichst wenig schädlichen Gegendruck zu erhalten. Man nimmt dafür die Belästigung durch Rauch, Geräusch und Geruch in den Kauf.

Bei den übrigen Booten sucht man die Gase möglichst rauch-, geräusch- und geruchlos abzuführen. Dabei kommt es dann naturgemäß darauf an, diesen Zweck ohne allzugroße Gegendruckwirkung zu erreichen.

Die Auspuffleitung führt entweder durch einen Schornstein nach oben oder nach einem Austrittstutzen am Heck oder in den Seiten des Bootes. Mitunter sieht man die Möglichkeit vor, je nach Windrichtung, Fahrt des Bootes und Aufenthaltsort der Passagiere die Auspuffgase da loszuwerden, wo sie am wenigsten stören.

Die Beseitigung des Geräusches wird durch Einschaltung eines sogen. „Auspuff- oder Schalltopfes" in die Auspuffleitung bewirkt. Er darf nicht zu schwach konstruiert sein und sollte an die Kühlwasserleitung angeschlossen werden, um durch Temperaturerniedrigung den Schall zu dämpfen, und damit nicht etwa in ihm sich sammelnde unverbrannte Gase durch seine Wärme explodieren. Ebenso sollte das Rohrende vom Zylinder bis zum Schalltopf mit Wasser gekühlt sein. Will man keinen Auspufftopf anbringen, so kann eine geringe Verminderung des Schalles auch dadurch bewirkt werden, daß man Wasser direkt in das Auspuffrohr einspritzt, oder das Auspuffrohr unter Wasser leitet. In diesem Falle muß die Leitung mit einem Luftventil versehen werden, das sich öffnet, wenn sich beim Stillstand in der Auspuffleitung durch Abkühlung ein Vakuum bildet, damit nicht durch den Auspuff Wasser in die Zylinder gelangen kann.

Die Auspuffleitung wird immer ziemlich warm, und es empfiehlt sich daher sehr, sie nicht zu nahe an Holzteilen zu verlegen und sie außerdem mit Hilfe von Asbestumwicklung gut zu isolieren.

9. **Schmierung.** Die richtige Anordnung der Schmierung bietet gerade bei Bootsmotoren gewisse Schwierigkeiten, die bei ortfesten Motoren nicht bestehen. Diese werden durch beabsichtigte oder unbeabsichtigte Schräglage des Motors und durch die Bewegungen des Bootes im Seegang hervorgerufen.

Man hat daher einerseits dafür zu sorgen, daß das Öl nicht von den zu schmierenden Stellen weglaufen kann bezw. daß es immer wieder an die Lagerstellen herangebracht wird, andererseits, daß man die Schmierung mit dem Auge genau kontrollieren kann.

Dies geschieht unten im Kurbelkasten durch Anbringung von Scheidewänden zwischen den einzelnen Kurbeln und für die übrigen Schmierstellen dadurch, daß man ihnen das Öl unter Druck, der durch eine besondere Ölpumpe erzeugt wird, zuführt.

Die Kontrolle der Schmierung erfolgt durch zweckentsprechend in den Leitungen angebrachte Schaugläser, an denen man das Strömen oder Tropfen des Öles beobachten kann.

Daß man für bequemes Auseinandernehmen zwecks Reinigung der Ölleitung sorgen muß, ist selbstverständlich.

10. Andrehvorrichtung. Bei der Andrehkurbel, die meistens zum Ingangsetzen des Motors benutzt wird, muß genügend Platz zur Bedienung vorhanden sein. Es kann sonst vorkommen, daß, wenn der Motor zurückschlägt, Armbrüche oder sonstige Verletzungen entstehen. Bei kleinen Motoren bedient man sich auch einer Abzugsvorrichtung mittels Schnur oder Riemen in ähnlicher Weise, wie man einen Kreisel in Bewegung setzt.

Größere Motoren werden meistens mit Hilfe von Preßluft oder durch Zündung eines explosionsfähigen Gasgemisches, das z. B. mit Hilfe einer Handpumpe in die Zylinder eingeführt werden kann, in Gang gesetzt.

Um das Anwerfen des Motors zu erleichtern und um zur Verlangsamung der Fahrt oder zum Anhalten nicht genötigt zu sein, den Motor zum Stillstand zu bringen, wird meist in die Welle hinter dem Motor eine Kupplung eingeschaltet, die mittels eines Handhebels vom Steuerstand aus zu bedienen ist. Für diese Kupplung gibt es verschiedene Konstruktionen, die ziemlich gleichwertig sind. Meistens werden sie in das Schwungrad verlegt.

11. Umsteuerung. Bei den modernen Dieselmotoren wird die direkte Umsteuerung von Vorwärts- auf Rückwärtsgang und umgekehrt mit Hilfe von Preßluft bewirkt.

Auch bei Benzinmotoren, z. B. beim Standardmotor, hat man diese Art der Umsteuerung schon zur Anwendung gebracht.

Die Rohölmotoren, wie z. B. die Bolinders, werden durch Gegenzündung umgesteuert, indem man bereits vor dem Totpunkt Öl einbläst („Vorzündung" gibt). In etwas anderer Weise wird der Reversator-Motor umgesteuert.

Bei den übrigen Motoren erzielt man die Umsteuerung entweder durch Einschaltung eines Wendegetriebes mit Reibungs- oder Zahnräderübersetzung (oder auch mit Riemenübertragung) oder durch Benutzung einer Drehflügelschraube (s. u.).

Die Drehflügelschraube ist verwendbar bis zu Motorstärken von etwa 200 PS und bietet den Vorteil der Leichtigkeit und die Möglichkeit, die Schnelligkeit des Bootes durch Einstellen einer größeren oder geringeren Steigung der Schraubenflügelfläche zu beeinflussen.

Das Wendegetriebe bedingt dagegen einen größeren Gewichtsaufwand und gestattet keine Änderung der Geschwindigkeit. Dagegen liegt bei ihm ein Vorteil in der Verwendung fester Schraubenflügel, die nicht so leicht Gelegenheit zu Havarien geben wie die beweglichen Flügel mit ihrem Mechanismus.

Auch bei Drehflügelschrauben ist die Anbringung einer Ausrückkupplung sehr zu empfehlen, da eine wirkliche Stoppstellung, bei der die sich drehende Schraube gar keine Wirkung ausübt, schwer aufzufinden ist.

12. **Brennstofftank und -leitung.** Der Brennstofftank wird aus Kupfer oder verbleitem Eisenblech angefertigt und ist so im Boot unterzubringen, daß er bequem von außen mit Hilfe eines Trichters gefüllt werden kann. Außerdem ist dafür zu sorgen, daß er ohne allzugroße Mühe aus dem Boot herausgenommen werden kann. Ein Ablaßventil soll sich an der tiefsten Stelle befinden. In der Füllöffnung wird zweckmäßig ein herausnehmbarer Zylinder aus Messingdrahtgaze angebracht, um Unreinlichkeiten fern zu halten und um Explosionen beim Füllen vorzubeugen.

Die Benzinleitung nach dem Vergaser soll nicht mit Flanschen- oder gar Gummischlauchverbindungen, sondern mit Verschraubungen und eingeschliffenem Konus hergestellt werden. Sie ist in möglichst gerader Linie ohne nach oben gerichtete Krümmungen zu verlegen, damit sich keine Luftsäcke bilden können.

Als Absperrorgan soll ein niederschraubbares Ventil und nicht ein Hahn benutzt werden.

Von den vielen verschiedenen Motor-Konstruktionen sollen die folgenden Abbildungen und Tabellen einige wichtige, für den Konstrukteur brauchbare Angaben bringen. Dabei ist darauf hinzuweisen, daß die betr. Motorenfabriken natürlich auch andere als die erwähnten Motoren bauen.

Abschnitt III. Maschinenanlagen für Boote.

Daimler-Motoren.

Motor-Type		A₂	B₂	C₂	D₂	E₂	F₂	G₂	A₄	B₄	C₄	D₄	E₄	F₄	G₄	J₄	K₄	J₆	K₆	J₈	K₈
Zylinderzahl		2	2	2	2	2	2	2	4	4	4	4	4	4	4	4	4	6	6	8	8
Umdrehungszahl		800	800	800	800	800	800	800	800	800	800	800	800	800	800	700	700	700	700	700	700
Leistung bei Benzin oder Spiritus	PS	6	8,5	11	14	17	22,5	25	12	17	22	28	35	45	50	70	115	105	140	170	230
Leistung bei Petroleum	PS	4,8	6,8	8,9	11,2	14	18	20	9,6	13,6	17,8	22,4	28	36	40	54	92	94	136	108	184
Verbrauch i. d. Stunde Benzin	kg	1,7	2,5	3,3	4,2	5,2	6,7	7,4	3,6	5,2	6,6	8,4	10,5	13,3	15,8	19,6	32,2	29,5	47,6	39,2	64,5
Spiritus	kg	2,7	3,8	5,0	6,3	7,7	10,2	11,3	5,4	7,7	9,4	12,6	15,8	20,1	22,5	31,6	51,8	47,3	76,5	63,2	103,6
Petroleum	„	1,7	2,4	3,1	3,9	4,9	6,3	7,0	3,4	4,8	6,2	7,9	9,8	12,6	14,0	19,0	32,2	33,0	47,6	38,0	64,5
Gewicht Motor	ca. kg	75	80	130	130	130	130	130	105	120	150	150	160	400	400	400	450	400	450	450	500
Umsteuervorrichtung	„	210	210	260	280	370	520	550	290	300	400	410	490	720	740	1250	1620	1750	2350	2400	3100
Ungefähres Gesamtgewicht der kompl. Maschinenanlage mit Welle, Stevenrohr, Schraube und Schutzkasten		415	435	560	600	690	890	930	575	650	790	820	925	1440	1485	2050	2620	2700	3300	3450	4200
Abmessungen von Motor mit Umsteuerung in cm Länge		116	116	125	125	135	160	160	152	155	165	165	180	210	210	240	260	300	330	352	395
Breite		65	65	65	65	75	80	80	65	65	70	70	76	85	85	92	102	100	110	105	120
Höhe		75	80	80	80	100	110	110	80	85	85	95	100	105	120	130	150	130	150	135	160

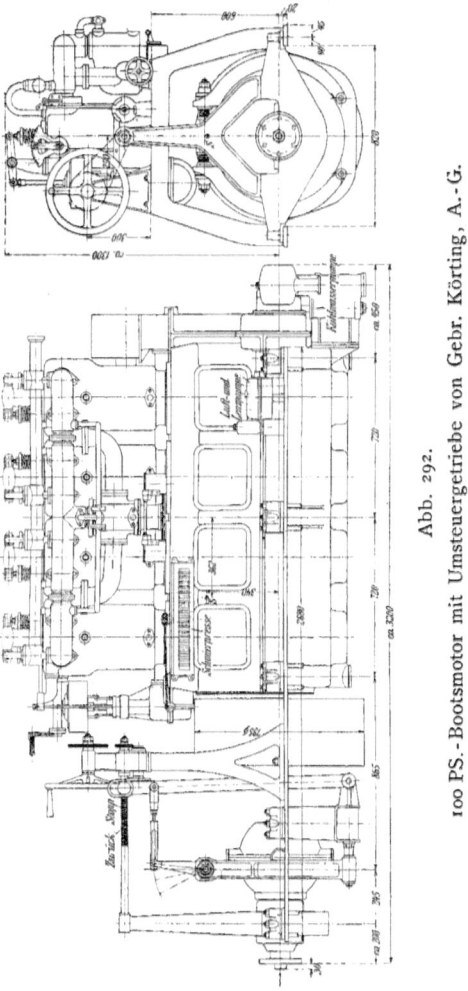

Abb. 292.

100 PS.-Bootsmotor mit Umsteuergetriebe von Gebr. Körting, A.-G.

500 Umdr./min.
Gewicht mit Getriebe ca. 3600 kg.

Der in Abb. 292 dargestellte Sleipner-Motor leistet 100 bis 120 PS bei 500 Umdrehungen i. d. Min. und ist hauptsächlich für den Betrieb mit Benzol oder Benzolspiritus eingerichtet. Durch eine besondere Handverstellung ist es möglich, den Motor mit jeder beliebigen Umdrehungszahl zwischen 500 und ca. 220 laufen zu lassen. Gewicht einschl. Umsteuerung = ca. 3600 kg. Im übrigen wird für kleinere Motoren folgende Tabelle gegeben:

Sleipner-Motoren.

Anzahl der Zylinder	2	2	2	2	4	4	4	4	4
Umdrehungen pro Minute	800	800	700	700	800	800	700	700	700
Max. Bremsleistung, PSe.									
Benzin 0,68-0,7 spez. Gew.	6	10	15	20	12	20	30	40	60
Petroleum 0,8-0,82 spez. Gew.	5,5	9	14	19	11	18	29	38	58
Spiritus 90 Vol.-% m. 20% Benzol	5,5	9	14	19	11	19	29	39	58
Ungefähres Gewicht, kg									
Motor mit Schwungrad	240	295	475	560	330	410	650	825	1870
Antriebs- u. Umsteuervorrichtung	76	78	135	138	76	135	138	315	
Schutzkasten	25	30	40	50	45	50	55	60	70
Brennstoffverbrauch f. d. PS und Stde.									
Benzin 0,68-0,7 spez. Gew.	0,34	0,33	0,33	0,33	0,34	0,33	0,32	0,32	0,32
Petroleum 0,8-0,82 spez. Gew.	0,42	0,40	0,40	0,40	0,40	0,40	0,39	0,39	0,39
Spiritus 90 Vol.-% m. 20% Benzol	0,48	0,47	0,48	0,47	0,48	0,47	0,46	0,46	0,48

Abb. 293/94 zeigen den neuesten Deutzer Bootsmotor Modell 1910. Die Hauptangaben über diesen Motor sind folgende:

Deutzer Bootsmotoren Modell NM für Benzin, Benzol, Spiritus, Petroleum und ähnliche Brennstoffe.

Hub	130	150	170	190	210
Bohrung	90	105	125	145	165
Umläufe pro Minute	750	750	660	600	550
Leistung d. Zweizylindermotoren	7	10	15	20	30
Leistung d. Vierzylindermotoren	14	20	30	40	60

Für Fischerei- und Lastboote baut die Gasmotorenfabrik Deutz seit einigen Jahren den mit Selbstzündung und ohne hochgespannte Druckluft arbeitenden Bronsmotor als Ein- und Zweizylindermaschine in Größen von 8 bis 32 PS. Als Brennstoff dient Lampenpetroleum, mit dem der Motor auch angelassen wird. Die zum Anwerfen nötige Preßluft von 8 Atm. Spannung wird in einem kleinen Kompressor erzeugt, der für gewöhnlich leer mitläuft. Der Brennstoffverbrauch beträgt nur ca. 0,28 kg für die PS-Stunde. Einige nähere Angaben enthält folgende Tabelle.

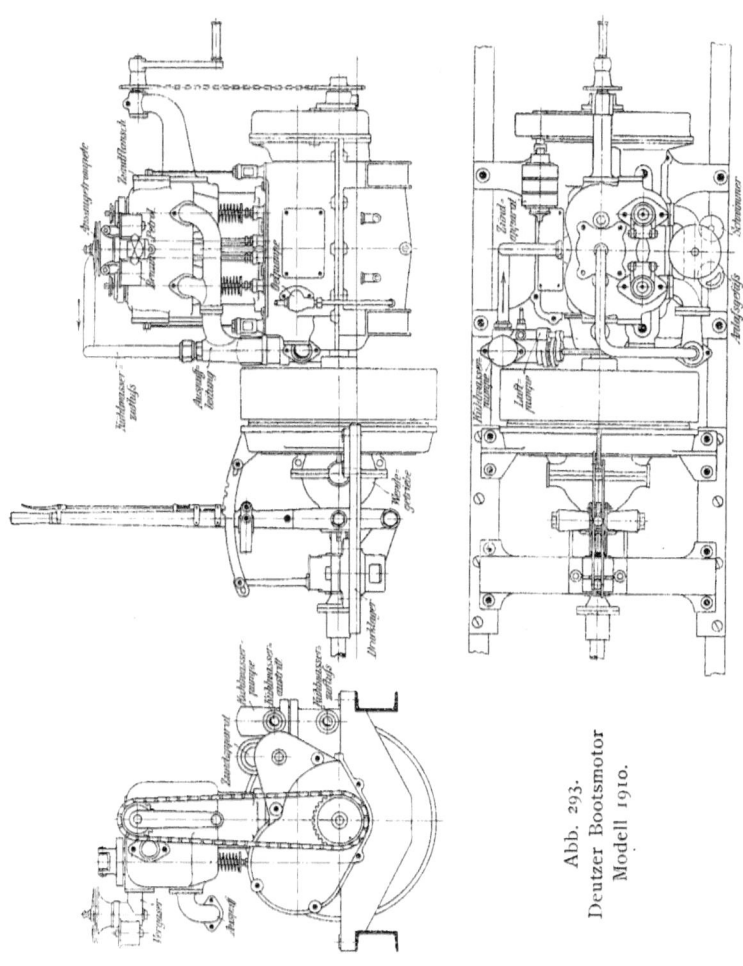

Abb. 293.
Deutzer Bootsmotor
Modell 1910.

Deutzer Bronsmotoren Modell Br. M.

Hub	220	240	260
Bohrung mm	170	200	220
Umläufe pro Minute	350	340	330
Leistung d. Einzylindermotoren PS	8	12	16
Leistung d. Zweizylindermotoren PS	16	24	32
Gewicht d. Einzylindermotoren kg	1750	2350	2950
Gewicht d. Zweizylindermotoren kg	3150	3725	5075

216   Abschnitt III. Maschinenanlagen für Boote.

Abb. 295 u. 296 zeigen den Einbau von zwei verschiedenen „Daevel"-Petroleummotoren in Fischereifahrzeuge. Der eine ist ein 6 PS-Einzylindermotor, der andere ein 8 PS-Zweizylindermotor. Es sind im Viertakt arbeitende Petroleummotoren mit Glühhaubenzündung, sehr solide gebaut und mit verhältnismäßig niedriger Umdrehungszahl laufend.

Bolindermotoren. Die Bolinder-Rohölmotoren haben den Vorzug, daß sie mit niedriger Kompression arbeiten und sowohl mit Rohöl als auch mit Petroleum betrieben werden können. Außerdem sind sie umsteuerbar ohne jede Zuhilfenahme von besonders erzeugter Druckluft und unter Vermeidung von komplizierten Ventilen, Nocken, Zahnrädern usw.

Die Tabelle auf S. 218 u. 219 gibt einige nähere Angaben über die Bolindermotoren.

Die oben mitgeteilten Angaben über einige der bekanntesten Motorarten sollen dem Leser unseres Buches nur einen Überblick über die bestehenden Verhältnisse und einen Anhalt für etwaige eigene Entwürfe bieten. Im Einzelfalle muß man sich von den verschiedenen Motorenfabriken Offerte machen lassen. Dabei werden sich naturgemäß manche Unterschiede in Konstruktion, Gewicht und Preis ergeben, und es ist dann Sache des durch Erfahrung geübten technischen und kaufmännischen Verständ-

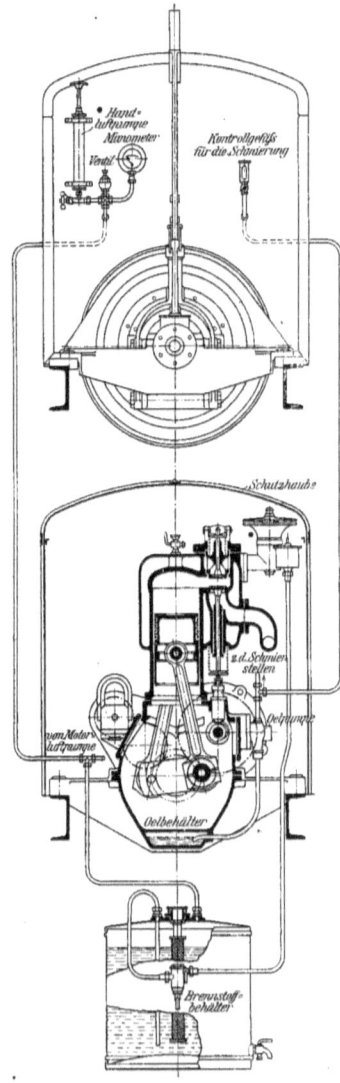

Abb. 294.
Deutzer Bootsmotor Modell 1910.

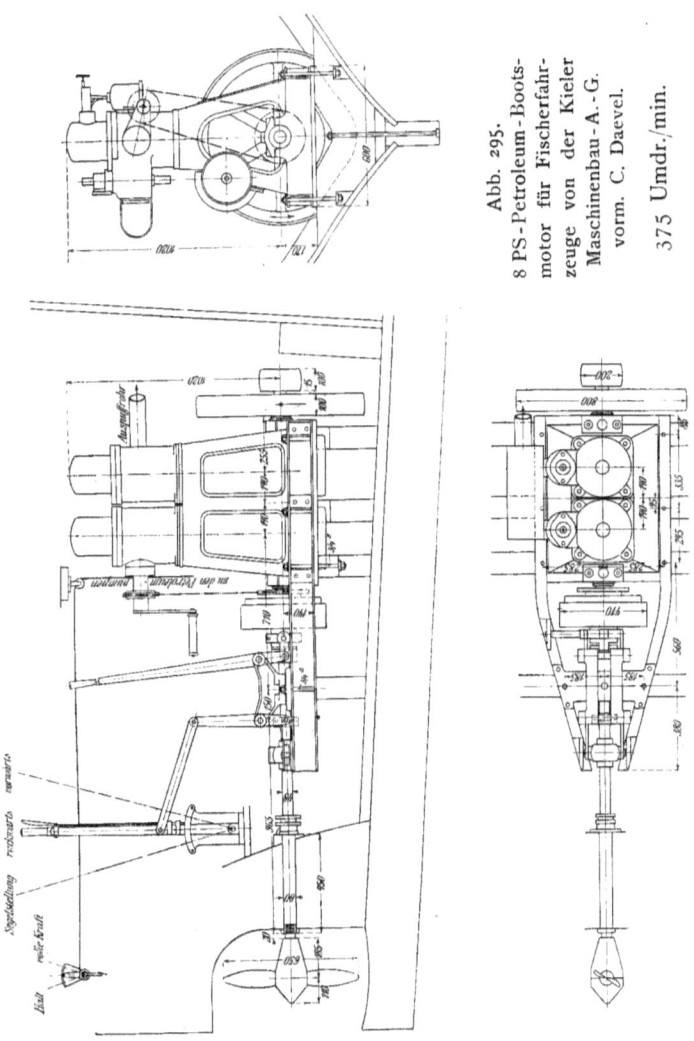

Abb. 295.
8 PS-Petroleum-Bootsmotor für Fischerfahrzeuge von der Kieler Maschinenbau-A.-G. vorm. C. Daevel.
375 Umdr./min.

nisses, das für den vorliegenden Fall Passendste herauszusuchen. Es ist daher für den Konstrukteur und Bootsbauer von größter Wichtigkeit, selbst Motoren bedienen und Boote fahren zu können.

Als Anhalt für die Preise von Motoren geben wir im folgenden noch eine von der Nordd. Automobil- und Motoren-

Bolinder-

	Ein Zylinder								
Leistung PS	5	8	10	12	15	20	25	40	60	80
Umdrehungszahl in der Minute	600	550	500	450	450	425	375	325	275	225
Nettogewicht d. kompl. Motors i. kg	365	565	760	930	1200	1550	1950	3350	5000	6700
Länge ca. mm	920	1050	1150	1300	1450	1500	1875	2050	2360	2150
Breite „ „	420	510	570	650	675	730	800	980	1130	1300
Höhe „ „	650	750	825	875	1015	1115	1265	1510	1780	2050
Durchmesser der Propellerwelle	32	35	38	45	55	60	65	75	95	100
„ des Schwungrades	360	450	530	600	600	630	700	900	1050	1200

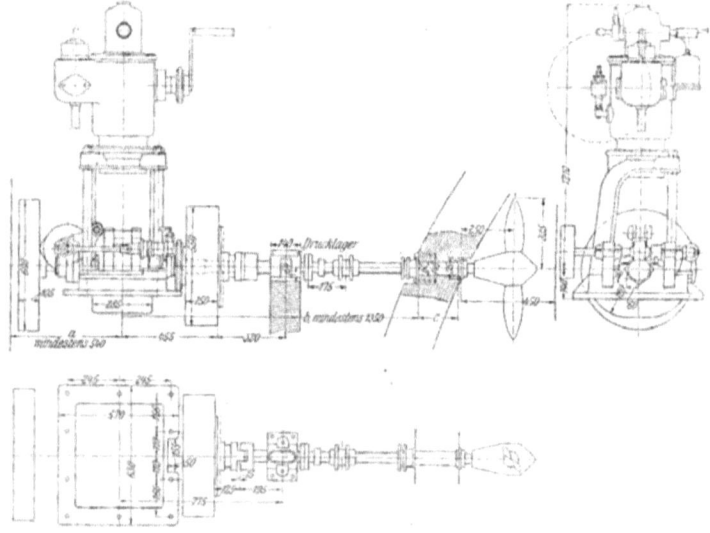

Abb. 296.
6 PS-Petroleum-Bootsmotor für Fischerfahrzeuge von der Kieler Maschinenbau-A.-G. vorm. C. Daevel.

350 Umdr./min.

A.-G. in Bremen-Hastedt veröffentlichte Tabelle über ihre Lloyd-Bootsmotoren. Dazu ist zu bemerken, daß die Preise der andern Fabriken nach den herausgegebenen Listen um ein paar hundert Mark nach oben oder unten abweichen.

Für die Gewichtsberechnung eines Bootes sind noch die Werkzeuge und Reserveteile zu berücksichtigen, die in dem

Verbrennungs-Motoren.

Rohöl-Motoren.

Zwei Zylinder								Vier Zylinder						
10	16	20	24	30	40	50	80	120	160	60	80	100	160	240	320
600	550	500	450	450	425	375	325	275	225	450	425	375	325	275	225
550	670	1000	1150	1650	2000	2700	4600	7200	10 300	2900	3700	4850	8400	13 200	18 900
1325	1550	1800	2000	2000	2280	2400	2830	3250	3600	3100	3330	3725	4360	5000	5500
380	440	520	570	650	660	700	920	1050	1200	610	660	700	920	1070	1200
650	750	825	875	1015	1115	1265	1510	1780	2050	1015	1100	1250	1510	1770	2050
35	45	50	55	65	70	80	95	115	127	80	85	100	120	145	160
360	450	530	600	600	630	700	900	1050	1200	600	630	700	900	1050	1200

Lloyd-Motoren.

a) Zwei-Zylinder.

Type	II B 8	II B 10	II B 12	II B 14	II B 17	II B 20	II B 24
Umdrehungszahl	800	800	760	750	750	750	750
Leistung PS	8	10	12	14	17	20	24
Preis des Motors . . .	2200	2400	2600	3000	3300	3600	4100
Umsteuerung	600	600	750	875	900	1000	1100
Welle, Stevenrohr und Schraube	200	200	250	300	350	400	450
Schutzkasten	200	200	200	225	250	300	350
Gesamt-Preis ℳ . . .	3200	3400	3800	4400	4800	5300	6000

b) Vier-Zylinder.

Type	IV B 16	IV B 22	IV B 26	IV B 32	IV B 36	IV B 40	IV B 45
Umdrehungszahl	800	800	800	750	750	750	750
Leistung PS	16	22	26	32	36	40	45
Preis des Motors . . .	3450	3850	4200	5100	5900	6700	7600
Umsteuerung	800	900	900	1000	1200	1300	1400
Welle, Stevenrohr und Schraube	300	350	400	500	500	550	550
Schutzkasten	250	300	300	400	400	450	450
Gesamt-Preis ℳ . . .	4800	5400	5800	7000	8000	9000	10000

Motorpreis zwar mit eingeschlossen, aber beim Gewicht gewöhnlich nicht mit gerechnet sind. Wenn auch die einzelnen Teile nicht viel wiegen, so kommen doch leicht verschiedene Kilogramm zusammen, die bei scharfen Bedingungen nicht vernachlässigt werden dürfen.

4. Elektromotoren und benzin-elektrischer Antrieb.

Der Elektromotor mit Akkumulatorenbatterie bietet als Bootsmotor die großen Annehmlichkeiten des geräuschlosen, vibrationslosen und leicht zu regulierenden Betriebes. Die Reinlichkeit, Feuersicherheit und, sofern die Batterie geladen und in Ordnung ist, sofortige Betriebsbereitschaft sind weitere große Vorzüge. Die Möglichkeit der Verwendung der Batterie für Leucht-, Koch- und dergl. Zwecke ist außerdem sehr angenehm.

Wenn die Möglichkeit zum Aufladen der Batterie bei nicht zu hohen Strompreisen gegeben ist, so sind auch die Unterhaltungskosten eines elektrischen Bootes verhältnismäßig gering. Doch soll man die Amortisation und die Kosten des Batterie-Ersatzes nicht zu gering veranschlagen. Ferner ist zu berücksichtigen, daß ein Benzinboot von gleicher Leistung leichter und kleiner sein kann und einen kleineren Motor benötigt.

Für den regelmäßigen Fährbetrieb, bei dem während des Stilliegens die Batterie geladen werden kann, eignen sich elektrisch betriebene Boote unter Umständen sehr gut.

Für Tourenfahrten ist der Aktionsradius elektrischer Boote etwas gering, obgleich bei mittleren Geschwindigkeiten bis zu 12 km in der Stunde immerhin 80 bis 100 km, also Tagesfahrten, bequem unternommen werden können.

Motoren, Schaltapparate, Leitungen für elektrischen Betrieb[1]) sind sehr betriebsicher ausgebildet und passen sich den besonderen Bedürfnissen der Boote bequem an, auch sind die Gewichte nicht zu groß. Der Motor beansprucht wenig Platz und läßt sich infolgedessen leicht unterbringen.

Nebenstehende Abbildungen stellen einige Bootsmotoren der Siemens-Schuckert-Werke dar. Abb. 297 ist der Motor AB 102, der 2 PS bei 750 Umdrehungen leistet; Abb. 298 ist der Motor AB 103, der 4 PS bei 550 Umdrehungen und 6 PS bei 800 Umdrehungen entwickelt; Abb. 299 ist der Motor AB 110 von 15 PS bei 500 Umdrehungen. Für größere Leistungen kommen Normalausführungen in Betracht, die den Betriebsverhältnissen entsprechend abgeändert werden.

Die schwache Seite des elektrischen Bootsantriebes bildet die Akkumulatoren-Batterie. Konstruktiv sind die Akkumulatoren

---

1) Akkumulatoren-Boote: Schiffbau XI, 8; Jahrb. d. schiffbautechn. Ges. 1908: Schulthes, Elektrisch angetriebene Propeller.

Elektromotoren und benzin-elektrischer Antrieb. 221

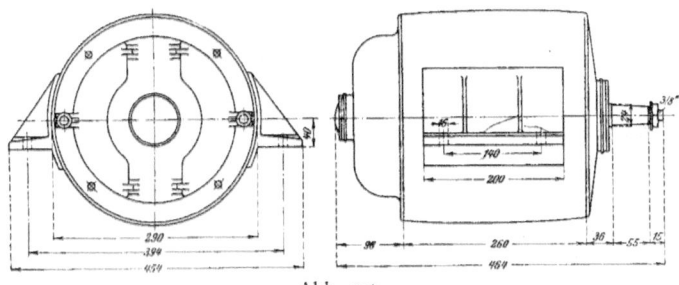

Abb. 297.

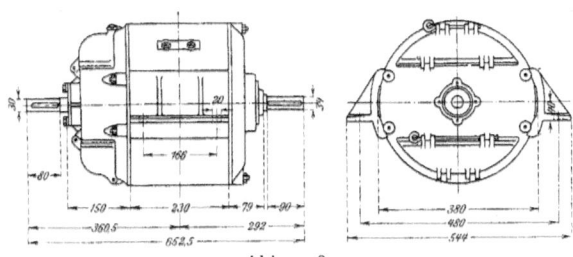

Abb. 298.

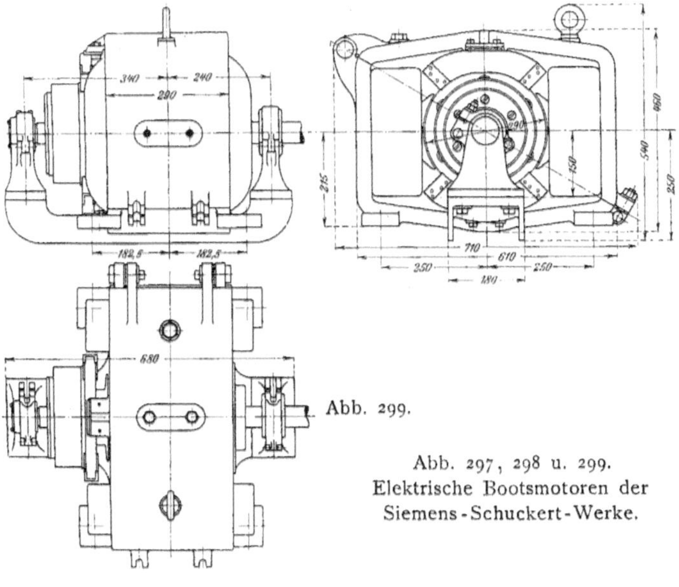

Abb. 299.

Abb. 297, 298 u. 299.
Elektrische Bootsmotoren der
Siemens-Schuckert-Werke.

allerdings in neuerer Zeit derartig durchgebildet worden, daß absolute Betriebsicherheit von ihnen erwartet werden kann. Ihr Hauptnachteil ist das große Gewicht.

Man hat zwei Arten von Akkumulatoren, nämlich die Blei-Akkumulatoren und die Eisen-Nickel- oder Edison-Akkumulatoren. Das Gewicht beträgt bei den ersteren für eine mittlere Entladezeit von 7 bis 8 Stunden für jede PS-Stunde etwa 50 bis 100 kg, bei den letzteren 32 bis 35 kg.

Ein Nachteil der Blei-Akkumulatoren ist die Entwicklung unangenehmer Gase und die Verwendung von Säuren als Elektrolyt. Dadurch wird einerseits ein sehr vorsichtiger Einbau, der nur unter Benutzung von Gewicht verursachenden Bleibeschlägen erfolgen kann, andererseits die Anordnung besonderer Ventilationseinrichtungen erforderlich.

Die Batterie kann im übrigen unter den Bänken und dem Fußboden eingebaut werden, so daß sie den Platz an Bord nicht beengt und sogar die Ausnutzung toter Winkel gestattet. Sie muß aber stets zugänglich sein, da sie unter ständiger Aufsicht sein muß.

Dazu kommt, daß es bei Booten, die in unruhigem Wasser fahren müssen, nicht vorteilhaft ist, die Batterie allzu tief im Boot anzulegen, weil dadurch der Gewichtsschwerpunkt sehr nach unten gezogen wird. Die Folge davon kann zu große Stabilität des Bootes sein (vgl. S. 292), wodurch im Seegang leicht unangenehme, harte Bewegungen und Übernahme von Wasser durch überschlagende Wellen hervorgerufen werden. Außerdem kann die Batterie durch die dann unvermeidlichen Erschütterungen leiden.

Ein Nachteil der Akkumulatoren ist schließlich ihr ziemlich hoher Preis im Verhältnis zu ihrer kurzen Lebensdauer.

Auch wird die Verwendung des Akkumulatorenbetriebes bei manchen Bootstypen dadurch unmöglich gemacht, daß das Boot während der Ladezeit der Batterie außer Betrieb gesetzt werden und für mehrere Stunden still liegen muß.

Akkumulatoren der Akkumulatoren-Fabrik, A.-G. in Berlin:

Die Elemente dieser Akkumulatoren sind in Hartgummikästen nach vier verschiedenen Typen oder Bauweisen gebaut, jede wieder in einer Anzahl verschiedener Größen. Für Seeboote, die starken Schwankungen ausgesetzt sind, werden dieselben Elemente in höheren Gefäßen geliefert, die Neigungen der Elemente bis zu $40°$ gestatten, ohne daß Säure überläuft. Außerdem werden die

Elektromotoren und benzin-elektrischer Antrieb.

Nr.	Elemente BO 80					Elemente GO 50						
	I	II	III	IV	V	I	II	III	IV	V	VI	VII
Außenmaße:												
Höhe mm[1]	320 bz.340	320 (340)	320 (340)	320 (340)	320 (340)	281 (315)	281 (315)	281 (315)	281 (315)	281 (315)	281 (315)	281 (315)
Breite mm	300	300	300	300	300	194	194	194	194	194	194	194
Länge mm	53	85	117	149	181	54	86	118	151	183	215	250
Gew. mit Säurefüllung ca. kg	11	20	30	40	50	9	14	20	25	31	36	41
Preis pro Element ohne Säure und ausschl. Montage ℳ	23	36	48	59	70	16,75	25,25	34	42	48	55	62
	14	28	43	57	72	10	20	30	40	50	60	70
Ladestrom, höchstzulässig, in Ampère												
Leistung einer Batterie aus 40 Elementen für 75 Volt bei einem Güteverhältnis des Motors von 82% während 1 Stunde PS	2,5	5	7,5	10	12,5	1,5	3	4,5	6	7,5	9	10,5
„ 2 Stunden „	1,5	3	4,5	6	7,5	0,9	1,8	2,7	3,5	4,5	5,4	6,3
„ 3 „ „	1,2	2,4	3,6	4,8	6	0,7	1,4	2,1	2,8	3,5	4,2	5
„ 5 „ „	0,8	1,6	2,4	3,2	4	0,5	1	1,5	2	2,5	3	3,5
„ 7,5 „ „	0,6	1,2	1,8	2,4	3	0,35	0,7	1	1,4	1,8	2,2	2,5
„ 10 „ „	0,5	1	1,5	2	2,5	0,3	0,6	0,9	1,2	1,5	1,8	2
Desgl. f. eine Batt. aus 80 Elem. für 150 Volt während 1 Stunde PS	5	10	15	20	25	3	6	9	12	15	18	21
„ 2 Stunden „	3	6	9	12	15	1,8	3,6	5,4	7,2	9	10,5	12,5
„ 3 „ „	2,4	4,8	7,2	9,6	12	1,4	2,8	4,2	5,6	7	8,4	10
„ 5 „ „	1,6	3,2	4,8	6,4	8,0	1	2	3	4	5	6	7
„ 7,5 „ „	1,2	2,4	3,6	4,8	6	0,7	1,4	2,2	2,9	3,5	4,2	5
„ 10 „ „	1	2	3	4	5	0,6	1,2	1,8	2,4	3	3,6	4,2

[1] Zu dem Höhenmaß sind 60 mm für Ableitungen und Verbindungen hinzuzurechnen. Die große Höhenangabe bezieht sich auf Elemente mit losen Deckeln.

Abschnitt III. Maschinenanlagen für Boote.

Hartgummikästen entweder mit säuredichtem Abschluß oder mit lose aufliegendem Deckel geliefert.

Eine Bootsbatterie wird, wenn es der Platz und die Tragfähigkeit des Bootes gestatten, am besten in einer Anzahl Holztröge aus Pitchpineholz, die innen säurefest ausgekleidet und außen säurefest gestrichen sind, untergebracht. Diese Tröge ermöglichen einen festen Einbau der Elemente, erhöhen die Isolation der Elementgruppen gegeneinander und fangen die etwa überspritzende oder übergegossene Säure auf, so daß diese nicht in das Boot gelangt. Während der Ladung müssen die Bänke und die Luken des Fußbodens über der Batterie offen gehalten werden, damit die sich entwickelnden Gase abziehen können. Gewichte und Platzbedarf der Elemente gehen aus den Tabellen hervor. Kommen die erwähnten Holztröge zur Verwendung, so ist durchschnittlich das betriebsfertige Gewicht der Batterie um 10%, der Raumbedarf um etwa 10 bis 20% zu erhöhen.

Wenn auf besonders gute Haltbarkeit und stabilen Einbau Wert gelegt wird, so werden die Typen BO 80 oder GO 50 verwendet.

In Fällen, in denen es sich darum handelt, besonders leichte Elemente zu liefern, kommt die Type ZA 55 zur Verwendung. Bei diesen sind die Platten von etwas geringerer Haltbarkeit als bei den obigen Elementen.

Elemente ZA 55.

Nr.	I	II	III	IV	V	VI	VII	VIII
Außenmaße:								
Höhe mm	300 (335)	300 (335)	300 (335)	300 (335)	300 (335)	300 (335)	300 (335)	300 (335)
Breite mm	213	213	213	213	213	213	213	213
Länge mm	45	72	98	126	150	177	204	230
Gew. m. Säurefüllung kg	6,5	11	15	19,5	23,5	28	32	36
Preis pro Element mit Säure fertig montiert ℳ	17,25	26,50	35	43	50	58	66	74
Ladestrom, höchstzulässig in Ampère, Kapazität in Ampèrestunden . . 7½ Std.	33	67	100	133	167	200	233	267
Entladestrom in Ampère „	4,4	9	13,5	18	22,5	27	31,5	36
Kapazität . . . . 10 Std.	37	74	111	148	185	222	259	296
Entladestrom . . . „	3,7	7,4	11	14,8	18	22	26	29

In Ausnahmefällen werden die sogenannten Automobilelemente mit Großoberflächenplatten für Boote genommen.

Elektromotoren und benzin-elektrischer Antrieb.

Elemente A 70.

Nr.	2	3	4	5	6
Außenmaße:					
Höhe mm	389	389	389	389	389
Breite mm	196	196	196	196	196
Länge mm	40	57	74	91	108
Gew. m. Säurefüllung und Verbindungen ca. kg	9,3	13,4	17,5	21,6	25,8
Preis pro Element ℳ	28	36	44	52	60
Ladestrom, höchstzulässig in Amp.	25	38	50	63	75
Kapazität . . . . 5 Stunden	84	126	168	210	252
Entladestrom . . . . . . 5 „	17	25	33	42	50
Kapazität . . . . 3 „	75	113	151	189	226
Entladestrom . . . . . . 3 „	25	38	50	63	75

Die Deutsche Edison-Akkumulatoren-Company, G. m. b. H. in Berlin, gibt folgende Angaben über die Edison-Akkumulatoren:

Edisonzellen Type H.

Type	Kapazität in Ampère-Stunden	Mittlere Entladespannung in Volt	Normale Stromstärke bei		Ladezeit in Stunden	Außenmaße der Zelle			Gewicht einer Zelle mit Kalilauge	Preis pro Zelle
			Ladung Amp.	Entladung Amp.		lang mm	breit mm	hoch mm	kg	Mk.
H 18	115	1,23	40	30	3³/₄	70	128	310	6,30	33
H 27	175	1,23	65	45	3³/₄	102	128	310	8,50	45
H 45	280	1,23	100	75	3³/₄	170	128	310	13,60	70

Hierdurch lassen sich Größe, Gewicht, Raumbedarf und Preis einer erforderlichen Edison-Akkumulatoren-Batterie überschlagen. Dabei ist aber noch folgendes zu beachten:

Die Höhe des Batterieraumes soll im Lichten nicht unter 400 mm betragen. Dem Gesamtmaß des Batterieraumes sind für Länge und Breite ca. 2 % hinzuzurechnen, um die Träger leicht an Ort und Stelle bringen zu können.

Zu dem Gesamtgewicht der Batterie kommen noch an Zubehörteilen und Reserveteilen etwa 25—30 kg hinzu.

Die Siemens-Schuckert-Werke haben eine Kombination von Benzin-Motor mit Elektromotor und Akkumulatoren-Batterie, den sogenannten benzin-elektrischen Antrieb zu hoher Voll-

Holzträger zu den Zellen Type H.

Zellen-Type	Zellen-Anzahl	Länge außen mm	Gewicht kg	Preis Mk.
H 18	2	189	1,55	4,20
,,	3	265	1,82	5,—
,,	4	341	2,13	6,—
,,	5	431	2,46	8,—
,,	6	507	2,69	9,—
,,	7	583	2,86	10,—
,,	8	659	3,21	11,—
,,	9	749	3,41	12,50
H 27	2	252	1,70	4,50
,,	3	360	2,27	6,—
,,	4	468	2,55	7,50
,,	5	590	3,04	9,50
,,	6	698	3,26	11,—
,,	7	820	3,61	11,50
,,	8	928	4,00	12,50
,,	9	1036	4,30	14,—
H 45	2	389	2,67	6,—
,,	3	579	3,00	9,—
,,	4	755	3,47	11,—
,,	5	945	4,12	12,50

Die Breite beträgt bei sämtlichen Trägern außen 156 mm, die Höhe 356 mm.

kommenheit ausgebildet und bei einer Reihe von Booten zur Anwendung gebracht, bei denen er sich vorteilhaft bewährt hat. (Vgl. Jahrbuch der Schiffbautechn. Gesellschaft 1908, sowie „Die Yacht" vom 5. Febr. 1907, 20. Nov. 1907, 22. Nov. 1909.)

Dieses gemischte System vermeidet eine Reihe von Nachteilen des reinen elektrischen Antriebes. Bei ihm wird eine elektrische Maschine sowohl als Motor wie als Dynamo benutzt. Dadurch wird das Boot unabhängig von einer ortfesten Ladestation, der Aktionsradius wird größer, und es läßt sich eine höhere Geschwindigkeit erzielen.

Gleichzeitig aber ist man in der Lage, sich die erwähnten großen Vorzüge des elektrischen Fahrens zunutze zu machen.

Die Aufgabe wird durch folgende Anordnung gelöst: Ein Benzinmotor ist mit Hilfe einer elektromagnetischen Kupplung mit einer Dynamomaschine und diese wiederum durch eine zweite elektromagnetische Kupplung mit der Propellerwelle gekuppelt.

Parallel zur Dynamomaschine ist eine Akkumulatoren-Batterie geschaltet. Die Dynamomaschine kann auch als Motor arbeiten. Dabei entnimmt sie Strom aus der Batterie. Außerdem kann ihre Drehrichtung als Motor umgekehrt, d. h. sie kann umgesteuert werden. Auch kann ihre Umdrehungszahl in weiten Grenzen geändert werden.

Die elektromagnetischen Kupplungen sind durch je einen Schalter ein- und ausschaltbar, die Kupplung zwischen Benzinmotor und Dynamo ist mit dem Fahrschalter außerdem derartig in Verbindung gebracht, daß beim Rückwärtsfahren die Kupplung gelöst und gleichzeitig die Zündung des Motors abgestellt, der Benzinmotor also gestoppt wird.

Beim Anfahren wird die Dynamo als Motor eingeschaltet, treibt den Propeller und dreht gleichzeitig den Benzinmotor an. Sowie dieser arbeitet, überwiegt bei langsamer Fahrt sein Drehmoment dasjenige des Elektromotors. Dieser arbeitet dann als Dynamo und ladet die Batterie, oder er wird von dieser abgeschaltet, dann arbeitet nur der Benzinmotor. Läßt man aber die Batterie eingeschaltet, so wirkt bei etwaigen Störungen des Benzinmotors die Dynamo sofort als Motor. Dadurch wird die Tourenzahl des Aggregates sehr gleichmäßig.

Bei Steigerung der Geschwindigkeit arbeiten beide Motoren zusammen auf die Welle.

Schaltet man den Benzinmotor mittels der vorderen Kupplung ab, so kann man rein elektrisch fahren und manövrieren.

Das Aufladen der Batterie kann auch während der Betriebspausen geschehen, nachdem die hintere Kupplung gelöst ist.

Als Nachteile gegenüber den großen Vorteilen dieses Systems sind zu erwähnen: das größere Gewicht und die geringere Maximalgeschwindigkeit gegenüber dem reinen Benzinbetrieb mit dem gleichen Motor sowie die höheren Anschaffungskosten.

5. Propeller.[1]

Als Propeller für Boote kommt fast ausschließlich die im Wasser arbeitende Schraube zur Verwendung; ausnahmsweise wird der „Strahlpropeller" benutzt, der durch einen energisch aus-

---

[1] Achenbach: Die Schiffsschraube. Kiel 1906. Durand: The resistance and propulsion of ships. Newyork 1898. Taylor: Resistance of ships and screw propulsion. London 1893. Transact. J. N. A. 1908: R.E.Froude, Results of further Model Screw Prop. Experiments. Transact. J. N. A. 1903:

gestoßenen Wasserstrahl das Boot vorwärts treibt (z. B. bei englischen Dampfrettungsbooten). Für flache und stark verkrautete Gewässer kommt das „Heckrad" zur Anwendung. Neuerdings sind mit der in der Luft arbeitenden Schraube für Wasserfahrzeuge Versuche gemacht worden. Man hat bei sehr leichten Rennfahrzeugen Erfolge damit erzielt und beabsichtigt ihre Verwendung bei flachen und krauthaltigen Flußläufen. Auch für Eisfahrzeuge ist die Luftschraube in Vorschlag gebracht worden.

In diesem Buche werden wir uns nur mit der im Wasser arbeitenden Schraube beschäftigen, weil es sich bei den übrigen Konstruktionen nur um vereinzelte Ausnahmen handelt[1].)

Eine Schraubenfläche kann man sich bekanntlich dadurch entstanden vorstellen, daß eine gerade, gekrümmte oder geknickte „Erzeugende" einerseits auf einer Geraden, der „Schraubenachse", andererseits auf einer zur Achse konzentrischen „Schraubenlinie" entlanggleitet.

Für die Propellerschraube werden nun von der so entstandenen Schraubenfläche nur Teile benutzt. Diese werden so um die Schraubenachse herum angeordnet, daß sie im allgemeinen als Teile einer mehrgängigen Schraube aufgefaßt werden können, die gleichmäßig um die Achse verteilt sind. Eine Ausnahme bildet u. a. der „Niki-Propeller", bei dem die Flügel in bestimmter Weise gegeneinander axial versetzt sind. Die Kontur der einzelnen Schraubenflügel wird verschieden geformt. Meistens ähnelt sie einer mehr oder weniger gestreckten Ellipse.

Man hat Schrauben mit 2, 3, 4, selten aber mehr Flügeln.

Die Schraube kommt bei Booten in 1, 2 oder auch 3 Exemplaren zur Verwendung. Maßgebend für ihre Anzahl ist bei dem beschränkten Tiefgang der Boote meistens die zu übertragende Maschinenkraft, die sich durch einen Propeller von bestimmtem Durchmesser übertragen läßt. Ferner kann man durch Zerlegung in mehrere Einheiten eine größere Betriebssicherheit der Maschinen-

---

Yarrow, The Screw as a means of propulsion of shallow draught steamers. Jahrb. d. Schiffbautechn. Ges. 1908: Flamm, Beitrag zur Entwicklung der Wirkungsweise d. Schiffsschrauben.

1) Jahrb. d. schiffbautechn. Ges. 1906: Lorenz, Theorie und Berechnung d. Schiffspropeller. Jahrb. der schiffbautechn. Ges. 1906: Wagner, Versuche mit Schiffsschrauben und deren Ergebnisse. Jahrb. d. schiffbautechn. Ges. 1905: Ahlborn, Die Wirkung der Schiffsschraube a. d. Wasser. Das Motorboot 1906, Nr. 6, 7: Schwenke, Motorbootschrauben. Transact. Soc. of N. A. & M. E. 1904: Taylor, Some recent experiments.

anlage und bessere Manövrierfähigkeit des Bootes erzielen, unter Umständen (3 Schrauben) auch eine höhere Wirtschaftlichkeit bei verschiedenen Geschwindigkeiten. Auch die Stabilität läßt sich durch Tieferlegen des Schwerpunktes auf diese Weise beeinflussen. Allerdings müssen dafür einige Nachteile, wie: Gewichtsvermehrung, Preiserhöhung, Vergrößerung der Betriebskosten u. a. m., in den Kauf genommen werden.

Die **Hauptbestimmungsstücke** der Schraube sind folgende:

1. Der „**Durchmesser D**", d. i. der Durchmesser des die Flügelspitzen berührenden, zur Schraubenachse konzentrischen Kreiszylinders.

2. Die „**Steigung H**", nämlich die Ganghöhe der als Leitlinie dienenden Schraubenlinie.

3. Der „**Steigungswinkel α**" für eine beliebige Stelle der Schraube mit dem Radius r wird durch die Beziehung $\operatorname{tg} \alpha = \dfrac{H}{2 \pi r}$ bestimmt.

4. Die „**projizierte Fläche**" einer Schraube ist die Summe der Projektionsflächen der Schraubenflügel auf eine zur Schraubenachse senkrecht stehende Ebene. Sie wird meistens durch ihr Verhältnis zur Fläche des die Flügelspitzen berührenden Kreises ausgedrückt. Die letztere wird häufig mit dem englischen aus dem Lateinischen übernommenen Wort

5. „**Disk**" bezeichnet.

6. Der Begriff „**abgewickelte Fläche**" bezeichnet die wahre Größe der Fläche und bezieht sich auf die Rückseite der Schraubenflügel. Dazu muß bemerkt werden, daß sich eine Schraubenflügelfläche der Form nach nur annähernd abwickeln läßt.

7. „**Eintretende Kante**" ist die bei Vorwärtsgang des Schiffes vorangehende Kante des Schraubenflügels, „**austretende Kante**" ist die andere Kante.

8. „**Flügelschnitte**" werden durch zur Schraubenachse konzentrische Zylinderschnitte hergestellt und dienen zur Bestimmung der Materialstärke der Schraubenflügel. Bei stark nach hinten geneigten Flügeln sind die Höhen der Flügelschnitte größer als die wahren Dicken der Flügel an der entsprechenden Stelle.

9. „**Linksgängig**" nennt man eine Schraube, wenn ein oben befindlicher Flügel, von hinten gesehen, sich bei Vorwärtsgang nach links, „**rechtsgängig**" wenn er sich rechts herumdreht.

Als Beispiel der zeichnerischen Darstellungsweise einer Propellerschraube geben wir in Abb. 300 die Zeichnung der Schraube für ein Rennboot, aus der alle Einzelheiten erkennbar sind. Es gibt aber noch verschiedene andere Darstellungsarten, die nicht weniger brauchbar sind.

Die Wirkungsweise der Propellerschraube ist im einzelnen noch ungeklärt, und es gibt heute trotz vieler wertvoller und mühsamer Forscherarbeiten noch keine befriedigende Theorie, die gestattet, Leistung und Kraftbedarf einer beliebigen Schraube

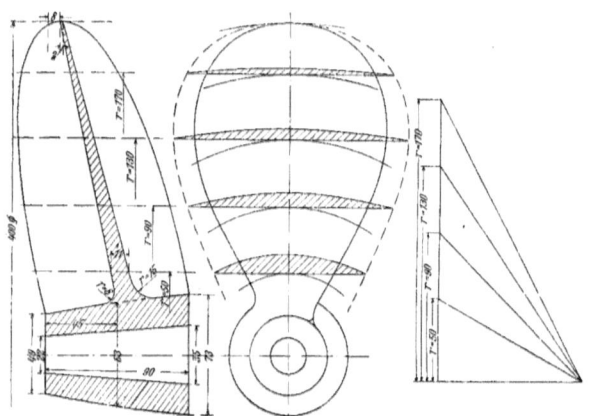

2 Flügel, linksgängig. Steigung = 570 mm.
Durchm. = 400 mm. Material: Bronze.

Abb. 300. Schraube für ein Motor-Rennboot von H. Techel.

für einen bestimmten Zweck zu berechnen oder die Abmessungen einer unter bestimmten Bedingungen arbeitenden Schraube von vornherein mit Sicherheit festzulegen.

Man kann sich jedoch auf folgendem Wege ein im Wesentlichen zutreffendes Bild über die Schraubenwirkungsweise machen: Die Schraube wirkt dadurch, daß die durch sie hindurchgehenden Wassermassen in einer dem Fortgang des Bootes entgegengesetzten Richtung beschleunigt werden. Dabei braucht die Art und Weise, wie diese Beschleunigung erfolgt, hier nicht angegeben zu werden. Eine Schraube wird um so mehr Schub ausüben, je mehr Wasser in der Sekunde durch sie hindurchgeht und eine je größere Beschleunigung sie diesem Wasser erteilt.

Bei diesem mechanischen Vorgang treten Arbeitsverluste ein, die im wesentlichen im Folgenden bestehen: Die Schraubenflügel erleiden Reibungs- und Formwiderstand, während sie das Wasser durchschneiden, und das durch die Schraube in Bewegung gesetzte Wasser verläßt die Schraube mit einer bestimmten „lebendigen Kraft".

Um einen hohen Wirkungsgrad des Propellers zu erzielen, muß demnach möglichst viel Wasser möglichst wenig beschleunigt werden, und andererseits müssen die Flügel möglichst kleine Oberfläche haben und möglichst scharf und dünn sein. Diese Forderungen widersprechen einander, und es kommt daher darauf an, zwischen ihnen einen möglichst günstigen Kompromiß herzustellen, wobei noch die Forderung genügender Festigkeit für die Schraubenflügel erfüllt sein muß.

Für die Praxis hat sich herausgestellt, daß die Schrauben im allgemeinen den größten Nutzeffekt haben, wenn die Steigung etwa 1,5 mal so groß ist, wie der Durchmesser. Ist sie noch größer, so fällt der Nutzeffekt nur sehr langsam, ist sie kleiner, so fällt er zunächst nur langsam, dann aber schneller. Dies ist durch die Taylorschen Schraubenmodellversuche (Transact. of the Soc. of N. A. und M. E. 1904) festgestellt worden. Danach ergaben sich folgende Werte:

$H:D$	0,4	0,6	0,8	1,0	1,2	1,5
Nutzeffekt . . .	55%	68%	72%	76%	78%	79%

In geringerem Maße sind für den Nutzeffekt der Schraube auch das Verhältnis der Projektionsfläche zur Schraubenkreisfläche, die Flügelform, Flügeldicke, Zuschärfung und verschiedene andere Umstände von Einfluß.

Zur Konstruktion einer brauchbaren Schraube bedarf es einer großen Erfahrung, da die Wahl der einzelnen Abmessungen in gewissem Grade willkürlich ist. Vielfach stellt sich erst nach umfangreichen Probefahrten heraus, welches die richtige Schraube ist. Schiffsform und Ort der Anbringung der Schraube am Schiffskörper können außerdem von wesentlichem Einfluß auf den Wirkungsgrad sein.

Im allgemeinen kann folgender Rechnungsvorgang eingehalten werden:

Man weiß nach vorhergegangenen Überlegungen und Vergleichen mit ähnlichen Fahrzeugen (s. S. 300) angenähert, wie viel

Pferdestärken zur Erreichung einer gewünschten Geschwindigkeit erforderlich sind. Dann ergibt sich der Schraubenschub, den man erzielen muß, angenähert aus folgender Gleichung:

$$\text{Schub} = \frac{\text{PSe} \cdot 75 \cdot \eta}{v} \text{ in kg.}$$

Hierin bedeuten PSe die durch die Welle an den Propeller abgegebenen Pferdestärken, η den Wirkungsgrad des Propellers, v die Bootsgeschwindigkeit in m in der Sekunde.

η schwankt sehr und ist bei den besten Ausführungen bis jetzt mit etwa 78% ermittelt worden[1]. Je nach den Verhältnissen setzt man einen vorläufigen Wert ein, der erforderlichenfalls im weiteren Verlauf der Rechnung zu berichtigen ist.

Mit Hilfe des Schubes kann man die erforderliche projizierte Flügelfläche ermitteln. Bei Booten soll man mit dem Einheitsflächendruck, bezogen auf die projizierte Flügelfläche, bei hohen Geschwindigkeiten nicht über 0,8 kg/qcm, bei niedrigen (8 Knoten) nicht über 0,3 bis 0,4 kg/qcm gehen.

Das Verhältnis der projizierten Flügelfläche zur Diskfläche (s. o.) ist sehr schwankend und wird durch die oben erwähnten Überlegungen insofern stark beeinflußt, als man immer versuchen muß, sich dem günstigsten Steigungsverhältnis 1,5 zu nähern. Bootsgeschwindigkeit und Zweck des Bootes spielen dabei die größte Rolle. Man wird z. B. bei einem Schlepper im allgemeinen den Völligkeitsgrad der Schraube bedeutend größer wählen als bei einem Rennboot. Jedenfalls kann man durch Vergleiche mit ausgeführten Schrauben aus der ermittelten Flügelfläche einen Schraubendurchmesser entwickeln, und dieser muß nun daraufhin beurteilt werden, ob er mit Rücksicht auf die Umdrehungszahl eine günstige Steigung zuläßt, und ob er zu dem Tiefgang und der Bootsform paßt.

Jetzt ist die Steigung der Schraube zu bestimmen. Dies geschieht auf Grund der minutlichen Umdrehungszahl des Motors n unter Berücksichtigung des „Slips" der Schraube s.

Ohne Slip kann eine Schraube überhaupt keinen Schub ausüben, da sie sich nicht wie in einer Mutter im Wasser vorwärtsschrauben kann. Das Wasser bietet eben keine festen Gewindeflächen, sondern weicht unter der Wirkung der Schraubenflächen aus, so daß die Schraube, um das Boot vorwärts zu treiben, bedeutend

---

[1] Vergl. d. Veröffentlichungen von Taylor, Froude, s. S. 227, Techel, Jahrbuch d. Schiffbt. Ges. 1908.

mehr Umdrehungen machen muß, als wenn sie sich in einer festen Mutter bewegte.

Bezeichnet man die sekundliche Bootsgeschwindigkeit mit v, die sekundliche Umdrehungszahl, multipliziert mit der Schraubensteigung, mit u, so nennt man den Ausdruck $\frac{u-v}{u}$ das Slipverhältnis der Schraube und den Ausdruck $\frac{u-v}{u} \times 100$ den Slip in Prozenten der axialen Schraubenbewegung unter Voraussetzung einer festen Führungsmutter für die Schraube.

Macht z. B. eine Schraube mit 0,5 m Steigung 420 Umdrehungen in der Minute, und ist die Bootsgeschwindigkeit $v = 6$ Knoten $= 6 \times \frac{1850}{60} = 185$ m in der Minute, so ist

$$u = \frac{420}{60} \times 0,5 = 3,5 \text{ m/Sek.}, \quad v = \frac{185}{60} = 3,1 \text{ m/Sek.}$$

$$s = \frac{u-v}{u} \times 100 = \frac{3,5-3,1}{3,5} \times 100 = 14,3 \text{ \%}.$$

Mit diesem Begriff des Slips wird im allgemeinen gearbeitet, und als Überschlagswerte bei der Schraubenberechnung werden je nach der Form des Bootes und des Propellers 10 bis 25 % eingesetzt. Diese Werte gelten für das frei fahrende Boot bei seiner günstigsten Geschwindigkeit. Bei andern Geschwindigkeiten und andern Widerstandsverhältnissen, wie z. B. bei einer Tiefgangs- oder Trimmänderung, beim Schleppen anderer Fahrzeuge, bei Zuhilfenahme von Segeln, bei Strömungen im Wasser usw., treten natürlich andere Slipverhältnisse auf. v und PS sind dann auch anders, und man kann natürlich auch hierfür von vornherein die Schraube berechnen.

Der wie oben ermittelte Slipwert ist der des sogenannten „scheinbaren Slips"; der „wahre Slip" ergibt sich erst durch Berücksichtigung des sogenannten „Vorstromes". Bei fahrendem Boote strömt das Wasser von allen Seiten, insbesondere von hinten herbei, um die durch den Bootskörper verursachte Furche auszufüllen. Dadurch und auch durch Mitreißen des Wassers durch Reibung an der Außenhaut entsteht am Hinterschiff der „Vorstrom". Durch diesen wird der Schub der Schraube wesentlich erhöht, da die Schraube auf durch ihn verzögertes Wasser arbeitet, wodurch die im austretenden Strahl enthaltene lebendige Kraft geringer wird.

Es kann dann vorkommen, das v größer als u wird und daß s, der scheinbare Slip, dadurch einen negativen Wert bekommt. Man spricht dann von „negativem Slip". Der wirkliche Slip kann natürlich niemals negativ werden.

Um nun, wie beabsichtigt, die erforderliche Steigung einer Schraube zu berechnen, kann man folgende Gleichung aufstellen:

$$H \cdot n \cdot \left(1 - \frac{s}{100}\right) = 60 \cdot v$$

worin H = Steigung in m,
n = Umdrehungen i. d. Min.,
s = Slip in %,
v = Bootsgeschwindigkeit in m/Sek.

Das Verhältnis $H:D$ sowie Vergleiche mit ähnlichen Schraubenausführungen, Modellschraubenversuchen und andern Erfahrungen müssen dann die Beurteilung der Zweckmäßigkeit oder Unzweckmäßigkeit der berechneten Abmessungen herbeiführen. Nötigenfalls ist die Rechnung mit andern Annahmen zu wiederholen.

Beispiel: Motorleistung = 40 PSe,
n = 650,
v = 14 Kn. = 7,2 m/Sek.,
s = 20% (nach früheren Ausführungen geschätzt),
D = 600 mm,
η = 0,62,
Flächendruck = 0,5 kg/qcm,

Es ist $\dfrac{u-v}{u} \cdot 100 = 20$, also $u = 9{,}0$ m/Sek. = 540 m/Min.,

$H = \dfrac{u}{n} = \dfrac{540}{650} = 0{,}83$ m,

$H:D = \dfrac{0{,}83}{0{,}60} = 1{,}39$,

Schub = $\dfrac{40 \cdot 75 \cdot 0{,}62}{7{,}2} \sim 250$ kg.

Erforderliche proj. Flügelfläche = $\dfrac{250}{0{,}5}$ = 500 qcm.

Da die Diskfläche rund 2800 qcm beträgt, so läßt sich die erforderliche Flügelfläche bequem in 2 oder 3 Flügeln unterbringen.

Eine brauchbare Tabelle für die ersten Entwürfe ist die folgende. Sie geht von der Formel PSe = $k \times D^2 \times v^3$ aus, worin D

in m, v in Knoten ausgedrückt ist. Die Tabellenwerte gelten für das Verhältnis: $\frac{\text{abgewickelte Fläche}}{\text{Disk}} = 0{,}44$ und dreiflügelige Schrauben auf Grund der Taylorschen Versuche.

$H:D$	Slip in %	k	η	Slip in %	k	η	Slip in %	k	η	Slip in %	k	η
0,4	10	0,15	44	20	0,23	45	30	0,38	44	40	0,62	42
0,6	10	0,067	57	20	0,12	58	30	0,20	55	40	0,35	52
0,8	10	0,041	66	20	0,072	67	30	0,134	62	40	0,24	57
1,0	10	0,028	72	20	0,052	71	30	0,097	66	40	0,18	60
1,2	10	0,018	75	20	0,04	73	30	0,075	68	40	0,139	62
1,5	10	0,013	75	20	0,029	76	30	0,056	70	40	0,106	63

Schrauben mit kleinem Steigungsverhältnis $H:D$ haben mit Nutzen größere Flügelflächen, müssen sie auch oft haben, damit der Flächendruck nicht zu groß wird. Im übrigen spielen im allgemeinen Änderungen in den Flächen keine so große Rolle, wie Änderungen im Durchmesser und in der Steigung. Zu schmale und dabei lange Flügel verbieten sich auch wegen der Unmöglichkeit, bei genügender Festigkeit schlank verlaufende Flügelschnitte auszuführen, d. h. die Flügelblätter genügend dünn zu halten.

Ist die geometrische Form der Schraube festgelegt, so ist eine Festigkeitsberechnung[1]) für die Schraubenflügel vorzunehmen, wobei für schnell laufende Schrauben auch die Zentrifugalkraft zu berücksichtigen ist.

Früher gab man der Erzeugenden oft ganz beträchtliche Neigung nach hinten in der Absicht, den Wirkungsgrad der Schraube durch Zusammenhalten des Wasserstromes zu erhöhen. Dadurch kamen durch die Zentrifugalkraft in die Flügel große Beanspruchungen, die mehrfach zu Havarien geführt haben. Jetzt gibt man, besonders bei Schrauben mit hoher Umdrehungszahl nur sehr wenig und häufig gar keine Neigung. Dadurch wird die Beanspruchung durch die Zentrifugalkraft geringer, ohne daß, wie neuere Versuche bewiesen haben, der Nutzeffekt leidet. Auch ist der Wirkungsgrad beim Rückwärtsarbeiten der Schraube in diesem Falle besser, als wenn die Flügel stark nach hinten geneigt sind. Man hat Vorteile erhofft durch Abgehen von genauen Schraubenflächen, indem man die Steigung radial nach außen zu- oder ab-

---

[1]) Vergl. Hütte, Des Ingenieurs Taschenbuch, Abschnitt „Schiffsmaschinenbau".

nehmen ließ, man hat sie auch peripherial von der eintretenden nach der austretenden Kante hin zunehmen lassen. Allen diesen Komplikationen gegenüber hat sich die einfache mathematische Schraube mit konstanter Steigung bisher gut behauptet.

Am bekanntesten und beliebtesten für Bootszwecke sind in Deutschland die von der Firma Th. Zeise in Altona-Ottensen hergestellten „Zeise-Propeller". Abb. 301 und 302 stellen zwei verschiedene Ausführungen für ein größeres und ein kleineres Motorboot dar. Charakteristisch für diese Propeller-Konstruktion ist die radial nach der Achse hin stark zunehmende Steigung, die sehr dünn und scharf gearbeiteten Flügel und die schlanke Nabe.

Neuerdings wird bei Booten mit schnellaufenden Schrauben-Propellern der „Gegenpropeller", System und Patent Dr. Wagner-Bauer, zur Anwendung gebracht. Das Wesentliche dieses Systems besteht in der Verwandlung der schraubenförmigen Bewegung des aus dem sogenannten Primärpropeller austretenden Wassers in eine axiale Bewegung und in der weiteren Beschleunigung dieses Wassers zum Zweck der Vermehrung des Propellerschubes, und in der Lagerung der Propellerwelle hinter dem Propeller im Gegenpropeller.

Dieses Prinzip wird praktisch erreicht durch einen Stern von gekrümmten Leitflügeln (hinter dem Primärpropeller angeordnet), deren Querschnitte nach bestimmten Grundsätzen geformt sind.

Die Leitflügel sind nicht von einem Mantel umgeben.

Der Wirkungsgrad dieser Kombination aus Primärpropeller und Gegenpropeller übersteigt den des besten Primärpropellers bis zu 20%, wie die Versuche mit verschiedenen Motorbooten und Dampfern ergeben haben.

Als Folge dieser Verminderung der Arbeitsverluste im Schraubenpropeller ergeben sich kleinere Propellerdurchmesser und geringere Vibrationen. Außerdem ist die Störung des zum Propeller strömenden Wassers durch die sonst vorgelagerten Wellen-Bockarme vermieden und eine bessere Lagerung bezw. geringere Beanspruchung der Propellerwelle erreicht.

Bei ganz flach gehenden Booten kann man die Schraube als sogen. „Tunnelschraube" ausführen (vgl. Abb. 86 und 200). Der Wirkungsgrad der Schraube ist in diesem Falle zwar etwas geringer, aber dafür werden auch Gewicht und Kosten der Gesamtanlage geringer gegenüber einem Räderboot, das sonst in Frage kommen würde. Um bei flachgehenden Booten Propeller mit

Propeller.

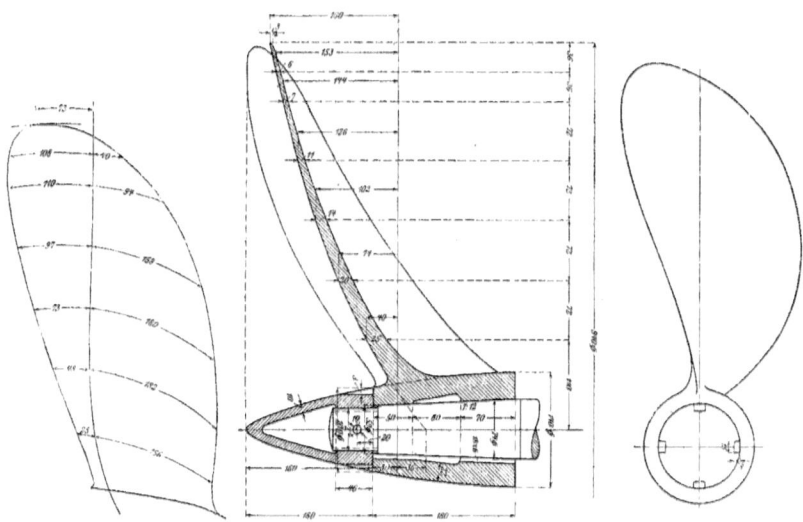

3 Flügel, linksgängig.   Steigung im Mittel = 1081 mm.
Durchmesser = 940 mm.   Abgew. Fläche = 0,252 qm.
                 Material: Bronze.
Abb. 301. Patent-Zeise-Schraube für ein 40 PS-Beiboot.

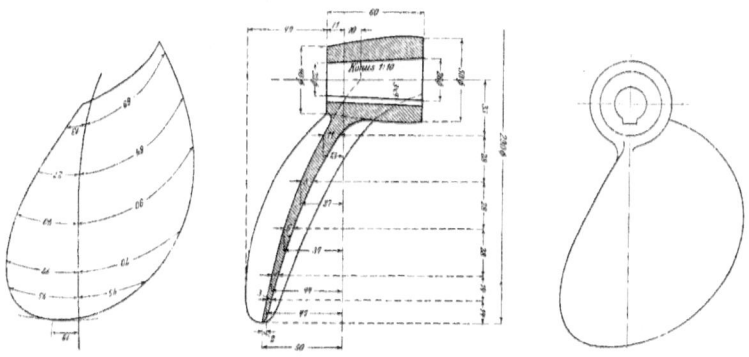

3 Flügel, linksgängig.   Steigung im Mittel = 241 mm.
Durchmesser = 290 mm.   Abgew. Fläche = 0,037 qm.
                 Material: Bronze.
Abb. 302. Patent-Zeise-Schraube für ein Motorboot.

Abschnitt III. Maschinenanlagen für Boote.

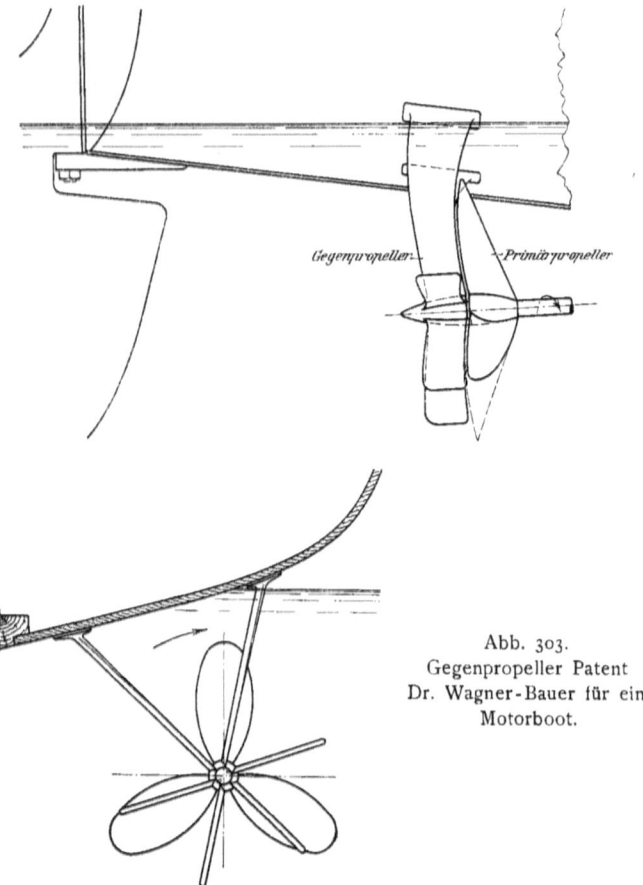

Abb. 303.
Gegenpropeller Patent
Dr. Wagner-Bauer für ein
Motorboot.

größerem Durchmesser anwenden zu können, die dann über die Schwimmwasserlinie hinausragen und doch den Wirkungsgrad der ganz untergetauchten Schraube besitzen, ist man auf die Verwendung der sogen. „Schrauben-Turbine" gekommen. Bei ihr wird durch Verdickung der Propellernabe und Ummantelung des Propellers eine starke Beschleunigung des eintretenden Wassers und durch ein ebenfalls ummanteltes Leitschaufelsystem eine gerade nach hinten gerichtete Abströmung des Wassers bewirkt. Durch die starke Beschleunigung wird im Tunnel ein Unterdruck erzeugt, so daß sich der Tunnel ganz mit Wasser füllt. Ein großer Nachteil ist die außerordentlich geringe Wirksamkeit dieser Schraube beim Rückwärtsschlagen.

Von Bedeutung für Motorboote sind die „Drehflügelschrauben". Das sind Schrauben mit beweglichen Flügeln, die sich in der Nabe um einen senkrecht zur Achse stehenden Zapfen drehen können. Diese Drehung kann vom Innern des Bootes her durch den Steuermann mit Hilfe von Hebel und Gestänge bewirkt werden. Dadurch wird es bei den Verbrennungsmotoren, die noch nicht mit Umsteuerung versehen sind, möglich gemacht, rückwärts zu fahren (vgl. S. 212). Auch eine Veränderung der Fahrgeschwindigkeit und der Stillstand des Bootes können durch Einstellung der Schraubensteigung bewirkt werden. Bei Segelbooten mit Hilfsmotor können die Schraubenflügel des dabei zur Verwendung kommenden zweiflügeligen Propellers ungefähr in die Mittschiffsebene gedreht werden, um so beim Segeln möglichst wenig Widerstand zu bieten. Drehflügelschrauben sind in letzter Zeit sogar für recht bedeutende Maschinenkräfte, z. B. bei Hilfsmotoren für große Segelschiffe und bei Unterseebooten, zur Anwendung gekommen und haben im allgemeinen zufriedenstellend funktioniert.

Allerdings ist der Nutzeffekt bei Drehflügelschrauben etwas geringer als bei Schrauben mit festen Flügeln, weil die Nabe sehr dick sein muß und auch die Flügel in der Nähe der Nabe ziemlich kräftig gehalten werden müssen. Die konstruktive Ausführung hat den Nachteil, daß der Mechanismus wegen seiner exponierten Lage außerhalb des Schiffskörpers leicht zu Havarien Veranlassung geben kann. Andererseits ist wieder ein Vorteil darin zu erblicken, daß bei eingetretener Havarie ein Flügel der Drehflügelschraube leichter zu ersetzen ist als der ganze Propeller bei der festen Schraube.

Daß bei Veränderung der Steigung durch Verdrehen der Flügel natürlich von einer genauen Schraubenform nicht mehr die Rede sein kann, ist praktisch von geringer Bedeutung. Auch ist bei der sogen. Stoppstellung ein absoluter Stillstand des Bootes wegen des toten Ganges im Gestänge usw. nicht zu erzwingen, und es ist aus diesem Grunde immer zu empfehlen, auch bei der Drehflügelschraube noch eine besondere Ausrück-Kupplung zum vollständigen Stillstellen der Wellenleitung vorzusehen.

Es gibt verschiedene Ausführungsformen von Umsteuerschrauben. Am bekanntesten ist hiervon die „Meißner-Schraube", die in der ganzen Welt Verbreitung gefunden hat. Ihre Beschreibung dürfte sich hier erübrigen, da sie sehr bekannt ist und auch in der Literatur häufig wiederkehrt (vgl. z. B. Achenbach, Die Schiffsschraube; Motorboote und Bootsmotoren, usw.).

Die Ausführung der Bootsschrauben erfolgt fast ausschließlich in Bronze. Sie werden entweder nach einem Holzmodell eingeformt und abgegossen oder die Form wird nach Schablone „aufgedreht" (vgl. Achenbach, Die Schiffsschraube). Das Eingehen auf Einzelheiten der Fabrikation würde hier zu weit führen. Es sei nur darauf hingewiesen, daß das letztere Verfahren bei entsprechender Gestaltung der Schablonen in einfacher Weise die Anfertigung von Schrauben mit peripherial veränderlicher Steigung gestattet. Die Hauptsache ist bei allen Schraubenformen die Einhaltung gleicher Steigung auf allen Flügeln, durchaus glatte, möglichst polierte Flügelflächen (auch auf der Rückseite!), gute Ausbalancierung.

Auf der Welle werden die Schrauben meistens mittels Konus und Feder befestigt. Die Feder wird am besten bei Bronzewellen und Bronzeschrauben ebenfalls aus harter Bronze gemacht. Die Schraubenmutter, die von hinten gegen die Schraube aufgesetzt wird und sie auf der Welle festhält, wird meistens bei linksgängigen Schrauben rechtsgängig und umgekehrt ausgeführt, damit sie nicht durch die Schraube event. losgedreht werden kann. Sie ist sorgfältig zu sichern. Die Nabe soll möglichst klein sein und einen schlanken Verlauf haben. Dazu gehört, daß man entweder die Mutter dem Verlauf der Nabe entsprechend in eine Spitze auszieht, an der seitlich Flächen zum Aufsetzen des Schraubenschlüssels angebracht sind, oder daß man über der Mutter eine entsprechend spitze Kappe anbringt, um dem Wasser glatten Abfluß nach hinten zu ermöglichen.

Abschnitt IV.

Das Entwerfen von Booten.

1. Konstruktionsgrundlagen.

Vor Beginn eines Entwurfes sind die Konstruktionsbedingungen, d. h. die Forderungen, die an das Fahrzeug gestellt werden, festzulegen. Diese beziehen sich im allgemeinen auf folgendes:

1. Art und Zweck des Bootes.
2. Art des Antriebes.
3. Einrichtung und Ausrüstung.
4. Klassifikation und Vermessung.
5. Baukosten.
6. Betriebskosten.
7. Lieferungsbedingungen.

Um diese Forderungen zu erfüllen, muß die Konstruktion über folgende Punkte eine Entscheidung herbeiführen:

1. Abmessungen des Bootes.
2. Tragfähigkeit.
3. Geschwindigkeit.
4. Stabilität.
5. Seefähigkeit.
6. Manövrierfähigkeit.
7. Bauart und Baumaterial.

Die Hauptaufgabe besteht darin, die vom Besteller festgelegten, sich oft widersprechenden Forderungen im richtigen Verhältnis gegeneinander abzustimmen, um zu einer befriedigenden Lösung zu gelangen. Die Art dieses Ausgleiches und die Reihenfolge der Arbeiten hängen dabei natürlich von dem Geschick und den Erfahrungen des Konstrukteurs ab.

2. Reihenfolge der Arbeiten.

Im allgemeinen können die Arbeiten an einem Neuentwurf folgendermaßen unterteilt werden:

1. Vorprojekte.
2. Entwurf.
3. Konstruktionszeichnungen.

Die Vorprojekte suchen in großen Zügen die gestellten Forderungen zu erfüllen und geben nur ein angenähertes Bild des zu erbauenden Fahrzeuges. Die Grundlagen für die Berechnungswerte werden beim Vorprojekt nach ähnlichen ausgeführten Booten gewählt, und jeder Konstrukteur läßt dabei für sich einen Spielraum für die zu erfüllenden Bedingungen.

Aus einer Reihe von Vorprojekten entsteht dann der Entwurf. Dieser enthält festgelegte Zahlenwerte und genau ausgearbeitete Zeichnungen, nach denen die Materialpläne gezeichnet werden können. Auch beim Entwurf wird vom Konstrukteur ein geringer Spielraum gelassen, der zwar bedeutend enger als beim Vorprojekt, aber von großer Bedeutung ist. Die Bauausführung ergibt oft unvorhergesehene Überraschungen; die Gewichtsberechnungen und die Berechnung der Lage des Systemschwerpunktes lassen sich unmöglich ganz genau durchführen; und andere Schwierigkeiten, die noch auftreten, fordern stets an richtiger Stelle die Einführung eines kleinen Spielraumes in den Berechnungswerten.

Der Entwurf wird während des Baues noch weiter ausgearbeitet und in Übereinstimmung mit der Ausführung gehalten. Änderungen und Kontrollbestimmungen werden in die Zeichnungen und Rechnungen eingetragen und so entstehen die „Konstruktionszeichnungen", nach denen das nötige Material bestellt und bearbeitet werden kann.

Diese endgültigen Zeichnungen und mit der Ausführung übereinstimmenden Angaben bilden dann einen wertvollen Schatz des Konstrukteurs und der Werft. Es ist wohl keinem übel zu nehmen, wenn er diese Sachen nur für seine eigenen Zwecke bei nachfolgenden Entwürfen verwendet und nicht veröffentlicht.

Sieht man von der latenten geistigen Arbeit ab, die natürlich nicht schematisiert werden kann, so läßt sich die allgemeine Reihenfolge der Arbeiten bei einem Entwurf folgendermaßen zusammenstellen:

1. Wahl der Hauptabmessungen, Vergleich mit ähnlichen Fahrzeugen nach den Verhältniswerten $L:B$, $T:B$, $L:H$, $H:T$ (s. u.).

2. Überschlag des Gesamtgewichtes.
    a) Bootskörper mit Zubehör und Inventar.
    b) Maschinenanlage mit Zubehör.
    c) Brennstoff.
    d) Sonstige Vorräte.
    e) Mannschaft.
    f) Ballast.

3. $\delta = \dfrac{\text{Gesamtgewicht}}{L \times B \times T}$ (Außenhaut, Kiel, Steven usw. sowie spezifisches Gewicht des Wassers berücksichtigen!)

4. Vorläufiger Linienriß, Vergleich desselben mit ähnlichen Fahrzeugen nach δ, α, β, φ (s. u.). C_b C_{wp} C_{pn} C_p

5. Vorläufige Einrichtungszeichnung.

6. Vorläufige Bestimmung der Materialstärken und Anordnung der Verbände.

7. Vorläufige Gewichts- und Schwerpunktsrechnung (s. S. 291).

8. Untersuchung von $\overline{MG}$ (s. S. 268).

9. Untersuchung der Stabilitäts- und Trimmverhältnisse (s. S. 269).

10. Untersuchung der Widerstandsverhältnisse und der erforderlichen Maschinenkraft (s. S. 301).

11. Genauer Linienriß.

12. Genaue Einrichtungszeichnung.

13. Untersuchung der Festigkeitsverhältnisse und genaue Bestimmung der Materialstärken und Verbände (s. S. 272).

14. Bauvorschrift (s. S. 306).

15. Kostenanschlag (s. S. 305).

3. Schiffbautechnische Begriffe und Bezeichnungen.

Bemerkung: Bei Benutzung veröffentlichter Angaben empfiehlt es sich, vorher festzustellen, wie die betr. Abmessungen usw. gemeint sind, da eine allgemein gültige Benennung nicht besteht.

Als Grundlage für das Folgende diene die von der Schiffbautechnischen Gesellschaft im Jahre 1905 (Jahrb. S. 467) einheitlich festgelegte Bezeichnungsweise unter Berücksichtigung der durch die Eigenart des Bootsbaues bedingten Abweichungen. Besonders zu beachten sind die Vorschriften des Germanischen Lloyd und der Seeberufsgenossenschaft sowie die verschiedenen Vermessungsregeln und die in- und ausländischen Meßweisen.

Länge. 1. Länge über alles = größte Länge, gemessen zwischen den äußersten Punkten des Bootskörpers hinten und vorn. Ruder, Bugspriet, Treiberbaum u. a. m. werden nicht berücksichtigt. $L_{gr.}$

2. Länge in der Schwimmebene = Konstruktionslänge, gemessen in der Konstruktionswasserlinie, $L_{wl.}$

a) bei Eisen- und Stahlbooten von Vorderkante Rudersteven bis Hinterkante Vorsteven,

b) bei Holzbooten von Außenkante Sponung am Hintersteven bis Außenkante Sponung am Vorsteven,

c) bei Booten mit Flachsteven (d. h. ohne eigentliche scharf gebaute Steven) von Hinterkante Hintersteven bis Vorkante Vorsteven.

3. Vermessungslänge.

$B_{gr.}$ Breite.[1] 1. Größte Breite, gemessen an der breitesten Stelle des Fahrzeuges über Außenhaut, Scheuerleisten und sonstige Ausbauten.

$B_{Wl.}$ 2. Breite in der Schwimmebene = Konstruktionsbreite, gemessen an der breitesten Stelle des Verdrängungskörpers des Bootes,

a) bei gewöhnlichen Eisen- und Stahlbooten auf Außenkante Spanten,

b) bei Holzbooten auf Außenkante Planken.

3. Decksbreite, gemessen an der breitesten Stelle der Decksbalken.

$T_{gr.}$ Tiefe.[1] 1. Tiefgang = größte Tiefe, gemessen von der Schwimmebene bis Unterkante Kiel bzw. bis zum tiefsten Punkt des Bootskörpers oder der Anhängsel (Ruder, Propeller, Schraubenhacke oder ähnl.).

Zu unterscheiden:

Tiefgang vorn, hinten und in der Mitte.

T 2. Konstruktionstiefe, gemessen auf $1/2\ L$ von der Schwimmebene senkrecht nach unten,

a) bei Eisenbooten bis Außenkante Spantwinkel am Kiel (Oberkante Kiel, Basislinie),

b) bei Holzbooten bis Außenkante Sponung am Kiel (Basislinie).

Bemerkung: a) Der Unterschied zwischen Tiefgang vorn und hinten heißt „Trimm".

b) Man unterscheidet „Steuerlastigkeit" und „Kopflastigkeit", je nachdem der hintere oder der vordere Tiefgang größer ist.

H 3. Seitenhöhe, gemessen auf $1/2\ L$ von Seite Deck (Oberkante Decksbalken) bezw. Oberkante Dollbord bei offenen Booten,

a) bei Eisenbooten bis Außenkante Spantwinkel am Kiel (Oberkante Kiel),

b) bei Holzbooten bis Außenkante Kielsponung.

---

[1] Die „Vermessungswerte für Breite, Tiefe und Freibord sind stets nach den Vermessungsvorschriften zu bestimmen.

4. Raumtiefe, gemessen auf $^1/_2\,L$ mittschiffs von RT
Oberkante Decksbalken bis Oberkante Bodenwrangen.

Freibord.[1]) Im allgemeinen ist $F = H - T$; es wird F
aber auch die Höhe über Wasser vorn und hinten mit
Freibord bezeichnet.

Sprung ist die Krümmung des Decks bezw. des Doll-
bordes in der Längsrichtung. Mit „Sprung vorn bezw. hinten"
wird die Erhöhung der genannten Straklinie gegen die Höhe
auf $^1/_2\,L$ bezeichnet.

Decksbucht ist die Krümmung der Decksbalken.

Hauptspant ist die Spantebene, welche die größte $\otimes$
Fläche unterhalb der Schwimmebene hat.

Konstruktionswasserlinie ist die der Konstruktion CWL
zugrunde gelegte Schwimmebene.

Deplacement (Wasserverdrängung).

1. Volumen der verdrängten Wassermasse in cbm. Es V
ist stets anzugeben, ob Außenhaut, Steven, Kiel, Ruder,
Wellen usw. mitgerechnet sind oder nicht.

2. Konstruktionsverdrängung bei Eisen- und Stahl- D oder V
booten ohne Außenhaut und Anhängsel, bei Holzbooten
mit Außenhaut, aber ohne Anhängsel.

3. Gewicht der verdrängten Wassermenge = Boots- P
gewicht.

Ist γ das spezifische Gewicht des Wassers, so ist
$P = \gamma \cdot V$.

$\gamma = 1{,}000$ für Süßwasser,
$\gamma = 1{,}025$ „ Nordseewasser und Ozeane,
$\gamma = 1{,}017$ „ Ostseewasser.

Tragfähigkeit ist das Gesamtgewicht von Ladung, $Tr.$
Fahrgästen, Besatzung, Proviant, Wasser, Brennstoff usw.

Engl. Bezeichnung = d. w. (deadweight).

Lateralplan ist die Fläche der Längsschiffsebene LP
einschl. Ruder usw. unterhalb der CWL.

Benetzte Oberfläche ist die Gesamtoberfläche Ω
unterhalb der CWL.

Segelfläche ist die Fläche der in Rechnung ge- S
zogenen Segel.

---

[1]) S. Anmerkung auf S. 244.

Abschnitt IV. Das Entwerfen von Booten.

⊙   Schwerpunkte erhalten zu ihrer näheren Bezeichnung die obigen Abkürzungen, z. B.:
Verdrängungsschwerpunkt $= \odot V$ (meistens mit F bezeichnet),
CWL-Schwerpunkt $= \odot CWL$,
Gewichts- oder System-Schwerpunkt $= \odot P$ (meistens mit G bezeichnet)

Völligkeitsgrade

δ 1. des Deplacements $\delta = \dfrac{V}{L \times B \times T}$

α 2. der CWL . . . $\alpha = \dfrac{CWL}{L \times B}$

β 3. des $\otimes$ . . . . $\beta = \dfrac{\otimes}{B \times T}$

4. der Spantflächenskala (s. Abb. 308):

φ $\varphi = \dfrac{V}{\otimes \times L} = \dfrac{LBT\delta}{B \times T \times \beta \times L} = \dfrac{\delta}{\beta}$

5. Schwimmflächenskala (s. Abb. 308):

χ $\chi = \dfrac{V}{CWL \times T} = \dfrac{LBT\delta}{LB\alpha T} = \dfrac{\delta}{\alpha}$

$\varkappa$ 6. $\varkappa = \dfrac{\delta}{\alpha\beta}$.

Stabilität ist die Fähigkeit eines Fahrzeuges, sich aus einer geneigten Lage wieder aufzurichten.

St   1. Statische Stabilität = Moment des Kräftepaares aus Auftrieb und Schiffsgewicht = Deplacement multipliziert mit dem Hebelarm der Stabilität, d. i. dem horizontalen Abstand der obigen beiden Kraftrichtungen (s. Abb. 309).

Std   2. Dynamische Stabilität = Arbeit (Kraft mal Weg), die aufgewandt werden muß, um das Boot zu neigen.

Bemerkung: Man unterscheidet „Querstabilität" bei Neigungen um die Längsachse und „Längsstabilität" (oder Trimm) bei Neigungen um die Querachse.

M   Metazentrum.

1. Wahres Metazentrum ist der Krümmungsmittelpunkt der Deplacements-Schwerpunktskurve, d. h. der Kurve, die der Schwerpunkt bei Neigungen beschreibt.

2. Allgemein bezeichnet man mit Metazentrum den Schnittpunkt der Auftriebskraftrichtung mit der Längsschiffsebene (Lateralplan).

M_B = Breitenmetazentrum, $\qquad M_B$
M_L = Längenmetazentrum. $\qquad M_L$
Metazentrische Höhe = Abstand des Metazentrums $M G$
vom Systemschwerpunkt in der aufrechten Schwimmlage.

4. Verhältniswerte ausgeführter Boote.[1]

	$\dfrac{V}{\text{cbm}}$	$L:B$	$T:B$	$L:H$	$H:T$	δ	α	β	$\chi = \delta:\alpha$	$\varphi = \delta:\beta$	$\dfrac{\chi=}{\alpha\cdot\beta}$
Marine-Dampfbeiboot Kl. A	15,80	5,14	0,33	11,40	1,36	0,451	0,676	0,715	0,668	0,631	0,934
Marine-Dampfbeiboot Kl. I	6,60	3,74	0,34	7,90	1,36	0,380	0,680	0,663	0,559	0,573	0,844
Motor-Fischkutter f. d. Ostsee	6,50	2,46	0,233	—	1,73	0,390	0,740	0,625	0,528	0,625	0,847
Kl. Schwertjolle	0,50	2,50	0,094	—	3,33	0,470	0,760	0,820	0,620	0,573	0,755
Motorboot „Erika"	3,20	6,83	0,250	10,00	2,73	0,342	0,686	0,622	0,500	0,551	0,803
Segelyacht von 5,6 m-Länge in WL	2,13	2,81	0,700	—	1,33	0,137	0,755	0,273	0,182	0,503	0,668
6 m-R-Yacht	2,02	4,11	1,53	—	—	0,20	0,72	0,396	0,280	0,500	0,700
10 m-Segellängenyacht	10,72	3,10	0,624	—	1,31	0,187	0,740	0,380	0,253	0,494	0,666
Sonderkl. Yacht	1,94	3,34	0,840	—	1,28	0,108	0,780	0,248	0,139	0,436	0,559
Offenes Motorboot	1,50	5,93	0,223	10,85	2,51	0,352	0,713	0,675	0,495	0,523	0,733
Motorboot „Sleipner"	0,99	5,95	0,238	9,05	2,77	0,348	0,720	0,624	0,484	0,557	0,775

5. Berechnung eines Linienrisses.

Wie Abb. 304 zeigt, setzt sich der Linienriß eines Bootes aus einer Anzahl von horizontalen und vertikalen Schnittebenen durch den Bootskörper zusammen. Die Umrisse dieser Schnittebenen geben ein Bild von der Form des Bootes, und ihre Ordinaten müssen in den verschiedenen Projektionen genau übereinstimmen.

Die Flächen dieser Schnittebenen, nämlich der „Spanten" und der „Wasserlinien", werden benutzt, um das Deplacement

---

[1] L = Länge in WL.
B = Größte Breite in WL.
T = Konstruktionstiefe an der tiefsten Stelle.
Auf diese Maaße sind auch δ, α, β bezogen.

sowie die Lage des Deplacementschwerpunktes und der Metazentren zu berechnen.

Zunächst werden die Flächen und Schwerpunkte (bei den Wasserlinien auch die Trägheitsmomente) der einzelnen Schnittebenen berechnet. Dann werden die Ergebnisse wieder wie Ordinaten von Kurven zur weiteren Berechnung der Körperinhalte, Körperschwerpunkte usw. benutzt.

Im folgenden geben wir eine allgemeine Ableitung der üblichen Rechnungsverfahren.

I. **Flächen.** Der Inhalt einer beliebigen Fläche ist stets gleich der Summe aller Flächenelemente derselben. Nach Abb. 305 ist der Flächeninhalt F von $ABCDEA$ gleich der Summe aller Elemente $a\,b\,c\,d\,a$.[1])

Besteht zwischen y und x eine Abhängigkeit, so kann eine direkte Lösung des „Flächenintegrales" erfolgen. Wo dies nicht der Fall ist, wie z. B. bei Spant- und Wasserlinienkurven, ist man auf die Benutzung von Annäherungsformeln oder auf die mechanische (zeichnerische) Integration angewiesen.

A. **Annäherungsformeln.** 1. **Trapezregel**[2]) (Abb. 305).

Formel: $F = d\left(\dfrac{y_0}{2} + y_1 + y_2 + \cdots + y_{n-1} + \dfrac{y_n}{2}\right)$.

Dabei ist die Anzahl der d beliebig.

2. **Simsons Regel I.**[3]) Sie beruht auf der Annahme, daß die Teile der Schiffskurven annähernd Parabeln zweiten Grades sind, deren Fläche $= 2/3$ von dem Inhalt des umschriebenen Rechtecks ist.

Formel: $F = \tfrac{2}{3}d\left(\dfrac{y_0}{2} + 2y_1 + y_2 + 2y_3 + y_4 + \cdots 2y_{n-1} + \dfrac{y_n}{2}\right)$.

Dabei muß die Anzahl der d gerade sein.

3. **Simsons Regel II.**[3])

Formel: $F = \tfrac{3}{8}d(y_0 + 3y_1 + 3y_2 + 2y_3 + 3y_4 + \cdots + 3y_{n-1} + y_n)$.

Dabei muß die Anzahl der d durch drei teilbar sein.

---

[1]) Der Flächeninhalt eines Elementes kann mit $y \cdot dx$ bezeichnet werden. Dann ist
$$F = \sum_{y_0}^{y_n} y \cdot dx$$
$$= \int_{y_0}^{y_n} y \cdot dx.$$

[2]) Auch „Französische Regel", Borda- oder Bezout's Regel genannt. S. Pollard et Dudebout, Théorie du Navire Bd. I, S. 8 ff.

[3]) Mathematische Entwicklung s. A. Schmidt. Die Stabilität von Schiffen, S. 292.

Berechnung eines Linienrisses.

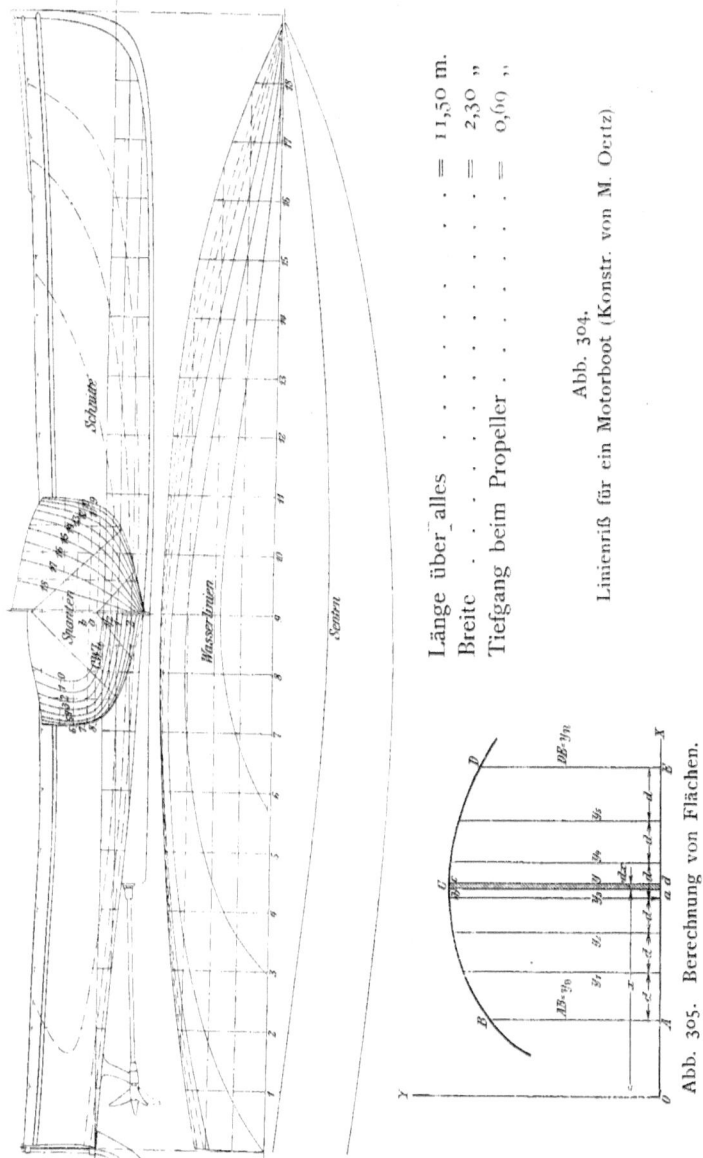

Länge über alles . . . . = 11,50 m.
Breite . . . . = 2,30 „
Tiefgang beim Propeller . . . . . = 0,60 „

Abb. 304.
Linienriß für ein Motorboot (Konstr. von M. Oertz)

Abb. 305. Berechnung von Flächen.

4. **Tschebitscheffs Regel.**[1])

Formel: $F = \frac{1}{3} l (y_1 + y_2 + y_3 + y_4 + y_5 + y_6)$.

Dabei ist $l = {}^1/_2$ Grundlinie der Kurve, y_1 bis y_6 sind die Ordinaten für die Abszissen:

$y_1 \mid x_1 = -0,866\, l$
$y_2 \mid x_2 = -0,422\, l$ nach links von ${}^1/_2\, l$
$y_3 \mid x_3 = -0,267\, l$
$y_4 \mid x_4 = +0,267\, l$
$y_5 \mid x_5 = +0,422\, l$ nach rechts von ${}^1/_2\, l$.
$y_6 \mid x_6 = +0,866\, l$

B. **Mechanische (zeichnerische) Integration** mittels der Instrumente: Planimeter, Integrator oder Integraph.[2])

Die Benutzung eines Planimeters oder Integrators bedeutet eine wesentliche Zeit- und Arbeitsersparnis bei großer Genauigkeit der Rechnung. Die Anwendung dieser Instrumente ist in „Johow, Hilfsbuch für den Schiffbau" nach den den Instrumenten stets beigefügten Beschreibungen genau erklärt. Es sei hier nur besonders darauf hingewiesen, daß es stets zu empfehlen ist, sich vor Gebrauch eines dieser Instrumente an einer einfachen Fläche, z. B. Viereck oder Kreis, von dem einwandfreien Funktionieren desselben zu überzeugen, da ein kleiner Fehler zu großen Unannehmlichkeiten führen kann.

II. **Körperinhalte.** Der Inhalt eines Körpers ist stets gleich der Summe aller seiner Körperelemente. Nach Abb. 306 ist der Inhalt V des Körper $OABC$ im Koordinatensystem x, y, z gleich der Summe aller Körperelemente $aa'\, bb'\, cc'$. Der Inhalt des Elementes ist gleich Grundfläche abc mal Höhe dx.[3])

Die Berechnung erfolgt nach den soeben erwähnten Annäherungsformeln oder durch mechanische Integration, wobei sich,

---

1) Mitteilungen a. d. Geb. d. Seewesens 1874, S. 526. Johow, Hilfsbuch f. d. Schiffbau 1910, S. 203.

2) Johow, Hilfsbuch f. d. Schiffbau 1910, S. 220 ff.

3) Die Grundfläche ist, wie oben ausgeführt,

$$F_{abc} = \int y\, dx,$$

also Element-Inhalt $\quad = dx \cdot \int y \cdot dx,$

Körper-Inhalt $\quad V = \Sigma \left(\int y\, dx \right) \cdot dx$

$\quad\quad\quad\quad\quad = \int\!\int y \cdot dx \cdot dx,$

d. h. der Inhalt ist gleich dem Integral des Flächenintegrals.

Berechnung eines Linienrisses.

wie aus dem unten ausgeführten Beispiel zu ersehen, bei der praktischen Durchführung allerlei Vereinfachungen ergeben.

Bei einer ungeraden Anzahl von Spantflächen kann man sehr schnell und genau das Deplacement eines Spantenrisses mit Hilfe des Planimeters kontrollieren. Entsprechend der I. Simpsonschen Regel umfährt man mit dem Instrument Spantfläche O (Hintersteven) $1/2$ mal, Spant 1 zweimal, Spant 2 einmal und so fort, Spant n (Vorsteven) wieder nur $1/2$ mal. Die Differenz der Planimeterablesungen ergibt dann die Summe $(1/2 F_0 + 2 F_1 + F_2 + \ldots$

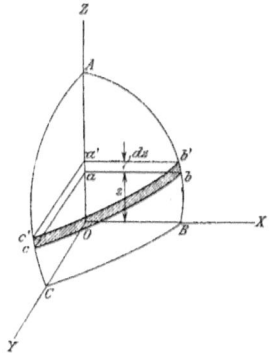

Abb. 306.
Berechnung von Körpern.

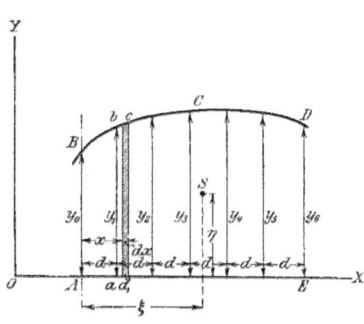

Abb. 307.
Berechnung von Schwerpunkten.

$+ 2 F_{n-1} + 1/2 F_n)$. Diese ist mit dem Flächenmaßstab der Zeichnung und mit $2/3$ des Spantabstandes zu multiplizieren.

III. Schwerpunkt.

a) für Flächen. Der Schwerpunktsabstand einer Fläche von einer gewissen Achse ist gleich dem statischen Moment der Fläche, bezogen auf diese Achse, dividiert durch den Flächeninhalt.

Das statische Moment einer Fläche ist gleich der Summe der statischen Momente sämtlicher Flächenelemente, bezogen auf die Achse.

Nach Abb. 307 ist:

1. Das Moment der Fläche $ABCDEA$, bezogen auf die Achse AB, $= F \times \xi$, wenn ξ der Schwerpunktsabstand von AB ist.

Abschnitt IV. Das Entwerfen von Booten.

Das statische Moment eines Flächenelements $abcd$, bezogen auf AB ist $= y \cdot dx \cdot x$, somit

$F \times \xi = \Sigma$ aller $x \cdot y \cdot dx$, von y_0 bis y_n[1]).

Wird nun nach Simpsons Regel I integriert, so ergibt sich folgende Formel:

$$F \cdot \xi = \frac{2}{3} d \left(\frac{y_0}{2} \cdot 0 + 2 y_1 \cdot d + y_2 \cdot 2d + \ldots 2 y_{n-1}(n-1)d + \frac{y_n}{2} nd \right)$$

$$F \cdot \xi = \frac{2}{3} d^2 \left(2 y_1 + y_2 \cdot 2 + 2 y_3 \cdot 3 + \ldots 2 y_{n-1}(n-1) + \frac{y_n}{2} \cdot n \right).$$

Setzt man für diesen Klammerwert den Ausdruck Σm und für den Klammerwert der Integration von F (s. o.) den Ausdruck Σf, so wird

$$\xi = \frac{\frac{2}{3} d^2 \Sigma m}{\frac{2}{3} d \Sigma f} = d \frac{\Sigma m}{\Sigma f}.$$

2. Das Moment der Fläche $ABCDEA$, bezogen auf die x-Achse (Abb. 307), ist $= F \cdot \eta$, wenn η der Schwerpunktsabstand von der x-Achse ist.

Das statische Moment eines Flächenelementes $abcd$, bezogen auf Ox, ist $= y \cdot dx \cdot \frac{y}{2}$[2]).

Nach Simpsons Regel I wird:

$$\eta = \frac{1}{2} \frac{\frac{2}{3} d \left(\frac{y_0^2}{2} + 2 y_1^2 + y_2^2 + \ldots + 2 y_{n-1}^2 + \frac{y_n^2}{2} \right)}{\frac{2}{3} d \left(\frac{y_0}{2} + 2 y_1 + y_2 + \ldots 2 y_{n-1} + \frac{y_n}{2} \right)} = \frac{1}{2} \frac{\Sigma^1 m}{\Sigma f}.$$

---

1) Allgemein $= \int_{y_0}^{y_n} x \cdot y \cdot dx$. Da $F = \int_{y_0}^{y_n} y \cdot dx$ ist,

so wird $\xi = \dfrac{\int_{y_0}^{y_n} x \cdot y \cdot dx}{\int_{y_0}^{y_n} y \cdot dx}$.

2) Allgemein $F \cdot \eta = \int_{y_0}^{y_n} y \cdot dx \cdot \dfrac{y}{2}$

$$\eta = \frac{1}{2} \frac{\int_{y_0}^{y_n} y^2 \, dx}{\int_{y_0}^{y_n} y \cdot dx}$$

b) **für Körperinhalte.** Für den Körper $OABC$ (Abb. 306) sei der Abstand des Schwerpunktes von der xy-Ebene in Richtung der z-Achse $= \xi$. Dann ist das statische Moment seines Inhaltes: $M = V \cdot \xi$.

M ist aber gleich der Summe der statischen Momente der Inhaltselemente $aa'bb'cc'$.[1]

Berechnungsbeispiel. Auf den im vorstehenden abgeleiteten Regeln beruhen die folgenden wichtigsten Berechnungen für einen Linienriß:

1. Berechnung der Flächeninhalte der in gleichen wagerechten Abständen senkrecht zur Konstruktionswasserlinie durch das Boot gelegten vertikalen Schnittebenen oder „Spanten".

2. Berechnung der in gleichen vertikalen Abständen parallel zur Konstruktionswasserlinie gelegten horizontalen Schnittebenen oder „Wasserlinien".

3. Behandlung der einzelnen so gefundenen Werte als Ordinaten neuer Kurven, die für 1. die „Spantenskala", für 2. die „Wasserlinienskala" ergeben.

4. Berechnung des Deplacements
   a) nach der Spantenskala,
   b) nach der WL-Skala.

Die einander entsprechenden Werte für a) und b) müssen übereinstimmen.

---

[1] Allgemein $\quad M = \int_{z=0}^{z=OA} (F \cdot dz) z.$

Folglich $\quad \xi = \dfrac{\int_0^z F \cdot dz \cdot z}{\int_0^z F \cdot dz}.$

Der Abstand des Schwerpunktes von der yz-Ebene in Richtung der x-Achse würde sich wie folgt darstellen:

Der Schwerpunktsabstand der Fläche abc von der yz-Ebene sei $=$
$$a = \frac{\int y \cdot dx \cdot x}{\int y \cdot dx} \quad \text{(s. o.).}$$

Für das Inhaltelement wird $a = \dfrac{\int y \cdot dx \cdot x \cdot dz}{\int y \cdot dx \cdot dz}.$

Für den ganzen Körper würde dann der Schwerpunktsabstand
$$= \frac{\iint x \cdot y \cdot dx \cdot dz}{\iint y \cdot dx \cdot dz}.$$

5. Berechnung des Verdrängungsschwerpunktes
   a) der Länge nach mittels der Spantenskala,
   b) der Tiefe nach mittels der WL-Skala.

Alle diese Rechnungen können der Einfachheit wegen für das halbe Boot durchgeführt werden, da die beiden Bootshälften formgleich sein müssen. Für das Endergebnis müssen die Ergebnisse von 1. bis 4. mit zwei multipliziert werden.

Als Berechnungsobjekt sind die Linien eines bekannten und sehr oft zu findenden Motorbootstyps gewählt worden (Abb. 304). Die Berechnungen selbst sind so viel wie möglich abgekürzt und auf das Notwendigste beschränkt worden unter Berücksichtigung der praktischen Anwendung und der Genauigkeit der Ablesungen.

Andererseits ist das Beispiel für den Gang der Ausführungen möglichst ungünstig gewählt worden (z. B. Spanteinteilung ungerade), um hier als gutes Schulbeispiel zu dienen und auf mehrere sonst unerwartete Erscheinungen aufmerksam zu machen.

Die Arbeiten lassen sich unterteilen in:

I. Tabellarische Ermittlungen (S. 256 bis 259, 268).

II. Zeichnerische Kontrollen (Abb. 308 S. 260).

I. Tabellarische Ermittlungen. 1. Planimetrieren der Spanten:
   a) bis zur WL 1
   b) „   „   „ $1/2$
   c) „   „ CWL
   d) „   „ WL a
   e) „   „   „ b.

NB. Der Maßstab der benutzten Zeichnung ist 1 : 20. Die Flächenablesungen des Planimeters werden also in $\frac{1}{20^2}$ in die Tabelle eingetragen (in cm²).

2. Berechnung der Verdrängungen bis WL 1, $1/2$, CWL, WL a, b, nach Simpsons I. Regel (s. o.).
   a) Multiplikation der Planimeterablesungen mit Simpsons Multiplikatoren $1/2$, 2, 1, 2, 1, ...
   b) Summierung der Produkte.
   c) Multiplikation der Summe mit $\frac{2}{3} d$ (d = Spantentfernung = 3 cm im Maßstab 1 : 20), also $\frac{2}{3} d$ = 0,02 m.

d) Die Keilstücke im Bug vor Spant 18 werden besonders berechnet nach Grundfläche und Höhe und zu der unter c) ermittelten Zahl addiert.

e) Berücksichtigung des Maßstabes der Zeichnung und der Planimeterablesungen. Der Maßstab der Höhen, Breiten und Tiefen ist $^1/_{20}$, die Planimeterablesungen bedeuten qcm. Um also die Verdrängung in cbm zu erhalten, muß man das obige Resultat mit $\dfrac{20^3}{1000} = 0,8$ multiplizieren.

f) Da die Planimetrierung nur für eine Bootshälfte ausgeführt ist, muß das Endresultat noch mit zwei multipliziert werden.

3. Berechnung der Verdrängungsschwerpunkte der Länge nach.

NB. Als Momentenachse ist Spant 9 gewählt, um möglichst kleine Zahlenwerte zu erhalten.

a) Bildung der Produkte für die Spantmomente.

b) Summierung derselben.

c) Multiplikation der Summe mit dem Spantabstand 3 cm.

d) Addition bezw. Subtraktion des Momentes des Keilstückes vor Spant 18.

e) Division durch die halbe Summe der Produkte für Verdrängungen.

f) Berücksichtigung des Maßstabes der Zeichnung und der Planimeterablesung durch Multiplikation mit $\frac{20}{100}$, um den Abstand des Schwerpunktes von Spant 9 in m zu erhalten.

4. Berechnung der WL-Flächen.

a) Aufmessung der Ordinaten und Eintragung in Tab. II (Ablesung in cm in 1 : 20).

b) Multiplikation mit Simpsons Multiplikatoren.

c) Summierung der Produkte.

d) Multiplikation der Summe mit $\tfrac{2}{3} d = 2$.

e) Addition der Keilfläche vor Spant 18.

f) Berücksichtigung des Maßstabes der Zeichnung und der Aufmaße. Der Maßstab der Breiten und Längen ist $^1/_{20}$, die Aufmaße sind in cm erfolgt. Um also qm zu erhalten, muß man die letzte Zahl mit $\dfrac{20^2}{100^2}$ multiplizieren.

g) Multiplikation mit 2, um die ganze WL zu erhalten.

5. Berechnung der Wasserlinienschwerpunkte, analog wie unter 3. beschrieben.

256   Abschnitt IV. Das Entwerfen von Booten.

Tafel I.
Berechnung von Deplacement und

Spant	Multiplik.	Hebel	Plan.-Ablesung	WL 1 Produkte für Depl.	WL 1 Produkte für Schwerp.	Plan.-Ablesung	WL $\frac{1}{2}$ Produkte für Depl.	WL $\frac{1}{2}$ Produkte für Schwerp.	Plan.-Ablesung
0	$\frac{1}{2}$	9	0,00	—	—	—	—	—	—
1	2	8	0,00	—	—	—	—	—	0,49
2	1	7	0,00	—	—	0,32	0,32	2,24	1,10
3	2	6	0,12	0,24	1,44	0,97	1,94	11,64	2,08
4	1	5	0,61	0,61	3,05	1,67	1,67	8,35	3,20
5	2	4	1,24	2,48	9,92	2,57	5,14	20,56	4,41
6	1	3	2,02	2,02	6,06	3,50	3,50	10,50	5,55
7	2	2	2,71	4,42	8,84	4,23	8,46	16,92	6,40
8	1	1	3,10	3,10	3,10	4,60	4,60	4,60	6,83
9	2	0	3,30	6,60	32,41	4,75	4,50	74,81	6,96
10	1	1	3,28	3,28	3,28	4,65	4,65	4,65	6,70
11	2	2	2,99	5,98	11,96	4,21	8,42	16,84	6,10
12	1	3	2,50	2,50	7,50	3,63	3,63	10,89	5,23
13	2	4	2,05	4,10	16,45	3,02	6,04	24,16	4,37
14	1	5	1,62	1,62	8,10	2,40	2,40	12,00	3,45
15	2	6	1,16	2,32	13,92	1,75	3,50	21,00	2,52
16	1	7	0,75	0,75	5,25	1,10	1,10	7,70	1,71
17	2	8	0,39	0,78	6,24	0,60	1,20	9,60	0,91
18	$\frac{1}{2}$	9	0,00	—	—	0,15	0,08	0,68	0,26
				40,80	42,65		66,14	107,52	
				×2	−32,41		×2	−74,81	
				81,60	10,24		132,28	32,71	
				×8	×3	Keil +0,30		×3	
				652,80	30,72		132,58	98,1	
				×0,002	÷40,8		×8	+4,1	
				V=1,31 m³	0,754 m		1060,64	102,2	
					= F vor		×0,002	÷66,14	
					Spt. 9		V=2,12 m³	1,55 m	
								= F vor	
								Spt. 9	

Bemerkung. Zur Vereinfachung ist mit 8 und 0,002 multipliziert, anstatt

    6. Berechnung der Verdrängungen nach den *WL*-Flächen, analog wie unter 2. nach Spantflächen.

    7. Berechnung der Verdrängungsschwerpunkte der Tiefe nach nach *WL*-Flächen analog wie unter 3. der Länge nach nach Spantflächen.

    NB. Rechnungen 6. und 7. sind nicht durchgeführt, weil sie nichts Besonderes mehr bieten.

Berechnung eines Linienrisses.

Depl. ⊙ nach den Spantflächen.

CWL			WL a			WL b	
Produkte für Depl.	Produkte für Schwerp.	Plan-Ablesung	Produkte für Depl.	Produkte für Schwerp.	Plan-Ablesung	Produkte für Depl.	Produkte für Schwerp.
—	—	0,82	0,41	3,69	1,64	0,82	7,38
0,98	7,84	1,42	5,64	45,12	2,76	5,52	44,16
1,10	7,70	2,25	2,25	15,75	4,01	4,01	28,07
4,16	24,96	3,40	6,80	40,80	5,52	11,04	66,24
3,20	16,00	4,66	4,66	23,30	6,99	6,99	34,95
8,82	8,82	6,08	12,16	48,64	8,42	16,84	67,36
5,55	16,65	7,41	7,41	22,23	9,77	9,77	29,31
12,80	25,60	8,50	17,00	34,00	10,76	21,52	43,04
6,83	6,83	9,00	9,00	9,00	11,15	11,15	11,15
13,92	114,40	9,00	18,00	242,53	11,10	22,20	331,66
6,70	6,70	8,56	8,56	8,56	10,60	11,60	11,60
12,20	24,40	7,76	15,52	31,04	9,70	19,40	38,80
5,23	15,69	6,65	6,65	19,95	8,51	8,51	25,53
8,74	61,18	5,55	11,10	44,40	7,25	14,50	58,00
3,45	17,25	4,40	4,40	22,00	5,81	5,81	29,05
5,04	30,24	3,40	6,80	40,80	4,52	9,04	54,24
1,71	11,97	2,42	2,42	16,94	3,20	3,20	22,40
1,82	14,56	1,50	3,00	24,00	1,95	3,90	31,20
0,13	1,17	0,50	0,25	0,75	0,80	0,40	3,60
102,38	183,16		142,03	208,44		186,22	274,22
× 2	— 114,40		× 2	242,53		× 2	331,66
204,76	68,76		284,06	34,09		372,44	57,44
+ 0,6	× 3		+ 0,80	× 3		+ 1,35	× 3
205,36	206,28		284,86	102,27		373,79	172,32
× 8	+ 8,10		× 8	— 22,30		× 8	— 31,30
1638,08	214,38		2278,88	79,47		2990,32	141,02
× 0,002	÷ 102,3		× 0,002	÷ 142,43		× 0,002	÷ 186
V=3,28 m³	2,11 m = F vor Spt. 9		V=4,56 m³	0,555 m = F hinter Spt. 9		V=5,98 m³	0,75 m = F hinter Spt. 9

mit 0,8 und 0,02.

II. **Zeichnerische Kontrollen.** Die Endergebnisse der obigen Berechnungen werden im Kurvenblatt (Abb. 308) aufgetragen und durch den Strak der Verbindungskurven kontrolliert. Dadurch erhält man gleichzeitig die Möglichkeit, für jede beliebige Lage des Bootes die geometrischen Verhältnisse seines Deplacementskörpers schnell bestimmen zu können.

Brix, Bootsbau. 4. Aufl.

258   Abschnitt IV. Das Entwerfen von Booten.

Tafel II.
Berechnung der WL-

Spant	Multiplik.	Hebel	WL Ord. WL 1	Prod. für Fläche	Prod. für Schwerp.	WL Ord. WL $^1/_2$	Prod. für Fläche	Prod. für Schwerp.	WL Ord. CWL
0	$^1/_2$	9	—	—	—	—	—	—	—
1	2	8	—	—	—	—	—	—	1,90
2	1	7	—	—	—	—	—	—	3,15
3	2	6	—	—	—	0,01	0,02	0,12	4,00
4	1	5	—	—	—	2,40	2,40	12,00	4,52
5	2	4	0,01	0,02	0,08	3,43	6,86	27,44	4,90
6	1	3	0,60	0,60	1,80	4,07	4,07	12,21	5,20
7	2	2	1,90	3,80	7,60	4,35	8,70	17,40	5,30
8	1	1	2,52	2,52	2,52	4,48	4,48	4,48	5,30
9	2	0	2,61	5,22	12,00	4,40	8,80	73,85	5,20
10	1	1	2,52	2,52	2,52	4,10	4,10	4,10	4,98
11	2	2	2,21	4,42	8,84	3,75	7,50	15,00	4,65
12	1	3	1,88	1,88	5,64	3,23	3,23	9,69	4,20
13	2	4	1,50	3,00	12,00	2,71	5,41	21,64	3,65
14	1	5	1,19	1,19	5,95	2,22	2,22	11,10	3,00
15	2	6	0,80	1,60	9,60	1,70	3,40	20,40	2,42
16	1	7	0,50	0,50	3,50	1,16	1,16	8,12	1,80
17	2	8	0,22	0,44	3,52	0,69	1,38	11,04	1,10
18	$^1/_2$	9	—	—	—	0,28	0,14	1,26	0,50
				33,71	51,57		63,87	102,35	
				× 2	— 12,00		× 2	— 73,65	
				67,42	39,57		127,74	28,70	
				× 4	× 3	Keil	+ 0,2	+ 0,09	
				269,68	79,11		127,94	28,79	
				× 0,02	÷ 33,71		× 4	× 3	
				WL 1 = 5,39 m²	2,35 cm		511,76	86,37	
					× 0,2		× 0,02	÷ 63,87	
					= 0,47 m	WL $^1/_2$ = 10,23 m²	1,87 cm	
					= WL⊙ vor Spt. 9			× 0,2	
								= 0,27 m	
								= WL⊙ vor Spt. 9	

Für die Zeichnung des Kurvenblattes ist im vorliegenden Falle der Maßstab 1 : 20 gewählt und sind bei den einzelnen Kurven die entsprechenden Reduktionszahlen angegeben.

1. **Spantflächenkurven** für Spant 0 bis 18. Maßstab 1 cm = 1,5 qcm für die Zeichnung in 1 : 20.

Berechnung eines Linienrisses.

Flächen und WL - ⊙ ⊙.

Prod. für Fläche	Prod. für Schwerp.	WL Ord. WL a	Prod. für Fläche	Prod. für Schwerp.	WL Ord. WL b	Prod für Fläche	Prod. für Schwerp.
—	—	2,50	1,25	11,25	3,15	1,58	14,18
3,80	30,40	3,35	6,70	53,60	3,80	7,60	60,80
3,15	22,05	4,00	4,00	28,00	4,35	4,35	30,45
8,00	48,00	4,58	9,16	54,96	4,80	9,60	57,60
4,52	22,60	5,00	5,00	25,00	5,16	5,16	25,80
9,80	39,20	5,25	10,50	42,00	5,40	10,80	43,20
5,20	15,60	5,45	5,45	16,35	5,60	5,60	16,80
10,60	21,20	5,50	11,00	22,00	5,65	11,30	22,60
5,30	5,30	5,50	5,50	5,50	5,65	5,65	56,50
10,40	204,35	5,37	10,74	258,66	5,50	11,00	277,08
4,98	4,98	5,16	5,16	5,16	5,30	5,30	5,30
9,30	18,60	4,85	9,70	19,40	5,00	10,00	20,00
4,20	12,60	4,50	4,50	13,50	4,68	4,68	14,04
7,30	29,20	3,90	7,80	31,20	4,20	8,40	33,60
3,00	15,00	3,30	3,30	16,50	3,60	3,60	18,00
4,84	29,04	2,70	5,40	32,40	2,92	5,84	35,00
1,80	12,60	2,00	2,00	14,00	2,22	2,22	15,54
2,20	17,60	1,30	2,60	20,80	1,47	2,94	23,52
0,25	2,25	0,60	0,30	2,70	0,70	0,35	3,15
98,64	141,87		110,06	155,66		115,96	168,19
×2	204,35		×2	258,66		×2	277,08
197,28	62,48		220,12	103,00		231,93	108,80
Keil + 0,04	— 1,80		Keil + 0,50	— 2,3		Keil + 0,6	— 2,70
197,32	60,68		220,62	100,70		232,53	106,10
×4	×3		×4	×3		×4	×3
788,28	191,84		882,48	302,10		940,12	318,30
×0,02	÷ 98,64		×0,02	÷ 110,06		×0,02	÷ 115,9
CWL = 15,76 m²	1,85 cm		WLa = 17,64 m²	2,77 cm		WLb = 18,80 m²	3,08 cm
	×0,2			×0,2			×0,2
	= 0,37 m			= 0,55 m			= 0,62 m
	= WL ⊙ hinter Spt. 9			= WL ⊙ hinter Spt. 9			= WL ⊙ hinter Spt. 9

Die planimetrierten Werte sind von Spant 9 auf den zugehörigen Wasserlinien nach rechts und links abgetragen.

2. Spantenskalen für WL 1, $1/2$, CWL, a, b.

Die Ordinaten sind die Spantflächen, bis zu den betr. WL, Maßstab 1 cm = 1,5 qcm für die Zeichnung in 1 : 20.

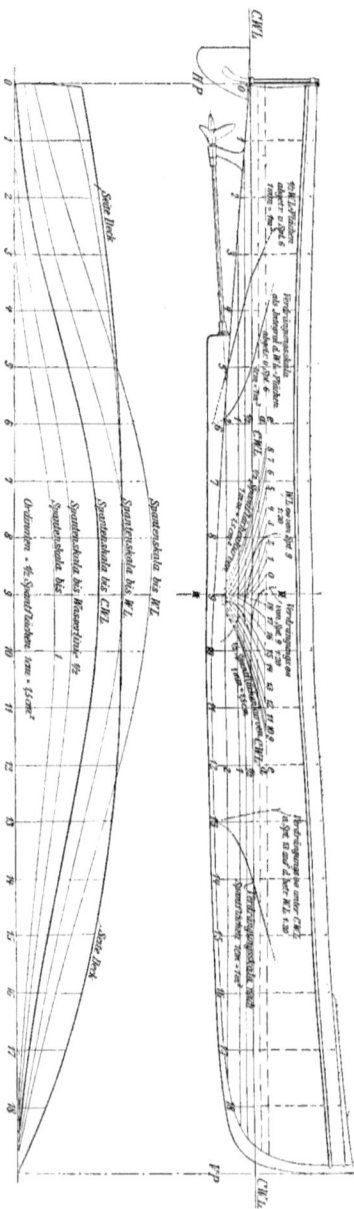

Länge über alles . . . . = 11,50 m
Breite . . . . = 2,30 „
Tiefgang beim Propeller . . . . = 0,69 „

Maßstab der wirklichen Zeichnung = 1 : 20.
(Auf diesen Maßstab beziehen sich auch die eingeschriebenen Kurvenstäbe.)

Abb. 308.
Kurvenblatt für ein Motorboot.

a) Der Flächeninhalt dieser Kurven stellt das Deplacement bis zur entsprechenden WL dar.

b) Der Schwerpunkt der von der Kurve begrenzten Fläche gibt die Lage des Deplacements-⊙ der Länge nach an.

3. Verdrängungsskala nach Spanten auf Außenhaut ohne Anhänge (Schraube, Ruder usw.). Die Verdrängungen sind von Spant 13 nach rechts auf den betreffenden WL abgesetzt. Maßstab 1 cm = 1 cbm (in 1 : 20).

4. Deplacements-Schwerpunktskurve. Die berechneten Werte sind von Spant 9 auf den betreffenden WL nach links und rechts abgetragen. Maßstab 1 : 20.

5. Wasserlinienflächen, abgetragen von Spant 6 nach links. 1 cm = 1 qm in 1 : 20.

6. Wasserlinienschwerpunkte, abgetragen von Spant 9 nach links und nach rechts in 1 : 20.

7. Verdrängungsskala nach Wasserlinien (Integralkurve von 5) abgetragen von Spant 6 nach links. 1 cm = 1 cbm (vergl. 3).

8. Verdrängungsschwerpunkte unter CWL (Schwerpunkte der von der Verdrängungsskala begrenzten Fläche bis zur entsprechenden WL). Abgetragen auf Spant 13 auf den betreffenden WL in 1 : 20.

Durch Vereinigung der Werte von Kurve 4 und 8 kann man die wahre Lage der Verdrängungsschwerpunkte als Kurve aufzeichnen.

Die Kurven 1 bis 8 erleichtern die Arbeit bei Berechnung der Verdrängung und der übrigen gewünschten Verhältnisse für Lagen und Zustände, die von der Konstruktionslage abweichen, z. B. bei Übernahme von Ballast, Passagieren usw., bei Leckrechnungen und dergleichen mehr.[1])

6. Stabilität.

Allgemeines. In der Mechanik unterscheidet man bekanntlich drei Gleichgewichtslagen:
1. das stabile Gleichgewicht,
2. das labile Gleichgewicht,
3. das indifferente Gleichgewicht.

Für einen schwimmenden Körper sind diese drei Gleichgewichtslagen nach der gegenseitigen Lage des Gewichtsschwerpunktes und des Verdrängungsschwerpunktes zu bestimmen. Liegt

---

[1]) Rechnungsbeispiele vgl. Johow, Hilfsbuch f. d. Schiffsbau 1910.

der erstere in der Gleichgewichtslage über dem letzteren, so ist das Gleichgewicht labil. Fällt der Gewichts- oder Systemschwerpunkt mit dem Verdrängungsschwerpunkt zusammen, so ist das Gleichgewicht indifferent. Liegt der erstere unter dem letzteren, so ist stabiles Gleichgewicht vorhanden.

Für ein Boot ist nun meistens die Lage des Systemschwerpunktes durch die Gewichtsverteilung derartig bedingt, daß er sich weit über dem Verdrängungsschwerpunkt befindet. Das wäre nach den Grundsätzen der Mechanik labiles Gleichgewicht. Diesem Übel wird aber durch die Form des Bootskörpers abgeholfen. Diese ist so gestaltet, daß bei der geringsten seitlichen Neigung durch das dadurch bedingte seitliche Verschieben des Verdrängungsschwerpunktes aufrichtende Kräfte entstehen.

Man muß also im Bootsbau wie allgemein im Schiffbau unter „Stabilität" die Fähigkeit des Bootes, sich nach erfolgter Neigung wieder aufzurichten, verstehen.

Nach dieser Definition sind zu unterscheiden:

1. Stabilität für die aufrechte Lage oder für unendlich kleine Neigungen.

2. Anfangsstabilität für größere Neigungwinkel.

3. Gesamtstabilität, Umfang der Stabilität oder Aufrichtvermögen des Bootes bei größeren Neigungen.

Nach dieser Einteilung werden allgemein Boote mit geringer Anfangsstabilität als „rank" und solche mit großer Anfangsstabilität als „steif" bezeichnet.

Verwechslungen dieser Begriffe beruhen auf der Tatsache, daß ein „steifes" Boot sich scharf und plötzlich nach erfolgter Neigung aufrichtet, während ein „rankes" Fahrzeug sich ruhiger bewegt und weniger und langsamere Schwingungen macht, um wieder zur Ruhe zu kommen, wenn es geneigt worden ist. Seeleute bezeichnen häufig die Fahrzeuge der letzteren Art als „stabil", was sich mit der oben abgeleiteten Ausdrucksweise nicht deckt.

Soweit bezogen sich die Ausführungen nur auf Fahrzeuge in ruhigem Wasser. Im Seegang sind die Stabilitätseigenschaften wesentlich beeinflußt durch die lebendige Kraft der Wellen und des Bootsgewichtes. Die Arbeit = Kraft $\times$ Weg, die von den Wellen geleistet wird, muß zu jeder Zeit vom Boot aufgenommen und überwunden werden. Hiernach ist im Seegang die Größe der zu leistenden Arbeit, um das Boot zu neigen oder wieder aufzurichten, von Bedeutung, und man hat also zu unterscheiden:

I. Statische Stabilität, d. h. die Fähigkeit, sich aufzurichten.

II. Dynamische Stabilität, d. h. die bei Neigungen aufzuwendende Arbeit.

Je nach der Lage der Achse, um die das Boot sich neigt, hat man folgende drei Erscheinungen zu unterscheiden:

1. Querstabilität (allgemein Stabilität genannt) für Neigungen um die Längsachse (Schlingern, Rollen).

2. Längsstabilität (gewöhnlich auch kurz „Trimm" genannt) für Neigungen um die Querachse (Stampfen, Setzen).

3. Stabilität für Neigungen um beliebige Achsen (Kombination von 1 und 2).

Die Berechnung der Stabilität soll nun theoretisch und an Hand eines Beispiels erläutert werden.

I. Statische Stabilität.

1) **Stabilität für die aufrechte Lage.** Für die aufrechte Gleichgewichtslage eines Bootes ist Bedingung, daß:

1. das Gewicht des Bootes = der Verdrängung ist,

$$P = V;$$

2. der Gewichts-(System-)Schwerpunkt G in einer Vertikalen durch den Verdrängungs-(Form-)Schwerpunkt F liegt.

Für die Neigung (Abb. 309) bleibt die Bedingung 1 ebenso bestehen. Die Bedingung 2 erweitert sich dahin, daß G und F in einer vertikalen Ebene liegen müssen. Es sei gleich bemerkt, daß diese Ebene keine Spantfläche zu sein braucht.

Nimmt man jetzt einen sehr kleinen Neigungswinkel an, so schneidet die neue Wasserlinie die alte im Schnittpunkt mit der Symmetrieebene. Bei größeren Neigungen ist dies nicht mehr der Fall.

Durch die Neigung rückt der Formschwerpunkt von F nach F', während der Gewichtsschwerpunkt G unverändert an seiner Stelle in der Symmetrieebene des Bootes bleibt.

Die beiden Kräfte: Gewicht P und Auftrieb V erzeugen in diesem Zustande ein Kräftepaar, dessen Hebelarm der horizontale Abstand der beiden senkrecht gerichteten Kraftrichtungen ist.

Dieses Kräftepaar wird „Stabilitätsmoment" genannt und mit St bezeichnet. Nach Abb. 309 ist

$$St = V \times GH = P \times MG \times \sin \alpha.$$

Solange also MG einen positiven Wert hat und M über G liegt, ist das Boot stabil, d. h., es hat die Fähigkeit, sich aufzurichten.

Die Strecke MG ist daher ein Maß für die Stabilität. Sie wird „metazentrische Höhe" genannt, und der Punkt M — der Schnittpunkt der Symmetrieebene mit der Auftriebsrichtung — heißt „Metazentrum".

Die Lage von M ist nun durch die Lage von F' bestimmt, und diese letztere kann bei kleinen Neigungen rechnerisch in

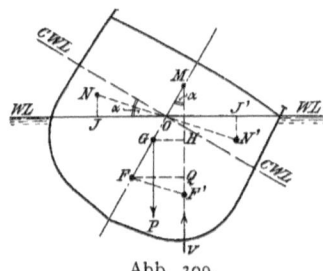

Abb. 309.
Statische Stabilität.

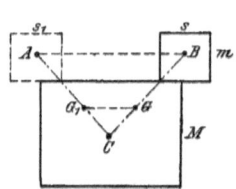

Abb. 310. Schwerpunktsverschiebung bei Neigungen.

Abhängigkeit zu den ein- und austauchenden Keilstücken gebracht werden. Dies erfolgt nach dem bekannten Satze der Mechanik:

„Wird ein Teil einer Masse verschoben, so verschiebt sich der Schwerpunkt der gesamten Masse parallel zum Schwerpunkt des verschobenen Teiles und um eine Strecke, die sich zum Wege des Teilschwerpunktes verhält wie der verschobene Teil zur Gesamtmasse" (Abb. 310).

Wird der Teil m von A nach B verschoben, so wandert der Gesamtschwerpunkt der Gesamtmasse $M + m$ von G_1 nach G. Die Richtigkeit des obigen Satzes ist dann mit Hilfe der Momentengleichung und der Ähnlichkeit der Dreiecke ABC und $G_1 GC$ leicht zu beweisen. Es wird:

$$\frac{AB}{G_1 G} = \frac{M + m}{m}.$$

Bei der Anwendung dieses Satzes auf das geneigte Schiff (Abb. 309) wird das austauchende Keilstück mit seinem Schwer-

Stabilität.

punkt N nach der eintauchenden Seite und N' verschoben. Dann ist nach obigem Satz $NN' \parallel FF'$

$$\text{und } \frac{FF'}{NN'} = \frac{v}{V}.$$

Es ist aber auch

$$\frac{FQ}{JJ'} = \frac{v}{V},$$

also

$$FQ = \frac{JJ' \times v}{V}.$$

Da nun $FQ = FM \times \sin \alpha$, so wird:

$$FM = \frac{JJ' \times v}{V \times \sin \alpha}.$$

Ferner kann man $JJ' = 2\,JO = 2\,J'O$ setzen; dann wird:

$$FM = \frac{2\,v \cdot JO}{V \sin \alpha}.$$

Ein einfaches Beispiel soll nun Aufklärung über die Bedeutung dieser Formel für FM und über ihre praktische Anwendung geben.

Das in Abb. 311 angegebene Boot sei für einen Spezialfall ein rechteckiger Kasten von der Länge L, Breite B und dem Tiefgang T. Dann ist das Deplacement

$$V = L \cdot B \cdot T.$$

Bei einer Neigung um den Winkel α taucht ein rechtwinkliges Dreieck aus und ein gleiches ein. Die Querschnittsfläche dieser Dreiecke ist $\frac{1}{2} a \cdot b \cdot \sin \alpha$. Bei der Annahme eines unendlich kleinen Winkels α kann $a = b = \frac{B}{2}$ gesetzt werden. Dann wird die Dreiecksfläche $= \left(\frac{B}{2}\right)^2 \cdot \frac{\sin \alpha}{2}$.

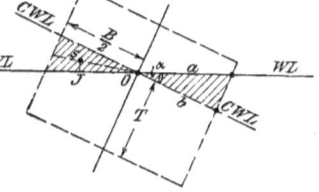

Abb. 311.

$$FM = \frac{\text{Trägheitsmoment der } WL}{\text{Deplacement}}$$

Das Volumen eines Keilstückes wird also

$$v = \left(\frac{B}{2}\right)^2 \cdot \frac{\sin \alpha}{2} \cdot L.$$

Da der Schwerpunkt eines gleichschenkligen Dreiecks auf $\frac{2}{3}$ seiner Höhe von der Spitze liegt, so wird in der obigen Formel für FM

$$JO = \frac{2}{3} \frac{B}{2}.$$

Die hierbei gemachten Vernachlässigungen sind praktisch von keiner Bedeutung.

Setzt man diese Werte für v und JO in die Formel ein, so wird:

$$FM = \frac{2\left(\frac{B}{2}\right)^2 \frac{\sin \alpha}{2} \cdot L \cdot \frac{2}{3}\frac{B}{2}}{V \cdot \sin \alpha} = \frac{L \cdot B^3}{12 \cdot V}.$$

Der Ausdruck $\frac{L \cdot B^3}{12}$ ist nun das Trägheitsmoment J der WL, bezogen auf ihre Schwerpunktsachse. Es wird also:

$$FM = \frac{J}{V} = \frac{\text{Trägheitsmoment der } WL}{\text{Deplacement}}.$$

Die allgemeine Gültigkeit dieser Gleichung läßt sich durch ausführliche Integration beweisen (vergl. Johow).

Es gilt also sowohl für Quer- als auch für Längsstabilität ganz allgemein der Satz, daß der Abstand des Metazentrums vom Deplacementsschwerpunkt bei unendlich kleinen Neigungen gleich

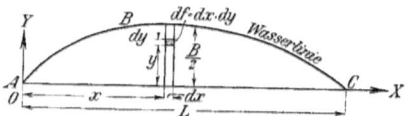

Abb. 312. Trägheitsmoment der WL.

dem Trägheitsmoment der WL, bezogen auf die zur Neigung parallele Schwerpunktsachse, dividiert durch das Deplacement ist.

Damit hat man ein wichtiges Kriterium für die Anfangsstabilität eines Fahrzeuges durch Rechnung in der Hand.

Will man FM zahlenmäßig berechnen, so kann man dies auf zweierlei Weise tun. Entweder durch zweimalige Integration der WL-Fläche mit Hilfe des Planimeters und entsprechende zeichnerische Auftragung von Zwischenkurven oder auf rechnerischem Wege mit Hilfe von Simpsons oder einer der andern Formeln (Abb. 312).

Die theoretische Ableitung der Berechnungsweise für die Simpsonsche Formel I ergibt sich durch folgende einfache Überlegung:

Das Trägheitsmoment der Fläche $ABCA$ ist nach der Definition der Mechanik gleich der Summe aller Produkte der Flächenelemente mit den Quadraten ihrer Abstände von der Achse. Es wird also für die x-Achse (Breitenträgheitsmoment)

$$J_B = \Sigma_0^L y^2 \cdot df = \int_0^L y^2 \cdot df.$$

Das Flächendifferential df ist aber $= dy \cdot dx$, also:
$$J_B = \int_0^L \int_0^y y^2 \cdot dy \cdot dx.$$
Da die Reihenfolge der Integrationen freisteht, so kann man $\int_0^y y^2 dy = \tfrac{1}{3} y^3$ setzen.

Dann wird $J_B = \int_0^L \tfrac{1}{3} y^3 \cdot dx = \tfrac{1}{3} \int_0^L y^3 \cdot dx$ und für die ganze Wasserlinie $= \tfrac{2}{3} \int_0^L y^3 \cdot dx$.

Nach Simpson ist:
$$\int_0^L y \cdot dx = \tfrac{2}{3} d \left(\tfrac{y_0}{2} + 2 y_1 + y_2 + \ldots 2 y_{n-1} + \tfrac{y_n}{2} \right).$$
Schreibt man nun das obige Integral in folgender Form:
$$J_B = \tfrac{2}{3} \int_0^L (y \cdot dx) \cdot y^2,$$
so kann man dafür die Formel nach Simpson aufstellen:
$$J_B = \tfrac{2}{3} \cdot \tfrac{2}{3} d \left(\tfrac{y_0}{2} y_0^2 + 2 y_1 y_1^2 + y_2 y_2^2 + \ldots + 2 y_{n-1} y_{n-1}^2 + \tfrac{y_n}{2} y_n^2 \right)$$
oder vereinfacht
$$J_B = \tfrac{4}{9} d \left(\tfrac{y_0^3}{2} + 2 y_1^3 + y_2^3 + \ldots 2 y_{n-1}^3 + y_n^3 \right).$$
Hieraus kann man schon erkennen, daß es mit Hilfe einer ähnlichen Tabelle, wie oben, möglich ist, das FM aus den WL-Aufmaßen zu berechnen.

Dasselbe ist auch für das Metazentrum der Längsstabilität der Fall. Hierfür ist das Trägheitsmoment der WL, bezogen auf die Querachse (Längenträgheitsmoment), zu berechnen. Die theoretische Ableitung der Simpsonschen Formel gestaltet sich folgendermaßen (Abb. 312):

Das Integral des Trägheitsmomentes läßt sich hierfür schreiben
$$J_L = \int_0^L x^2 \cdot df'.$$
df' ist in diesem Falle $= y \cdot dx$, also
$$J_L = \int_0^L x^2 y \cdot dx$$
und für beide Hälften der WL zusammen
$$J_L = 2 \int_0^L x^2 \cdot y \cdot dx.$$

Tafel III.

Berechnung von MF und $M'F$.

$\frac{4}{3} d^3 = \frac{4}{3} \times 0{,}6^3 = 0{,}288$

$\frac{4}{9} d = \frac{4}{9} \times 0{,}6 = 0{,}266$.

Spant	Multipl.	Hebel	WL-Ord. in m	Prod. f. Schwerpunkt	Prod. f. $M'F$	WL-Ord.ᵇ	Prod. f. MF
0	½	9	—	—	—	—	—
1	2	8	0,76	6,08	48,64	0,44	0,88
2	1	7	1,26	8,82	61,74	2,00	2,00
3	2	6	1,60	9,60	57,60	4,10	8,20
4	1	5	1,80	9,00	45,00	5,83	5,83
5	2	4	1,96	7,84	31,36	7,53	15,06
6	1	3	2,08	6,24	18,72	9,00	9,00
7	2	2	2,12	4,24	8,48	9,53	19,06
8	1	1	2,12	2,12	2,12	9,53	9,53
9	2	0	2,08	—	—	9,00	18,00
10	1	1	1,99	1,99	1,99	7,88	7,88
11	2	2	1,86	3,72	7,44	6,93	13,86
12	1	3	1,68	5,04	15,12	4,74	4,74
13	2	4	1,46	5,84	23,36	3,11	6,22
14	1	5	1,20	6,00	30,00	1,73	1,73
15	2	6	0,97	5,82	34,92	0,91	1,82
16	1	7	0,72	5,04	35,28	0,37	0,37
17	2	8	0,44	3,52	28,16	0,09	0,18
18	½	9	0,20	1,80	16,20	—	—

$$\text{Längen-Trägh.-Mom. bez. a. Spt. 9} = \frac{466{,}13 \times 0{,}288}{134 \text{ m}^4}$$

$- 15{,}76 \text{ qm} \times 0{,}37^2$

Desgl. bez. auf ⊙ $= 131{,}8 \text{ m}^4$

Depl. $\div 3{,}28$ cbm

$M \cdot F \sim 40$ m

Breiten-Trägh.-Mom. $\frac{124{,}36 \times 0{,}266}{33 \text{ m}^4}$

Depl. $= \div 3{,}28$ cbm

$\overline{MF} = 1{,}00$ m

Die Anwendung der Simpsonregel ergibt die Formel:

$$J_L = 2 \cdot \tfrac{2}{3} d \left(\frac{y_0}{2}(n \cdot d)^2 + 2 y_1 ((n-1)d)^2 + y_2 ((n-2)d)^2 + \ldots \right)$$

oder als praktisches Beispiel für $n = 5$

$$J_L = \tfrac{2}{3} d^3 \left(\frac{y_0}{2} \cdot 5^2 + 2 y_1 \, 4^2 + y_2 \cdot 3^2 + 2 y_3 \, 2^2 + y_4 \, 1^2 + \ldots \right).$$

Tabelle III enthält die Durchführung der Rechnung an demselben schon oben benutzten Motorbootlinienriß für die CWL.

2) **Anfangsstabilität.** Nachdem so die Möglichkeit nachgewiesen ist, die Lage des Metazentrums rechnerisch zu bestimmen, kommen wir wieder auf den Ausgangspunkt für diese Ableitungen, nämlich das „Stabilitätsmoment", zurück.

$$St = P \cdot MG \sin \alpha.$$

Bezeichnen wir den Abstand GF mit a, so wird $MG = MF \pm a$, je nachdem G über oder unter F liegt.

Demnach können wir schreiben:

$$St = P \left(\frac{J}{P} \pm a \right) \sin \alpha = (J \pm a \cdot P) \sin \alpha$$

und haben damit den eigentlichen Wert für die Anfangsstabilität oder den Neigungswiderstand ausgedrückt.

Hieraus lassen sich nachstehende Folgerungen für die Konstruktion eines Bootes ziehen:

Die Anfangsstabilität wird größer,
1. je breiter die WL ist,
2. je höher F liegt,
3. je tiefer G liegt,
4. je kleiner P ist, wenn G über F liegt.

3) **Gesamtstabilität.** Für die Ableitung einer auch für größere Neigungen anwendbaren Berechnungsformel sind noch ein paar wichtige Erscheinungen zu berücksichtigen.

1. Bei größeren Neigungen liegt die Schnittlinie der aufeinanderfolgenden Wasserlinien nicht mehr in der Symmetrieebene des Bootes, wie das bei der Anfangsstabilität angenommen werden konnte. Entsprechend seiner Form wird das Boot in geneigtem Zustande parallel zu der jeweiligen Schwimmebene ein- oder austauchen. Dadurch fällt die Schnittlinie der Neigungs-WL mit der aufrechten WL außerhalb der Symmetrieebene.

Man darf dann in der obigen Formel nicht mehr statt JJ' schreiben $2 \times OJ$, sondern es muß der wirkliche Wert von JJ' in der Formel bleiben.

2. Bei größeren Neigungen wandert der Formschwerpunkt F nicht in einer Spantebene, sondern auch nach vorn oder hinten, und das Boot trimmt infolgedessen. Bei Booten, die sich der sogenannten Tetraederform nähern, d. h. am einen Ende breit und flach und am andern schmal und tief sind, kann dieser Vorgang von großem Einfluß auf die Entwicklung des Stabilitätsmomentes werden. Der Neigungswinkel α kann nicht mehr als fest ange-

nommen werden, sondern er verändert sich noch während der Neigung, und zwar bei jeder Neigung anders.

Werden diese beiden Punkte in der Formel für das Stabilitätsmoment berücksichtigt, so muß man schreiben:

$$St = P \sin \alpha \left(\frac{v \cdot JJ'}{P} \pm a\right)$$

oder, wenn $P = \gamma V$:

$St = \gamma [v \cdot JJ' \pm V \cdot a \cdot \sin \alpha]$, (Atwoodsche Formel).

Daraus folgt, daß man bei der rechnerischen Bestimmung von St nach dieser Formel (Methode von Barnes) stets die Schwerpunkte des ein- und austauchenden Keilstückes für sich bestimmen muß.

Diese Berechnungsmethode läßt sich auch wieder in der oben benutzten Tabellenform durchführen. Als Endergebnis erhält man dann die Stabilitätsmomente für eine Reihe von Neigungen, die man in Form einer Kurve auftragen und aus deren Verlauf man auf die Stabilitätseigenschaften des betr. Bootes Schlüsse ziehen kann.

Diese Methode sowie auch andere, zu demselben Ziele führende, von denen namentlich die auf der Benutzung des Planimeters und Integrators beruhenden eine wesentliche Arbeits- und Zeitersparnis herbeiführen, sind in den schon öfter erwähnten Handbüchern der „Hütte" und „Johow" eingehend beschrieben und an Beispielen erklärt. Ebenso ist die praktische Anwendung der Stabilitätslehre bei der Ausführung des Krängungsversuches zur Bestimmung der Lage des Systemschwerpunktes dort genau auseinandergesetzt. Eine Wiederholung würde hier zu weit führen.

II. Dynamische Stabilität.

Die dynamische Stabilität entspricht, wie schon oben definiert worden ist, der Arbeit, die aufgewendet werden muß, um das Boot zu neigen.

Nach den Regeln der Mechanik ist jede Arbeit gleich Kraft mal Weg in Richtung der Kraft oder Weg mal Kraft in Richtung des Weges.

In unserem Falle ist die verschobene Kraft das Bootsgewicht oder das Deplacement. Am Anfang der Bewegung (Neigung) war in Bezug auf den System-Schwerpunkt der Abstand der beiden gleichen Kräfte in ihrer Richtung $= FG$; nach erfolgter Neigung (vgl. Abb. 309) ist der Abstand in Richtung des Auftriebes $= F'H$.

Somit ist die geleistete Arbeit
$$St_d = P(F'H - FG).$$
Zu diesem rein theoretischen Wert kommen noch hinzu:
1. die Arbeit durch die Massenträgheit,
2. die Reibungsarbeit.

Die letzteren entziehen sich aber gänzlich der rechnerischen Bestimmung.

Wird die Formel für St_d ebenso behandelt wie die für St, so erhält man nach Einsetzen von $F'H = F'Q + FG \cos \alpha$
$$St_d = P[F'Q - FG(1 - \cos \alpha)].$$
Nach dem Verschiebungssatz der Mechanik (s. S. 264) ist (Abb. 309).
$$F'Q = \frac{v(JN + J'N')}{V}.$$
Dadurch wird
$$St_d = \gamma [v(JN + J'N') \pm V \cdot a(1 - \cos \alpha)] \quad \text{(Moseleysche Formel)}.$$

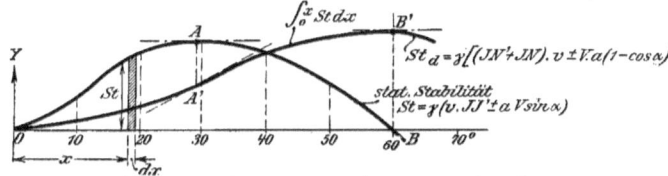

Abb. 313. Statische und dynamische Stabilität.

Die Ähnlichkeit dieser Formel mit der oben abgeleiteten Atwoodschen Formel für die statische Stabilität ist in die Augen springend.

Für die praktische Berechnung der dynamischen Stabilität gibt folgende Vorstellung das einfachste und klarste Bild (Abb. 313):

„Die dynamische Stabilität ist die Summe der nacheinander zu überwindenden statischen Stabilitätsmomente".
$$St_d = \int_0^\alpha St \cdot dx.$$

Jede Stabilitätskurve wird in der Weise aufgetragen, daß als Abszissen die Winkeleinteilung $\alpha = 0^0$, 10^0, 20^0 .... dient, während als Ordinaten die zugehörigen Werte für St oder St_d abgesetzt werden. Ist nun die St-Kurve zuerst berechnet und aufgezeichnet, so kann man mit dem Planimeter leicht die St_d-Kurve als einfache Integration der St-Kurve finden. Die St_d-Kurve hat ein Maximum, wo die St-Kurve ein Minimum, und einen Wendepunkt, wo die St-Kurve ein Maximum hat.

Für kleine Neigungswinkel besteht zwischen statischer und dynamischer Stabilität eine einfache Beziehung, die zur Erklärung der Begriffe beiträgt. Es ist nämlich ohne weiteres ersichtlich, daß bei kleinen Winkeln
$$MF = MF'.$$
Es wird dadurch
$$F'Q = MF - MF \cos \alpha$$
$$= MF(1 - \cos \alpha).$$

Es ist aber $1 - \cos \alpha = \sin \alpha \, tg \frac{\alpha}{2}$,

somit
$$F'Q = MF \sin \alpha \, tg \frac{\alpha}{2}.$$

Nun ist:
$$St_d = P[F'Q - FG(1 - \cos \alpha)],$$
also durch Einsetzen:

$$St_d = P(MF - FG) \sin \alpha \, tg \frac{\alpha}{2}$$
$$= P \cdot MG \cdot \sin \alpha \, tg \frac{\alpha}{2}$$
$$St_d = St \cdot tg \frac{\alpha}{2},$$

d. h., für kleine Neigungswinkel ist die dynamische Stabilität gleich der statischen multipliziert mit der Tangente des halben Neigungswinkels.

Die dynamische Stabilität kann also sowohl auf geometrischem wie auch auf analytischem Wege aus der statischen Stabilität abgeleitet werden.

7. Festigkeit.

Die Formänderungen, die ein Körperelement durch die Einwirkung äußerer Kräfte erfährt, sind Längenänderungen und Winkeländerungen. Diese erzeugen ihrerseits innere Spannungen des Materials solange, bis die äußeren Kräfte durch die inneren aufgehoben werden. Für diesen Gleichgewichtszustand werden nun die Festigkeitsuntersuchungen angestellt. Die inneren Kräfte sind von den äußeren stets zu trennen, und man unterscheidet nach der Art der inneren Kräfte:

1. Zug- und Druckfestigkeit,
2. Knickfestigkeit,
3. Schubfestigkeit,
4. Biegefestigkeit,

Festigkeit.

5. Drehungsfestigkeit, Torsionsfestigkeit
6. Zusammengesetzte Festigkeit.

Nach der Art der äußeren Kräfte unterscheidet man besonders im Schiffbau:
1. Längsfestigkeit, d. h. die Festigkeit des als Träger gedachten Schiffes gegen Verbiegungen in der Längsrichtung,
2. Querfestigkeit, d. h. die Festigkeit der Querverbände gegen Wasserdruck und Belastung,
3. Lokale Festigkeit,
4. Drehungsfestigkeit, d. h. die Festigkeit der Quer- und Längsverbände gegen auftretende Verdrehungsbeanspruchungen des ganzen Systems.

Hier soll nur von der Längsfestigkeit die Rede sein, da die übrigen Festigkeitsarten im Verhältnis zu den für die Längs-

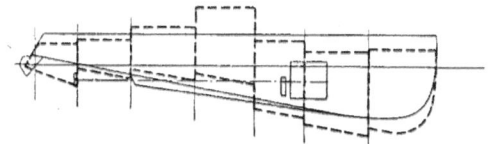

Abb. 314.
Beanspruchung der Verbände durch Gewicht und Auftrieb.

festigkeit in Frage kommenden Beanspruchungen insbesondere für Boote weniger wichtig sind.

Beim schwimmenden Boot wird die Längsfestigkeit durch die Verschiedenheit der Verteilung von Gewicht und Auftrieb über den Bootskörper in Anspruch genommen. Denkt man sich das Boot, wie in Abb. 314 dargestellt, der Länge nach in verschiedene Stücke zerschnitten und bestimmt für jedes dieser Teile Gewicht und Auftrieb, so wird bei einigen Stücken das Gewicht, bei andern der Auftrieb überwiegen. Diese Unterschiede bringen Beanspruchungen hervor, die von den Verbänden des Rumpfes aufgenommen werden. Es entsteht eine Durchbiegung des Systems, die diejenigen inneren Kräfte erzeugt, die dem äußeren Biegemoment zu widerstehen haben. Um also die Verbände den Beanspruchungen entsprechend bemessen zu können, muß man sich zunächst einen Wert für das größte auftretende „Biegemoment" zu verschaffen suchen.

Berechnung des Biegemomentes. I. Man zerlegt das Fahrzeug in eine Anzahl von Abschnitten der Länge nach, bestimmt für jeden Abschnitt das Gewicht und kann damit eine Kurve aufsetzen, deren Inhalt das Gesamtgewicht darstellt. Diese Kurve muß flächengleich der „Spantenskala" (s. o.) sein, und die Schwerpunkte beider Flächen müssen der Länge nach übereinander liegen. Mit den Differenzen der Ordinaten beider Kurven kann man die „Belastungskurve" zeichnen (Abb. 315). Diese Kurve zeigt die Belastungsweise in jedem Punkt. Die Werte über der x-Achse entsprechen einem Deplacementsüberschuß, diejenigen unter der x-Achse einem Gewichtsüberschuß.

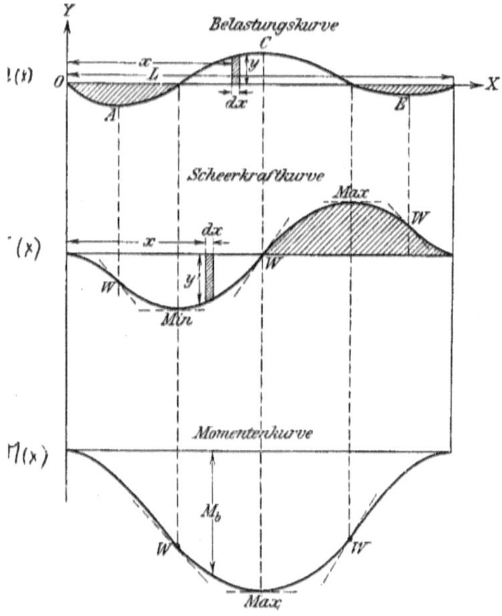

Die Flächenstücke unter der x-Achse müssen gleich den oberhalb der Achse liegenden sein, d. h. das Flächen-Integral der Belastungskurve muß gleich Null werden:

$$\int_0^L y \cdot dx = 0.$$

Ebenso müssen die Momente der Flächenstücke unter und über der Achse gleich sein, das heißt das Momentintegral der Belastungskurve muß gleich Null sein:

$$\int_0^L (y \cdot dx) \cdot x = 0.$$

Abb. 315.
Berechnung des Biegemomentes.

II. Die Integralkurve der Belastungskurve gibt die „Kurve der vertikalen Scherkräfte". Ihre Ordinaten sind gleich der Resultierenden aller Belastungskräfte an der betr. Stelle.

$$Q = y' = \int_0^x y \cdot dx.$$

Die Flächenstücke unter und über der x-Achse müssen auch hier gleich sein, d. h. das Flächenintegral der Scherkraftkurve muß gleich Null werden:

$$\int_0^L y' \cdot dx = 0.$$

Beweis: $$F_Q = \int_0^L y' \cdot dx$$
$$= (y' \cdot x)\Big|_0^L - \int_0^L x \cdot dy'.$$

Nun ist $$y' = \int_0^x y \cdot dx.$$

Für $x = L$ wird dieser Wert $= 0$ (s. o.). Ferner ist $dy' = y \cdot dx$, also
$$F_Q = 0 - \int_0^L x\,(y \cdot dx).$$

Da nun $\int_0^L y \cdot dx$ auch $= 0$ ist,

so muß $F_Q = \int_0^L y'\,dx = 0$ sein.

III. Die Integralkurve der Scheerkraftkurve gibt die „Kurve der Biegemomente". Ihre Gleichung lautet:

$$M_b = \int_0^x Q \cdot dx = \int_0^x \left(\int_0^x y \cdot dx \right) \cdot dx.$$

Sie zeigt für jeden Querschnitt das darin auftretende Biegemoment und macht somit die Stellen kenntlich, deren Festigkeit zu untersuchen ist, um sicher zu sein, daß das Fahrzeug keine zu große Durchbiegung oder einen Bruch erleidet.

Bei der Herstellung der Scherkraft- und Biegemomentenkurve ist sorgfältig darauf zu achten, daß die Integralkurve da, wo die Grundkurve ein Maximum hat, einen Wendepunkt, und da, wo die Grundkurve die x-Achse schneidet, ein Maximum oder Minimum besitzt.

Berechnung des Widerstandsmomentes des Querschnittes. Die größte Beanspruchung der Verbände tritt nicht immer da auf, wo das größte Biegemoment vorhanden ist, sondern da, wo $k_b = \dfrac{M_b}{W} = $ max.,

wenn k_b = spezifische Spannung,
M_b = Biegemoment,
W = Widerstandsmoment des Querschnittes.

Das Widerstandsmoment des Querschnittes ist gleich seinem Trägheitsmoment, bez. auf die Schwerpunktsachse, dividiert durch den Abstand der äußersten Faser von der Schwerpunktsachse. Es läßt sich leicht berechnen, wie aus den Musterbeispielen in „Hütte" und „Johow" zu ersehen ist. Bei der Berechnung sind natürlich

276   Abschnitt IV. Das Entwerfen von Booten.

nur die über einen gewissen Teil des Bootskörpers durchlaufenden Verbandteile zu berücksichtigen.

Ob das sich ergebende k_b noch zulässig ist, ergibt sich durch Vergleich mit den in den Handbüchern veröffentlichten Zahlenwerten.

Daß man durch weitere Integration der beschriebenen Kurvensysteme auch die zu erwartende Durchbiegung des Bootskörpers bestimmen kann, sei hier nur erwähnt.

Es muß aber darauf hingewiesen werden, daß die Größe des Widerstandsmomentes der Längsverbände nicht allein entscheidend für die Festigkeit ist. Wenn obere und untere Gurtung nicht fest und sicher gegeneinander versprengt und miteinander verbunden sind, so kann unter Umständen trotz eines hohen W-Wertes ein gegen Biegung und namentlich Verdrehung zu schwacher Bootskörper entstehen.

An einem einfachen Beispiel sollen die theoretischen Entwicklungen und ihre praktische Anwendung erklärt werden.

Beispiel für die Festigkeitsrechnung. Schwimmender Balken aus Kiefernholz, in der Mitte mit einem Gewicht von 75 kg belastet (Abb. 316).

Länge = 30 dcm, Breite = 5 dcm, Höhe = 2 dcm.

Eigengewicht = $30 \times 5 \times 2 \times 0{,}5$ kg = 150 kg.

Verdrängung = 150 + 75 = 225 kg.

Tiefgang (für spez. Gew. des Wassers = 1) = $\dfrac{225}{30 \times 5}$ = 1,5 dcm.

1. Spantenskala. Die Ordinaten sind die Spantflächen. Der Flächeninhalt der Spantenskala ergibt das Deplacement.

Maßstab der Abszissen: 1 cm = 2,5 dcm.
„   „   Ordinaten: 1 cm = 25 dcm².
„   „   Fläche: 1 cm² = 62,5 dcm³.

2. Gewichtskurve. Maßstab: 1 cm² = 62,5 kg.

Die Schwerpunkte von 1. und 2. liegen übereinander; die Flächeninhalte sind gleich.

3. Belastungskurve. Die Ordinaten sind die Differenzen der Ordinaten von 1. und 2., Verdrängungsüberschuß nach oben, Gewichtsüberschuß nach unten abgetragen. 1 cm² = 62,5 kg.

Die + Flächen sind = den — Flächen.

Der ⊙ liegt über dem Deplacement ⊙.

4. Scheerkraftkurve. Die Ordinaten sind die zugehörigen Flächen der Belastungskurve.

Festigkeit. 277

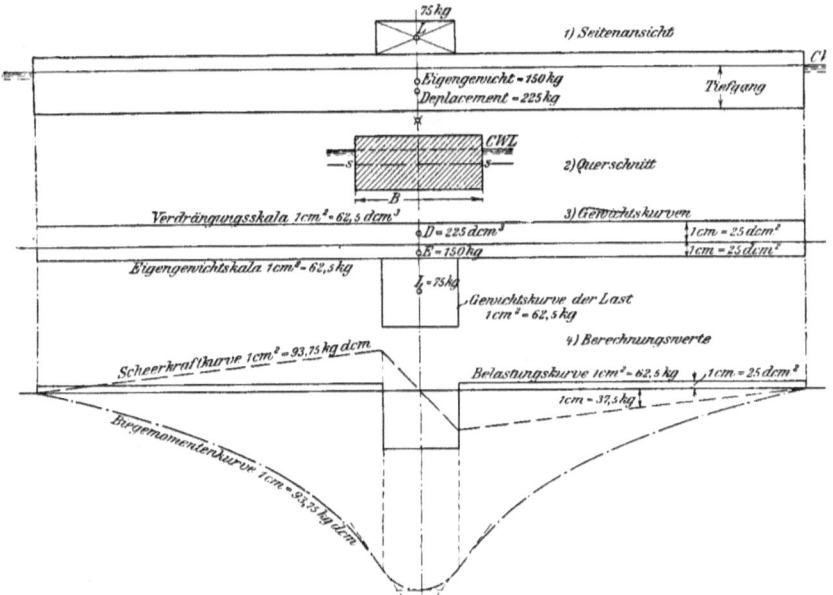

Abb. 316. Festigkeitsberechnung für einen schwimmenden Balken.

Maßstab der Abszissen: 1 cm = 2,5 dcm.
„   „   Ordinaten: 1 cm = 37,5 kg.
„   „   Fläche: 1 cm² = 93,75 kgdcm.

5. Biegemomentenkurve. Die Ordinaten sind die zugehörigen Flächen der Scheerkraftkurve.

Maßstab der Ordinaten: 1 cm = 93,75 kgdcm. Das Maximalbiegemoment liegt in der Mitte und ist = 3 × 93,75 = 281,25 kgdcm.

6. Trägheitsmoment des Balkenquerschnittes

$$J = \frac{b \cdot h^3}{12} = \frac{5 \cdot 2^3}{12} = 3{,}333 \text{ dcm}^4.$$

7. Widerstandsmoment des Balkenquerschnittes.

$$W = \frac{J}{e} = \frac{3{,}333}{1} = 3{,}333 \text{ dcm}^3.$$

8. Spannung in der äußersten Faser des Querschnittes.

$$k_b = \frac{M}{W} = \frac{281{,}25 \text{ kgdcm}}{3{,}333 \text{ dcm}^3} = 0{,}845 \text{ kg/cm}^2.$$

8. Ausarbeitung eines Entwurfes.

Wie schon oben bei der Übersicht über die Reihenfolge der auszuführenden Arbeiten gesagt wurde, besteht der Entwurf in der mehr oder weniger gleichzeitigen Beschäftigung mit einer Reihe von Problemen, die sich gegenseitig beeinflussen und manchmal schwer miteinander in Einklang zu bringen sind. Der Übersicht halber seien sie hier aufgeführt:

a) Äußere Form,
b) Innerer Raum,
c) Einrichtung und Ausrüstung,
d) Gewicht und Schwerpunkt,
e) Fortbewegung,
f) Bauausführung und Festigkeit,
g) Kosten.

Die Lösungsart dieser Probleme soll nun näher besprochen und an Hand von kritischen Vergleichen erläutert werden. Dabei wird sich zeigen, daß bei jedem einzelnen Problem in ausgiebiger Weise auf die sämtlichen übrigen Rücksicht genommen werden muß.

a) Äußere Form. Nach Durcharbeitung mehrerer Vorprojekte steht die Form des Bootes in den Hauptzügen fest. Die Hauptabmessungen und Vergleichswerte sind nach ähnlichen Ausführungen kontrolliert und auch eine überschlägige Gewichts- und Schwerpunktsbestimmung ist erfolgt.

Unter allen Umständen muß nun das Deplacement V gleich dem Gesamtgewicht P sein.

Da Seewasser schwerer als Süßwasser ist, so ist für dasselbe Gewicht in Seewasser ein kleinerer Deplacementskörper ausreichend als in Süßwasser. Als spezifisches Gewicht des Seewassers rechnet man im allgemeinen:

In Danzig: 1,017.
„ Kiel: 1,015.
„ Wilhelmshaven: 1,025.

Im Gleichgewichtszustande liegen Systemschwerpunkt G und Deplacementsschwerpunkt F auf einer Senkrechten. Es ist daher von großer Wichtigkeit, die äußere Form beim Entwurf so zu gestalten, daß in der beabsichtigten Schwimmlage des Fahrzeuges F senkrecht unter G liegt. Andernfalls tritt ein „Trimmoment", analog dem „Stabilitätsmoment" (s. o.) auf, das eine Trimmänderung, d. h. eine Änderung des vorderen und hinteren Tiefganges, herbeiführt.

Sowohl auf die Größe der Ein- oder Austauchung bei Gewichtsänderungen als auch auf die Trimmänderung bei Gewichtsverschiebungen ist Form und Völligkeit der Schwimmebene von größtem Einfluß.

Bei Booten mit veränderlicher Belastung, wie z. B. bei Fährbooten u. a., muß die äußere Form so gewählt werden, daß das Boot im belasteten Zustande keine unzulässige Trimmlage einnimmt. Entweder ist es so einzurichten, daß die zusätzliche Belastung im ⊙ d. WL untergebracht wird, oder die Wasserlinie muß da, wo die zusätzliche Belastung zu erwarten ist, völlig gehalten werden. Meistens ist das hinten der Fall und läßt sich dann mit andern ebenso wichtigen Anforderungen an die Form, z. B. Verhütung starker Trimmänderungen durch rasche Fahrt bezw. durch starke Schraubenwirkung, gut vereinigen.

Auch auf die Trimmänderungen infolge von seitlichen Neigungen, die schon oben bei Besprechung der Stabilität erwähnt wurden, kann man durch die Form der obersten Wasserlinie wesentlichen Einfluß ausüben.

Nach Herstellung oder Umarbeitung eines Linienrisses und nach erfolgter Kontrolle desselben durch Deplacements-, Schwerpunkt- usw. Berechnungen (s. o.) müssen vor allem die Stabilitätseigenschaften untersucht werden.

Die Theorie der Stabilität ergab, daß die statische und dynamische Quer- und Längsstabilität von der geometrischen Form des Bootskörpers wesentlich abhängig ist. Da nun diese Form bekanntlich nicht durch mathematische Formeln ausgedrückt werden kann, so kann man den Einfluß der Form auf die Stabilität auch nur durch allgemeine Betrachtungen und kritische Vergleiche beurteilen.

In der äußeren Form kann man auf zwei Weisen Einfluß auf die Stabilitätseigenschaften ausüben:

1. durch Veränderung der Hauptabmessungen;
2. durch Änderung der Form oder Völligkeit des Deplacementskörpers ohne Veränderung der Hauptabmessungen.

Werden sämtliche Breitenmaße in einem Verhältnis n vergrößert oder verkleinert, ohne daß Länge und Tiefe geändert werden, so wird für die Anfangsstabilität der Satz gelten:

Die metazentrischen Höhen MF verhalten sich proportional den Quadraten der Breiten.

$$MF = \frac{J}{V}$$

$$M'F = \frac{J_1}{V_1}.$$

Da $B_1 = n \cdot B$, so ist $J_1 = n^3 J$ und $V_1 = nV$. Dann wird

$$\underline{M'F = MF \times n^2.}$$

Bei Veränderung der Länge in einem Verhältnis n, ohne Veränderung von Breite und Tiefe, wird $J_1 = n \cdot J$ und $V_1 = Vn$, also ändert sich MF nicht. Dagegen ändert sich in diesem Falle das Längenmetazentrum in demselben Verhältnis wie das Breitenmetazentrum bei Änderung der Breite.

Bei Veränderung aller Tiefenmaße im Verhältnis n ändert sich nur das Deplacement, während das Trägheitsmoment der WL konstant bleibt. Dann verhalten sich die MF umgekehrt wie die Tiefen oder

$$\underline{M'F = \frac{MF}{n}.}$$

Werden alle Abmessungen im Verhältnis n geändert, so ist ohne weiteres klar, daß sich die MF wie die einzelnen Abmessungen verhalten oder $\underline{M'F = n \cdot MF.}$

Bei zwei Booten von gleichem Deplacement, aber verschiedenen Abmessungen verhalten sich die MF annähernd wie die Quadrate ihrer Breiten dividiert durch ihre Tiefen.

$$\frac{M'F}{MF} = \frac{\frac{B_1^2}{T_1}}{\frac{B^2}{T}}.$$

Die genauen mathematischen Ableitungen dieser Gesetze, die übrigens nicht schwierig sind, finden sich in den Handbüchern über Schiffbau und würden hier zu weit führen.

Bei der Verwertung dieser Gesetze ist nicht zu vergessen, daß hier nur das MF der Anfangsstabilität in Betracht gezogen ist und daß das Stabilitätsmoment

$$St = P \cdot MG \cdot \sin \alpha$$

in jedem Falle einer besonderen Ausrechnung bedarf. Man vergegenwärtige sich die umgeformte Gleichung

$$St = \gamma (v \cdot JJ' \pm a \cdot V) \sin \alpha \text{ (s. S. 270)},$$

in der nur das erste Glied durch eine Veränderung der Hauptabmessungen beeinflußt wird.

Betrachten wir nunmehr die **Beeinflussung der Stabilität durch Formveränderungen**, so lassen sich diese in zwei Gruppen zerlegen:
1. Formänderung der ein- und austauchenden Keilstücke bei Neigungen.
2. Formänderungen unter Wasser außerhalb der Gebiete der Keilstücke.

Für die erste Gruppe ist in der Hauptsache nur die Breite der bei der Neigung aufeinanderfolgenden Schwimmebenen maßgebend; denn diese bedingt das Steigen, Fallen oder Liegenbleiben des MF, wie oben ausgeführt. Wird die Neigungswasserlinie breiter als die horizontale, so steigt M und umgekehrt.

Für ausführliche Untersuchungen dieser Verhältnisse sind Form $\odot$-Kurven, WLflächen-Kurven, Metazentrum-Kurven und ihre Evoluten zu finden und zu vergleichen.

Für die zweite Gruppe ergibt sich nach eingehenden Untersuchungen der Satz: Wenn bei einer Formänderung des unteren Bootskörpers (d. h. soweit er nicht in die ein- und austauchenden Keilstücke hineinreicht) die Verdrängung größer wird, so fällt das Metazentrum; wird die Verdrängung kleiner, so steigt das Metazentrum.

Die endgültige Beurteilung der Stabilitätsverhältnisse ist nur nach dem Verlauf der Stabilitätskurve (vgl. S. 271) unter Vergleich mit denjenigen von andern ausgeführten und bewährten Booten möglich. Es ist anzustreben, daß diese Kurve im Anfang flach nach oben ansteigt, daß sie ein dem Bootstyp entsprechendes Maximum besitzt und daß sie erst bei großen Neigungen unter die Nullinie sinkt.

Ihr Verlauf ist naturgemäß nicht nur von der Form, sondern auch vom Gewicht und von der Höhenlage des Gewichtsschwerpunktes abhängig. Der Einfluß der Gewichte und ihrer Trägheitskräfte ist auf S. 282 erwähnt und wird im Abschnitt über die Gewichtsverteilung S. 290 noch näher besprochen werden. Es sei hier nur darauf hingewiesen, daß auch die Formgebung schon unter Berücksichtigung der Festigkeit auf die Gewichtsverteilung Einfluß hat und daß bei hoher Lage von G die Stabilität geringer, das MG kleiner wird. Es empfiehlt sich daher, rechtzeitig die Lage von G so gut als möglich zu ermitteln, um event. durch Formänderungen einen günstigen Kompromiß zwischen widersprechenden Forderungen zustande bringen zu können.

Weitere Mittel zur Erhöhung der Stabilität durch die äußere Form sind folgende:
1. Erhöhung des Freibords.
2. Einbauung eines Decks entweder über die ganze Länge oder nur über Teile des Fahrzeugs (Rettungsboote, Sportruderboote).

Bei Rennruderbooten ist keine positive Stabilität vorhanden. Bei ihnen wird die aufrechte Lage künstlich durch die Riemen und durch das Massenträgheitsmoment beim Fahren erhalten.

Im engsten Zusammenhange mit den Stabilitätsverhältnissen eines Bootes steht seine **Seefähigkeit**, auf die durch die äußere Form ein wesentlicher Einfluß ausgeübt werden kann. Über Schlingern und Rollen, Stampfen und Setzen ist schon im allgemeinen auf S. 262 gesprochen worden. Doch kommen für diese Bewegungen noch folgende Umstände in Betracht:

die Wucht des Anpralles der Wellen,

die Veränderung der Lage des Deplacements infolge der ein- und austauchenden Bootskörperteile,

die Reibungs- und Formwiderstände im Wasser,

das Massenträgheitsmoment.

Alle diese Vorgänge beeinflussen die Schwingungsdauer des Bootes in bezug auf diejenige der Wellen. Für Rollbewegungen sind nach Rankine folgende Grundsätze zu beachten:
1. Ein Boot von großer Stabilität und sehr geringem Seitenwiderstand beim Rollen rollt gleichförmig mit den Wellen wie ein flach schwimmendes Brett oder ein Floß.
2. Ein Boot, dessen Rollperiode sich zu der Wellenperiode wie $\sqrt{2:1}$ verhält, rollt gegen die Wellen, ähnlich wie ein hochkant schwimmendes Brett.
3. Ist das Verhältnis der Rollperiode des Bootes kleiner als $\sqrt{2:1}$, so gelangt das Boot in seiner aufrechten Lage zwischen zwei entgegengesetzten Neigungen vor den Wellenberg bezw. das Wellental. Dann wird seine größte Neigung größer als der größte Neigungswinkel der Welle.
4. Ist das obige Verhältnis größer als $\sqrt{2:1}$, so nimmt das Boot seine aufrechte Lage erst nach dem Passieren des Wellenberges bezw. Wellentales an, und seine größte Neigung ist kleiner als der größte Neigungswinkel der Welle.

Der ungünstigste Fall ist der, wenn die Rollperiode des Bootes mit derjenigen der Welle übereinstimmt. In diesem Falle werden die Rollwinkel am größten und übersteigen die Neigungswinkel der Welle um so mehr, je geringer der Seitenwiderstand ist, d. h. je kleiner die bremsenden Flächen sind. Ist dieser sehr gering, so kann der Ausschlagwinkel infolge der regelmäßig wiederholten Anstöße sich dauernd vergrößern und die Gefahr des Kenterns eintreten.

Bestimmungen der Rollperioden von Schiffen finden sich im Johow 1910, S. 400 ff.; ihre Anwendung auf Boote ist ohne weiteres zulässig. Man kann bei der Formgebung durch passende Abstimmung der Stabilitätsverhältnisse einen günstigen Einfluß auf die Rollbewegungen durch Vermeidung der eben erwähnten kritischen Periodenzahl ausüben.

Das Rollen ist bei kleineren Booten im Seegang naturgemäß stärker als bei größeren und wird schon bei geringem Seegang bemerkbar. Die Gründe dafür liegen in der verhältnismäßig großen Stabilität und in dem geringen Massenträgheitsmoment. Der Seegang kann aber um so weniger Einfluß auf ein Boot ausüben, je geringer seine Stabilität und je größer sein Massenträgheitsmoment ist. Das erstere bedingt hohe Lage von G, das letztere großen Abstand schwerer Gewichte vom Gesamtschwerpunkt. Beides ist bei großen Fahrzeugen eher möglich als bei kleinen Booten.

Ebenso wie auf die Rollbewegungen kann man auch auf die Stampf- und Setzbewegungen, die mit den ersteren zusammen über die Seefähigkeit eines Bootes entscheiden, durch die äußere Form Einfluß gewinnen.

Zunächst die „Nase möglichst hoch!" Also möglichst viel Freibord und guten Decksprung geben. Dann die Vor- und Achterspanten nicht zu scharf machen, aber auch nicht ganz völlig. Das Boot soll beim Einsetzen in die heranrollende Welle nicht tief einschneiden, aber auch nicht auf die Welle aufhauen. Beides tut der Geschwindigkeit Abbruch, und das letztere kann die Verbände lockern. Ein sanftes Heben des Bootes und ruhiges Zurückwerfen der Wellen ist anzustreben. Dies wird erreicht durch allmählich nach oben ausfallende Spanten.

Die beste Heckspantenform für Seegang ist erfahrungsgemäß das „Spitzgatt-Heck", eine Form, die sich der Bugform nähert und für Seeboote oft Anwendung findet. „Spiegel-Hecks" oder „Rundgatt-Hecks" haben den Vorzug der größeren Geräumigkeit am Deck, doch bieten sie den Wellen eine große Angriffsfläche, und zwar um so mehr, je länger das Heck über Wasser ausgezogen ist:

Die Überwasserformen und die Aufbauten sind nach Möglichkeit so zu formen, daß sie dem Wind geringe oder geneigte ablenkende Angriffsflächen bieten, und daß ein überkommender Brecher wenig Gelegenheit findet, ins Boot hineinzugelangen oder Aufbauten abzureißen und mitzunehmen.

Der nächste Punkt, auf den bei der Formgebung sehr geachtet werden muß, ist die „Manövrierfähigkeit". Sie ist bedingt durch Form und Größe des „Lateralplanes" und durch Fläche und Anordnung des Ruders. Eine theoretische Betrachtung über die Art der Ruderwirkung würde hier zu weit führen. Es sei nur darauf hingewiesen, daß durch das Überlegen des Ruders das Boot außer der drehenden auch eine seitlich abtreibende Wirkung erfährt. Beide werden aber durch die äußere Form des Bootes beeinflußt.

Außerdem ist die Manövrierfähigkeit sehr von der Geschwindigkeit des Bootes abhängig, und darin liegt die Schwierigkeit der theoretischen Behandlung. Da der Bug des Fahrzeugs beständig in ruhendes Wasser vorrückt, während das seitlich befindliche Wasser mehr oder weniger in Bewegung gesetzt ist, so liegt der Angriffspunkt der bei einer Drehung nach erfolgtem Ruderlegen auftretenden seitlichen Drucke jedenfalls beträchtlich vor dem Schwerpunkt des Lateralplanes und verändert sich auch bei jeder geringsten abweichenden Bewegung. Es wird kaum gelingen, seine genaue Lage zu ermitteln. Boote mit flachem Heck und tiefgehendem Bug steuern auf geradem Kurs sehr unruhig und drehen bei geringer Ruderlage beinahe auf der Stelle.

Bei Booten mit Schraubenantrieb wird die Ruderwirkung durch den vom Propeller gegen das Ruder geworfenen Wasserstrom verstärkt. Diese Wirkung kann noch durch Anordnung von zwei Rudern, je einem auf jeder Seite des Schraubenstromes, erhöht werden.

Boote, die leicht steuern und manövrieren sollen, werden verhältnismäßig kurz und breit gemacht, und man gibt ihnen vorn und hinten möglichst wenig „Totholz", d. h. vertikale Flächen. Bei Segelyachten wird diese Form dann gern durch Anbringung einer Flosse oder eines Schwertes im mittleren Teile des Rumpfes ergänzt. Dadurch wird einerseits die Manövrierfähigkeit durch Verschiebung des Drehpunktes nach der Bootsmitte erhöht, andererseits wird die Abtrift beim Amwindsegeln verringert und das Einhalten eines geraden Kurses erleichtert. Form und Größe der Flosse oder des Schwertes richtet sich im allgemeinen nach Größe und Schwerpunktlage der Segelfläche (vgl. S. 300).

Rennruderboote und z. T. auch Renn-Motorboote werden meistens auf Kosten der Manövrierfähigkeit lang und schmal gebaut. Auch sucht man die Reibungsoberfläche durch Weglassen von Kiel und andern Vorsprüngen möglichst zu vermindern. Das Kurshalten und die Steuerfähigkeit wird dann durch Anbringung einer kleinen Flosse unter dem Achterschiff vor dem Steuer erleichtert.

Ein sehr wichtiger Punkt bei der Gestaltung der äußeren Form des Bootskörpers ist die Rücksicht auf die Geschwindigkeit. Es ist ohne weiteres klar, daß es für jede Geschwindigkeit und jede Maschinenleistung eine Bootsform geben muß, die den geringsten Wasserwiderstand bietet und es so ermöglicht, den Kraftaufwand möglichst wirtschaftlich auszunutzen.

Die Betrachtungen über Formgebung und Geschwindigkeit können aber unendlich ausgedehnt werden, ohne zu einem positiven Ergebnis zu kommen.

Die alte Behauptung: „Lang läuft" muß nach neueren Erfahrungen durch den Zusatz: „aber flach gleitet" ergänzt werden.

Beim Schneiden oder Verdrängen des Wassers wächst der Widerstand entsprechend der dritten Potenz der Geschwindigkeit; beim Gleiten ist der Widerstand proportional der Geschwindigkeit. Vor dem Gleiten muß aber das Boot erst auf die Gleitgeschwindigkeit gebracht werden; bis zum Eintritt des Gleitens ist das Gleitboot ein einfaches, sehr ungünstig geformtes Verdrängungsboot, und daher bedarf es großer Übung und Erfahrung, um die richtige Wahl der Form zu treffen.

Jedes Boot erleidet bei seiner Bewegung:
1. Reibungswiderstand,
2. Formwiderstand,
3. wellen- und wirbelbildenden Widerstand,
4. Luftwiderstand.

Es ist Sache der geschickten Formgebung, diese Widerstände nach Möglichkeit zu verringern.

Der Reibungswiderstand wird klein durch kleine, glatte, gut gearbeitete und gut erhaltene Oberfläche. Von wesentlichem Einfluß ist dabei der Anstrich.

Der Formwiderstand wird gering durch Wahl einer Bootsform, die den Stromfäden des bewegten Wassers möglichst freien Ablauf gewährt. Das Wasser vermeidet vermöge seiner physikalischen Beschaffenheit jede Steigung, indem es seitlich abweicht und die angrenzenden Wasserteile in Bewegung setzt, also einen Arbeitszusatz erzeugt. Ferner muß angestrebt werden, daß der Eintritt des Wassers in das Gebiet der vorderen Spanten stoßfrei erfolgt; denn jede Stoßwirkung braucht einen Energiezusatz und erhöht den Widerstand.

Der wellen- und wirbelbildende Widerstand wird durch den Anstoß des vorwärtsdrängenden Vorschiffes ebenso wie durch das Nachströmen des Wassers hinter dem Boot unvermeidlich erzeugt und läßt sich selbst durch glatt und harmonisch verlaufende Formen nicht ganz beseitigen, sondern nur mildern.

Für den Luftwiderstand gelten im allgemeinen dieselben Regeln, wie für den Wasserwiderstand.

Es wird leider noch zu oft behauptet, daß die Bootsform bei der Geschwindigkeit die Hauptsache sei. Begriffe wie „schöne", „harmonische", „gediegene" Formen sind in bezug auf den Widerstand vielfach Geschmackssache. Die Hauptsache ist vielmehr die Erzielung einer guten Übereinstimmung zwischen folgenden Werten, z. B. bei einem Motorboot.

1. Deplacement und Lage des Depl. ⊙ im Vergleich zum System ⊙.

2. Deplacement und Lage der Schwerpunkte im Vergleich zur Motorleistung und zum Angriffspunkt des Antriebes.

3. Propelleranordnung, Wahl der Schraube und Lage der Welle mit dem Drucklager in bezug auf den Angriffspunkt der Form- und Reibungswiderstände.

Bei einem Segelboot ist analog zwischen folgenden drei Werten ein Ausgleich anzustreben:

1. wie oben.

2. Größe der Segelfläche im Vergleich zum Lateralplan; Segel ⊙ im Vergleich zum Lateral ⊙, zum Depl. ⊙ und zum System ⊙ der Länge und der Höhe nach.

3. Anordnung und Unterteilung der Segelfläche in bezug auf den Form- und Reibungswiderstand.

Näheres hierüber vgl. S. 300. Es sollte hier nur darauf hingewiesen sein, daß die Form nicht von allein ausschlaggebender Wichtigkeit für die Erzielung günstiger Geschwindigkeit ist.

Daß die Form nicht unter allen Umständen günstige Widerstandsverhältnisse herbeiführen kann, zeigt das Beispiel der amerikanischen Sonderklassenboote, die auf langen Ozeanwellen sehr erfolgreich, auf den kurzen Wellen deutscher Binnengewässer aber durchaus nicht unbesiegbar waren.

Die äußere Form muß auch auf **Baumaterial, Bauweise, Festigkeit und Herstellungskosten** Rücksicht nehmen. Sie ist so zu wählen, daß sie unter Aufwendung möglichst geringer Mittel ausgeführt werden kann und daß sie und die durch sie bedingten Eigenschaften auch dauernd erhalten bleiben. Andererseits kann die Bauweise bezw. die Möglichkeit der Ausführung von Einfluß auf die Formgebung werden, wie z. B. bei der Gestaltung der Heckform die Anbringung von Schraube und Welle, die Anbringung eines schweren Ballastkieles usw.

Bei der Formgebung ist ferner rechtzeitig die **Raumeinteilung** in Betracht zu ziehen. Für Kajütboote, die eine gute Raumausnutzung bedingen, muß zuerst der innere Raum und dann die äußere Form festgelegt werden. Bei Regattabooten braucht event. gar nicht der innere Raum berücksichtigt zu werden. Ein bequemes und gutes Tourenboot wird nie ein erstklassiges Rennboot sein. Beides läßt sich nie vereinigen, und alle bisher getroffenen Kompromisse haben ihren Zweck verfehlt, da weder gute Touren- noch gute Rennboote daraus geworden sind.

Bei Rennbooten sind bei der Konstruktion die Bedingungen der **Vermessungsvorschriften** nach Möglichkeit durch die äußere Form auszunutzen. Die heute geltenden Vermessungsregeln sind in den Jahrbüchern der Segler- und Motoryachtbesitzer-Vereinigungen und im Johow veröffentlicht. Bei ihrer Ausarbeitung war man von dem soeben erwähnten Bestreben geleitet, gute, bequeme, seetüchtige Fahrzeuge mit großer Geschwindigkeit zu erzielen.

In früheren Jahren hat die Ausnutzung der Vermessungsregeln teilweise zu ganz ungesunden Auswüchsen in bezug auf Konstruktion und Bauweise geführt. Aber auch die neuesten Vorschriften haben es nicht vermocht, den oben erwähnten Kompromiß zwischen Touren- und Rennboot in zufriedenstellender Weise hervorzubringen. Man wird doch wohl wieder darauf zurückkommen müssen, Regattabestimmungen für reine Rennboote, wie sie z. B.

für die Sonderklassenyachten, die Jollen, Gigs und Motorboote bestehen, zu schaffen und vielleicht unabhängig davon Regeln für Touren- oder Kajütboote.

b) Innerer Raum. Wie schon oben erwähnt, ist in den meisten Fällen schon in den Anfängen des Entwurfs und bei der Bestimmung der äußeren Form auf die Verteilung und Ausnutzung des inneren Raumes Rücksicht zu nehmen. Hierbei hat der Bootsbauer meistens die unangenehme Aufgabe, die eigenartigen und oft übertriebenen Wünsche des Bestellers einzuschränken. Leider zu oft wird der Decksumriß vom Laien dazu benutzt, sich eine höchst komfortable Einrichtung mit Kojen, Schränken, Küchen, WC und dergl. schönen Sachen auszudenken, ohne zu berücksichtigen, daß ein Boot kein Kasten mit geraden Seitenwänden ist, sondern unten ganz anders geformt ist wie oben.

Es ist nicht ratsam, zu versuchen, diese Wünsche in einer normalen Bootsform zu verwirklichen, sondern man biete in solchem Falle als ganz besonders praktischen Typ ein Hausboot mit Segeln oder Motor an.

Einrichtungspläne sollen unter genauer Beachtung des Maßstabes und der wirklichen Abmessungen der einzelnen Räume und Möbel gezeichnet werden. Vor allen Dingen ist auf Einhaltung der durch die äußere Form gegebenen Umrisse sowie auf die notwendigen Materialstärken, z. B. Spanthöhe, Wägerung, Dicke der Schotten, Balkenknie usw., zu achten. Bei Annahme der verschiedenen Bauteile ist auf die Möglichkeit ihrer Ausführung, insbesondere auf die Anbringung von Nieten, Bolzen usw., Rücksicht zu nehmen.

Nähere Angaben über Grundsätze für die Anordnung der Inneneinrichtung erübrigen sich wohl; hierfür sei das Studium und die kritische Bearbeitung der im Abschnitt I gegebenen Einrichtungspläne empfohlen.

Doch mögen hier einige Hauptmaße, die einzuhalten sind, erwähnt werden:

Ein Sitz soll bis Oberkante Kissen etwa 450 mm hoch, 500 bis 600 mm breit und 450 bis 500 mm tief sein; seine Rücklehne soll, wenn möglich, etwas schräg stehen. Oben in Kopfhöhe keinen Vorbau anbringen, an dem man sich stoßen kann, und unten die Verkleidung etwas zurück oder schräg setzen, damit mehr Fußbodenfläche entsteht und die Verkleidung nicht durch Anstoßen mit den Füßen beschädigt wird.

Eine Koje soll mindestens 1,8 m lang und 550 bis 650 mm breit sein, und es soll, wenn irgend möglich, über ihr eine freie Höhe von 750 bis 800 mm sein.

Ein Tisch wird ca. 800 mm hoch und 600 bis 700 mm breit gemacht.

Ein Schrank soll mindestens 400 × 400 mm Grundfläche haben.

Kajüten werden gern so hoch gemacht, daß man darin stehen kann.

Türen sollen 1,8 m hoch und 600 bis 700 mm im Lichten breit sein. Klapptüren werden besser als Doppeltüren denn als einteilige Türen ausgeführt, weil die letzteren sich beim Arbeiten und Begehen des Bootskörpers dauernd besser schließen und öffnen lassen, während die ersteren in der Regel bald klemmen. Schiebetüren soll man möglichst vermeiden, da sie nie ganz dicht schließen. Bei ihrer Anordnung ist sorgfältig auf die Möglichkeit ihrer Ausführung zu achten, da sie leicht beim Einschieben unten mit der Außenhaut kollidieren. Klapptüren sind so anzuordnen, daß sie ganz aufgeschlagen werden können, beim Öffnen den Durchgang nicht versperren und nicht gegeneinanderschlagen.

Alle Ecken und Winkel, Sitzgelegenheiten usw. sind als Behälter zum Verstauen von allerlei Gegenständen auszunutzen, jedoch so, daß sie bequem zugänglich bleiben.

Außerdem muß an die Möglichkeit gedacht werden, daß man ohne zu viel Arbeit und Losnehmen überall den Bootskörper von innen nachsehen und nötigenfalls reparieren und streichen kann.

Eine Einteilung des inneren Raumes durch Schotten in wasserdichte Abteilungen ist zur Erhöhung der Sicherheit des Bootes empfehlenswert, doch nicht immer durchführbar. An ihre Stelle tritt manchmal die Anbringung von Luftkästen, namentlich bei offenen Booten.

Die Räume für die Unterbringung von Brennstoff, Proviant, Wasser usw. müssen vor allem bequem zugänglich gemacht werden.

c) **Einrichtung und Ausrüstung.** Die einzelnen Teile der Einrichtung und Ausrüstung, wie sie in der Zusammenstellung S. 294 aufgeführt sind, können meistens je nach Zweck und Art des Bootes nach den Katalogen der betr. Lieferfirmen ausgesucht und angepaßt werden. Unter Umständen läßt man sich von der betr. Firma Offerte mit genauen Maß-, Gewichts- und Preisangaben machen, indem man ihr die nötigen Angaben über die vorhandenen Raumverhältnisse übermittelt.

d) **Gewicht und Schwerpunkt.** Die eingehende Bearbeitung dieses Problems ist für einen Entwurf sehr wichtig, da Erfolg und Verdienst sehr davon abhängig sind. Im allgemeinen ist schon oben der Einfluß von Gewicht und Schwerpunktslage auf **Größe und Form des Deplacements, Stabilität und Trimm** gestreift worden.

Hier sind ergänzend noch einige kritische Bemerkungen über die **Verteilung der Gewichte** an Bord eines Bootes hinzuzufügen.

Die Gewichtsverteilung ist bedingt durch:
1. die Lage des Deplacements $\odot$ nach Länge und Höhe,
2. die Manövrierfähigkeit des Bootes,
3. die Seefähigkeit,
4. die Festigkeit.

Punkt 1 ist, wie gesagt, bereits erledigt.

Punkt 2 bezieht sich im wesentlichen auf das Massenträgheitsmoment in bezug auf eine vertikale Drehachse, deren Lage bei normalen Booten ungefähr auf $1/_8\,L$ von vorn anzunehmen ist. Sind die größeren Gewichte in der Nähe dieser Achse angebracht, so ist beim Drehen das Massenträgheitsmoment gering, weil der Trägheitsradius klein ist; die Drehung erfolgt in einem kleinen Drehkreise. Befinden sich aber schwere Gewichte an den Bootsenden, so ist das Massenträgheitsmoment groß, die Drehung erfolgt schwer, und nach erfolgter Drehung muß das Boot rechtzeitig mit dem Ruder auf dem gewünschten Kurs festgehalten werden, da es das Bestreben hat, die Drehbewegung fortzusetzen.

Punkt 3 betrifft ebenfalls das Massenträgheitsmoment, aber diesmal in bezug auf eine horizontale Achse. Die Stampf- und Setzbewegungen werden durch schwere Gewichte an den Bootsenden verstärkt und über Gebühr vergrößert, da die auf und ab pendelnden Massen ihre Bewegungsrichtung beizubehalten streben.

Punkt 4. Schwere Einzellasten üben auch auf **Material und Bauweise** des Bootes einen ungünstigen Einfluß aus insofern, als besondere Verstärkungen an den betreffenden Stellen erforderlich werden, die dann wieder zur Erhöhung des Gesamtgewichtes beitragen. Im übrigen ist der Einfluß der Gewichtsverteilung auf die Längsfestigkeit in statischer Beziehung und die rechnerische Behandlung dieses Problems schon auf S. 273 auseinandergesetzt worden. Es sei hier nur noch darauf hingewiesen, daß die dort in Betracht gezogenen Verhältnisse sich in Wirklichkeit in mancher Beziehung ändern. Im Seegang nimmt der Deplacementskörper periodisch wechselnde Formen an, die mit der oben angenommenen Form wenig übereinstimmen; das Boot bewegt sich im Seegang sehr wenig in der aufrechten Lage, sondern krängt bald nach der einen, bald nach der andern Seite; und schließlich werden die Beanspruchungen verstärkt durch das Massenträgheitsmoment der auf und ab in Bewegung gesetzten Gewichte, die ihre Bewegungsrichtung fortzusetzen streben.

Hierzu kommt noch die Beeinflussung der Vibrationen des Bootes durch die Gewichtsverteilung. Arbeitet ein Motor im Boot, so versetzt er in der Regel das ganze System in zitternde Schwingungen. Das gleiche bewirkt die arbeitende Schraube. Die Schwingungen können unter Umständen durch falsche Gewichtsverteilung unangenehm verstärkt werden. Dies geschieht, wenn schwere Einzelgewichte nicht in den Knotenpunkten der Schwingungen, sondern zwischen denselben oder außerhalb derselben angebracht sind oder der Motor im Boot ungünstig aufgestellt ist.

Ein krasses Beispiel für die verhängnisvolle Wirkung einer derartigen unrichtigen Gewichtsverteilung bildet das s. Zt. in Monaco untergegangene Motorboot „Prinz Heinrich". Man hatte nämlich, um die Trimmlage des Bootes zu verbessern, ganz hinten im Heck Bleiballast angebracht. Durch die Schwingungen erhielten die Bleistücke eine derartige lebende Kraft, daß sie die Außenhaut auseinanderhämmerten und das Sinken des Bootes verursachten. Also Vorsicht bei der Gewichtsverteilung, namentlich bei leicht gebauten Rennbooten.

Was nun die praktische Durchführung der Gewichtsberechnung anbetrifft, so ist folgendes vorauszuschicken: Sie muß vorteilhaft so eingerichtet werden, daß sie jederzeit während des Entwurfs geändert und angepaßt werden kann. Denn es ist unvermeidlich, daß sich Gewicht und Schwerpunkt mit dem jeweiligen Stadium der Durcharbeitung ändern. Das erfordert ein klares, übersichtliches System und nicht zu große Sparsamkeit mit dem Papier. Es gehört viel Übung und Erfahrung dazu, um diese Arbeit wirksam und erfolgreich durchzuführen. Manche Teile können während des Entwurfs überhaupt nicht gerechnet, sondern müssen geschätzt werden. Immerhin ist es besser, eine möglichst eingehende Gewichtsberechnung während des Entwurfs aufzustellen und sie dauernd durch die sich ergebenden Änderungen auf der Höhe zu erhalten, als gar nichts zu rechnen und sich auf das gute Glück zu verlassen. Dabei hat schon mancher sehr unangenehme Enttäuschungen erlebt.

Von größter Wichtigkeit bei der Gewichtsberechnung ist eine geordnete Übersicht über alle Einzelheiten, damit nichts vergessen oder doppelt gerechnet wird. Nur dadurch kann die in der Natur der ganzen Arbeit liegende Unsicherheit überwunden werden.

Hat man aber sich in den Besitz mehrerer geordnet durchgeführter Gewichtsberechnungen gebracht, so hat man darin ein unschätzbares Material für die schnelle und erfolgreiche Bearbeitung weiterer Entwürfe.

Neben der Ermittlung von Gewicht und Schwerpunkt für die geplante Ausführung soll die Gewichtsberechnung auch noch die nötigen Unterlagen für den Kostenanschlag liefern. Man braucht dazu die Mengen der einzelnen Baustoffe und zwar in den üblichen Gewichtseinheiten, Längeneinheiten oder Kubikeinheiten usw., geordnet nach Plattendicken, Profilen usw., ebenso Stückzahl und Größen der Ausrüstungsgegenstände, wie z. B. von Ankern, Ketten, Hilfsmaschinen usw., die meistens von andern Geschäften fertig bezogen werden.

Es ist vorteilhaft, sich eines Formulars mit folgendem Kopf zu bedienen:

Gegenstände nach Gruppen geordnet	Querschnittsabmessungen	lfd. m, qm, Stückzahl	Einheitsgewicht	Mehrere Spalten für die einzelnen Baustoffe kg | kg | kg | kg	Gesamtgewicht	Abstand von Spt. o	Horizontalmomente	Höhe über Kiel	Vertikalmomente
				Summe A		Summe B		Summe C	

Die Summen der Momente dividiert durch die Summen der entsprechenden Gewichte ergeben die Ordinate und Abszisse des

Gesamtschwerpunktes. Dabei ist es am bequemsten, die Hebelarme der Momente auf den hintersten und den untersten Punkt des Bootskörpers zu beziehen, um keine negativen Momente zu erhalten.

Das gesamte Baumaterial des Bootskörpers mit Zubehör kann man in folgende Materialgruppen einteilen:

I. Schwere Schmiede- und Gußteile. Schmiedestücke, Eisenguß, Stahlguß, Bronzeguß.

II. Walzstahl. Platten, Winkel, Profile, Riffelplatten, verzinktes Material usw.

III. Nieten, Schrauben, Bolzen, Nägel.

IV. Zimmerholz.

Hierzu gehört nicht das sogenannte Tischlerholz aus Gruppe VI.

V. Verschiedene Stoffe.
  1. Werg, Segeltuch, Filz, Pappe.
  2. Marineleim, Teer, Pech, Asphalt, Kitt.
  3. Glas, Porzellan, Fliesen, Zement, Marmor, Schiefer, Isoliermaterial.
  4. Linoleum und dergl.
  5. Gummi, Leder.
  6. Farbe, Spachtel, usw.

VI. Ausrüstung und Einrichtung.
  1. Apparate, Hilfsmaschinen, Anker, Ankerketten, Trossen, Boote, Instrumente, Takelageteile, Tauwerk, kleine Ketten, Inventarienteile.
  2. Kleine Holzteile, Möbel, usw.
  3. Kleine Schmiedeteile, Bleche, Blei, Zink, Drahtnetz, Beschläge aller Art.
  4. Kleine Eisenguß-, Bronzeguß- usw. Teile.
  5. Rohre (Eisen, Kupfer, Blei, Zink).
  6. Elektrische Kabel.
  7. Segel, Persenninge, Bezüge, Polster, Gardinen, Vorhänge, Matten, Teppiche.
  8. Verschiedenes.

In diesen Materialgruppen kann man nach folgenden **Baugruppen** rechnen:
  1. Kiel.
  2. Vorsteven.
  3. Hintersteven, Wellenböcke.

4. Ruder.
5. Spanten.
6. Außenhaut.
7. Dollbord, Schandeckel.
8. Duchtenweger, Stringer.
9. Duchten, Sitze, Fußbretter.
10. Fußboden, Bodenbretter, Grätinge.
11. Decks.
12. Schotte.
13. Deckstützen.
14. Maschinen- und Kesselfundamente.
15. Aufbauten.
16. Oberlichter, Kappen usw.
17. Luken usw.
18. Masten, Rundhölzer.
19. Mastenzubehör, Takelung, Segel.
20. Dollen, Ausleger usw.
21. Steuerzubehör.
22. Anker, Ketten, Trossen und Zubehör.
23. Poller, Klampen, Klüsen, Beschläge.
24. Schanzkleid, Reling, Geländer, Sonnensegel.
25. Innere Einrichtung, Möbel.
26. Wasch-, Bade-, Kloseteinrichtungen.
27. Küchen-, Anrichte-, Provianteinrichtungen.
28. Verschiedene Spezialeinrichtungen.
29. Heizung.
30. Ventilation.
31. Fenster.
32. Elektrische Anlagen.
33. Pumpen, Rohrleitungen, Ventile.
34. Inventar, Handwerkszeug, Geräte.

Um Vergleiche zwischen verschiedenen Fahrzeugen ähnlicher Konstruktionen anstellen und die Erfahrungen mit ausgeführten Entwürfen für Neuentwürfe verwenden zu können, bildet man sogenannte „Einheitsgewichte" oder „Prozentgewichte", z. B. kann man das Gewicht des Bootskörpers auf das Produkt $L \times B \times H$ seiner Hauptabmessungen beziehen. Das Gewicht eines Decks ist gleich $L \times B \times$ Koeffizient, entsprechend bei einem Schott $= B \times H \times$ Koeffizient, Außenhautgewicht $= L \times$ Umfang $\times$ Koeffizient usw.

Man kann auch die prozentweisen Anteile der einzelnen Bauteile am Gesamtgewicht bilden.

Sehr zu empfehlen ist die **Verwiegung der einzelnen Bauteile** während des Baues und die genaue Buchführung darüber. Die darauf verwendete Zeit, Mühe und Arbeit würde sich sicher bei richtiger und sachgemäßer Durchführung als gewinnbringend herausstellen. Leider wird gerade auf diesem wichtigen Gebiete sehr wenig getan. Mit dem einfachen Verwiegen ist die Sache auch nicht erledigt. Es muß ein ganz eingehend durchgeführtes Gruppenverzeichnis mit Aufstellung der zu jeder Gruppe gehörenden Teile gemacht werden und dazu ein alphabetisches Register, damit der Verwieger jederzeit feststellen kann, unter welcher Gruppe er jeden gewogenen Gegenstand zu buchen hat. Geschieht dies nicht, so ist es unvermeidlich, daß bei verschiedenen Bauten gleichartige Gegenstände unter verschiedenen Gruppen notiert werden. Der Zweck der Verwiegung, nämlich die Schaffung von brauchbaren Unterlagen für Neuentwürfe, wird dann vollkommen illusorisch.

Selbstverständlich ist es schwierig, hier einheitliche Vorschläge zu machen, weil die Baumethoden bei den verschiedenen Werften verschieden sind und daher jede Werft ihr eigenes System ausarbeiten muß im Einklang mit ihrer gesamten Fabrikationsmethode.

Am besten wäre natürlich ein einheitliches System auf allen Werften.

e) Fortbewegung.

α) **Allgemeines.** Über den Einfluß der äußeren Form auf die Widerstandsverhältnisse im Wasser und in der Luft s. S. 284. Desgl. über den Einfluß des Gewichts und der Massenträgheit S. 290.

Man hat oft versucht, Formeln zur Berechnung des Schiffswiderstandes aus der Schiffsform und der Geschwindigkeit aufzustellen. Ihre Anwendbarkeit auf einen bestimmten Fall hängt meistens von der passenden Wahl eines Koeffizienten ab, der sich nach Größe und Art des Fahrzeugs und der Maschine richtet. Vgl. Hütte, Bd. 2, S. 683 ff; Johow, S. 501 ff.

Am besten führen Schleppversuche mit Modellen zum Ziel. Wenn auch die exakte Bestimmung der erforderlichen Maschinenkraft hierbei fast unmöglich ist, so ist man doch in der Lage, verschiedene Bootsformen gegeneinander auszuprobieren und dadurch die günstigste Form für den vorliegenden Fall zu ermitteln. Es muß aber darauf hingewiesen werden, daß das Medium, in dem das Modell geschleppt wird, eigentlich nicht dasselbe Wasser sein dürfte, in dem das große Fahrzeug schwimmt, sondern daß die physikalischen Eigenschaften desselben auch den Größenverhältnissen der beiden Fahrzeuge entsprechend andere sein müßten als beim Wasser.

Ferner bringt die Schraubenwirkung beim fahrenden Boot wesentliche Veränderungen der Widerstandsverhältnisse hervor, so daß Modellversuche ohne Schraubenwirkung nur sehr zweifelhaften Wert haben, kann es doch vorkommen, daß ohne Schrauben ein Schiffskörper A besser als ein anderer B erscheint, während mit Schrauben die Verhältnisse gerade umgekehrt liegen. Dazu kommt, daß beim Schleppen die Richtung der Zugkraft nicht mit Sicherheit in die zu erwartende und durch den Trimm während der Fahrt bedingte Richtung des Schraubenschubs gelegt werden kann. Infolgedessen sind die Trimmverhältnisse und damit die Wellenbildung während der Fahrt beim Modell denen des frei fahrenden Bootes wahrscheinlich nicht ähnlich.

Erfahrung und Versuche haben gelehrt, daß bei jedem Fahrzeug Geschwindigkeit und Maschinenleistung bis zu einer gewissen Grenze nach einem einigermaßen konstanten Verhältnis wachsen. Darüber hinaus wächst die zur Erhöhung der Geschwindigkeit notwendige Antriebskraft nach einem andern ungünstigeren Verhältnis, um schließlich bei noch höheren Geschwindigkeiten wieder nach einem günstigeren Verhältnis zu steigen.

Den gleichen Einfluß auf die Widerstandsverhältnisse übt die größere oder geringere Wassertiefe im Zusammenhang mit der Geschwindigkeit des Bootes aus. Die Ursache dieser Erscheinung liegt in der durch die Geschwindigkeit und die Wassertiefe beeinflußten Wellenbildung und läßt sich durch die Wellentheorie (Interferenz der Wellen) erklären. Ein Eingehen auf diese Verhältnisse würde hier aber zu weit führen; es sei auf die einschlägige Literatur verwiesen.

Seegang ist im allgemeinen selbstverständlich für die Fortbewegungsverhältnisse von Booten ungünstig. Es ist daher geraten, von vorn herein bei der Bemessung der Antriebskraft auf die betr. Verhältnisse, unter denen das Boot eine bestimmte Geschwindigkeit einhalten soll, Rücksicht zu nehmen.

Jeder Antrieb bedingt eine Umformung der Kraft, die zum Antrieb benutzt wird. Jede Umformung einer Kraft führt aber Verluste herbei, und aus diesem Grunde muß beim Rudern, Segeln und Maschinenantrieb stets mit einem „Wirkungsgrad" des

Systems oder der Anlage gerechnet werden. Bezeichnet man das Drehungsmoment des Motors mit N, so wird die drehende Bewegung des Motors durch den Propeller in Schub P umgewandelt. Es wird nun immer $N > P$ sein, und man nennt allgemein

$$\eta = \frac{P}{N}$$

den „Wirkungsgrad". η kann je nach der zu erwartenden Güte der Anlage von 40 bis 70 % angenommen werden.

β) Rudern. Die Verhältnisse und Abmessungen für Rudersitz, Dolle, Stemmbrett, Riemenlänge, Blattfläche usw., wie sie auf S. 150 angegeben sind, haben sich durch Erfahrung herausgebildet. Sie müssen sich, um die Körperkraft des Ruderers auszunutzen, ohne ihn zu früh zu ermüden, seinen Körperverhältnissen anpassen. In Booten, die von Ruderern verschiedener Größe gefahren werden, macht man daher die Stemmbretter, gegen die die Ruderer ihre Füße stemmen, verstellbar. Rennruderboote werden in der Regel nach Möglichkeit für die Körperverhältnisse der betr. Mannschaft passend gebaut.

Die Arbeit des Ruderers setzt sich zusammen aus der „Wasserarbeit", d. h. der Führung des Riemenblattes, und aus der Körperarbeit. Das Riemenblatt soll mit scharfem, senkrechtem Einsatz ins Wasser gehen, braucht aber nicht tiefer einzutauchen, als daß seine Oberkante eben im Wasser ist. Seine Fläche und Form haben sich ebenfalls durch die Praxis des Ruderns herausgebildet. Am wirksamsten sind die gekrümmten, schaufelförmigen Blätter der Sportruderboote, weil sie das Wasser gewissermaßen schöpfen und zusammenhalten. Die Krümmung darf aber auch wieder nicht zu stark sein, da das Blatt sonst gegen Ende des Durchzuges hemmend wirken würde. Maßgebend dafür ist der Weg und die Stellung des Blattes während eines Schlages. Ist der Schlag beendet, so muß das Blatt schnell und senkrecht aus dem Wasser gehoben werden und wird dann meistens, horizontal gedreht, in die Anfangsstellung zurückgeführt. Um diese Wasserarbeit exakt, ausgiebig und gleichmäßig leisten zu können, muß der Körper des Ruderers, nämlich Beine, Kreuz und Arme, Gelegenheit haben, sich in harmonischem, abgerundetem Schwung zu bewegen. Es wird nicht nur die reine Muskelkraft, sondern auch die Massenwirkung des Körpergewichts ausgenutzt. Diese ganze Arbeit ist vergleichbar mit den Vorgängen beim Inganghalten eines Pendels. Die Art und Weise des Ruderschlages, ob lang oder kurz, schnell oder langsam, muß nach Gefühl dem Gewicht und dem Fortgang des Bootes angepaßt werden und ist bei jedem Bootstyp eine andere, genau wie bei verschiedenen Pendelarten. Von großer Wichtigkeit ist es, den vorderen Teil des Bootes etwas völlig zu gestalten, damit er der durch das Vorschwingen bezw. Vorrollen der Mannschaft ausgeübten Wirkung, die ihn vorn hineindrücken will, Widerstand leistet und nicht zu tief einsinkt.

Der Riemen hat von allen Antriebsmitteln den besten Wirkungsgrad. Seine Wirkungsweise entspricht einem einfachen Hebel. Der Stützpunkt ist das Wasser, der Angriffspunkt des Widerstandes die Dolle und der Angriffspunkt der Kraft das Ende des Innenhebels. Der Stützpunkt ist nicht absolut fest und erfährt durch Ausweichen des Wassers nach oben und nach den Seiten einen Slip. Dieser Slip ist, wie schon Froude im Jahre 1884 nachgewiesen hat, beim Riemen kleiner als bei jedem andern Propeller.

γ) Segeln. Auf die Fortbewegung unter Segel hat der Konstrukteur Einfluß:

    1. durch die Bootsform,
    2. ,,   ,, Art der Takelung,
    3. ,,   ,, Größe der Segelfläche,
    4. ,,   ,, Lage des Segelschwerpunktes.

Über die bei einem Neuentwurf anzuwendenden Verhältnisse und Abmessungen lassen sich keine exakten Anhaltspunkte geben. Man gelangt nur auf Grund von Erfahrungen und durch Vergleich mit ausgeführten Booten zu brauchbaren Ergebnissen. Meist müssen Segelboote nach ihrer Fertigstellung erst „getrimmt" werden, d. h. es muß durch Probieren herausgefunden werden, welche Form, Stellung, Größe usw. der Segel je nach den Windverhältnissen die günstigste ist.

Beim Entwurf geht man meistens von der Lage des sogenannten Lateralschwerpunktes aus, das ist der Schwerpunkt der eingetauchten Längsschiffsfläche. Die gegenseitige Lage dieses Punktes und des Segelschwerpunktes zueinander gibt ein gutes Vergleichsmaß zwischen Yachten ähnlicher Bauart.

Man darf aber dabei nicht außer acht lassen, daß diese beiden Punkte niemals die exakten Angriffspunkte des Wind- und Wasserdruckes darstellen, sondern daß beide während der Fahrt je nach Geschwindigkeit, Überneigung, flacher oder bauchiger Segelstellung, Ruderlage usw. fortwährend ihre Stellung ändern. Es hängt von der Geschicklichkeit des Seglers ab, wie er durch die Lage des Ruders oder durch Bedienung der Schoten sein Boot so an den Wind legt, daß Winddruck und Wasserdruck in einer Senkrechten übereinander angreifen und sein Boot guten Fortgang macht und nicht zu sehr durch die Abtrift aus dem Kurs gebracht wird.

Wenn im folgenden noch etwas näher auf die Theorie des Segelns eingegangen wird, so geschieht dies in der Absicht, durch Klärung der Ansichten über die mechanischen Vorgänge auf die Sammlung von praktisch brauchbaren Erfahrungswerten hinzuwirken.

Der Winddruck auf ein Segel hängt ab von der Größe der Segelfläche, von der Richtung der Windgeschwindigkeit relativ zum Segel und von dem Quadrate der Geschwindigkeit. Die Windgeschwindigkeit selbst ist leicht zu messen und wird in der Regel in m/Sek. ausgedrückt. Dagegen ist ihre Richtung zum Segel je nach der Geschwindigkeit des Bootes veränderlich.

Man kann drei verschiedene Arten des Segelns unterscheiden:
1. Segeln vor dem Winde,
2. Segeln mit raumem Winde,
3. Segeln am Winde.

1. Ist beim Segeln vor dem Winde die Windgeschwindigkeit $= w$, die Bootsgeschwindigkeit $= v$, so wirkt auf das Segel eine scheinbare Windgeschwindigkeit $= w - v$.

Bei den meisten Bootstakelungen muß beim Segeln vor dem Winde das Segel ganz nach einer Seite ausgebaumt werden. Dadurch entsteht dann ein das Boot nach Luv drehendes Moment, dem durch Überlegen des Ruders entgegengewirkt werden muß. Das ist natürlich für die Geschwindigkeit nicht vorteilhaft. Dieser Verlust wird bei Rennyachten meistens durch das Spinnakersegel, das beim Segeln vor dem Winde auf der entgegengesetzten Seite des Großsegels ausgebracht wird, gemildert.

2. Beim Segeln mit raumem Winde unterscheidet man „Backstagsbrise", wenn der Wind schräg von hinten kommt, und „Dwarswind" oder „halben Wind", wenn der Wind querein, senkrecht zur Fahrtrichtung, kommt. Die Segelvorgänge bilden einen Übergang zwischen 1. und 3.

3. Segeln am oder beim Winde geschieht, wenn der Wind schräg von vorn kommt. Die scheinbare Windgeschwindigkeit ist die Resultierende aus der Bootsgeschwindigkeit in Richtung der Fahrt und aus der Windgeschwindigkeit in Richtung des Windes.

300　　　Abschnitt IV. Das Entwerfen von Booten.

Abb. 317 möge zur Erklärung der theoretischen Ableitungen, die etwas von den üblichen abweichen, dienen.

Die Fahrtrichtung des Bootes geht unter Berücksichtigung der Abtrift durch den seitlichen Winddruck in der angegebenen Richtung durch O. Die Windrichtung des wahren Windes ist ebenso durch eine Linie durch O gekennzeichnet. Der Angriffspunkt des Winddruckes ist nicht der Segelschwerpunkt, sondern ein Punkt vor demselben, der hier mit A bezeichnet ist. Die Geschwindigkeit des Windes ist $= W$ und die des Bootes $= u$. Die Richtungen beider sind vom Punkte A aus parallel zu den eben erwähnten Richtungen durch O abgetragen. Die resultierende Ge-

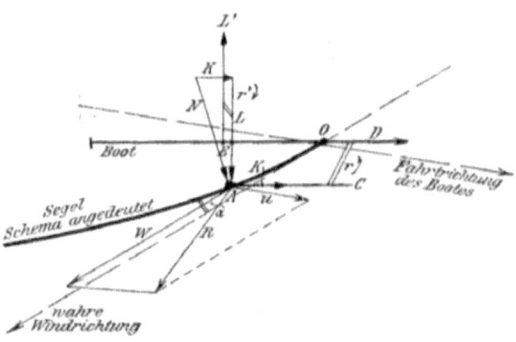

Abb. 317. Segelwirkung beim „Am-Wind-Segeln".

schwindigkeit in Richtung und Größe ist $= R$. Diese Geschwindigkeit, mit der der Wind auf das Segel wirkt, erzeugt einen Normaldruck (Kraft) N und eine Reibungskraft W, die beide vom Segel überwunden werden müssen.

Allgemein ist der Normalwiderstand der Segelfläche:

$N = \xi \cdot F \cdot R^n \cdot \sin \alpha$, worin

$\xi =$ Koeffizient,

$F =$ Segelfläche in qm,

$R =$ Geschwindigkeit des Windes,

$n =$ Exponent (1,7 bis 2,0),

$\alpha =$ Mittlerer Winkel zwischen Wind und Segelfläche,

und der Flächenwiderstand:

$W = \varphi \cdot F \cdot R^m$, worin

$\varphi =$ Koeffizient,

$m =$ Exponent.

Beide Widerstände werden überwunden, und der Wind fließt in Richtung des Segels mit einer Geschwindigkeit, die größer als R ist, ab. Der im Punkte A nun wirkende Normaldruck N kann nach drei Richtungen x, y, z zerlegt werden, nämlich in eine zur Schiffsrichtung senkrechte L, eine in der Schiffsrichtung liegende K und eine vertikale Kraft M. Die Kraft K wirkt in einem kürzesten Abstand r von der Symmetrieebene des Bootes und in der Ebene AC, die parallel zur geneigten Symmetrieebene liegt. Sie erzeugt ein nach links drehendes Moment
$$M_l = K \cdot r.$$
Ist das Boot im Gleichgewicht und hält es den eingeschlagenen Kurs, so muß dieses Moment M_l durch das Lateralmoment aufgehoben werden.

Der Lateralwiderstand muß $= L = L'$ sein und in einem Punkte E angreifen, damit das Moment
$$M_r = L' \times r'$$
gleich dem Moment M_l wird und entgegengesetzt dreht.

Der Angriffspunkt E resultiert wieder aus Lateraldruckpunkt und -kraft und Ruderdruckpunkt und -kraft und kann durch entsprechende Ruderlage verschoben werden, bis das Gleichgewicht eintritt.

Die Kraft K greift hoch über dem Angriffspunkt des Wasserwiderstandes an und erzeugt mit einem Teil desselben noch ein Trimmoment, das ein Eintauchen des Vorschiffes bewirkt und durch das Längsstabilitätsmoment aufgehoben wird.

Die Kraft L erzeugt mit dem Lateralwiderstand L' noch ein Quertrimmoment, das die seitliche Neigung des Bootes hervorruft und durch das Querstabilitätsmoment aufgehoben werden muß. Die Richtung der Kräfte L und L' kann horizontal angenommen werden.

Die vertikale Komponente M von N erzeugt ein geringes Tiefertauchen des ganzen Bootes und ein Krängen, das zu der Wirkung von L hinzugezählt und auch vom Querstabilitätsmoment aufgehoben werden muß.

δ) Maschinenantrieb. In Ermangelung von genauen Berechnungsmethoden für die erforderliche Maschinenkraft benutzt man beim Entwurf einige Annäherungsformeln.

Die Formeln beruhen auf der Eulerschen Theorie über den Druck des Wassers auf ebene Flächen. Der Widerstand gegen eine bewegte Fläche ist allgemein:

$W = F \cdot v^2$, worin
F = Fläche in qm,
W = Widerstand in kg,
V = Geschwindigkeit in m/Sek.

Bei einem Boot setzt man für F die Hauptspantfläche und schreibt dann die Formel folgendermaßen:

$$W = \xi \cdot \otimes \cdot v^2.$$

Die Arbeit zur Überwindung des Widerstandes wird dann:

$$W \cdot v = \xi \otimes v^2 \cdot v.$$

Die Arbeitsleistung eines Motors wird ausgedrückt durch Pferdestärken und im allgemeinen 1 PS = 75 mkg/Sek. angenommen. Es muß dann sein:

$$W \cdot v = \mathrm{PS} \cdot 75 = \xi \cdot \otimes \cdot v^3$$

$$\mathrm{PS} = \frac{\xi \cdot \otimes \cdot v^3}{75}.$$

Dies ist die Leistung des Propellers. Um also die Leistung des Motors zu erhalten, muß man den Ausdruck noch durch den Wirkungsgrad des Propellers dividieren. Setzt man dann sämtliche konstanten Koeffizienten der Formel $= \frac{1}{m^3}$, so kann man schreiben:

$$\mathrm{PS} = \frac{\otimes \cdot v^3}{m^3} \quad \text{oder} \quad m = v \sqrt[3]{\frac{\otimes}{\mathrm{PS}}}.$$

Der Wert von m schwankt für normale Seeboote mit Motorantrieb zwischen 2,5 und 3,0, wenn v in Knoten, $\otimes$ in qm und PS als Bremsleistung des Motors angegeben wird.

Diese sogenannte „Französische Formel" kann hauptsächlich zum Vergleich mit ähnlichen Ausführungen benutzt werden. Es ist davor zu warnen, auf Grund dieser Formel bei willkürlicher Annahme von m irgendwelche Garantien für Motorleistung oder Geschwindigkeit zu übernehmen.

Eine ähnliche Formel ist die sogenannte „englische" mit der „Admiralitätskonstanten" C.

$$\mathrm{PS} = \frac{v^3 D^{2/3}}{C}.$$

Für seegehende Motorboote kann man $C = 70-90$ annehmen, wenn v in Knoten, D in t und PS als Bremsleistung angegeben wird.

Nach der Methode von Wm. Froude kann man den Bootswiderstand aus Modellschleppversuchen auf folgende Weise ableiten: Der beim Versuch gemessene Wert für den Widerstand umfaßt Form- + Reibungs- + Wellen- + Wirbelwiderstand.

Für den Reibungswiderstand gilt nach Versuchen von Froude die Formel: $W_1 = \xi \cdot \gamma \cdot \Omega \cdot v^n$, worin

ξ = Reibungskoeffizient nach einer Tabelle, die in den Handbüchern zu finden ist,
γ = spez. Gewicht des Wassers,
Ω = benetzte Oberfläche in qm,
v = Geschwindigkeit in m/Sek.
n = Exponent nach derselben Tabelle wie ξ.

W_1 ist hiernach für das Modell und für das wirkliche Boot zu berechnen.

Für die übrigen Widerstände gilt nach Froudes Versuchen das Gesetz:

Die Restwiderstände verhalten sich wie die dritten Potenzen des linearen Ähnlichkeitsverhältnisses, wenn die Geschwindigkeiten sich wie die Quadratwurzeln des Ähnlichkeitsverhältnisses verhalten.

Ist also: $\dfrac{L}{l} = \dfrac{B}{b} = \dfrac{T}{t} = \alpha$, und $\dfrac{V}{v} = \sqrt{\alpha}$, so ist $\dfrac{W_r}{w_r} = \alpha^3 = \dfrac{D}{d}$.

Zieht man also von dem gemessenen Gesamtwiderstand des Modelles seinen berechneten Reibungswiderstand ab, multipliziert den Rest mit α^3 und addiert den berechneten Reibungswiderstand des Bootes hinzu, so erhält man einen Wert für den Gesamtwiderstand des Bootes.

Eine Kritik dieses Verfahrens ist in den einleitenden Worten dieses Abschnittes bereits gegeben.

Die weitere Verwertung der ermittelten Maschinenkraft für die Konstruktion des Propellers siehe Abschnitt III, S. 234.

f) Bauausführung und Festigkeit. Die Anwendung der Festigkeitslehre auf die Konstruktion des Bootskörpers ist auf S. 272 ff. auseinandergesetzt worden. Doch würde eine Bestimmung der Materialstärken lediglich auf Grund der Theorie wahrscheinlich in vielen Fällen zu unhaltbaren Verhältnissen führen.

Es ist vielmehr gerade bei Booten ganz besonders auf die Abnutzung des Materials durch den Gebrauch, durch chemische Zersetzung, Rost usw. Rücksicht zu nehmen. Dieser Gesichtspunkt kommt in den Vorschriften und Tabellen der Klassifikationsgesellschaften dadurch zum Ausdruck, daß die Wahl der Abmessungen und Profile nicht nur nach theoretischen Berechnungen, sondern nach ausgeführten und bewährten Konstruktionen getroffen ist.

Dagegen führt das Verständnis der theoretischen Festigkeitslehre zu einer richtigen und rationellen Verteilung der einzelnen Materialquerschnitte unter Berücksichtigung der jeweilig auftretenden Beanspruchungen und erleichtert außerdem bei richtiger Durchführung gute Vergleiche zwischen verschiedenen Ausführungen und sichere Schlüsse auf die Möglichkeit geplanter Ausführungsformen.

Außerdem sind aber noch verschiedene Einzelgesichtspunkte von Fall zu Fall zu berücksichtigen, auf die, ohne daß hier allgemein gültige Konstruktionsmaßregeln gegeben werden können, kurz eingegangen werden möge.

1. **Der Flächendruck des Wassers auf die Außenhaut.** Dieser ist von Einfluß auf die Entfernung der inneren Versteifungen, Spanten, Stringer usw. im Zusammenhang mit der Plattendicke der Außenhaut.

2. **Die Auflagerdrucke**, wenn das Boot auf Land steht, beim Stapellauf, beim Aufschleppen, beim Docken sowie bei unbeabsichtigten Grundberührungen. Eine ähnliche Beanspruchung führen die Heißvorrichtungen bei den Decksbooten der großen Schiffe herbei.

3. **Die Einwirkung der Antriebsmittel:** Riemendruck, Segeldruck, Propellerdruck, Steuerdruck, und die in der Maschine auftretenden Stöße und Massenwirkungen. Um diese Wirkungen so aufzufangen, daß die Verbände des Bootes nicht darunter leiden, sind an den betreffenden Stellen lokale Verstärkungen mit gut verlaufenden Überleitungen in die übrigen Verbände anzuordnen. Vibrationswirkungen infolge von nicht ausbalancierten Maschinenkräften lassen sich wesentlich mildern durch ein festes und über einen größeren Teil des Bootskörpers sich erstreckendes Maschinenfundament.

4. **Als allgemeine Grundsätze für die Anordnung der Verbände können folgende gelten:**

Größte Materialquerschnitte nach unten und nach oben legen, analog einem Brückenträger. Für gute Verbindung zwischen oberer und unterer Gurtung durch Spanten, Rahmenspanten, Querschotten, Stützen, Längsschotten und Diagonalträger sorgen. Gute Verbände in die Ecken, in die Kimm und ins Deck bringen (Knieplatten, eiserne oder hölzerne Kniee). Vor allem Sorge tragen, daß die Übergänge aus einem starken in einen schwächeren Querschnitt (z. B. Luken, Schächte, Aufbauten usw.) gut gesichert werden, weil an diesen Stellen am leichtesten Brüche auftreten. Keine Stöße an diese Stellen legen! Beanspruchung in geneigter Lage durch Anordnung besonderer Eckverbindungen auffangen. Keine unnötigen Materialanhäufungen, wo durch die Form schon an und für sich genügende Festigkeit garantiert ist.

Bei besonders beanspruchten Stellen, wie Maschinenfundamenten, Ballastbefestigungen, Mastunterstützungen usw., durch Anordnung längerer Träger und Unterzüge die aufzunehmenden Kräfte auf größere Flächen verteilen. Ebenso bei den Stützpunkten einzelner Verbände, wie Schotten, Deckstützen.

Ecken von Luken usw. möglichst ausrunden und verstärken durch Dopplungen usw.

Stöße der Holzplanken sind nicht geeignet, Zugbeanspruchungen auszuhalten, müssen daher eventuell besonders gesichert werden.

Diagonalverbände anbringen, um Verdrehungen des Bootskörpers zu verhüten.

Näheres über die bei den verschiedenen Bootstypen zu beachtenden Beanspruchungen und deren Beherrschung durch geeignete Wahl der Konstruktionsmethoden s. in Abschnitt II.

g) Kosten. Zu einem vollständigen Entwurf gehört natürlich eine sorgfältige Kalkulation der Bau- und Verkaufskosten. Die Baukosten werden wesentlich bedingt durch die Einheitspreise, welche die betr. Bootswerft genötigt ist, für Material und Arbeitslohn sowie für allgemeine Unkosten einzusetzen. Als Grundlage des Kostenanschlages kann die oben beschriebene Gewichtsberechnung benutzt werden. Sie ist daher, worauf schon hingewiesen wurde, vorteilhafterweise mit Rücksicht auf den Kostenanschlag so einzurichten, daß die Mengen und Stückzahlen der verschiedenen Baumaterialien, Einrichtungs- und Ausrüstungsgegenstände aus ihr entnommen werden können.

Ein sehr wichtiger Punkt bei Ausarbeitung eines Kostenanschlages ist, daß genau festgelegt wird, was und in welcher Art und Ausführung die einzelnen Gegenstände für den geforderten Preis geliefert werden sollen. Maßgebend sind natürlich in erster Linie die dem Kostenanschlag beizufügenden Baupläne. Da es aber unmöglich ist, in einer Zeichnung jede Einzelheit der Ausführung zur Darstellung zu bringen, so müssen die Zeichnungen durch eine „Bauvorschrift" oder „Baubeschreibung" ergänzt werden. Sie wird am besten ebenfalls nach der der Gewichts- und Kostenrechnung zugrunde liegenden Gruppeneinteilung aufgestellt und legt dasjenige fest, was in den Zeichnungen nicht zum Ausdruck gebracht werden kann.

Schließlich gehört zum Kostenanschlag noch der „Bauvertrag", in dem die Lieferungsbedingungen, Zahlungstermine, Probefahrtsbedingungen, Konventionalstrafen usw. festgelegt werden. Die mehr oder weniger scharfen Abmachungen des Vertrages können unter Umständen auf den Verkaufspreis eines Bootes von Einfluß sein.

Abschnitt V.

Unterbringung, Transport und Instandhaltung von Booten.

1. **Boote der Kriegsmarine.** Die deutschen Kriegsschiffe haben im allgemeinen folgende Boote an Bord:

Linienschiffe: 1 Dampfbeiboot Kl. A oder 1 Motorbeiboot. Kl. A, 1 Dampfbeiboot Kl. I, 2 Barkassen Kl. O, 2 Kutter Kl. O, 2 Gigs Kl. I, 2 Jollen Kl. I.

Große Kreuzer: 1 Dampfbeiboot Kl. A oder 1 Motorbeiboot Kl. A, 1 Dampfbeiboot Kl. I, 1 Barkasse Kl. I, 1 Pinasse Kl. I, 2 Kutter Kl. O, 2 Gigs Kl. I, 2 Jollen Kl. I.

Die Befehlshaber der einzelnen Schiffsverbände erhalten außerdem je ein Motorboot Kl. C.

Kleine Kreuzer: 1 Dampfbeiboot Kl. II, 1 Motorbeiboot Kl. III, 1 Pinasse Kl. II, 2 Kutter Kl. II, 1 Gig Kl. II, 2 Jollen Kl. I.

Abb. 318 zeigt die Bootsaufstellung des deutschen Linienschiffes „Deutschland".

Die Boote stehen entweder in „Bootsklampen" oder sie hängen in den zum Ein- und Aussetzen dienenden „Davits". Gewöhnlich erhalten die kleineren Boote je zwei, die größeren je drei Bootsklampen, die der Belastung entsprechend unter dem Boot verteilt werden. Die Klampen werden entweder aus Holz oder Eisen gebaut und müssen sich der Bootsform genau anschmiegen. Ihre Tragfläche wird meist mit Leder gepolstert. Beim Einsetzen des Bootes ist natürlich darauf zu achten, daß es genau an den richtigen Stellen in die Klampen kommt, da diese nur je an einer Stelle passen können. Häufig wird die äußere Hälfte der Klampen zum Umklappen eingerichtet, um das Boot nicht unnötig hoch heben zu müssen und dadurch an Davit- und Taljenlänge zu sparen. An den Klampen oder an Deck werden Augen angebracht, um die nötigen „Zurrungen" oder „Zurringe" — das sind Spannvorrichtungen aus Ketten oder Tauen, die mit einem

308 Abschnitt V. Unterbringung, Transport u. Instandhaltung v. Booten.

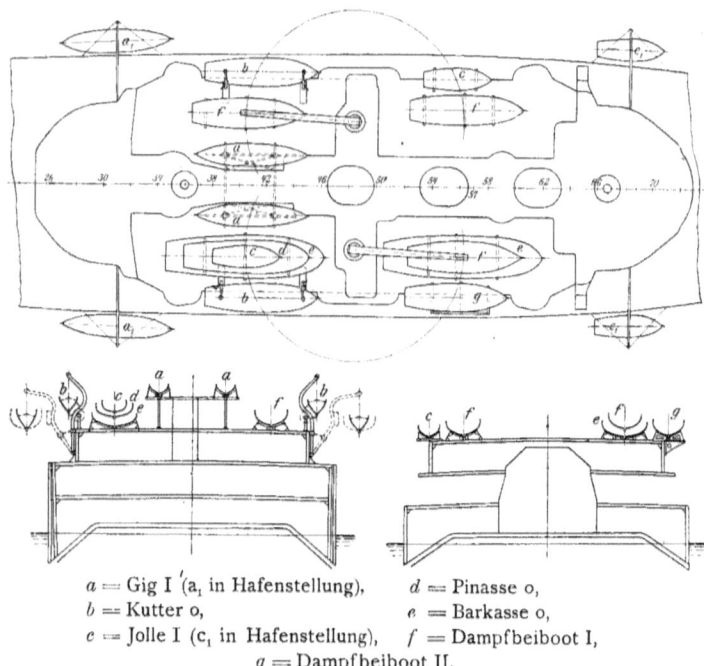

$a =$ Gig I $(a_1$ in Hafenstellung), $d =$ Pinasse o,
$b =$ Kutter o, $e =$ Barkasse o,
$c =$ Jolle I $(c_1$ in Hafenstellung), $f =$ Dampfbeiboot I,
$g =$ Dampfbeiboot II.

Abb. 318. Bootsaufstellung auf S. M. Linienschiff „Deutschland".

flachen Haken über den Bootsrand greifen — anbringen zu können. Sie dienen zum Festhalten des Bootes in den Klampen und sind mit leicht lösbaren Schlipphaken ausgestattet.

Um Platz an Deck zu sparen, werden häufig mehrere Boote ineinander gestellt, z. B. Ruderpinassen oder die kleineren Dampfbeiboote in die Ruderbarkassen. Zu diesem Zwecke müssen in den größeren Booten die Duchten losnehmbar ausgeführt und zur sicheren Lagerung der kleineren Boote passende Klampen vorgesehen werden. Diese müssen genau über den Klampen, in denen das größere Boot steht, angebracht werden.

Um die in Davits hängenden Boote „seefest" zurren zu können, wird an den Davits der „Zurrbaum" angebracht. Das ist eine Spiere von etwa 150 mm Durchmesser, die in ihrem Mittelteil mit zwei dicken Lederpolstern versehen ist. Gegen diese Polster wird das Boot mit Hilfe der „Zurrbrooken", 100 bis 150 mm breiten, aus Tauwerk hergestellten Bändern, die vom Davitkopf um das Boot herum bis zur Belegklampe am andern Davit über Kreuz geführt sind, angepreßt. Die Zurrbrooken werden mit Schlipphaken befestigt, so daß sie leicht losgeworfen werden können.

„Seestellung" nennt man die Position, in der die Boote für gewöhnlich auf See gefahren werden. „Gefechtsstellung" muß unter Umständen für einige Boote vorgesehen werden, in welche die Boote beim „Klar Schiff" gebracht werden, um das Schußfeld für die Geschütze frei zu machen und um die Boote selbst vor der Einwirkung des Explosionsdruckes der Pulvergase zu schützen.

Die „Heißbolzen" in den Booten zum Anbringen der „Heißstroppen" sind schon in Abschnitt II, S. 131 beschrieben worden. Die Länge der einzelnen Arme der Heißstroppen ist so zu bemessen, daß sie alle gleichzeitig tragen. Von großer Wichtigkeit ist, daß sie beim Zuwasserkommen des Bootes alle gleichzeitig leicht gelöst werden können. Um ein seitliches Schwanken der in den Heißstroppen hängenden Boote zu vermeiden, werden leicht loswerfbare, dünne Kettenstander, die in passende Ringe im Dollbord gehakt werden, angebracht.

Die Dampfbeiboote haben statt der Heißbolzen und Heißstroppen meistens vier lange, außen in die Außenhaut eingelassene Diagonalschienen, die nach unten auseinanderlaufen und oberhalb des Dollbords Augen für die Haken des Heißstanders haben (vgl. Abb. 1 u. 7).

An Land werden die Boote in großen luftigen Bootsmagazinen sorgfältig aufbewahrt. Zur Verhütung des Austrocknens und Leckwerdens wird hier von Zeit zu Zeit Wasser hineingegossen.

Die Konservierung der Boote erstreckt sich auf peinliche Sauberhaltung und guten Anstrich innen und außen und läßt sich bei dem auf Kriegsschiffen stets reichlich vorhandenen Material mit Leichtigkeit bewirken.

2. **Beiboote der Handelsschiffe und Yachten.** Art und Anzahl der mitzuführenden Boote sind in Deutschland durch die Vorschriften der Berufsgenossenschaft, in den übrigen Ländern durch entsprechende gesetzliche Vorschriften geregelt. (Vgl. S. 24.) Ihre Aufstellung erfolgt durchweg in Bootsklampen in derselben Weise wie bei den Booten der Kriegsmarine auf den oberen Decks an der Bordseite. Zum Ein- und Aussetzen werden Davits angebracht, deren Abmessungen auch durch Vorschriften der Klassifikationsgesellschaften festgesetzt sind. Manchmal werden auch,

310   Abschnitt V. Unterbringung, Transport u. Instandhaltung v. Booten.

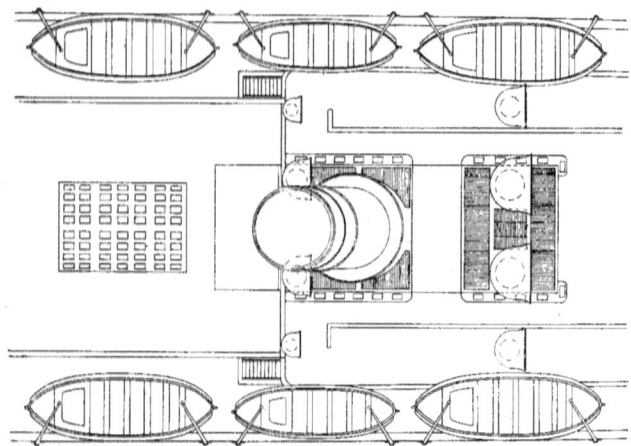

Abb. 319. Bootsaufstellung auf einem Handelsdampfer.

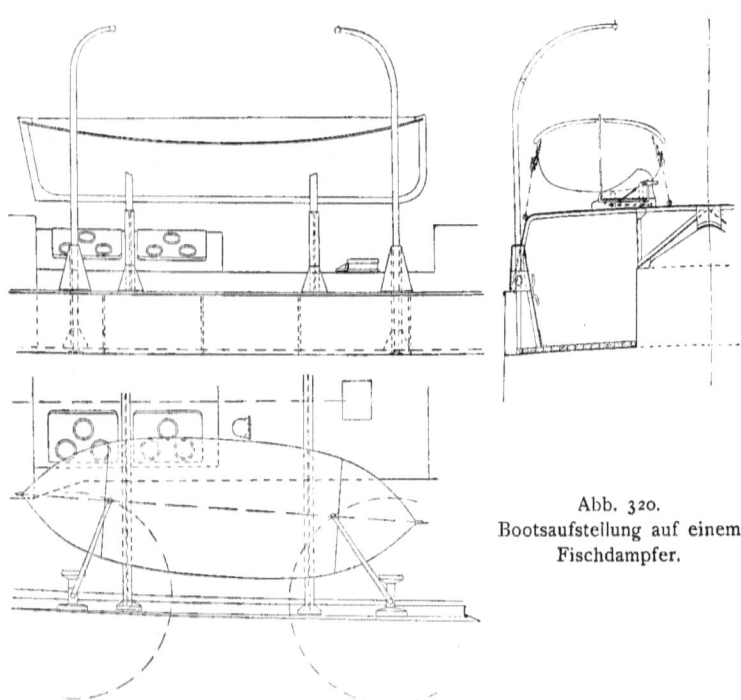

Abb. 320. Bootsaufstellung auf einem Fischdampfer.

namentlich für Dampfbarkassen, die Ladebäume zum Ein- und Aussetzen der Boote benutzt, s. Abb. 321. Abb. 319 zeigt die typische Bootsaufstellung auf einem Handelsdampfer, Abb. 320 eine solche auf einem Fischdampfer.

Sehr beliebt sind z. Z. auf besseren Schiffen die „Welin-Quadrant-Davits", von denen die Abb. 322 bis 324 verschiedene Formen zeigen. Ihre Vorteile sind die weite Ausladung, durch

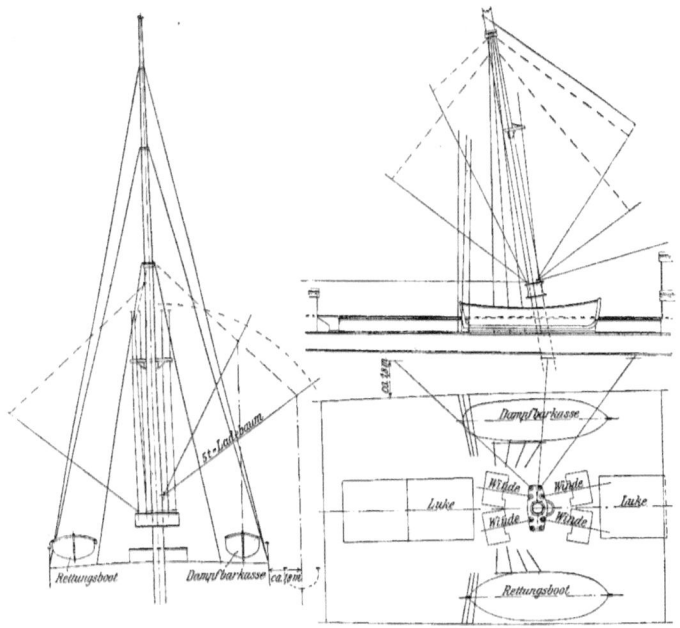

Abb. 321. Bootsaussetzvorrichtung mit dem Ladebaum.

die das Boot beim Zuwasserbringen auch bei geneigtem Schiff frei von der Schiffswand gebracht werden kann, die Platzersparnis an Deck und das einfache und sichere Hantieren mit den Booten.

Hauptgesichtspunkte für die Bootsaufstellung sind: gute Unterstützung und Schutz gegen Deformation durch das eigene Gewicht, möglichster Schutz gegen Seeschlag, Ermöglichung leichten, schnellen und sicheren Zuwasserbringens auch bei havariertem oder stark überliegendem Schiff.

Die Anbringung der Heißaugen in den normalen Rettungsbooten ist in Abschnitt II, S. 132 beschrieben und abgebildet.

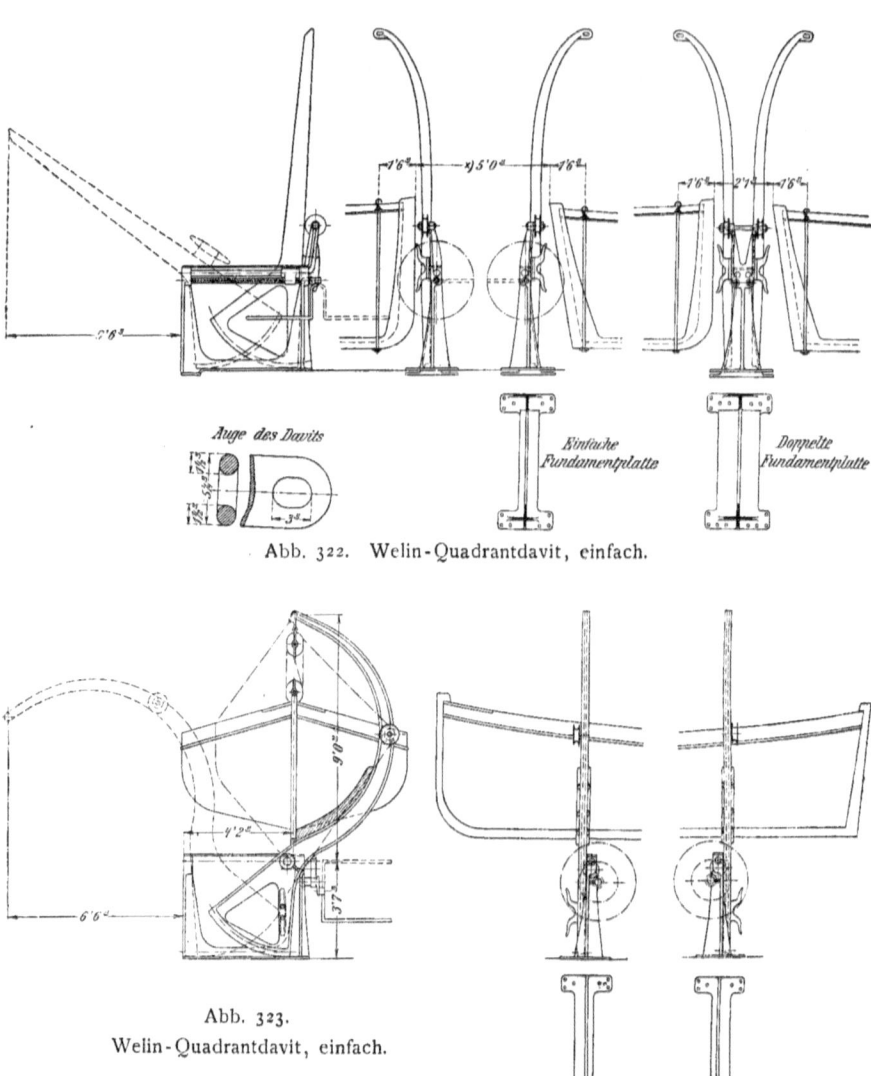

Abb. 322. Welin-Quadrantdavit, einfach.

Abb. 323. Welin-Quadrantdavit, einfach.

Die Boote werden zur besseren Konservierung mit Hilfe von Latten oder Persennings oder mit festen hölzernen Deckeln so zugedeckt, daß kein Wasser hineingelangen kann.

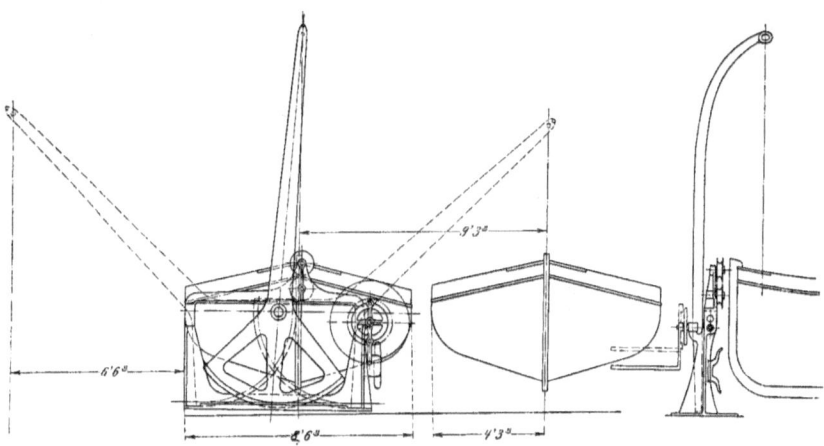

Abb. 324. Welin-Quadrantdavit doppelt.

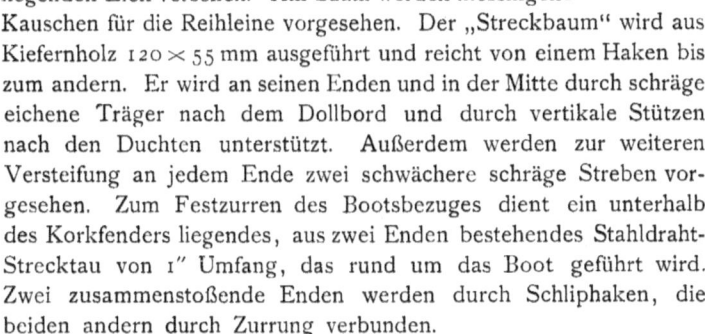

Auf größeren Passagierdampfern ist diese Einrichtung in der Regel folgendermaßen konstruiert: Der „Bootsbezug" wird aus Segeltuch Nr. 1 geschnitten, eingeliekt und auch in der Mitte mit einem außen liegenden Liek versehen. Am Saum werden messingene Kauschen für die Reihleine vorgesehen. Der „Streckbaum" wird aus Kiefernholz 120 × 55 mm ausgeführt und reicht von einem Haken bis zum andern. Er wird an seinen Enden und in der Mitte durch schräge eichene Träger nach dem Dollbord und durch vertikale Stützen nach den Duchten unterstützt. Außerdem werden zur weiteren Versteifung an jedem Ende zwei schwächere schräge Streben vorgesehen. Zum Festzurren des Bootsbezuges dient ein unterhalb des Korkfenders liegendes, aus zwei Enden bestehendes Stahldraht-Strecktau von 1" Umfang, das rund um das Boot geführt wird. Zwei zusammenstoßende Enden werden durch Schliphaken, die beiden andern durch Zurrung verbunden.

3. Küsten-Rettungs- und Lotsenboote. Die größeren, meistens zum Segeln eingerichteten Fahrzeuge werden an geeigneten Liegeplätzen vor Anker oder vertäut untergebracht. Sie müssen dann von Zeit zu Zeit aus dem Wasser genommen und am Boden von Anwuchs befreit und neu gestrichen werden. Masten, Takelage und Segel sind unter ständiger Aufsicht zu halten, damit sie nicht durch Wechsel von Nässe und Trockenheit unbrauchbar werden.

Die leichteren Boote werden auf besonders konstruierten Wagen aufgestellt, die so eingerichtet sind, daß das Boot von ihnen wie von einem Slip ins Wasser gleiten kann (Abb. 325 und 326). Wagen und Boot werden in einem Schuppen untergebracht, der sorgfältig gelüftet und gegen Witterungseinflüsse möglichst geschützt wird, damit das Boot jederzeit gebrauchsfähig ist.

4. **Fischerboote.** Die Fischerboote sind wohl diejenigen Boote, an welche die meisten Ansprüche gestellt werden und die einer sehr rauhen Behandlung ausgesetzt sind. Dementsprechend ist auch, wie auf S. 42 ff. ausgeführt wurde, in der Regel ihre Bauart sehr kräftig und ihre Form einfach und dem Bedürfnis angepaßt. Größere Fahrzeuge werden meistens vor Anker liegend oder ver-

Abb. 325.
Rettungsboot der Deutschen Ges. z. Rettung Schiffbrüchiger.

täut gehalten. In Gegenden, wo keine passenden Liegeplätze vorhanden sind, müssen die Boote nach jeder Fahrt auf den Strand gesetzt und aufs Trockene gezogen werden. Bei schlechtem Wetter und Seegang ist dies natürlich ein Vorgang, der an das Boot die größten Ansprüche stellt, insbesondere, da es bei der Ankunft am Strande durch den Fang und die nassen Netze stark belastet ist.

Außerdem besteht beim Trockenliegen in Wind und Sonne die Gefahr, daß die Boote zu sehr austrocknen und leck springen. Sie müssen daher gut unter Anstrich, in diesem Falle meistens Teer, gehalten werden.

5. **Boote für verschiedene Verkehrs- und Erwerbszwecke.** Diese Boote sind ebenfalls gewöhnlich starker Abnutzung ausgesetzt. Bei ihnen kommt noch hinzu, daß sie nicht immer nur von ihren Besitzern, sondern auch von vielen anderen, häufig ungeschickten und ungeübten Leuten benutzt werden und

daß sie ständig zum Gebrauch bereit im Wasser liegend gehalten werden müssen. Trotzdem sollen sie aber stets in sauberem und betriebsfähigem Zustande sein. Man tut daher gut, ihre Bauweise, ihre Form, die Beschläge und Einrichtungen und schließlich den Anstrich so zu halten, daß einerseits rauhe und ungeschickte Behandlung nicht allzuviel Schaden anrichten kann, andererseits Reinigung und Instandhaltung ohne allzu große Mühe jederzeit bewerkstelligt werden können.

6. **Sportboote.** Es liegt in der Natur des Sports, daß der ihn Ausübende bestrebt ist, sich selbst und sein Sportgerät in

Abb. 326.
Rettungsboot der Deutschen Ges. z. Rettung Schiffbrüchiger.

möglichst eleganter und hübscher Form zu halten. Das gilt ganz besonders vom Wassersport.

Allerdings liegt die Gefahr, zu übertreiben, sehr nahe, und ein Boot, bei dem die äußerliche Zierlichkeit, die Ausschmückung und der Komfort überwiegen, ist kein richtiges Sportgerät mehr, sondern ein Luxusfahrzeug, das in der Regel für ernsthafte Benutzung bei Wind und Wetter ungeeignet ist.

Aber in weisen Grenzen gehört die Sorge für das Boot und die eigenhändige Beteiligung an seiner Instandhaltung mit zum Sport; und der ist kein echter Sportsmann, der nicht versteht, mit Schrubber und Seife, mit Lederlappen, Dweidel und Lackpinsel umzugehen. Nebenbei sei darauf hingewiesen, daß man durch derartige Betätigung sich manche teure Ausgabe ersparen kann und daß die fremde Hand die Instandhaltung des Bootes nie mit solcher Liebe und Sorgfalt besorgt wie der Eigner selber. Alles kann man natürlich nicht selber machen, schon aus dem Grunde, weil man meistens neben dem Sport auch noch einen Beruf auszufüllen hat.

a) Sportruderboote. Wie in den Abschnitten I und II beschrieben, werden diese Boote in der Regel aus vorzüglichem Material, Zedern- und Mahagoniholz, mit leichten, zierlichen Beschlägen gearbeitet. Die Materialstärken werden so dünn wie möglich gehalten. Die Boote müssen dementsprechend sehr sorgfältig aufbewahrt und konserviert werden. Nach beendeter Fahrt werden sie aus dem Wasser genommen und unter Dach gebracht. Ihre Lagerung auf dem Trocknen muß mit Rücksicht auf den leichten Bau so eingerichtet werden, daß die Auflagerpunkte unter den stärkeren Stellen, also an einem Spant oder Schott, liegen und so über die Bootslänge verteilt sind, daß das Eigengewicht die Boote nicht verbiegen oder gar zum Aufreißen bringen kann. Die Lager oder Klampen sind möglichst so zu legen, daß die überstehenden Bootsenden den mittleren Teil ungefähr ausbalancieren. Rennruderboote werden mit dem Kiel nach oben auf dem sogenannten „Waschbord" gelagert, weil dieser gewöhnlich aus stärkerem Holz gefertigt ist und in dieser Lage bei richtiger Wahl der Stützpunkte die Außenhaut entlastet wird.

Der Transport dieser Boote durch die eigene Mannschaft vom Lager zum Wasser oder umgekehrt geschieht am besten wie Abb. 327 zeigt. Ebenso lagert man die Boote beim Bahntransport nach den Rennplätzen in dieser Weise auf den Eisenbahnwagen, indem man auf diesem Böcke festnagelt, auf denen dann die Boote unter Beobachtung der nötigen Vorsichtsmaßregeln festgeschnürt werden.

Gigboote, die ja etwas stärker gebaut sind als die Rennboote, können auch mit dem Kiel nach unten gelagert werden. Dabei ist nur sorgfältig darauf zu achten, daß das Boot richtig unterstützt wird, so daß es nicht „durchhängen" oder „aufbuckeln" kann, und daß es genau wagerecht gelegt wird, damit es nicht in sich verdreht wird. Hierauf ist um so mehr zu achten, je länger das Boot ist. Beim Transport sind die tragenden Mannschaften so zu verteilen, daß jeder einem Ausleger gegenüber trägt und zwar an der Duchtenträgerleiste.

Boote aus Zedern- und Mahagoniholz müssen sehr sorgfältig unter Lack gehalten werden. Abgestoßene Stellen sind alsbald wieder mit Firnis und Lack zu überstreichen, nachdem sie vorher von etwaigem Schmutz gereinigt und mit Sandpapier glatt gerieben sind.

Nach der Benutzung sollen die Boote vorschriftsmäßig gereinigt, gewaschen und dann abgetrocknet und womöglich mit einem Lederlappen abgerieben werden. Namentlich ist darauf zu achten, daß die Feuchtigkeit in den spitzen Winkeln hinten und vorn gänzlich entfernt wird. Vor allem ist auch der beim Einsteigen in das Boot gelangte Sand sorgfältig zu entfernen, da er in den unzugänglichen Ecken die Feuchtigkeit aufsaugt und festhält.

Abb. 327.
Transport eines Rennachters.

b) **Sportsegelboote und Segeljachten.** Die Boote werden je nach den örtlichen Verhältnissen im Sommer entweder an Pfählen oder an einer Boje liegend gehalten. Dabei ist darauf zu achten, daß die Befestigung sicher und wirksam auch bei schlechtem Wetter und Wellengang ist. Die Vertäuungen müssen so viel Lose haben, daß sie beim Zusammenziehen infolge von Nässe nicht reißen oder zu straff werden. Auf den Wechsel des Wasserstandes ist genügend Rücksicht zu nehmen. Es sind Vorkehrungen zu treffen, daß die Yacht weder durch die Pfähle noch durch die Befestigungstaue gescheuert oder abgestoßen wird. Liegt die Yacht an einer Boje, so empfiehlt es sich, von der Boje einen Stander nach der Bugsprietspitze auszubringen, damit bei Windstille die Yacht nicht gegen die Boje treiben und von dieser beschädigt werden kann. Die Boje wird mit einer Kette, deren Länge mindestens gleich der 2 bis $2^{1}/_{2}$ fachen Wassertiefe ist, an einem Anker, einem Stein oder einem Betonklotz befestigt. Anker haben den Nachteil, daß die Ketten sich beim Schwojen in den nach oben stehenden Armen verfangen und daß dadurch ein Losreißen des Ankers verursacht werden kann. In der Kette muß ein Wirbel angebracht werden, weil es sonst leicht geschehen kann, daß durch das Schwojen des Fahrzeuges bei wechselndem Wind und veränderter Strömung die Kette zusammengedreht und dann bei eintretendem starkem Zug oder Ruck abgewürgt wird. Bei dieser Befestigungsart ist es überhaupt zu empfehlen, das ganze Bojengeschirr nicht zu schwach zu wählen, da bei Wind und Seegang unter Umständen sehr starke Beanspruchungen auftreten.

Die Segel und, wenn keine ständige Bewachung möglich ist, auch die Aufbauten und das Cockpit werden durch des Luftzutritts wegen nach unten offene Persenninge und Bezüge nach Möglichkeit gegen Witterungseinflüsse geschützt. Die Segel müssen aber vor dem Zudecken sorgfältig getrocknet werden, da sie sonst unter der Bedeckung unfehlbar verstocken und faulen. Das Tauwerk muß mit Lose belegt werden, damit es bei eintretendem Regenwetter sich nicht zu sehr reckt, reißt oder die Klampen und Beschläge ausreißt.

Betreffs Sauberkeit gilt dasselbe in erhöhtem Maße wie für andere Boote, da bei einer Yacht ganz besonders viel Wert auf ein ansprechendes Aussehen gelegt wird. Nach jeder Fahrt ist das Deck zu waschen und das im Boot befindliche Wasser herauszuschaffen. Wird hierauf nicht die genügende Sorgfalt verwendet, so fängt das Bilgewasser an zu faulen, und es bildet sich ein übler Geruch im Boot, der schwer zu entfernen ist, abgesehen davon, daß die feuchten Bauteile allmählich verfaulen, weich und leck werden.

Im Winter werden die Segeljachten mit Hilfe von Slip oder Kran (s. o.) aus dem Wasser genommen und an Land, womöglich unter einem festen Dach, sonst unter einer das ganze Boot bedeckenden Persenning oder einer Holzverschalung untergebracht. Sehr sorgfältig ist dabei für gute Lagerung und Unterstützung insbesondere der Überhänge des Bootskörpers zu sorgen. Vorher ist die Takelage und das ganze Inventar herauszunehmen und an einem sicheren Orte trocken aufzubewahren. Dabei ist von großer

Wichtigkeit, daß man die einzelnen Enden, Blöcke usw. mit deutlichen Markierungen versieht, damit man im Frühjahr bei der Indienststellung wieder alles an seinen richtigen Platz bringen kann. Während des Winters werden dann alle Teile einer gründlichen Revision unterzogen, gereinigt, ausgebessert, lackiert und alles, was während des Sommers durch die Benutzung gelitten hat, wieder in brauchbaren Zustand gebracht.

Für den Bahntransport von Yachten sind besondere Vorkehrungen erforderlich, ähnlich wie für das Winterlagern. Manch-

Abb. 328.
Motorboot mit Hilfe einer „Scheere" im Kran hängend.

mal werden im Innern der Yacht besondere Augbolzen vorgesehen (s. Abb. 135), um die Heißstander bequem und sicher anzubringen, wenn das Boot mit Hilfe eines Kranes gehoben werden muß. Wenn dies nicht der Fall ist, müssen die Stroppen oder Tauschlingen, in denen das Boot hängen soll, mit Rücksicht auf die Gewichtsverteilung und die Bauweise des Bootes angelegt werden. Außerdem sind die Stroppen durch Spreizen seitlich auseinanderzuhalten, damit nicht durch das Gewicht des Bootes ein Zusammenschnüren des oberen Bootsrandes oder der Aufbauten eintritt.

c) Sportmotorboote. Über die gesicherte Unterbringung im Sommer- und Winterstand gilt sinngemäß dasselbe, was schon bei den Segelyachten gesagt wurde. Hinzu kommt in diesem Falle die Sorge für den Motor, der in unbenutztem Zustande außer vor Witterungseinflüssen auch vor den Einwirkungen der Zersetzungsprodukte von Schmieröl und Brennstoffen geschützt werden muß. Wenn längere Außerdienststellung vorauszusehen ist, sollte man den Motor nicht ohne gründliche Reinigung und Einfettung der arbeitenden Teile sich selbst überlassen. Beim Transport von Motorbooten ist besondere Vorsicht erforderlich. Hierbei ist auf gute Lagerung und Unterstützung des unter dem Motor befindlichen Bootsteiles zu sorgen. Abb. 328 zeigt eine praktische Einrichtung zum Heben von Booten der Firma Fr. Lürssen. Zwei Eisenträger sind nach Art einer Scheere in der Mitte drehbar aufgehängt, so daß das Gerät sich der Breite des Bootes anpassen und keine Einschnürung eintreten kann.

Sachverzeichnis.

(Die Ziffern bedeuten die Seitenzahlen.)

Abdeckung bei Ruderbooten 60
Abgewickelte Fläche (Propeller) 229
Abreißzündung 207
Akkumulatoren 220
Aluminium 95, 111
Andrehvorrichtung 210
Anfangsstabilität 269
Anker 178
Anstrichfarben 114
Aufbauten 166
Aufplanken 115
Ausleger 57, 153
Auspuff 209
Außenhaut 138
Äußere Form 278
Autogene Schweißung 146

Balkenkniee 135
Balkwäger 149, 158, 160
Ballastkiel 120, 137
Bambus 106
Barkassen der Kriegsmarine 11
Bauausführung 114, 303
Baubeschreibung 306
Baugruppen 293
Bauteile 118
Bauvertrag 306
Bauvorschrift 306
Der Bau von Booten 95
Beiboote für Yachten 32
Beiboote von Fr. Lürssen 32
Benetzte Oberfläche 245
Benzin-elektrischer Antrieb 220, 225
Benzinmotoren 202

Benzolmotoren 202
Berechnungsbeispiel 253
Beschläge für Masten und Rundhölzer 172
Beschreibungen von Booten 2
Biegemoment 273
Bilge 113, 156
Black Varnish 113
Blattlasche 139
Blei 110
Bleikiel 121
Bodenanstrich 112
Bodenbretter 156
Bodenwrangen 133
Bolinder-Motoren 216
Boote der Handelsschiffe und Yachten 23
Bootsaufhängung 132
Bootsbauschuppen 195
Bootsbezug 313
Bootsdavits 307
Bootsklampen 307
Bootslack 113
Boots- und Yachtwerft von Abeking und Rasmussen 194
Bootswerft 193
Brandungsboote der Woermann-Linie 30
Breite 244
Brennstofftank und -Leitung 211
Brons-Motor 215
Bronze 110
Büroräume 195
Bugbefestigung 158

Cat-Takelung 171
Cockpit 94, 169
Composit 135
Cowdiepine 106

Daevel-Motoren 216
Daimler-Motoren 212
Dampfbarkassen von R. Holtz 51
Dampfbarkasse der Woermann-Linie 31
Dampfbeiboote der Kriegsmarine 3
Dampfkasten 196
Dampfmaschinen 199
Davit 132, 307
Deck 158
Decksbalken 149, 158
Decksbeschläge 159, 178
Decksbucht 158, 245
Decksplanken 160
Deckssprung 160
Deckstützen 163
Decksverbände 159
Deltametall 111
Deplacement 245
Deutsche Gesellschaft zur Rettung Schiffbrüchiger 37
Deutscher Seefischerei-Verein 42
Deutzer Motoren 214
Diagonalbau 141
Diagonal-krawel 143
Diagonalschienen 160
Dieselmotoren 203
Dingi der Kriegsmarine 20
Disk 229
Dollbaum 148
Dollbord 138, 142, 148
Dollen 55, 153
„Donnerwetter" 89
Doppelzweier-Dollen-Gig 58
Doppelzweier-Halbausleger-Gig 59
Drehdollen 153
Drehflügelschraube 211, 238
D. S. V. 63
Duchten 150
Duchten, losnehmbare 149
Duchtenschloß 151
Duchtenträger 148
Duchtenwäger 149

Duranametall 111
Dynamische Stabilität 270

Edison-Akkumulatoren 225
Eiche 100
Eingebogene Spanten 135
Eingedeckte Ruderboote 148
Einheitsgewichte 294
Einrichtung und Ausrüstung 289
Einrichtungspläne 288
Einrichtungen einer Bootswerft 193
Einskuller 57
Einteilung der Boote 1
Eintretende Kante (Propeller) 229
Eisenbeton-Boote 100, 147
Eisengewicht 108
Eisenmennige 112
Eisenpreise 108
Eiserne Spanten 135
Elektromotoren 220
Entwerfen von Booten 241
Entwurf 242, 278
„Erika" 51
Esche 101

Fährboot 48
Farben 112
Feinbleche 107
Fenderleiste 167
Fersenhalter 152
Festigkeit 272, 303
Festigkeitsrechnung 276
Fichte 101
Fischdampfer-Bootsaufstellung 309
Fischerboote 42
Fischung 160
Flossenkiel 137
Flußeisen 95, 107
Flußeisen, Vorzüge und Nachteile 99
Föhre 102
Fortbewegung 295
Francis-Patent-Boote 27
Francis-System 95, 146
Freibord 245
Fundamente 164
Furnierholz 166
Fußboden 156
Fußleisten 150

Sachverzeichnis.

Gedeckte Ruderboote 148, 163
Gegenpropeller 236
Gegenspanten 135
Gelbguß 110
Gelochte Bleche 107
Geschnittene Spanten 135
Geschützduchten 152
Geschwindigkeit 285
Gewachsene Spanten 133
Gewicht 290
Gewichtsberechnung 291
Gigboote 55, 61
Gig der Handelsschiffe 23
Gigs der Kriegsmarine 17
Gleitboote 90
Glühkopfzündung 203
Gondelleiste 148
Grätinge 156
Grobbleche 107
Großboot 23
Gußeisen 106

Hakenlaschen 160
Halbe Balken 158
Halbklappboote 28
Handkahn von A G. Paucksch 31
Hauptspant 245
Heckformen 283
Heckkniee 158
Heißaugen 131
Helling 115
Hilfsbootsraum 28
Hintersteven 124
Holz 95
Holzapfels Kupferfarbe 113
Holzarten 100
Holzboote 96
Holzgewichte 98
Holzlagerplatz 195
Holztrockeneinrichtung 195.
Holz, Vorteile und Nachteile 96
Horizontalkniee 160

Jacht 1
Innere Einrichtung 179
Innerer Raum 288
Instandhaltung von Booten 307
Integrator 250

Jolle der Handelsschiffe 23
„   „   Kriegsmarine 19

Kajüten 289
Kajütsaufbauten 166
Kajütsdecke 166
Kalfatern 140, 162
Kalfaterung 159
Kanoes 55
Kantspanten 135
Kappen 166
Kauriepine 106
Kernholz 98
Kerzenzündung 207
Kesselfundament 164
Ketsch-Takelung 171
Ketten 178
Kiefer 102
Kiel 118
Kielbolzen 120, 137
Kielgang 139
Kiellaschen 118
Kielquerschnitt 119
Kimm 150
Kimmstringer 138
Klampen 159, 178
Klinkerbau 138
Klosetteinrichtung 180
Klüsen 159, 178
Knieplatten 135
Kojen 180, 289
Kopflastigkeit 244
Körting-Motoren 213
Kompositbau 95
Kompositboote 2
Konstruktionsbedingungen 241
Konstruktionstiefe 244
Konstruktionswasserlinie 245
Konstruktionszeichnungen 242
Kosten 305
Kostenanschlag 292
Kosten von Eisen- u. Holzbooten 96
Krabbenfischerboot 48
Kraftzentrale 196
Krängungsversuch 270
Krawelbau 139
Kreuzeryachten 73
Kreuzkrawel 143

21*

Krummholz 133
Kühlung 208
Kupfer 109
Kupferbeschlag 112, 147
Kupferschmiede 195
Kupferspieker 140
Kurvenblatt 258
Küstenrettungsboote 35
Kutter der Kriegsmarine 14
Kuttertakelung 171

Lack 112
Länge 243
Laibholz 159, 160
Lannung 139
Lärche 102
Laschen 118
Lateralplan 245, 284
Leinwanddeck 162
Linksgängig (Propeller) 229
Linienriß-Berechnung 247
Linoleum 156
Lloyd-Motoren 219
Lose Duchten 151
Lotsenboot 40
Luggersegel 171
Luken 166
Luckenstringer 159

Magazin 196
Magnalium 111
Magnetapparat 207
Mahagoni 103
Maler- und Lackiererwerkstatt 195
Malle 115
Mallkante 135
Manövrierfähigkeit 284
Marineboote 2
Marineleim 162
Maschinenanlagen 198
Maschinenantrieb 301
Mastbalken 160
Maschinenfundament 164
Mastbefestigung 159
Mastduchtbeschlag 175
Mastenzubehör 170
Mastloch 160
Materialgruppen 293

Materialien 95
Materialstärken ausgeführter Boote 186
Meißnerpropeller 211, 239
Mengha-Kojen 180
Messing 110
Metalle 95
Metazentrum 246, 264
Metazentrische Höhe 247
Mietsboote 47
Mignon 89
Mittelboot 23
Möbel 179
Modellschleppversuche 302
Motorbeiboote der Kriegsmarine 7
Motorboote der „Anker" G. m. b. H. 54
Motorboote der Howaldtswerke 53
Motorboot von Fr. Lürssen 50
Motoren 200
Motoren-Preise 218
Motor-Fischkutter 43
Motor-Gig 86
Motor-Rennboote 87
Motor-Rettungsboote 40
Motoryachten 84
Motor-Yachtbeiboote 32

Nagelung der Decksplanken 161
Nahtlose Außenhaut 96, 146
Nahtspanten 137, 141
Nahtstreifen 140
Nationale Jollenklasse des D. S. V. 63
Nietentfernung 135
Nietung 140

Oberlichter 166
Oregonpine 104

Paddelboote 55
Pegamoid 166
Petroleummotoren 202
Pflichten 150
Pfortendeckel 153
Pinassen der Kriegsmarine 13
Pitchpine 104
Planboden 195
Planimeter 250

Sachverzeichnis.

Plankenstoß 140
Poller 178
Polsterung 179
Propeller 227
Propeller-Ausführung 239
Propeller-Berechnung 232
Propeller-Wirkung 230

Quadrant-Davits 311

Rahmenspanten 135
Rankine 282
Raumeinteilung 287
Raumtiefe 245
Rechtsgängig (Propeller) 229
Reef-Vorrichtung 176
Regulierung 206
Reihenfolge der Arbeiten beim Entwerfen 241
Remmleisten 156
Remms 156
Rennruderboote 55, 62, 145
Rennyacht 9m-R von Abeking und Rasmussen 77
Rennyacht 7m-R von Abeking und Rasmussen 76
Rennyacht 5m-R von M. Oertz 74
Rennyachten 72
Rettungsboote 35
Rettungsboote-Ausrüstung 183
Rettungsboote der Handelsschiffe 23
Rettungsboote-Takelungen 175
Rettungsboote von O. Kirchhoff 27
Rettungsboot von H. Oltmann 25
Rettungsboot von R. Holtz 26
„Rhe" 79
Riemen 182
Riemen und Skulls 184
Riemenboote 55
Riemen-Vierer 56
Riffelblech 108
Ripolin 113
Rohre 108
Rojepforten 153
Rollbewegungen 282
Rollperiode 283
Rollsitze 60, 151
Rostschutzfarben 112

Rotguß 110
Ruder 124
Ruderboote, gewöhnliche 46
Ruderboote der Kriegsmarine 11
Ruderdollen 153
Rudern 297
Ruderpinne 177
Ruderreepleitung 177
Rudersitze verschränkt 61
Ruderspindel 177
Ruder- und Segeljolle von H. Wustrau 65
Ruderwirkung 284
Rundhölzer 172
Rundholzbeschläge 171
Rundsel 153

Sanitas 181
Sauggasmotoren 204
Saunders-System 144
Schaluppe 23
Schandeckel 148, 160
Schiebekappe 168
Schiffbautechnische Begriffe und Bezeichnungen 243
Schiffsboote, gewöhnliche 23
Schiffsrettungsboote mit Motoren 27
Schleppdampfer, kleine eiserne von R. Holtz 52
Schleppversuche 295
Schlickrutscher 46
Schlingen 159
Schlingern 282
Schlosserei 195
Schmiedbarer Guß 106
Schmiede 195
Schmiege 133
Schmierung 209
Schooner-Takelung 171
Schotte 163, 289
Schottversteifung 164
Schrank 289
Schraubenpropeller 227
Schrauben-Turbine 236
Schwarzfichte 105
Schweißeisen 107
Schwerpunkt 245, 251
Schwertjolle von H. Wustrau 64

Sachverzeichnis.

Schwertkasten 119
Schwertyacht von Abeking u. Rasmussen 70
Seeberufsgenossenschaft 24
Seefähigkeit 282
Segeldingi 32
Segelduchten 151
Segelfläche 245
Segelgig 66
Segeljollen 63
14-Segellängen-Yacht 81
Segelmacherei 197
Segeln 298
Segelrettungsboote 39
Segeltuch-Außenhaut 147
Segelyachten 62
Segelyachten, Angaben 84
Segelyacht von C. Engelbrecht 69
Segelyacht mit Hilfsmotor 72
Seitenhöhe 244
Sentlatten 138
Setzbord 60, 148
Sharpie 63
Siemens-Schuckert-Werke 225
Simpson's Regeln 248
Sitze 150, 288
Skiff 56
Skullboote 55
Skulls 182
„Sleipner" 87
Sleipner-Motoren 213
Sliding-gunter 171
Slip (Propeller) 232
Slip 196
Sloop-Takelung 171
Sofasitze 180
Sonderklassenyacht „Angela IV" 82
Spanten 110, 133
Spantenskala 253
Spez. Gewicht des Seewassers 278
Spiegel 127
Spiegelholz 98
Spinnaker 171
Spiritusmotoren 202
Splint 98
Sponung 122
Sportboote 54
Sportboote-Instandhaltung 315

Sport-Motorboote 84
Sport-Motorboote, Angaben 92
Sportruderboote 54
Sportsegelboote 62
Sprietsegel 170
Spruce 105
Sprung 245
Stabilität 246, 261, 280
Stabilitätskurve 281
Stahl 95
Stahlboote 136, 146
Stahlguß 107
Stahl und Eisen 106
Stapel 114
Stehhöhe 166
Steigung (Propeller) 229
Stemmbretter 150
Steuerlastigkeit 244
Steuerzubehör 177
Steven 122
Stringer 150
Stückenboot 47
„Suanurpe" 90

Takelung 170
Takelungen der Rettungsboote 173
Taklerei 197
Tanne 101
Teak 102
Teer 112
Temperguß 106
Tiefe 244
Tiefgang 244
Tisch 289
Torpedoboots-Beiboot 22
Totholz 127
Tourenboote 55
Trägheitsmoment 266
Tragfähigkeit 245
Trainierboote 84
Transport von Booten 307
Transporteinrichtungen 196
Trapezregel 248
Trimm 244
Trossen 178
Tschebitscheffs Regel 250
Tunnelheck 91, 131
Tunnelschraube 236

Sachverzeichnis.

Tunnelschraubenboot 51
Türen 289

Ulme 100
Umsteuerschraube 211
Umsteuerung 210
Unterbringung von Booten 307

Ventile 207
Verbrennungsmotoren 200
Vergaser 206
Verhältniswerte ausgeführter Boote 247
Vermessung 287
Vermessungsvorschriften für Segelyachten 79
Verwiegung 295
Verzinkung 109
Vibrationen 291
Viertakt 204
Völligkeitsgrade 246
Vorprojekt 241
Vorsteven 122
Vorstrom 233

Waffelblech 108
Wage 197
Wagenschott-Planken 98
Walfischboote der Kriegsmarine 20
Warzenblech 108
Waschbord 60
Wascheinrichtung 180
Wasserlinie 113
Wasserlinienskala 253
Wasserstrahl-Propeller 40

Wasserverdrängung 245
W. B. G. 67
W. B. J. 63
Weißblech 108
Weiße Zeder 105
Weißmetall 111
Welin-Davit 132, 311
Wellenaustritt 124
Wellenrohr 126
Whitepine 105
Whitewood 105
Widerstand 285, 302
„Wie's Euch gefällt" 71
Wirkungsgrad 297
Wohneinrichtungen 93
Wulstkiel 137

Yacht 1
Yacht-Kupfer 147
Yawl-Takelung 171
Yellow-Metall 147
Yellowpine 104

Zeder 103
Zeise-Propeller 236
Zerlegbares Boot 47
Zink 109
Zink-Beschlag 147
Zündung 207
Zurrbaum 308
Zurrbrooken 308
Zurrungen 307
Zweitakt 204
Zypresse 104

www.ingramcontent.com/pod-product-compliance
Lightning Source LLC
Chambersburg PA
CBHW021933290426
44108CB00012B/829